Michael Mayer und Michael Schwartz (Hrsg.)

Verfolgung – Diskriminierung – Emanzipation

Schriftenreihe der Vierteljahrshefte für Zeitgeschichte

Im Auftrag des
Instituts für Zeitgeschichte München–Berlin
herausgegeben von
Jörn Leonhard, Stefanie Middendorf,
Margit Szöllösi-Janze und Andreas Wirsching

Redaktion:
Johannes Hürter und Thomas Raithel

Band 126

Verfolgung – Diskriminierung – Emanzipation

Homosexualität(en) in Deutschland und Europa
1945 bis 2000

Herausgegeben von
Michael Mayer und Michael Schwartz

DE GRUYTER
OLDENBOURG

ISBN 978-3-11-108538-8
e-ISBN (PDF) 978-3-11-108573-9
e-ISBN (EPUB) 978-3-11-108615-6
ISSN 0506-9408

Library of Congress Control Number: 2023934712

Bibliografische Information der Deutschen Nationalbibliothek
Die Deutsche Nationalbibliothek verzeichnet diese Publikation in der Deutschen
Nationalbibliografie; detaillierte bibliografische Daten sind im Internet über
http://dnb.dnb.de abrufbar.

Titelbilder: Kennzeichentafel für „Schutzhäftlinge" im Konzentrationslager Dachau, ITS Archive,
Arolsen Archives; Bundesminister Wolfgang Schmidt (l.) beim Hissen der Regenbogenfahne vor
dem Bundeskanzleramt, 23.6.2022, Presse- und Informationsamt der Bundesregierung, B 145
Bild-00499104 / Sandra Steins
Satz: bsix information exchange GmbH, Braunschweig
Druck und Bindung: CPI books GmbH, Leck

www.degruyter.com

Inhalt

Michael Schwartz

Mehrheits-Gesellschaften und Homosexualitäten

Zur Geschichte sexueller Transformationen 1945 bis 2000

„Der Paragraph 175 wurde 1994 aus dem Strafrecht gestrichen, der Rechtsausschuß des Deutschen Bundestags debattiert über Gleichstellung homosexueller Partnerschaften. Das Fernsehen bringt die Bilder nackter Körper, die auf Gay-Pride-Paraden bei lauter Musik durch die Straßen tanzen, in jedes Wohnzimmer. ‚Leben Schwule besser?' fragte ein Magazin unlängst auf der Titelseite, und auch die Rede von der ‚schönen schwulen Welt' macht die Runde. Trotz aller Konflikte und Widerstände ist der gewöhnliche Homosexuelle auf dem Weg, in die bürgerliche Gesellschaft hineinzuwachsen und zum respektablen Nachbarn zu werden."

Detlef Grumbach 1997[1]

I

Verfolgung – Diskriminierung – Emanzipation: Mit diesen drei Begriffen umreißt der Titel dieses Buches drei zentrale Dimensionen der Lebens-Situationen homosexueller (also schwuler und lesbischer und auch etlicher bisexueller) Menschen in der zweiten Hälfte des 20. Jahrhunderts – auch wenn das Leben von Menschen mit wenigen Schlagworten wohl niemals erschöpfend zu skizzieren sein wird. Die hier versammelten Beiträge beleuchten wichtige Facetten einer *Zeitgeschichte sexueller Transformationen* in Deutschland und anderen Ländern Europas, denn just im Untersuchungszeitraum zwischen 1945 und 2000 lassen sich wichtige, ja fundamentale Veränderungen verorten, die rückblickend als geradezu tektonische Verschiebungen zwischen den drei Polen Verfolgung, Diskriminierung und Emanzipation erscheinen.[2] Namentlich zwischen den 1960er und den 1990er Jahren erfolgten derart bedeutsame Veränderungen, dass von tiefgreifenden kulturellen Veränderungen im Umgang mo-

1 Detlef Grumbach, Alle Menschen werden schwul. Das Verschwinden der Homosexualität im 100. Jahr der Emanzipation, in: Süddeutsche Zeitung vom 22.5.1997.
2 Vgl. Michael Schwartz, Homosexuelle im modernen Deutschland. Eine Langzeitperspektive auf historische Transformationen, in: Vierteljahrshefte für Zeitgeschichte 69 (2021), H. 3, S. 377–414.

Notiz: Der Verfasser möchte seinem Mitherausgeber Michael Mayer für dessen kritische Durchsicht dieses Textes und für seine weiterführenden Anregungen zur Entwicklung in den USA und zur Relation Homosexualität/Demokratiegeschichte, die hier eingeflossen sind, sehr herzlich danken.

derner Gesellschaften mit Sexualität im Allgemeinen und mit „ihren" homosexue
Minderheiten im Besonderen gesprochen werden muss.[3]

Vereinfachend gesagt: Nach dem gesamteuropäischen Extremfall der NS-Hom
xuellenverfolgung zwischen 1933 und 1945, die ihren Höhepunkt 1937/38 erreic
und einer nochmaligen Klimax homophober Strafverfolgung in der Bundesrepu
Deutschland um 1959 nahm die *staatliche Verfolgung* seit Mitte der 1960er Jahre in
ropa ganz erheblich ab. Sodann wurde auch die *gesellschaftliche Diskriminierung*
denziell – wenn auch sehr ungleichmäßig innerhalb einer jeden Gesellschaft – re
ziert oder zumindest sublimiert. Bestimmte *Formen der Emanzipation* gewan
hingegen seit den 1970er Jahren – durch intensivierte homosexuelle Selbstorgani
on von Schwulen und Lesben, aber auch durch zunehmende Liberalität innerhalb
Mehrheitsgesellschaften – erkennbar an Boden. Die allgemeine Transformation
Lebensstile, Familienbeziehungen und individuellen Freiheits-Spielräume in
hochentwickelten Gesellschaften des globalen „Nordens" während der 1960er Ja
zog weitere profunde Veränderungen in den 1980er Jahren nach sich: Trotz der s
ambivalenten Wirkung der AIDS-Krise erfolgte damals unter der Oberfläche der
gesereignisse offenbar eine grundlegende Veränderung – indem die geburtensta
junge Generation der Babyboomer den „Zeitgeist" neu definierte; indem Frauen
feministische Frauenbewegungen mehr Rechte und echte Gleichheit einforderten
damit auch männliche Rollenbilder massiv in Frage stellten und veränderten; in
das Verhältnis zwischen gesellschaftlichen Vorstellungen von sexueller „Normali
und „Abnormalität" neu ausbalanciert wurde. Durch all diese Entwicklungen wu
in diesen Gesellschaften – sowohl im kapitalistischen Westen als auch im sowjet
beherrschten Osten Deutschlands und Europas – im Zeitraum zwischen 1945 und 2
nichts Geringeres als eine „Great Transition" wirkmächtig – eine tiefgreifende hist
sche Transformation von Genderbeziehungen und Sexualitäten.[4]

Wenn wir folglich die zweite Hälfte des 20. Jahrhunderts als Geschichte eines
heblichen gesellschaftlichen Fortschritts – weg von Verfolgung, weg von massive
subtilerer Diskriminierung, gleichzeitig hin zu Ansätzen von Emanzipation – erzäl
wollen, muss dies zugleich mit Einschränkungen verbunden werden. Die „Geschic
der Homosexualitäten seit der Mitte des 20. Jahrhunderts" ist zweifellos „eine
schichte der Emanzipation und der Befreiung", „eine Geschichte des Fortschri
aber zugleich ist sie „auch eine Geschichte der fortgesetzten Stigmatisierung", de
derzeitiges Resultat im frühen 21. Jahrhundert als für homosexuelle Menschen du
aus widersprüchliche „Gleichzeitigkeit von Ausgrenzung, Befreiung und Optir
rungsdruck" betrachtet werden kann.[5] Überdies sollte uns im Zuge einer tendenzie

---

3 Vgl. Volkmar Sigusch, Lean Sexuality. On Cultural Transformations of Sexuality and Gender in
cent Decades, in: Sexuality and Culture 5 (2001), No. 2, S. 23–56.
4 Vgl. Jeffrey Weeks, What is Sexual History?, Cambridge/Malden, MA 2016, S. 84–88.
5 Benno Gammerl, Anders fühlen. Schwules und lesbisches Leben in der Bundesrepublik. Eine E
tionsgeschichte, München 2021, S. 339.

Fortschrittserzählung stets bewusst bleiben, dass nicht nur unterschiedliche Staaten und Gesellschaften, sondern auch verschiedene gesellschaftliche Milieus und Institutionen ein und derselben Gesellschaft von einer grundlegenden „Gleichzeitigkeit des Ungleichzeitigen" (Ernst Bloch)[6] gekennzeichnet waren und immer noch sind. So unterschied sich der Umgang mit Homosexuellen und Homosexualität zwischen Protestantismus und Katholizismus im Untersuchungszeitraum immer gravierender. Darüber hinaus ist gesellschaftlicher „Fortschritt" stets reversibel: Aktuell demonstriert diese Grundtatsache historischer Entwicklungen vielleicht die jüngste Entwicklung in den USA, die auf Europa zurückwirken könnte. Dort mehren sich Versuche republikanisch regierter US-Bundesstaaten, die erst in jüngster Zeit möglich gewordenen gleichgeschlechtlichen Ehen wieder zu verbieten, auch wenn diese durch ein Urteil des Obersten Gerichts von 2015 als verfassungsgemäß anerkannt wurden. Die Regierung des derzeit von den Demokraten gestellten Präsidenten rang im Jahre 2022 mit der in dieser Frage offensichtlich gespaltenen republikanischen Opposition darum, ein neues Bundesgesetz („Respect for Marriage Act") zu verabschieden, mit dem gleichgeschlechtliche Ehen davor geschützt werden sollen, durch einzelstaatliche Regelungen wieder ausgehebelt zu werden.[7] Doch nicht nur in den USA kommt gegenwärtig ein fundamentaler kultureller gesellschaftlicher Dissens im Umgang mit Homosexualität zum Vorschein: Insbesondere in Osteuropa – nicht allein in Russland, das immer stärker die Züge einer autoritären Diktatur angenommen hat, sondern auch in EU-Mitgliedsstaaten wie Polen oder Ungarn – wird die gleichberechtigte öffentliche Sichtbarkeit und aufklärende Sichtbarmachung von Homosexualität von der jeweils herrschenden politischen Richtung massiv einzuschränken versucht.[8] Doch auch in Deutschland ist zu Beginn des dritten Jahrzehnts des 21. Jahrhunderts die Situation von Menschen mit nicht-heterosexuellen Identitäten hochgradig ambivalent: Einerseits gab es im Jahre 2022 erstmals eine emanzipationspolitische „Queer Strategy" ei-

---

6 Vgl. Martin H. Geyer, „Die Gleichzeitigkeit des Ungleichzeitigen". Zeitsemantik und die Suche nach Gegenwart in der Weimarer Republik, in: Wolfgang Hardtwig (Hrsg.), Ordnungen in der Krise. Zur politischen Kulturgeschichte Deutschlands 1900–1933, München 2007, S. 165–187, hier insb. S. 169 f. und 178.
7 Vgl. Don't Let Republicans Off the Hook on Same-Sex Marriage, in: New York Times vom 19.9.2022, S. 20; Parteiübergreifend stimmt der US-Senat für den Schutz von Homo-Ehen, in: Welt Online vom 30.11.2022, https://www.welt.de/politik/ausland/article242400707/US-Senat-stimmt-fuer-Gesetz-zum-Schutz-von-Homo-Ehen.html (30.11.2022).
8 Vgl. LSVD, „LSBTI-freie Zonen" in Polen – Steigender Hass im Nachbarland, https://www.lsvd.de/de/ct/2227-quot-LSBTI-freie-Zonen-quot-in-Polen-Steigender-Hass-im-Nachbarland (30.11.2022); Polen: Diskriminierung von LGBT-Personen weitet sich aus, in: Die Zeit vom 28.2.2020, https://www.zeit.de/gesellschaft/zeitgeschehen/2020-02/polen-lgbt-zone-pis-diskriminierung-eu-kritik (30.11.2022); Amnesty International, Ungarn: Queer-Feindliches Gesetz stigmatisiert LGBTI-Community, 15.06.2021, https://www.amnesty.de/allgemein/pressemitteilung/ungarn-queer-feindliches-gesetz-stigmatisiert-lgbti-community (30.11.2022); Heinrich-Böll-Stiftung, LSBTI in Russland: Eine Geschichte von Erfolgen, Chancen und Herausforderungen, 31.5.2017, https://www.boell.de/de/2017/05/31/lsbt-russland-eine-geschichte-von-erfolgen-chancen-und-herausforderungen (30.11.2022).

ner deutschen Regierung, die vom ersten eigens ernannten „Queer-Beauftragten"
gestellt wurde; und es gab einen „Mr Gay Germany", eine Trans-Person aus Köln
Symbol neugewonnener gesellschaftlicher Akzeptanz; doch zugleich musste di
„Mr Gay Germany" in Interviews die tödliche Attacke auf einen jungen Trans-Man
Münster während der alljährlichen Queer-Demonstration, dem „Christopher St
Day" (CSD), beklagen; dieser hatte sich schützend vor zwei lesbische Teilnehmerir
gestellt, die von einem jungen Passanten beschimpft worden waren, und diese Z
courage mit dem Leben bezahlt. Der Täter soll gerufen haben: „Du bist kein richt
Mann!"[9]

Solche Gleichzeitigkeit des Ungleichzeitigen zeigt sich wiederholt auch in unse
Untersuchungszeitraum. Zwar erscheinen die 1960er Jahre in vielen Staaten – und
leibe nicht allein im demokratischen „Westen" – mit voller Berechtigung als eine
se der sexualpolitischen „Fundamentalliberalisierung" (Ulrich Herbert). In den 19
und 1970er Jahren wurden in vielen Staaten, die bislang einvernehmliche homos
elle Handlungen zwischen erwachsenen Männern (und seltener auch zwischen F
en) strafverfolgt hatten, diese Strafverfolgung beendet – auch in der Bundesrepu
Deutschland 1969, und in der DDR bereits ein Jahr zuvor. Derart liberalisierende S
rechtsreformen führten aber nicht zwangsläufig auch zur Beendigung der tiefsit
den religiös-moralischen Missbilligung gelebter Homosexualität und erst recht n
zum Ende gesellschaftlicher Diskriminierungen. In bestimmten Institutionen wur
sogar weiterhin Formen von Verfolgung (etwa durch Berufsverbote oder – subtil
durch Beeinträchtigung der Karriereverläufe) offen fortgesetzt, etwa im Kirchendi
oder in der Armee[10], anfänglich auch noch im Schuldienst. Gerade in als sicherheit
litisch hochrelevant eingestuften Bereichen blieb das schon zu Beginn des 20. Jahrt
derts konstruierte und immer wieder wellenartig aktualisierte homophobe Feind
von den Homosexuellen als unzuverlässige, eigensüchtige und potenziell verrä
sche Sondergruppe bis ins späte 20. Jahrhundert hinein wirkmächtig.[11] Obwohl di
Feindbild ursprünglich in Deutschland und Mitteleuropa konturiert worden war,
schränkte sich seine Wirkung keineswegs auf diese Gesellschaften, sondern griff
die angelsächsische Welt über und wurde dadurch nicht nur transnational, sond

---

9 Vgl. https://www.zdf.de/nachrichten/politik/queerbeauftragter-bundesregierung-queerstrategi
mophobie-100.html (23.1.2023); https://www.focus.de/panorama/welt/neue-details-zur-toedlichen-
cke-in-muenster-nuradi-a-erkannte-malte-c-als-transmann-dann-schlug-er-zu_id_140662058.
(23.1.2023).
10 Vgl. den seinerzeit vielbeachteten Fall eines Hannoveraner evangelischen Pfarrers um 1980
Klaus Fitschen, Liebe zwischen Männern? Der deutsche Protestantismus und das Thema Homose
lität, Leipzig 2018, S. 108–110 und 115, sowie den Beitrag von Klaus Fitschen im vorliegenden Band
Bundeswehr grundlegend Klaus Storkmann, Tabu und Toleranz. Der Umgang mit Homosexualit
der Bundeswehr 1955 bis 2000, Berlin/Boston 2021, sowie den Beitrag von Klaus Storkmann im vc
genden Band.
11 Vgl. Michael Schwartz, Homosexuelle – Seilschaften – Verrat. Ein transnationales Stereotyp im
Jahrhundert, Berlin/Boston 2019.

auch transatlantisch. So nahm etwa in den USA – die damit wiederum auf Europa zu-rückwirkten – seit Ende der 1940er Jahre die Verfolgung von Homosexuellen deutlich zu: Homosexuelle wurden systematisch aus leitenden Stellungen im Staatsdienst ent-lassen, da sie aufgrund ihrer sexuellen Orientierung vor allem in der ersten Hochpha-se des Kalten Kriegs als potenzielles Sicherheitsrisiko angesehen wurden. (Das wurde im sowjetischen Ostblock übrigens genauso gesehen und diskriminiert.) Erst Mitte der 1970er Jahre gelang es einem betroffenen Homosexuellen, in den USA vor einem Ar-beitsgericht erfolgreich gegen seine Entlassung zu klagen.[12] Formale gesetzliche Diskri-minierungsverbote, die insbesondere in den 1960er Jahren erlassen worden waren, hatten in der Praxis noch lange Zeit nur geringe Auswirkungen.[13]

In den 1980er Jahren traten sowohl in Europa als auch in den USA neue gravie-rende Ambivalenzen hinzu: Die gesellschaftliche Verunsicherung und medial geschür-te Panik um die AIDS-Pandemie drohte auf breiter Front seit den 1960er Jahren er-reichte Fortschritte in Richtung Toleranz und Akzeptanz wieder rückgängig zu machen und eine neue Phase der Ausgrenzung und rechtlichen Diskriminierung ein-zuleiten – denn es erfolgte eine gezielte „diskursive [...] Verknüpfung von Aids und Homosexualität im Rahmen eines katastrophischen Seuchennarrativs".[14] Dass es am Ende anders kam, dass der politisch-gesellschaftliche Umgang mit AIDS homosexuelle Emanzipation sogar deutlich befördern sollte, ließ sich anfangs nicht voraussehen. Doch entgegen der autoritären Versuchung, die etwa in Deutschland zumindest an-satzweise zur Implementierung illiberaler gesundheitspolitischer Maßnahmen (Scree-nings von Ausländern, angehenden Beamten und Strafgefangenen) führte, gelangte die westdeutsche Gesellschaft sukzessive zu einem konsensbasierten liberalen Ansatz von Präventionspolitik. Dass die zunächst stigmatisierten Homosexuellen im Laufe der AIDS-Krise politische Partizipation und gesellschaftliche Anerkennung gewinnen konnten, hing wesentlich mit ihrer pragmatischen Selbstorganisation in einer neuge-gründeten zivilgesellschaftlichen Organisation zusammen: Die „Deutsche AIDS-Hilfe" wurde rasch ein quasi-öffentlicher Teil der Staatsverwaltung, mit festem Sitz in natio-nalen Beratungsgremien und Enquete-Kommissionen.[15]

Eine weitere tiefgreifende Ambivalenz ist genderspezifischer und geschlechterpo-litischer Art: Die Situation homosexueller Frauen war in vielem anders als jene von Männern. Einerseits war es zweifellos ein Vorteil für lesbische Frauen, in der Regel – es gab auch Ausnahmen – nicht in jene Strafverfolgung einbezogen zu werden, der

12 Vgl. David K. Johnson, The Lavender Scare. The Cold War Persecution of Gays and Lesbians in the Federal Government, Chicago 2004.
13 Vgl. insbesondere den Fall Bostock von Clayton County; https://www.supremecourt.gov/opinions/19pdf/17-1618_hfci.pdf (10.10.2022).
14 Sebastian Haus-Rybicki, Eine Seuche regieren. AIDS-Prävention in der Bundesrepublik 1981–1995, Bielefeld 2021, S. 40; ferner Jonathan Engel, The Epidemic. A Global History of AIDS, New York 2006.
15 Vgl. Peter Baldwin, Disease and Democracy. The Industrialized World faces AIDS, Berkeley u. a. 2005, S. 155 und 173; vgl. auch die Beiträge von Michael Schwartz und Adrian Lehne zu AIDS in West- bzw. in Ostdeutschland im vorliegenden Band.

homosexuelle Männer lange ausgesetzt waren. Andererseits basierte die strafrec che Ausblendung lesbischer Handlungen auf einer abwertenden, ihrerseits diskr nierenden Auffassung von der geringeren Relevanz weiblicher Sexualität inner patriarchalisch dominierter Gesellschaften.[16] Diese Abwertung ging einher mit de wussten Unsichtbarmachung lesbischer Sexualität. Zudem bedeutete die tendenz Absenz von Strafverfolgung keineswegs, dass lesbische Frauen nicht durch an Rechtsbestimmungen eingeschränkt, diskriminiert und sogar ihrer Menschenre (z. B. ihrer Mütterrechte) beraubt worden wären.[17]

Wenn man als Historiker, der grundsätzlich ein professioneller Skeptiker sollte, überhaupt eine Fortschrittserzählung wagen will, muss diese von der Grun kenntnis getragen sein, dass es keine innere Teleologie gibt, keine zwangsläufige gar ungebrochene Entwicklungslinie vom „Dunkel" zum „Licht". Fortschritt blieb bleibt an Gegensätze, Widersprüche, an Entwicklungsdynamiken und -bedingun der jeweiligen Gesellschaften gebunden. Die langfristige Erfahrung der letzten be Jahrhunderte zeigt in Bezug auf die Lebenssituationen homosexueller Menschen n drücklich, dass Transformationen im Bereich der Sexualitäten höchst widersprüch verliefen, dass „Fortschritte" auch wieder zurückgenommen und sogar ins Geger verkehrt werden konnten. So wurde der auf Aufklärungsphilosophie und napole schem Kulturtransfer basierende Fortschritt juristischer Entkriminalisierung vernehmlicher Erwachsenen-Homosexualität, der sich im frühen 19. Jahrhunder etlichen europäischen Gesellschaften verbreitet hatte, mancherorts völlig zurüc nommen – namentlich in Deutschland, wo man sich 1870/71 entschloss, das homo be Strafrecht Preußens für das gesamte neue Deutsche Reich zum Maßstab zu mac und bisherige liberale Regelungen in anderen deutschen Regionen zu beseitigen.[1] wurden die starken Emanzipations- und Liberalisierungstendenzen der Weimarer publik der 1920er Jahre (die freilich stets von homophoben Gegen-Tendenzen begl

---

16 Vgl. Schwartz, Homosexuelle im modernen Deutschland, in: Vierteljahrshefte für Zeitgeschich (2021), H. 3, S. 389–391.

17 Vgl. Günter Grau/Kirsten Plötz, Verfolgung und Diskriminierung von Homosexualität in Rheinl Pfalz 1946–1973, im Auftrag des Instituts für Zeitgeschichte München–Berlin und der Bundesstif Magnus Hirschfeld, hrsg. vom Ministerium für Frauen, Jugend, Familie, Integration und Verbrauc schutz Rheinland-Pfalz, Online-Ressource (Langfassung) 2016, zitiert nach: https://mh-stiftung.de/ 01/24/neue-studie-rheinland-pfalz-arbeitet-die-strafrechtlichen-verfolgung-und-gesellschaftlich pression-von-schwulen-und-lesben-in-der-nachkriegszeit-auf/ (9.9.2022); Kirsten Plötz, „... in ständ Angst ...". Forschungsbericht im Auftrag des Instituts für Zeitgeschichte München–Berlin und der desstiftung Magnus Hirschfeld. Eine historische Studie über rechtliche Folgen einer Scheidung für ter mit lesbischen Beziehungen und ihre Kinder in Westdeutschland unter besonderer Berücksi gung von Rheinland-Pfalz (1946 bis 2000), hrsg. vom Ministerium für Familie, Frauen, Jug Integration und Verbraucherschutz Rheinland Pfalz, Online-Ressource 2021, zitiert nach: https btiq-rlp.de/in-staendiger-angst/ (9.9.2022); vgl. auch den Beitrag von Kirsten Plötz im vorlieger Band.

18 Schwartz, Homosexuelle im modernen Deutschland, in: Vierteljahrshefte für Zeitgeschicht (2021), H. 3, S. 402–405.

worden waren) durch die 1933 zur Macht gelangte NS-Diktatur abgebrochen und alsbald sogar in ihr krasses Gegenteil verkehrt.[19]

Zuweilen mündeten derart widersprüchliche Entwicklungen in seltsam hybride
Konstellationen: So begann das NS-Regime 1933 sogleich, die Milieu-Strukturen der
linksemanzipatorischen Weimarer Homosexuellen-Bewegungen zu zerschlagen und
zu verfolgen, ließ aber zugleich in Person des SA-Stabschefs und Hitler-Duzfreundes
Ernst Röhm erstmals einen als homosexuell skandalös bekannt gewordenen Politiker
zum Minister einer deutschen Regierung aufsteigen – bevor es ihn dann 1934 gewaltsam beseitigte und seine bislang tolerierte sexuelle Orientierung neben Verrats- und
Korruptionsvorwürfen zur Begründung heranzog.[20]

Seltsam hybrid war auch die Situation in der frühen Bundesrepublik, die einerseits an NS-Kontinuitäten im Strafrecht und in der Intensität von Strafverfolgung voll-
umfänglich anknüpfte, zugleich aber auch Räume öffnete für kritisch-liberale Reform-
diskurse, die schon in den frühen 1950er Jahren beachtlich waren, freilich erst Mitte
der 1960er Jahre dominant zu werden vermochten.[21] Aufgrund der staatlichen Föderali-
lisierung gab es – anders als im durchzentralisierten NS-Regime – auch Spielräume
für unterschiedlich intensive Strafverfolgungs-Politiken in den 1950er und 1960er Jahren und damit relative Freiräume für Homosexuelle in Stadtstaaten wie West-Berlin
oder Hamburg.[22] Eine andere Form der Hybridisierung erfolgte in der DDR, wo die
SED-Diktatur einerseits an Weimarer Reform-Traditionen der damaligen KPD und SPD
anknüpfte, andererseits aber auch den homophoben Grundüberzeugungen weiter Teile der deutschen Gesellschaft nachgab, was durch den Einfluss des ebenfalls homophoben Stalinismus zweifellos verstärkt wurde.[23] Bei alledem blieb in beiden 1949 ent-
standenen deutschen Staaten zwei volle Jahrzehnte lang ein jeweils unterschiedlich
großes Stück NS-Erbe im Umgang mit homosexuellen Menschen lebendig – deutlich
umfassender und bedrohlicher in der bundesrepublikanischen Demokratie, die sich
im repressiven Umgang mit ihrer homosexuellen Minderheit eindeutig als „Tyrannei
der Mehrheit" im Sinne des wichtigsten konservativ-liberalen Demokratie-Theoreti-
kers des 19. Jahrhunderts, Alexis de Tocqueville, erwies.[24]

---

19 Vgl. Clayton J. Whisnant, Queer Identities and Politics in Germany. A History 1880–1945, New York
2016, S. 162–241.

20 Vgl. Schwartz, Homosexuelle – Seilschaften – Verrat, S. 160–211.

21 Vgl. Michael Schwartz, Homosexualität, Sexualstrafrecht und Sittlichkeit. Gesellschaftliche Kontroversen und Reformdebatten in der frühen Bundesrepublik, in: Katharina Rauschenberger/Sibylle
Steinbacher (Hrsg.), Fritz Bauer und „Achtundsechzig". Positionen zu den Umbrüchen in Justiz, Politik
und Gesellschaft, Göttingen 2020, S. 166–188.

22 Vgl. Michael Schwartz, Lebenssituationen homosexueller Männer im geteilten Berlin 1949 bis 1969,
in: Bernhard Gotto/Elke Seefried (Hrsg.), Männer mit „Makel". Männlichkeiten und gesellschaftlicher
Wandel in der frühen Bundesrepublik, Berlin/Boston 2017, S. 88–103; Gottfried Lorenz/Ulf Bollmann,
Liberales Hamburg? Homosexuellenverfolgung durch Polizei und Justiz nach 1945, Hamburg 2013.

23 Vgl. etwa Rainer Marbach/Volker Weiß (Hrsg.), Konformitäten und Konfrontationen. Homosexuelle
in der DDR, Hamburg 2017.

24 Vgl. Manfred G. Schmidt, Demokratietheorien. Eine Einführung, Wiesbaden [5]2010, S. 117–125.

Gesellschaftliche Transformationen des Umgangs einer Gesellschaft mit „ih
Homosexuellen gingen somit nicht zwangsläufig in eine gleichförmige Entwicklu
richtung; sie schlugen vielmehr höchst unterschiedliche, teilweise einander konte
rierende Richtungen ein. Transformationen konnten aus bestimmtem Blickwi
auch schlimme Rückschläge bedeuten. Die Zukunft war und bleibt folglich offen,
allem Hoffnungs- und Verunsicherungspotenzial, das diese historische Erkenntni
uns heute bereithält.

Der vorliegende Sammelband möchte in methodischer Hinsicht den seit Ende
20. Jahrhunderts begonnenen Prozess der „Verwissenschaftlichung" der Forschu
zu Homosexualität(en) weiter vorantreiben. Es geht um die weitere Historisierung
Themas und seine stärkere Einordnung in gegenwärtige Strömungen der Ze
schichtsforschung. Das erfolgt gelegentlich nicht ohne Entmythologisierung, die
manche schmerzhaft ist.[25] Die neuere Forschung zeichnet sich einerseits durch
diskriminierungs-bewusstere Geschichtsbetrachtung aus; die derzeitigen gesellsc
lichen Debatten zur Diskriminierung von Frauen oder Minderheiten lassen zeith
risch gezielter nach Vorgeschichten aktueller Diskriminierungen fragen.[26] Ande
seits kann man auch eine Geschichtsbetrachtung beobachten, die unterschiedl
Perspektiven bietet. Diese Vielfalt wird anhand der in diesem Band besonders her
gehobenen Ambivalenz der Entwicklungen bzw. der unterschiedlichen Akteure d
lich. Zugleich führt ein multiperspektivischer Ansatz dazu, dass einfache Dichoton
zwischen Opfern und Tätern bzw. simple Verfolgungsgeschichten hinterfragt wer
So waren Homosexuelle keinesfalls nur passive Opfer. Im Gegensatz zu einem ein
migen Viktimisierungsnarrativ (das in der Geschichte der Selbstorganisierung se
funktionalen, aber eben inhaltlich höchst einseitigen Platz hat) sollen Homosexu
vielmehr als historische Akteure wahrgenommen werden, die auf Verfolgungen
Diskriminierungen reagierten bzw. sich diesen zu widersetzen oder zu entzie
suchten. Darüber hinaus waren Homosexuelle durch unterschiedliche gesellscha
che Rollen und Identitäten geprägt, die sie in bestimmten Kontexten teilweise zu ˮ
folgern, teilweise zu Verfolgten machten – zuweilen beides zugleich oder hinterei
der. Der bekannte Fall Ernst Röhm stellt hierbei gewiss ein Extrembeispiel dar, s
aber nur pars pro toto – und zwar nicht nur mit Blick auf etliche homosexuelle Trä
des NS-Regimes, die irgendwann selbst dessen Homosexuellenverfolgung zum O
fielen. Schon ein Hinweis auf den McCarthy-Adlatus und dezidierten Kommunis

---

25 Vgl. etwa Craig Griffiths, The Ambivalence of Gay Liberation. Male Homosexual Politics in 1
West Germany, Oxford 2021; Griffiths ordnet die Mythen der homosexuellen Studierendenbeweg
(so etwa das Narrativ vom heldenhaften Befreiungskampf) in einen größeren Kontext ein, un
zugleich in Frage zu stellen und teilweise zu widerlegen. Ferner Patrick Henze, Schwule Emanzipa
und ihre Konflikte. Zur westdeutschen Schwulenbewegung der 1970er Jahre, Berlin 2019.
26 Vgl. etwa Cord Arendes u. a., Geschichtswissenschaft im 21. Jahrhundert. Interventionen zu a
ellen Debatten, Berlin 2020, insbesondere S. 39 f.

und Homosexuellenjäger Roy Cohn, der selbst ein heimlicher Homosexueller war[27], verweist auf die USA der 1950er Jahre und damit auf ganz andere politische, gesellschaftliche und zeitliche Kontexte. Der Fall Cohns, der schließlich an AIDS erkrankte und verstarb, aber bis zuletzt seine Homosexualität zu leugnen versuchte, zeigt auf bedrückende Weise zudem, wie sehr einige Betroffene zeitlebens von Identitätsunsicherheiten oder gar Selbsthass gezeichnet blieben.

Unter den Anknüpfungspunkten zu zentralen aktuellen Entwicklungsrichtungen der Zeitgeschichte ist für den vorliegenden Band neben der Diskriminierungs- bzw. Minderheitengeschichte vor allem die Demokratisierungsgeschichte hervorzuheben.[28] Lange wurde etwa die Geschichte der Bundesrepublik als Erfolgsmodell gelungener Demokratisierung geschrieben.[29] Diese Perspektive wird inzwischen vermehrt hinterfragt und aufgebrochen, um den Blick auf blinde Flecken oder Schattenseiten von Demokratisierung zu lenken.[30] Demokratiegeschichte erweist sich immer deutlicher als an konkrete gesellschaftliche Machtverhältnisse und Konfliktbereiche zurückgebundene und gerade *infolgedessen* veränderliche Geschichte demokratischer Inklusion und Exklusion – namentlich entlang sozioökonomischer, geschlechtsspezifischer oder ethnonationaler Trennlinien etwa beim Wahlrecht.[31] Vor diesem Hintergrund verschiebt sich auch die auf homosexuelle oder „queere" Minoritäten bezogene „Pinke Linie" in Gesellschaften und Rechtsordnungen.[32] Ziel unseres Bandes ist es, solche aktuellen Forschungstendenzen innerhalb der Zeitgeschichte mit einer Geschichte der Homosexualität(en) zusammenzuführen.

---

27 Vgl. James Kirchick, Secret City. The Hidden History of Gay Washington, New York 2022; Nicholas von Hoffman, Citizen Cohn. The Life and Times of Roy Cohn, New York 1988; Schwartz, Homosexuelle – Seilschaften – Verrat, S. 225 f.

28 Vgl. Kirchick, Secret City; auch emotionsgeschichtliche Ansätze zeigen sich vermehrt; vgl. etwa Julian Jackson, Living in Arcadia. Homosexuality, Politics, and Morality in France from the Liberation to AIDS, Chicago, IL 2009.

29 Vgl. etwa Edgar Wolfrum, Die geglückte Demokratie. Geschichte der Bundesrepublik Deutschland von ihren Anfängen bis zur Gegenwart, Stuttgart 2007.

30 Vgl. etwa Demokratisierung der Deutschen. Errungenschaften und Anfechtungen eines Projekts, hrsg. von Tim Schanetzky u. a., Göttingen 2020.

31 Diese spezifischen Dimensionen von Einschluss oder Ausschluss von Menschengruppen werden in Forschungen zur Wahlrechtsgeschichte der USA anhand von Zensuswahlrecht, Frauenwahlrecht und Wahlrecht für Afroamerikaner klar herausgearbeitet; vgl. Alexander Keyssar, The Right to Vote. The Contested History of Democracy in the United States, New York 2000; Michael Waldman, The Fight to Vote, New York u. a. 2016.

32 Vgl. Mark Gewisser, Die Pinke Linie. Weltweite Kämpfe um sexuelle Selbstbestimmung und Geschlechtsidentität, Berlin 2021.

II

Betrachten wir die drei Dimensionen der Lebenssituationen homosexueller M
schen, die unserem Band seinen Titel gegeben haben, etwas genauer und begir
wir mit der *Verfolgung*.

Im modernen Europa, seit dem frühen 19. Jahrhundert, war diese Verfolgung
allem *staatliche Strafverfolgung* durch Polizei, Ankläger und Gerichte, gegebenen
auch durch Strafanstalten. Diese Form der Verfolgung wies ambivalente Züge
Zum einen wurde das Strafmaß lange Zeit – bis zum Auftreten der nationalsozia
schen und der stalinistischen Diktaturen in den 1930er Jahren – über einhundert J
hinweg tendenziell immer deutlicher verringert; zum anderen nahm die Inten
der Verfolgung mit dem Ausbau des modernen Staatsapparates und dessen Tenc
zur Durchdringung der Gesellschaft immer mehr zu. Vor dem Hintergrund dieser
damentalen Ambivalenz – qualitative Milderung bei gleichzeitiger quantitativer :
gerung von Verfolgung – gab es mehrere Grundentscheidungen, die Verfolgung
schränkten bzw. auf bestimmte Sachverhalte oder Personengruppen konzentrierte

Erstens konnte – wie erwähnt – das *Strafmaß* für homosexuelle Handlungen d
lich *abgemildert* werden. Schon seit dem 18. Jahrhundert galt: „Die Aufklärung
langte wenigstens teilweise Beschränkung der Bestrafung."[33] Wurden beispielsw
in Hamburg im 17. Jahrhundert Menschen wegen „Sodomie" noch öffentlich
brannt, fand die letzte derart begründete Hinrichtung in der Hansestadt 1726 d
Enthauptung statt (was als Milderung angesehen wurde). Danach ging man zu öffe
cher Züchtigung und langjähriger Zwangsarbeit über, die freilich nicht alle Verur
ten überlebten.[34] In den Niederlanden wurde noch 1803 ein wegen homosexue
Handlungen zum Tode Verurteilter hingerichtet – in dieser rechtsförmigen Art
Exekution letztmalig im kontinentalen Europa, zwölf Jahre nach Entkriminalisier
desselben Delikts im revolutionären Frankreich.[35] Danach gab es in Europa wegen
mosexueller Handlungen offenbar keine rechtsstaatlichen Todesstrafen und Hinr
tungen mehr. Erst die NS-Diktatur, die auch in dieser Hinsicht mörderisch war, s
dies Mitte des 20. Jahrhunderts zumindest faktisch wieder ändern.[36] Auch ein Teil

---

33 Wilhelm Rudeck, Geschichte der öffentlichen Sittlichkeit in Deutschland, Wien o. J. [³1920], S.
34 Jakob Michelsen, „Wider die Natur". Gleichgeschlechtliche Sexualität m frühneuzeitlichen H
burg, in: Johann Anselm Steiger/Sandra Richter (Hrsg.), Hamburg. Eine Metropolregion zwischen
her Neuzeit und Aufklärung, Berlin 2012, S. 805–823, hier insb. S. 815.
35 Brent Pickett, Historical Dictionary of Homosexuality, London ²2022, S. XXII.
36 Abgesehen von faktischen Tötungen, die ohne Rechtsgrundlage – sei es als unmittelbarer Morc
es als Todesfolge von systematischer Misshandlung und Vernachlässigung – an den meisten „R
Winkel"-Häftlingen in den Konzentrationslagern begangen wurden, gab es seit Herbst 1941 einen i
nen Erlass Hitlers, der Angehörigen von SS und Polizei für homosexuelle Handlungen die Todest
androhte, die teilweise auch vollzogen wurde; vgl. Schwartz, Homosexuelle im modernen Deutschl
in: Vierteljahrshefte für Zeitgeschichte 69 (2021), H. 3, S. 382 und 385. Überdies konnte durch eine S
rechtsverschärfung von 1941 bei allen Sittlichkeitsvergehen gegen Minderjährige die Todesstrafe

zur selben Zeit zu Zwangsarbeit in Stalins GULag verurteilten Homosexuellen in der Sowjetunion, die nach Wiedereinführung homophoben Strafrechts 1934 in den Lagern besonderen Diskriminierungen und Härten ausgesetzt wurden[37], dürfte dort zu Tode gekommen sein. Aber diese totalitären Umschwünge ahnte man um 1900 noch nicht. Damalige Kulturhistoriker zeichneten das (allzu vereinfachte) Bild einer kontinuierlichen Fortschrittsgeschichte der Strafmilderung: „Die neueste Wissenschaft und Gesetzgebung bemüht sich vollends, die widernatürliche Unzucht ganz aus dem Strafgesetzbuch zu verweisen. [...] Auch die Strenge der Strafe ist völlig verschwunden. Auf widernatürliche Unzucht steht heute nur noch Gefängnis."[38] „Nur noch Gefängnis" ...

In Deutschland war dabei die Einführung des ominösen „Paragraphen 175", der mit Jahresbeginn 1872 rechtsvereinheitlichend in Kraft trat, ein Kompromiss zwischen widerstreitenden Zielen: Hatte der für dieses homophobe Strafrecht vorbildliche § 143 des Preußischen Strafgesetzbuches von 1851 „die widernatürliche Unzucht [...] zwischen Personen männlichen Geschlechts" noch mit präzisen Strafvorschriften versehen („Gefängnis von sechs Monaten bis zu vier Jahren") und den zeitweiligen Entzug der „bürgerlichen Ehrenrechte" (etwa des Wahlrechts) zwingend vorgeschrieben, beschränkte sich der neue § 175 StGB auf die Bestimmung, das Delikt sei „mit Gefängnis zu bestrafen", ohne die Haftdauer zu präzisieren. Ein erster Gesetzesentwurf vor der Reichsgründung hatte noch eine Abmilderung der bisherigen preußischen Höchststrafe auf höchstens zwei Jahre festlegen wollen. Die Regelung von 1871 aber ließ die Höhe der Strafe bewusst offen und stellte sie damit ins Ermessen der Gerichte. Dies ermöglichte Gefängnisstrafen, die in der Praxis zwischen einem Tag und vollen fünf Jahren schwankten. Widersprüchlich – und damit wiederum erhebliche richterliche Spielräume eröffnend – wirkte auch die Umwandlung des bislang vorgeschriebenen Entzugs der bürgerlichen Ehrenrechte in eine „Kann"-Bestimmung, die aber gleichzeitig eine dauerhafte Aberkennung zu ermöglichen schien.[39] Man konnte – wie der anarchistische Publizist Erich Mühsam 1903 – in dieser Flexibilisierung der Strafrechtsanwendung eine gravierende „Rechtsunsicherheit" erblicken, „von der man sich kaum eine Vorstellung machen kann", denn für dasselbe Delikt wurde man damals innerhalb Deutschlands entweder „freigesprochen oder zu 14 Tagen verurteilt, oder zu sechs Monaten, oder zu 1 ½ Jahren, wie's trifft". Dies eröffnete den Richtern nicht nur die Chance zur Aufrechterhaltung unterschiedlicher regionaler Verfolgungstraditionen aus der Zeit vor 1871, sondern auch eine wohlabgewogene Form von „Klassen-

---

hängt werden, wobei der SD 1942 scharf rügte, dass Gerichte davon zu wenig Gebrauch machen würden; vgl. Heinz Boberach (Hrsg.), Meldungen aus dem Reich. Die geheimen Lageberichte des Sicherheitsdienstes der SS 1938–1945, Bd. 11, Herrsching 1984, S. 4074–4079.

37 Wilson T. Bell, Stalin's Gulag at War. Forced Labour, Mass Death, and Soviet Victory in the Second World War, Toronto u. a. 2018, S. 93.

38 Rudeck, Geschichte der öffentlichen Sittlichkeit in Deutschland, S. 242 f. und 246 f.

39 Christian Schäfer, „Widernatürliche Unzucht" (§§ 175, 175a, 175b, 182 a. F. StGB). Reformdiskussion und Gesetzgebung seit 1945, Berlin 2006, S. 28 und 315 f.; Magnus Hirschfeld, Die Homosexualität des Mannes und des Weibes, Berlin ²1920 [Erstauflage 1914], S. 842 f.

justiz" je nach persönlichen Werthaltungen und Rücksichtnahmen. Mühsam betr
tete zudem die Beweisaufnahme als geradezu entwürdigend für alle Beteiligten –
halb diese Scheußlichkeiten „durch keinerlei kleine Remeduren zu korrigieren" se
„sondern nur durch die Beseitigung des betreffenden Gesetzesparagraphen".[40]

Zweitens konnten homosexuelle Handlungen, sofern sie *einvernehmlich* zwisc
Erwachsenen erfolgt waren, von Strafverfolgung gänzlich *ausgenommen* werden.
geschah im revolutionären Frankreich 1791 und wurde 1810 langfristig bekräfti
beispielgebend für zahlreiche Staaten des romanischen Europa und überhaupt de
teinischen Welt, aber auch für französisch beeinflusste Teile Deutschlands, etwa
preußische Rheinland bis 1852 oder Bayern und die Rheinpfalz zwischen 1813
1871.[41] Die östlicheren Teile Deutschlands hingegen blieben trotz auch dort stattfin
der Reformen (z. B. zur Abmilderung von Strafen) durch deutlich illiberalere Ges
geprägt. Die liberale Auffassung, dass nur strafbar sein könne, was andere Recht
ter konkreter Menschen schädige, stritt mit der konservativen Position, dass der S
die grundsätzliche Pflicht habe, unsittliche Handlungen zu bestrafen, gleichgülti
diese andere schädigten oder nicht. Dieser prinzipielle Konflikt aus der Mitte de
Jahrhunderts sollte in Strafrechtsreform-Debatten gegen Mitte des 20. Jahrhund
wiederkehren. Das relativ homophobe Strafrecht Preußens von 1851 prägte ab
das gesamte preußisch dominierte Deutsche Reich, wobei im neuen § 175 StGB le
lich das bisher in Preußen geltende „Strafminimum von 6 Monaten auf einen Tag
abgesetzt" wurde. Das war „für Preußen immerhin ein Fortschritt, für die südd
schen Länder dagegen, vor allem für das bis dahin tolerante Bayern, ein gewalt
Rückschritt".[42] Transformationen erwiesen sich als reversibel.

Drittens konnten bei der Kriminalisierung homosexueller Handlungen solche
schen *Frauen* prinzipiell ausgenommen werden und *straffrei* bleiben. In vormoder
Zeit waren Frauen wie Männer wegen „sodomitischer" Handlungen gleicherma
mit Strafe bedroht worden. Im patriarchalisch-bürgerlich geprägten 19. Jahrhun
aber wurde weibliche Homosexualität zwar nicht allerorten, aber überwiegend
kriminalisiert – im französisch geprägten Rechtsraum ohnehin, aber auch im p
ßisch-deutschen Bereich, wo man sich ganz auf abweichende männliche Sexua
konzentrierte.[43] Zu Beginn des 20. Jahrhunderts wurde lesbische Sexualität nur n
in wenigen europäischen Staaten bestraft: In Griechenland, in den Niederlanden
Österreich, Finnland und Schweden sowie in der Mehrheit der Schweizer Kantone
habsburgischen Österreich und ab 1918 auch in der kleineren Republik gleichen

---

40 Erich Mühsam, Die Homosexualität. Ein Beitrag zur Sittengeschichte unserer Zeit, Berlin 3. Auf
o. J. [1903], S. 38 f.
41 Vgl. Schwartz, Homosexuelle im modernen Deutschland, in: Vierteljahrshefte für Zeitgeschicht
(2021), H. 3, S. 402–404.
42 Harry Wilde, Das Schicksal der Verfemten. Die Verfolgung der Homosexuellen im „Dritten Re
und ihre Stellung in der heutigen Gesellschaft, Tübingen 1969, S. 54 f.
43 Schäfer, „Widernatürliche Unzucht", S. 315.

mens blieb diese für beide Geschlechter geltende Strafandrohung bis 1971 in Kraft – was zu dieser Zeit in Europa sonst nur noch für die Sowjetunion und Finnland gegolten haben soll.[44] Die Strafbarkeit auch für lesbische Handlungen blieb auf dem Boden Österreichs selbst zu jener Zeit in Kraft, als es ein selbständiges Österreich gar nicht mehr gab – denn nachdem dieses 1938 vom „Großdeutschen Reich" Adolf Hitlers annektiert worden war, ließ die NS-Diktatur, deren § 175 StGB im Altreich nur homosexuelle Männer verfolgte, für das Anschlussgebiet der nunmehrigen „Alpen- und Donaugaue" das alte österreichische Strafrecht weiterhin in Kraft. Die bis heute kolportierte Fehleinschätzung, lesbische Frauen seien von der NS-Diktatur *überhaupt nicht* (straf)verfolgt worden, ist allein schon aus diesem Grunde unrichtig.[45] Freilich war auch unter NS-Bedingungen die Gefahr einer Verurteilung für Männer „sehr viel größer als für Frauen".[46] Überhaupt scheint in Österreich eine (geringfügige) reale Verfolgung von Frauen erst in den 1920er Jahren eingesetzt zu haben, denn in der späten Habsburgermonarchie soll „seit Jahrzehnten kaum noch ein Fall bekannt" gewesen sein, „in dem dieses Gesetz in Anwendung gebracht wurde". Auch dort verhinderte somit ein spezifisches (aus heutiger Sicht abwertendes) Frauenbild weitgehend die Umsetzung von Verfolgung.[47]

Viertens konnte die Strafbarkeit homosexueller Handlungen zwischen männlichen Personen dadurch eingeschränkt werden, dass man sie – wie in der Auslegung des deutschen Reichsgerichts in Kaiserzeit und Weimarer Republik – strikt auf *beischlafähnliche" Handlungen* beschränkte.[48] Damit wurden sexuelle Handlungen im weiteren Sinne – von Onanie über Küsse bis zu Zärtlichkeiten – von der Strafandrohung ausgenommen. Dermaßen einschränkend und in der Wirkung relativ liberal verfuhr die deutsche Justiz im Kaiserreich, in der Weimarer Republik und auch in der DDR bis 1968. Die NS-Diktatur hingegen ließ diese wichtige Beschränkung fallen, um

---

44 Vgl. Hirschfeld, Homosexualität, S. 842–852; Wilde, Das Schicksal der Verfemten, S. 63.

45 Vgl. zum heutigen Forschungsstand Martin Lücke, Die Verfolgung lesbischer Frauen im Nationalsozialismus, in: Zeitschrift für Geschichtswissenschaft 70 (2022), S. 422–440; Schwartz, Homosexuelle im modernen Deutschland, in: Vierteljahrshefte für Zeitgeschichte 69 (2021), H. 3, S. 389–391.

46 Claudia Schoppmann, Zwischen strafrechtlicher Verfolgung und gesellschaftlicher Ächtung: Lesbische Frauen im „Dritten Reich", in: Insa Eschebach, Homophobie und Devianz. Weibliche und männliche Homosexualität im Nationalsozialismus, Berlin 2012, S. 35–51, hier insb. S. 40 f.

47 Hirschfeld, Homosexualität, S. 543 f.; nach Einschätzung dieses prominenten Sexualwissenschaftlers war „das gleichgeschlechtliche Leben der Frauen" in Österreich vor 1914 offenbar nie öffentliches Thema gewesen, was Hirschfeld auf die starke gesellschaftliche Stellung des weiblichen Geschlechts in der Gesellschaft zurückführte: „Bei der Hochverehrung, welche das Weib hierzulande genießt, erfahren derartige Vorkommnisse keinen Tadel, geschweige denn eine Bestrafung. Der Wiener geht sogar in krassesten Fällen mit den beschönigenden Worten ,Verrückte Frauenzimmer' zur Tagesordnung über. Damit ist die Sache für ihn erledigt." Dass in solcher Toleranz auch genderspezifische Geringschätzung zum Ausdruck gelangte, sah Hirschfeld nicht.

48 Vgl. Robert Deam Tobin, Sexology in the Southwest. Law, Medicine, and Sexuality in Germany and its Colonies, in: Global History of Sexual Science, 1880–1960, hrsg. von Veronika Fuechtner, Douglas E. Haynes und Ryan M. Jones, Oakland 2018, S. 141–162, hier S. 145–147.

möglichst alle als homosexuell zu deutenden Handlungen zwischen Männern be
fen zu können. Zwischen 1949 und 1969 setzte auch die bundesrepublikanische J
diese NS-Radikalisierung unvermindert fort.[49] Vergleichbar extensive Strafrecht
stimmungen gab es in Europa sonst nur in England, Schottland und Irland, nach
man dort in den 1880er Jahren das Strafrecht verschärft hatte – Änderungen, d
England bis 1967 und in den übrigen genannten Teilen des Vereinigten Königre
sogar bis in die frühen 1980er Jahre in Kraft blieben. Auch das norwegische Stra
setzbuch von 1902 und das österreichische Strafrecht von 1852 scheinen auf umfas
de Bestrafung – nicht nur von Beischlaf, sondern auch von Onanie – abgezielt zu
ben.[50] Hingegen beschränkten sich die Strafgesetze der meisten europäischen Sta
auf sogenannte beischlafähnliche Handlungen.

Im europäischen Vergleich gab es im frühen 20. Jahrhundert – etwa um 19.
drei Gruppen von Staaten mit unterschiedlichen Rechtslagen. Da der deutsche
StGB unspezifisch mit Gefängnisstrafe[51] drohte und die Verurteilungspraxis zwisc
einem Tag und fünf Jahren schwankte[52], befand sich Deutschland damit im euro
schen Mittelfeld; es gab deutlich liberalere Länder, aber auch einige Staaten mit hä
rer Strafandrohung. Der von Frankreichs Vorbild geprägte romanische Rechtsk
der Belgien, Italien, Luxemburg, Monaco, Portugal, Spanien und einige Kantone
Schweiz umfasste und auch in Montenegro, Rumänien und in der Türkei nachgea
wurde, drohte überhaupt keine Bestrafung von einvernehmlicher Erwachsenen
mosexualität an. Bestraft wurden lediglich Handlungen, die öffentlich (als „Ärger
wahrnehmbar, gewaltsam erfolgt oder mit minderjährigen Sexualpartnern praktiz
worden waren. Demgegenüber hielten die protestantisch geprägten Staaten Euro
und die meisten orthodoxen Nationen mehr oder weniger schwere Gefängnisstra
für als „unzüchtig" betrachtete Handlungen bereit: Dänemark seit 1866 ein „Korre
onshaus" zwischen „6 Monaten bis zu 6 Jahren", die Niederlande Gefängnis bis zu
Jahren, Norwegen bis zu einem Jahr, Finnland bis zu zwei Jahren. Hier reihte
auch Deutschland ein. Eine dritte Gruppe von Ländern drohte noch höhere Strafm
bzw. schärfere Strafformen an – auf der Grundlage von Gesetzen aus der Mitte des
Jahrhunderts etwa Russland (Zuchthaus von vier bis fünf Jahren) und das habsbu
sche Österreich (ein bis fünf Jahre „schwerer Kerker"). In England und Irland galt
1861 sogar noch die Todesstrafe, seither eine lebenslange Zuchthausstrafe im Falle
schlafähnlichen Verkehrs. Dies wurde 1885 ergänzt durch Androhung von Gefäng
und Zwangsarbeit bis zu zwei Jahren für alle weiteren homosexuellen Handlung
die bis dahin straffrei gewesen waren. Schottlands Gesetz folgte dem 1887 und
den Richtern die Wahl zwischen Gefängnis- und Zuchthausstrafen. Bis zu fünf Ja

---

49 Vgl. zur rechtsgeschichtlichen Entwicklung umfassend Schäfer, „Widernatürliche Unzucht".
50 Hirschfeld, Homosexualität, S. 842, 846 und 848.
51 Schäfer, „Widernatürliche Unzucht", S. 316.
52 Hirschfeld, Homosexualität, S. 842 f.

Zuchthaus drohten bei „unnatürliche[r] Befriedigung des Geschlechtstriebes" auch im schweizerischen Kanton Luzern, wo dies wie in Österreich auch für Frauen galt.[53]

Einige Jahrzehnte später hatte sich die Situation europaweit noch stärker polarisiert: Die Entkriminalisierung einvernehmlicher Handlungen zwischen erwachsenen Männern machte in den 1930er und 1940er Jahren beträchtliche Fortschritte – 1932 in Griechenland, Finnland und Polen, 1933 in Dänemark, 1936 in Rumänien, 1942 in der Schweiz und 1944 in Schweden.[54] Ein weithin beachtetes Signal hatte bereits 1917 die Abschaffung der Strafandrohung im revolutionären Russland nach dem Sturz der Monarchie gegeben – eine sexuelle Liberalisierung, die unter der Diktatur Lenins mit dem sowjetischen Strafgesetzbuch von 1922 demonstrativ beibehalten wurde. Es ist deshalb sogar gesagt worden, dass die Sowjetunion die wichtigste politische Macht seit dem revolutionären Frankreich von 1791 gewesen sei, die mannmännliche Sexualität entkriminalisiert habe, während man zur selben Zeit dafür in Deutschland zu fünf Jahren Gefängnis und in England sogar zu lebenslangem Zuchthaus verurteilt habe werden können.[55] Freilich hat dieses sexualrevolutionäre Signal nicht lange vorgehalten: Bereits 1934 ordnete Stalin in der Sowjetunion die Rekriminalisierung homosexueller Handlungen an, parallel zur alsbald folgenden extremen Strafverschärfung in NS-Deutschland 1935.[56] Beide Radikalisierungen hatten langfristige Wirkungen: Das NS-Strafrecht bestand in Deutschland bis 1968/69 fort, Stalins homophobes Strafrecht wurde sogar erst 1993 im postkommunistischen Russland beseitigt. Eine partielle Rekriminalisierung erfolgte zu jener Zeit übrigens auch in Frankreich, wo das rechtsautoritäre Vichy-Regime in den 1940er Jahren homophobe Strafbestimmungen wiedereinführte, die dessen Sturz 1944/45 lange überlebten und erst 1982 vollständig wieder beseitigt wurden.[57]

Obwohl die NS-Verschärfung des Homosexuellen-Strafrechts der liberalisierenden Tendenz internationaler Rechtsentwicklung diametral entgegengesetzt war, legten NS-Juristen Wert darauf, das eigene Strafrecht in den internationalen Kontext einzuordnen. Der Jurist und NS-Wissenschaftsbürokrat Karl August Eckhardt, der im Mai 1935 in der SS-Zeitschrift „Das Schwarze Korps" die „widernatürliche Unzucht" für an sich „todeswürdig" erklärte und damit über das damals verschärfte NS-Strafrecht weit hinausging, fragte zugleich: „Wie denkt das Ausland?" Für Eckhardt teilte sich die Welt klar in zwei ganz unterschiedliche Hälften: „Scharf sondern sich die nordisch-germanischen von den westisch-romanischen Völkern. Bei den Romanen wird die Homose-

---

53 Hirschfeld, Homosexualität, S. 842–851; Matt Houlbrook, Queer London. Perils and Pleasures in the Sexual Metropolis, 1918–1957, Chicago/London 2005, S. 19–21.

54 Hans-Joachim Schoeps, Überlegungen zum Problem der Homosexualität, in: Der homosexuelle Nächste. Ein Symposion, Hamburg 1963, S, 74–114, hier insb. S. 109.

55 Dan Healey, Homosexual Desire in Revolutionary Russia. The Regulation of Sexual and Gender Dissent, Chicago/London 2001, S. 81 und 122–125.

56 Vgl. Schwartz, Homosexuelle – Seilschaften – Verrat, S. 197–202.

57 Vgl. https://de.euronews.com/2019/06/13/wann-wurde-homosexualitaet-in-den-laendern-europas-legalisiert (23.1.2023).

xualität mehr belächelt als verurteilt. In allen Gebieten romanischen Rechts ist si
her, wenn nicht erschwerende Umstände [...] hinzukommen, völlig straffrei: s
Frankreich, Belgien, Holland und Luxemburg, in Italien, in Spanien und Portugal s
der Mehrzahl ihrer mittel- und südamerikanischen Tochterländer, ebenso auc
Rußland, Polen, Jugoslawien, Rumänien, der Türkei und Japan." (Für die Sowjetu
lag dieser NS-Jurist damit eklatant falsch.) Die germanische Staatengruppe hinge
betrachtete laut Eckhardt „homosexuelle Betätigung als schweres Sittlichkeitsdel
„Wie in Deutschland ist sie auch in Österreich (schwerer Kerker), Ungarn, der Ts
choslowakei, Bulgarien und Griechenland, in Dänemark, Norwegen, Schweden, F
land und Lettland, in England (bis zu lebenslänglichem Zuchthaus!), Schottland,
englischen Dominions und den Vereinigten Staaten von Nordamerika unter Freih
strafe gestellt."[58] Dieser rassistische SS-Jurist hatte bei seiner romanisch-germanisc
Dichotomie den orthodox-slawischen Teil Europas bezeichnenderweise nicht gle
rangig behandelt. Doch auch der einheitssozialistische DDR-Mediziner Ru
Klimmer konstatierte später, Ende der 1950er Jahre, vor allem einen protestanti
katholischen Gegensatz innerhalb Europas im strafrechtlichen Umgang mit Hom
xualität.[59]

Auch nach dem Zweiten Weltkrieg blieb die strafrechtliche Situation in Eur
gespalten, tendierte aber überwiegend in Richtung Liberalisierung: Zu Beginn
1960er Jahre hielten aus westlicher Sicht nur drei der vielen kommunistisch
herrschten Ostblockstaaten – die UdSSR selbst, die Tschechoslowakei und Titos J
slawien – an der Strafbarkeit homosexueller Handlungen fest. Im demokratisc
Westen waren dies neben der Bundesrepublik Deutschland nur noch „Österreich, I
land und [jenseits des Atlantiks] eine größere Zahl von Bundesstaaten in den US
Was den Ostblock angeht, so waren damals freilich auch in der DDR homosexu
Handlungen noch strafbar.[61] Der sozialdemokratische Spitzenjurist Fritz Bauer pr
sierte mit Blick auf den Westen, dass „die Strafbarkeit in 15 Ländern des nichtkom
nistischen Europa auf den Jugendschutz beschränkt" sei, während „mannmännlic
Verkehr" – abgesehen von Westdeutschland – „nur noch in vier Ländern unbegr
strafbar" sei, nämlich in England, Finnland, Irland und Österreich. In Finnland
Österreich werde außerdem „auch die weibliche homosexuelle Betätigung erwac
ner Personen unter Strafe gestellt". In den Ländern, die sich auf Jugendschutz
schränkten, schwankten die Schutzaltersgrenzen bei homosexuellen Handlungen

---

58 SS-Untersturmführer Professor Eckhardt, „Widernatürliche Unzucht ist todeswürdig", in:
Schwarze Korps vom 22.5.1935, Folge 12, S. 13, in: Facsimile-Querschnitt durch das Schwarze K
hrsg. von Helmut Heiber und Hildegard von Kotze, Bern/München o. J. [1968], S. 60 f.
59 Rudolf Klimmer, Die Homosexualität als biologisch-soziologische Zeitfrage, Hamburg ³1965, S. 2
60 Schoeps, Überlegungen zum Problem der Homosexualität, in: Der homosexuelle Nächste. Ein S
posion, S. 109.
61 Alexander Zinn, Von „Staatsfeinden" zu „Überbleibseln der kapitalistischen Ordnung". Homos
elle in Sachsen 1933–1968, Göttingen 2021, S. 278.

trächtlich – zwischen 12 Jahren in Spanien und 21 Jahren in Frankreich; überwiegend lagen sie bei 16 oder 18 Jahren.[62]

Die „internationale Tendenz der Rechtsentwicklung" ging somit um 1960 dahin, „die Strafbarkeit auf qualifizierte Tatbestände einzuschränken", sodass die westdeutsche Rechtslage aus der NS-Zeit „international völlig isoliert" erscheinen musste.[63] Zu Beginn des Jahres 1969 – kurz vor der westdeutschen Strafrechtsreform, die sich verspätet diesem Liberalisierungstrend anschloss – wurde in Europa „Homosexualität, sofern sie nicht von Älteren mit Jugendlichen ausgeübt oder kein Abhängigkeitsverhältnis ausgenutzt wird, nur noch – außer in der Bundesrepublik – in Finnland, Irland, Österreich, Jugoslawien, Bulgarien, Rumänien und der Sowjetunion bestraft". Die Sowjets hatten unter Stalin im Ostblock zwar Druck zugunsten einer homophoben Rechtsangleichung ausgeübt, waren jedoch 1948 nur in Bulgarien, Rumänien und indirekt auch – trotz des 1948 erfolgten politisch-ideologischen Bruchs zwischen Stalin und Tito – 1951 in Jugoslawien erfolgreich gewesen. Ostblockstaaten wie Polen oder Ungarn hielten hingegen an ihrer liberalen Gesetzgebung aus bürgerlichen Zeiten fest, und wiederum andere wagten es sogar, die aus vorkommunistischen Zeiten überkommene Strafbarkeit durch kommunistische Reformen abzuschaffen: Hierin ging die Tschechoslowakei 1962 voran, der die DDR 1968 – fast ebenso verspätet wie die Bundesrepublik im Westkontext – folgen sollte. Im westlichen Europa war es die Entkriminalisierungs-Entscheidung Englands von 1967, die ähnlichen Reformtendenzen in anderen Ländern den entscheidenden Anstoß zu geben vermochte.[64]

III

Seit den 1890er Jahren gab es in Deutschland die weltweit erste zivilgesellschaftliche Bewegung von Homosexuellen und toleranten Unterstützern, die – neben sexualwissenschaftlicher Forschung und Aufklärung – auf völlige Entkriminalisierung homosexueller Handlungen drängte.[65] Dieses Ziel wurde 1929/30 im Zuge eines Strafrechtsreform-Versuchs der späten Weimarer Republik beinahe erreicht, scheiterte aber an der Lähmung des Parlamentarismus in den Folgejahren und dann an der NS-Machtübernahme. Dieser auf der politischen Linken gefeierte Entkriminalisierungs-Beschluss des Strafrechtsreform-Ausschusses von 1929 lässt leicht vergessen, dass die Entkriminalisierungs-Entscheidung aufs Engste verknüpft wurde mit der Kriminalisierung neu

---

62 Fritz Bauer, Sexualstrafrecht heute, in: ders. u. a. (Hrsg.), Sexualität und Verbrechen. Beiträge zur Strafrechtsreform, Frankfurt a. M. 1963, S. 11–26, hier insb. S. 16 f. und 24 f.

63 Schoeps, Überlegungen zum Problem der Homosexualität, in: Der homosexuelle Nächste. Ein Symposion, S. 109.

64 Wilde, Das Schicksal der Verfemten, S. 63 f.

65 Vgl. Robert Beachy, Das andere Berlin. Die Erfindung der Homosexualität. Eine deutsche Geschichte 1867–1933, München 2015; Rainer Herrn, Der Liebe und dem Leid. Das Institut für Sexualwissenschaft 1919–1933, Berlin 2022.

ausdifferenzierter Straftatbestände, die als besonders schwerwiegend eingestuft w
den: Die homosexuelle Nötigung eines Abhängigen unter Missbrauch eines Die
oder Arbeitsverhältnisses; die Verführung eines Minderjährigen durch einen Erw
senen (damals ab 21 Jahren), die auch im französischen Rechtskreis strafbar geblie
war, und die gewerbsmäßige mannmännliche Prostitution.[66] Was den Weimarer
formern noch ein Tauschgeschäft gewesen war – Entkriminalisierung der meister
gen Kriminalisierung weniger besonderer Fälle –, mündete 1935 in eindeutige
schärfung, denn die NS-Diktatur entschloss sich, fortan *beides* massiv zu verfol
Daher wurde der alte Paragraph 175 StGB nicht gestrichen, wie 1929 geplant, son
präzisiert und dadurch verschärft – wobei für minderjährige Tatbeteiligte die Bes
mung hinzugefügt wurde, dass die Gerichte „in besonders leichten Fällen von St
absehen" könnten.[67] Indem die bisherige Straftat-Bezeichnung „widernatürliche
zucht" durch den allgemeineren Begriff der „Unzucht" ersetzt wurde, weitete sich
kriminalisierte Tatbestand radikal aus: „Galten bislang nur beischlafähnliche Ha
lungen als strafwürdig, wurde nunmehr der Straftatbestand bereits als erfüllt ang
hen, wenn Staatsanwalt und/oder Strafrichter meinten erkennen zu können, obje
sei das allgemeine Schamgefühl verletzt worden und subjektiv sei die ‚wollüstige
sicht' vorhanden gewesen".[68]

Hinzu trat 1935 ein ganz neuer § 175a StGB, der – durchaus im Sinne der Wei
rer Reformer von 1929 – vier besonders schwere homosexuelle Straftaten bünd
Nötigung, Missbrauch von „Dienst-, Arbeits- oder Unterordnungsverhältnis", Ver
rung Minderjähriger, Prostitution. Doch was die Weimarer Reformer „mit Gefän
nicht unter sechs Monaten" und nur „in besonders schweren Fällen" von Missbra
eines Unterordnungsverhältnisses oder einer Verführung Minderjähriger mit „Zu
haus bis zu fünf Jahren" hatten bestrafen wollen, bedrohte das NS-Regime nun be
len vier Sonderdelikten grundsätzlich „mit Zuchthaus bis zu zehn Jahren", was
„bei mildernden Umständen" zu „Gefängnis nicht unter drei Monaten" herabges
werden konnte.[69] Völlig neuartig war zudem, dass sich nicht nur der Täter, sond
auch dessen Opfer strafbar machte.[70]

Zugleich wurde die Umsetzung dieser verschärften Strafandrohungen der §§
und 175a StGB durch politische Weisungen an den zentralisierten SS- und Polizeiap
rat gezielt intensiviert, was die Fälle der Ermittlungen und Verurteilungen in Deut

---

66 Schäfer, „Widernatürliche Unzucht", S. 37 und 317; Laurie Marhoefer, Sex and the Weimar R
blic. German Homosexual Emancipation and the Rise of the Nazis, Toronto u. a. 2015, S. 121 f. und
67 Schäfer, „Widernatürliche Unzucht", S. 318.
68 Günter Grau, Homosexuellenparagraf, in: ders., Lexikon zur Homosexuellenverfolgung 1933–*
Institutionen – Kompetenzen – Betätigungsfelder, Berlin 2011, S. 149–157, hier insb. S. 152.
69 Schäfer, „Widernatürliche Unzucht", S. 317–319; der StGB-Entwurf der Weimarer Reformer h
sich 1930 am Ende der Ausschussberatungen auf nur noch drei Spezialdelikte (Missbrauch Abhän
keit, Verführung Minderjähriger, Prostitution) konzentriert und nur die beiden ersten in beson
schweren Fällen mit Zuchthaus bestrafen wollen.
70 Grau, Homosexuellenparagraf, in: ders., Lexikon zur Homosexuellenverfolgung, S. 152.

land auf bisher unbekannte Höchstwerte trieb. Hatte die Strafverfolgung der Weimarer Republik im Jahre 1925 ihren Spitzenwert mit rund 1100 Verurteilungen erzielt, was im Vergleich zur Kaiserzeit schon sehr viel gewesen war, so verachtfachte die NS-Diktatur diese Zahlen auf ihren Spitzenwert von 8600 Verurteilungen im Jahre 1938. Noch im Zweiten Weltkrieg, in dem sich die Verfolgungsapparate des Regimes verstärkt gegen andere Opfergruppen im NS-beherrschten Europa richteten, lagen die Verurteilungsziffern der NS-Justiz in Deutschland mit etwa 3700 pro Jahr deutlich über denen des Jahres 1935.[71]

Neben diese Strafverfolgung von rund 100 000 Männern, die homosexueller Handlungen bezichtigt wurden und von denen rund die Hälfte verurteilt wurde, trat als NS-diktaturspezifische extreme Verschärfung die zusätzlich drohende KZ-Inhaftierung. Man geht davon aus, dass etwa 5000 bis 6000 Männer dieses Schicksal zu erleiden hatten, von denen mindestens jeder zweite, vielleicht sogar vier von fünf Betroffenen das Lager nicht mehr lebend verließen. Dabei entfaltete die doppelte Homophobie der SS-Wachmannschaften wie auch der heterosexuellen Mehrheit der Mithäftlinge eine tödliche Wirkung.[72]

Diese extreme Form der Verfolgung im KZ endete mit dem NS-Regime 1945. Doch die 1935 von derselben Diktatur geschaffenen strafrechtlichen Bestimmungen blieben im Nachkriegsdeutschland ganz (West) oder partiell (Ost) in Kraft und wurden – freilich mit unterschiedlicher Intensität – weiterhin angewandt. In der Bundesrepublik blieb das 1935 drastisch verschärfte NS-Strafrecht (§§ 175 und 175a StGB) zwanzig Jahre lang, bis Mitte 1969, völlig unverändert in Kraft. Die junge westdeutsche Demokratie verurteilte in diesem Zeitraum ebenso viele – rund 50 000 – Männer wegen homosexueller Handlungen wie die NS-Diktatur zuvor in zwölf Jahren. Nachdem die Verurteilungen ab 1950, als es rund 2200 gab, kontinuierlich anstiegen und 1959 mit 3800 ihren Höhepunkt erreichten, womit trotz kleineren Territoriums der Bundesrepublik vergleichbare Ziffern wie im weit größeren NS-Staat der Kriegszeit erreicht wurden, ging die Verfolgungsintensität bis 1966 auf knapp 2300 wieder zurück, um danach – als sich die strafrechtliche Liberalisierung abzeichnete – bis 1969 drastisch abzusinken.[73] In der DDR hingegen kehrte die SED-Diktatur 1950/51 zur Weimarer Fassung des § 175 StGB zurück und scheint – hier gibt es nur Schätzungen – zwischen 1300 und 4300 Männer auf dieser Grundlage verurteilt zu haben. Allerdings vollzog sich die Abkehr des SED-Staates vom NS-Strafrecht nicht so rasch und so vollständig, wie oft behauptet wird. Zum einen scheint die Verurteilungspraxis – wenn auch auf niedrigerem Niveau

---

71 Schwartz, Homosexuelle im modernen Deutschland, in: Vierteljahrshefte für Zeitgeschichte 69 (2021), H. 3, S. 385.

72 Ebenda, S. 382; Insa Eschebach, Einleitung, in: dies. (Hrsg.), Homophobie und Devianz, S. 11–20, hier insb. S. 12; Nikolaus Wachsmann, KL. Die Geschichte der nationalsozialistischen Konzentrationslager, Bonn 2016, S. 769, Anm. 309.

73 Clayton J. Whisnant, Male Homosexuality in West Germany. Between Persecution and Freedom, 1945–69, Houndmills/New York 2012, S. 29 und 217, Anm. 55.

als im Westen – bis Mitte der 1960er Jahre auch Fälle „einfacher" Homosexualitä[t?] fasst und damit deutlich länger angedauert zu haben.[74] Zum anderen blieb – eb[en] wie in der Bundesrepublik – auch im ostdeutschen Teilstaat der vom NS-Regim[e] schaffene Paragraph 175a StGB zwei Jahrzehnte lang unverändert in Kraft, um Mitte 1968 zu entfallen. Es dauerte somit zwei Jahrzehnte, bevor durch parallele S[traf]rechtsreformen 1968 (Ost) und 1969 (West) das NS-Homosexuellenstrafrecht restlo[s] tilgt wurde. Diese jahrzehntelang ungebrochene Rechtskontinuität – bzw. aus heut[iger] Sicht: *Unrecht*skontinuität – erklärt auch, weshalb es kaum zu Rehabilitationen [und] Entschädigungen für homosexuelle NS-Opfer im doppelten Nachkriegsdeutschlan[d ge]kommen ist. Fast alle diese Opfer wurden seitens der politischen und juristische[n In]stanzen nicht als rehabilitierungsfähig angesehen; sie sahen sich nicht nur dense[lben] Diskriminierungen der Mehrheitsgesellschaft ausgesetzt wie bis 1945, sondern auc[h ei]ner fortgesetzten Strafverfolgungs-Drohung, und nicht selten – vor allem im West[en] denselben Polizisten, Staatsanwälten oder Richtern wie zuvor.[75]

Mit den erwähnten deutschen Strafrechtsreformen der Jahre 1968/69 – die sic[h] einen blockübergreifenden gesamteuropäischen Trend fügten – war zwar die Kr[imi]nalisierung homosexueller Handlungen zwischen Erwachsenen beendet, nicht a[ber] die Gestaltung besonderer Strafbestimmungen gegen Homosexuelle. Der alte In[halt] des die Erwachsenen-Homosexualität betreffenden § 175 StGB verschwand, doch [der] Zusatzparagraph 175a StGB erhielt in beiden deutschen Staaten 1968 (DDR) bzw. [1969] und 1973 (Bundesrepublik) spezifische Nachfolge-Bestimmungen. Zwar wurden [die] meisten zuvor im § 175a StGB inkriminierten Sachverhalte ebenfalls ausgenomm[en] entweder entkriminalisiert (Prostitution) oder fortan rechtseinheitlich mit Strafta[ten] von Heterosexuellen anderswo unterschiedslos behandelt. Doch eine Ausnahme b[lieb,] in der beide deutsche Staaten weiterhin besondere Strafbestimmungen gegen Ho[mo]sexuelle für erforderlich hielten: die „Verführung" Minderjähriger zu homosexue[llen] Handlungen.

In Westdeutschland betraf dies, wie bislang, nur mannmännliche Handlunge[n; in] der DDR wurde die neue Bestimmung hingegen auch auf lesbische Handlungen au[sge]dehnt – ein Novum in der deutschen Rechtsgeschichte. Versuche einiger Juristen [der] Kaiserzeit, der NS-Zeit und der frühen Bundesrepublik, die Erweiterung der Straf[bar]keit auf Frauen durchzusetzen, waren bis dahin stets gescheitert.[76] Da aber die [ten]denzielle *Nicht-Strafverfolgung* von Frauen auf einem bestimmten, heute als diskr[imi]

---

74 Vgl. Zinn, Von „Staatsfeinden" zu „Überbleibseln der kapitalistischen Ordnung", S. 280 und 2[?].
75 Vgl. Michael Schwartz, Victim Identities and the Dynamics of „Authentication". Patterns of Sha[me,] Ranking, and Reassessment, in: Authenticity and Victimhood after the Second World War. Narra[tives] from Europe and East Asia, hrsg. von Randall Hansen, Achim Saupe, Andreas Wirsching und Da[niel] Yang, Toronto u. a. 2021, S. 50–76.
76 Vgl. Schäfer, „Widernatürliche Unzucht", S. 31; Claudia Schoppmann, Nationalsozialistische S[exu]alpolitik und weibliche Homosexualität, Pfaffenweiler ²1997, S. 36; Schwartz, Homosexuelle – Seilsc[haf]ten – Verrat, S. 244 f.

nierend zu wertenden Frauenbild basierte[77], wird begreiflich, dass in der zweiten Hälfte des 20. Jahrhunderts die fortschreitende gesellschaftliche Gleichberechtigung traditionelle Genderstereotypen ins Wanken brachte. Schon 1957 hatte der westdeutsche Soziologe Helmut Schelsky als Gutachter für das Bundesverfassungsgericht argumentiert, „daß die unterschiedliche strafrechtliche Beurteilung männlicher und weiblicher Homosexualität nur historisch aus der Verschiedenheit der sozialen Stellung" zu erklären sei. Da sich mittlerweile „die gesellschaftliche Position der Frau in der Öffentlichkeit und im beruflichen Leben aber geändert" habe, sei zumindest bei allen öffentlich oder beruflich aktiven Frauen Homosexualität als ebenso gefährlich einzuschätzen wie bei Männern.[78] Die Karlsruher Verfassungsrichter mochten Schelsky hierin nicht folgen, doch die Rechtspolitiker der DDR hätten ein Jahrzehnt später wohl kaum widersprochen. Vor dem Hintergrund einiger im Vergleich zu Westdeutschland hervorstechender Erfolge bei der Frauenemanzipation[79] führte die SED-Diktatur 1968 einen neuen § 151 StGB-DDR ein, der „Jugendliche vor *homosexuellen Handlungen Erwachsener*" schützen sollte. Erstmals wurden Jugendliche *beiderlei Geschlechts* vor homosexuellen Handlungen geschützt, was im Umkehrschluss bedeutete: „*Täter* kann sowohl ein Mann als auch eine Frau sein."[80] Doch: „Ob und wie viele Verurteilungen von Frauen es in der DDR nach Paragraph 151 gegeben hat, darüber wurden keine statistischen Angaben veröffentlicht", stellte eine lesbische Autorin 1991 nach dem Ende des SED-Staates fest: „Es ist anzunehmen, daß sehr viel mehr Schwule als Lesben belangt wurden."[81] Exakte Daten dazu fehlen bis heute, wozu leider auch beiträgt, dass selbst neueste Forschungsprojekte zur DDR, etwa zu Sachsen, die Zeit nach 1968 gezielt ausblenden.[82]

Trotz aller Systemunterschiede waren sich um 1970 die Gesetzgeber beider deutscher Staaten einig, dass man homosexuelle Verführer(innen) von Minderjährigen

---

77 Vgl. Schoppmann, Nationalsozialistische Sexualpolitik und weibliche Homosexualität, S. 90 f.; Robert G. Moeller, Private Acts, Public Anxieties. The Fight to Decriminalize Male Homosexuality in Postwar West Germany, in: Karen Hagemann/Sonya Michel (Hrsg.), Gender and the Long Postwar. The United States and the Two Germanies, 1945–1989, Washington, D. C./Baltimore 2014, S. 321–341, hier insb. S. 324.

78 Zitiert nach Schäfer, „Widernatürliche Unzucht", S. 109.

79 Vgl. Michael Schwartz, Emanzipation zur gesellschaftlichen Nützlichkeit. Bedingungen und Grenzen von Frauenpolitik in der DDR, in: Dierk Hoffmann/Michael Schwartz (Hrsg.), Sozialstaatlichkeit in der DDR. Sozialpolitische Entwicklungen im Spannungsfeld von Diktatur und Gesellschaft 1945/49–1989, München 2005, S. 47–87.

80 Vgl. Strafrecht. Besonderer Teil. Lehrbuch, hrsg. von der Sektion Rechtswissenschaft der Humboldt-Universität zu Berlin und der Akademie für Staats- und Rechtswissenschaft der DDR, Berlin [Ost] 1981, S. 118; Strafrecht der Deutschen Demokratischen Republik. Lehrkommentar zum Strafgesetzbuch Bd. II, hrsg. vom Ministerium der Justiz und der Deutschen Akademie für Staats- und Rechtswissenschaft „Walter Ulbricht", Berlin [Ost] 1969, S. 137.

81 Ursula Sillge, Un-Sichtbare Frauen. Lesben und ihre Emanzipation in der DDR, Berlin 1991, S. 75.

82 Vgl. etwa die Beschränkung auf die Zeit bis 1968 bei Zinn, Von „Staatsfeinden" zu „Überbleibseln der kapitalistischen Ordnung".

nicht wie vergleichbare heterosexuelle Täter behandeln dürfe, sondern deutlich [...] ter bestrafen müsse. Lag in der Bundesrepublik seit den 1970er Jahren das Schutza[...] für weibliche Jugendliche bei 16 Jahren und die Strafe für deren heterosexuelle S [...] alpartner bei höchstens einem Jahr Gefängnis[83], so wurde das Schutzalter für min[...] jährige männliche Jugendliche 1973 im reformierten § 175 StGB auf 18 Jahre fes[...] setzt; deren erwachsene männliche Partner bedrohte der Staat im [...] homosexueller Handlungen mit Freiheitsstrafen von bis zu fünf Jahren.[84] Ähnlich [...] hielt es sich beim § 151 des DDR-Strafgesetzbuches: Dieser bedrohte „Erwachsene" [...] derlei Geschlechts, die mit „Jugendlichen gleichen Geschlechts sexuelle Handlun[...] vornahmen, mit Freiheitsstrafen von bis zu drei Jahren und folglich mit deutlich [...] heren Strafen als bei vergleichbaren heterosexuellen Delikten.[85] Das Skandalon [...] somit nicht im strafbewehrten Versuch, Jugendliche vor sexueller „Verführung" [...] schützen, sondern in der bewussten *Ungleichbehandlung* hetero- und homosexue[...] Menschen bei analogen sexuellen Handlungen.

Die liberalen Strafrechtsreformen der Jahre um 1970 zeigten folglich ein Janu[...] sicht, das auf die Lebenssituationen homosexueller Menschen in den damaligen [...] sellschaften zurückwirkte. Einerseits wurde auf massenhafte Kriminalisierung [...] zichtet und auf Toleranz gesetzt, andererseits bewegte sich dieser halbwegs gedul[...] Homosexuelle sehr nahe am weiter gepflegten und strafverfolgten Feindbild des [...] mosexuellen Jugendverführers – das in der DDR nun auch durch das Bild der le[...] schen Verführerin ergänzt wurde. Es scheint letztlich die in den 1970er und 198[...] Jahren insgesamt gelockerte Einstellung der jungen Generation zur Sexualität ge[...] sen zu sein, die diese letzte Bastion homophoben Strafrechts je länger desto stärke[...] absurdum führte. Das 1968 geschaffene DDR-Sonderrecht gegen Homosexuelle e[...] tierte formal bis Mitte 1989 und wurde damit fünf Jahre früher ersatzlos abgesch[...] als die letzte Fassung des § 175 StGB in der alten Bundesrepublik, die erst Mitte [...] fiel – nicht zuletzt infolge der Wiedervereinigung mit der bereits liberalisierten D[...]

Diese letzte Reformwelle der Jahre 1988/89 und 1994 markiert für die deutsche [...] sellschaftsgeschichte zweifellos historische Zäsuren – nämlich das Ende von Son[...] bestimmungen gegen Homosexuelle im Strafrecht. Zugleich aber muss man fest[...] len, dass es sehr lange – eine volle Generationsspanne – gedauert hat, bis es nach [...] Reformen um 1970 zur *vollständigen* Beseitigung des Sonderrechts gegen Homos[...] elle gekommen ist. Der zweite Reformschritt lag in der Logik des ersten, war aber [...] fensichtlich nicht selbstverständlich. Trotz der Reformen von 1968/69 wirkte die [...]

---

83 Vgl. Johannes A. J. Brüggemann, Entwicklung und Wandel des Sexualstrafrechts in der Geschi[...] unseres StGB. Die Reform der Sexualdelikte einst und jetzt, Baden-Baden 2013, S. 324–327, zum [...] StGB in der Fassung von 1973.
84 Schäfer, „Widernatürliche Unzucht", S. 325 f.
85 Ebenda, S. 210; vgl. die Bestimmungen zum sexuellen Missbrauch in § 149 StGB-DDR in: Strafr[...] Besonderer Teil. Lehrbuch, hrsg. von der Sektion Rechtswissenschaft der Humboldt-Universität zu [...] lin und der Akademie für Staats- und Rechtswissenschaft der DDR, Berlin [Ost] 1981, S. 116–118.

matisierung homosexueller Handlungen als „anormal" lange nach, ebenso die Furcht vor homosexueller „Verführung" insbesondere männlicher Jugendlicher, welche die deutschen Sexualitätsdiskurse zwischen 1930 und 1994 nachhaltig beherrschte[86]; Letztere war mit der Sozialgeschichte des Militärs und anderer männlich geprägter Massenorganisationen im 20. Jahrhundert aufs Engste verwoben. Solche Stereotypen und daraus resultierende Ungleichbehandlungen hielten sich selbst in Zeiten allgemeiner sexueller Liberalisierung hartnäckig im Strafrecht, im Disziplinarrecht und in etlichen Köpfen. Die 1970er und 1980er Jahre waren zweifellos tiefgreifende sexuelle Transformations-Zeiten, aber zugleich blieben sie janusköpfig und von widerstreitenden Tendenzen geprägt.

IV

Betrachten wir die zweite Dimension, die unser Buchtitel anspricht: *Diskriminierung*. Diesen Begriff muss man eigentlich stets im Plural verwenden, denn es gab (und gibt) viele und sehr unterschiedlich gelagerte *Diskriminierungen*. Ein seinerzeit wegweisendes soziologisches Suhrkamp-Taschenbuch der 1970er Jahre machte nicht weniger als sechs zentrale gesellschaftliche „Diskriminierungsfelder" aus – vom bereits diskutierten Rechtsbereich über den Arbeitsplatz, die Sexualmedizin, die Sozialisationsinstanzen Erziehung und Sexualpädagogik, das breite mediale Feld der „Massenkommunikation" bis hin zu kirchlichen Institutionen und den gesellschaftlichen Deutungsinstanzen Religion und Theologie. All diese Felder veränderten sich vor dem Hintergrund so unterschiedlicher „politischer Kontexte" wie NS-Diktatur, Demokratie oder Staatssozialismus, die auf konkrete Lebenssituationen Betroffener teils unterschiedlich, teils identisch zurückwirkten.[87]

Unterhalb der Schwelle des staatliche Verfolgung begründenden Strafrechts existierten vielfältige weitere *rechtliche Diskriminierungen* homosexueller Menschen. Diese Benachteiligungen, Ausschlüsse und Zwänge zum Unsichtbar-Machen trafen homosexuelle Männer und Frauen zum Teil gleichermaßen, zum Teil auf geschlechtsspezifische Weise. Indem homosexuellen Männer- und Frauenpaaren die staatliche (und auch die kirchliche) Eheschließung verwehrt blieb (die ihnen staatlicherseits als „eingetragene Lebenspartnerschaft" und dann als vollgültige Zivilehe erst im frühen 21. Jahrhundert geöffnet worden ist, zeitgleich zu kirchlichen Eheschließungen in weiten Teilen des Protestantismus), wurde diesen Paaren, obwohl sie oft langfristig zusammenlebten und vielfältige Arten der Verantwortung füreinander übernahmen, nicht

---

86 Vgl. neben Schäfer, „Widernatürliche Unzucht", auch Brüggemann, Entwicklung und Wandel des Sexualstrafrechts, S. 203–230 und 291–365, sowie Nadine Drönner, Das „Homosexuellen-Urteil" des Bundesverfassungsgerichts aus rechtshistorischer Perspektive, Tübingen 2020, S. 26, 32 und 98.

87 Rüdiger Lautmann u. a., Seminar: Gesellschaft und Homosexualität, Frankfurt a. M. 1977, S. 5 f.; diese seinerzeit vielbeachtete Publikation erlebte 1984 eine zweite Taschenbuch-Auflage.

nur gesellschaftliche Anerkennung und Rechtssicherheit versagt. Verweigert w
ihnen auch der Zugang zu zahlreichen rechtlichen Bestimmungen, die die Lebe
tuation von Eheleuten erleichtern und fördern, etwa im Miet-, Steuer- oder Erbr
vom gemeinsamen Sorgerecht für Kinder eines Partners oder vom gemeinsamen
optionsrecht ganz zu schweigen. Ehe und Familie waren in diesem Rechtsverstän
das man heute als diskriminierendes Unrecht begreift, rein heterosexuelle Instit
nen.

Hinzu traten geschlechtsspezifische Diskriminierungen: Da damals nur Mä
Wehrdienst leisten mussten, betrafen auch homophobe Diskriminierungen in den
meen nur homosexuelle Männer.[88] Für lesbische Frauen wiederum existierten spe
sche Rechtsbestimmungen, die zu repressiver Einschüchterung und Benachteilig
genutzt werden konnten: Unter der NS-Diktatur wurden lesbische Handlungen z
nicht gemäß des verschärften Homosexuellenparagraphen 175, 175a StGB verf
doch bedeutete dies nicht, dass nicht ganz andere Strafrechts- oder repressive sons
Rechtsbestimmungen zur Verfolgung lesbischer Frauen instrumentalisiert wer
konnten und wurden – etwa durch Einstufung und entsprechende Verfolgung
„Asoziale" (z.B. infolge „unsittlichen", „unzüchtigen" und öffentliches Ärgernis e
genden Verhaltens), was nicht nur zu Gefängnis- oder KZ-Inhaftierung führen kon
sondern gelegentlich auch zur Internierung in psychiatrischen Anstalten, aus der
che lesbischen NS-Opfer erst nach ihrer Zwangssterilisation gemäß dem rassenhy
nischen NS-„Gesetz zur Verhütung erbkranken Nachwuchses" von 1933 wieder in
durch schwerste Körperverletzung beeinträchtigte Freiheit entlassen wurden.[89] A
für die Zeit nach 1945 gab es juristische Benachteiligungen im Familien-, Scheidu
und Sorgerecht für Kinder, sofern lesbisch orientierte Frauen zunächst eine heter
xuelle Ehe eingegangen waren, Kinder geboren hatten und dann die Scheidung
langten, um mit einer Partnerin zusammenzuleben. Dies musste sowohl vor Famil
gerichten als auch vor Jugendämtern jahrzehntelang – mindestens bis in die 19
Jahre hinein – verheimlicht werden, wollte man nicht Kindesentzug und materi
Nachteile beim Unterhalt riskieren.[90] Die feministische Zeitschrift „Emma" stellte
Jahrzehnt nach der liberalen Strafrechtsreform von 1969 ernüchtert fest: „Übrig
Homosexuelle sind auch in der Bundesrepublik noch nicht einmal vor dem Ge
gleich. Homosexuellen Müttern können die Kinder abgenommen werden (das ist n
zwangsweise so, kann sich aber bei Jugendämtern und Gerichten gegen die Mu

---

88 Vgl. Storkmann, Tabu und Toleranz; zum Wörner-Kießling-Skandal der Bundesrepublik Deu
land des Jahres 1984 Schwartz, Homosexuelle – Seilschaften – Verrat, S. 278–322, sowie Heiner Mö
Die Affäre Kießling. Der größte Skandal der Bundeswehr, Berlin 2019.
89 Vgl. zur Verfolgung als „Asoziale" oder „Kriminelle": Lücke, Die Verfolgung lesbischer Fraue
Nationalsozialismus, S. 433 und 437 f.; zu Anstaltsinternierung und Zwangssterilisation als „aso
Psychopathin": Angela H. Mayer, „„Schwachsinn höheren Grades'. Zur Verfolgung lesbischer Fra
in Österreich während der NS-Zeit", in: Burkhard Jellonek/Rüdiger Lautmann (Hrsg.), Nationals
listischer Terror gegen Homosexuelle. Verdrängt und ungesühnt, Paderborn 2002, S. 83–93, hier S
90 Vgl. Plötz, „… in ständiger Angst …" sowie den Beitrag von Kirsten Plötz im vorliegenden Ba

richten). Homosexuelle Lehrer und Lehrerinnen müssen um ihre Stellen zittern, sobald sie offen erkennen lassen, daß sie homosexuell sind (das zeigten in den vergangenen Jahren mehrere Fälle). Homosexuelle haben, wenn sie schon ‚so' sind, wenigstens den Mund zu halten... Und genau dagegen wehren sich die Aktiven. Sie plädieren für ‚Coming out': Komm raus! Raus aus deinem Versteck."[91]

Im Berufsleben, an ihren Arbeitsplätzen als einer zentralen Sozialisationsinstanz moderner Gesellschaften, sahen sich Homosexuelle *„zwei Konfliktfronten"* zugleich ausgesetzt, sofern sie zur großen Mehrheit der abhängig Beschäftigten zählten: Denn es gab „Sanktionspotential" sowohl seitens der Arbeitgeber (bis zur Entlassung) als auch seitens der heterosexuellen Arbeitskollegen (Mobbing).[92] Am Beispiel Homosexueller in den USA veranschaulichte 1970 die „FAZ" die damals in Behörden und Wirtschaft verbreitete berufliche Diskriminierung: „So sind sie in den Ausweg aller unterdrückten Minderheiten gezwungen worden: in die Beinahe-Monopolisierung von Gebieten, auf denen sie besondere Talente haben." Verwiesen wurde hier auf die Modeindustrie, die Innenarchitektur oder die Musikkultur.[93] Doch außerhalb solcher segmentärer Freiräume konnte es einem offen homosexuellen, noch nicht verbeamteten jungen Lehrer in West-Berlin 1974 durchaus passieren, von seiner Schulbehörde gekündigt zu werden.[94] 1977 berichtete die Zeitschrift „Emma", wie sehr schwule Lehrer und Erzieher in Hamburg besorgt waren über das Beispiel jenes entlassenen Lehramtsbewerbers in West-Berlin, „der mit seinen Schülern über Sexualität diskutiert und dabei auch von sich und seiner Homosexualität gesprochen" habe. Er habe vor allem von eigenen Diskriminierungserfahrungen berichtet.[95]

All das sollte 1980 nach Meinung der „Berliner Morgenpost" schon nicht mehr der Fall sein: Zwar seien „Diskriminierungen von Homosexuellen" immer noch „abzubauen", doch würden letztere „heute in alle Berufsgruppen Eingang finden, auch im Lehrerberuf".[96] Die „Frankfurter Rundschau" hingegen beobachtete 1981 eine lediglich oberflächliche Toleranz in der westdeutschen Gesellschaft, die eigentlich „Ablehnung" sei, wie diese in der Bundeswehr ganz offen praktiziert würde: „Umfragen ergaben, daß sich zwar etwa drei Viertel der Bevölkerung für tolerant gegenüber Homosexuellen halten; fragt man aber, ob sie diese am Arbeitsplatz oder in der eigenen Familie haben möchten, ist es mit der Duldsamkeit nicht mehr so weit her." Andererseits wurde berichtet, dass es unter jährlich rund 7000 Disziplinarverfahren gegen Bundesbeamte in den vergangenen fünf Jahren nur noch drei Fälle wegen homosexueller Vergehen gegeben habe und dass auch bei Lehrern, also Landesbeamten, die

91 „Sind Sie denn normal?", in: Emma 4 (1979), H. 8, S. 11–13, hier insb. S. 13.

92 Lautmann u. a., Seminar: Gesellschaft und Homosexualität, S. 93; Jürgen Mey, Lebensform Homosexualität. Der homophile Mensch im partnerschaftlichen und beruflichen Leben, Frankfurt a. M. 1990.

93 Sabina Lietzmann, Aufstand der Homosexuellen. Amerikas „Gay Liberation Front" drängt aus der Kammer auf die Straße, in: Frankfurter Allgemeine Zeitung vom 7.11.1970.

94 Bezirksamt Wilmersdorf kündigte dem homosexuellen Lehrer, in: Tagesspiegel vom 21.12.1974.

95 VR, Berufsverbote für Homosexuelle?, in: Emma 1 (1977), H. 10, S. 49.

96 Keine weitere Lockerung des Paragraphen 175, in: Berliner Morgenpost vom 7.12.1980.

„Gewerkschaft Erziehung und Wissenschaft" (GEW) seit Jahren keinen Rechtssc[
wegen beruflicher Nachteile infolge § 175 StGB mehr habe gewähren müssen.[97]

In der DDR wurde dergleichen lange nicht öffentlich thematisiert. Es war
späte Revolution in Abkehr vom bewussten Beschweigen, als im November 1989
ner Carows DEFA-Film „Coming out" über einen homosexuellen jungen Lehrer in
DDR-Kinos kam.[98] Schon 1988 hatte die DDR-Zeitschrift „Das Magazin" eine inten
Leserdebatte über Homosexualität angestoßen, wobei ein echter 28-jähriger Lehre
einer Erweiterten Oberschule (EOS) bekundete, nach jahrelanger Verdrängung se
sexuellen Orientierung könne er mittlerweile in Familie, heterosexuellem Bekann
kreis „und teilweise auch gegenüber Kollegen offen" leben.[99] Doch noch im Febr
1989 berichtete dasselbe „Magazin" über den Selbstmord eines anderen jungen]
rers nach dessen unfreiwilligem Outing durch Kollegen in der Schule, die damit
Vertrauen missbraucht hatten.[100] Überhaupt wurde in diesem Artikel die späte D
Gesellschaft unter Berufung auf etliche „Erfahrungen homosexueller Männer" als
zidiert homophob skizziert – der ländliche Raum deutlich stärker als die Großstä
Auf der anderen Seite war aber auch „die weit verbreitete Auffassung, daß man z
als Mitarbeiter einer Berliner Kultureinrichtung ungestraft schwul sein dürfe,
aber in handfesten Berufen, Produktionsbetrieben und Kleinstädten in jedem Fall
nen müsse, [...] offensichtlich falsch", so der Artikel. Die individuelle Bereitschaft z
offenen Leben hänge in der Regel von der Einstellung einflussreicher Personen im
zialen Umfeld ab: „Wenn der Chef ein Schwulenhasser ist, wird keiner so verr
sein, sich seinen Ungerechtigkeiten freiwillig zur Verfügung zu stellen." Die mei
Homosexuellen in der DDR seien partiell geoutet, partiell getarnt.[101] Jedenfalls h
die weitgehende Entkriminalisierung von 1968 nur wenig Einfluss auf die Lebensw
lichkeit der meisten Homosexuellen in einer weiterhin überwiegend homopho
Mehrheitsgesellschaft; erst in der zweiten Hälfte der 1980er Jahre wurde homosex
les Leben in der DDR stärker öffentlich sichtbar.[102] Dabei spielte ein wachsender]
zur Selbstorganisation – namentlich im institutionellen Schutzraum vieler evang
scher Landeskirchen – ebenso eine Rolle wie die damit konkurrierende größere Of
heit von Teilen des SED-Regimes in dessen Spätphase.

Nur zwei Jahrzehnte zuvor – bis zu den deutsch-deutschen Entkriminalisierun
von 1968/69 – drohte Soldaten bei einer Verurteilung wegen homosexueller Hand[

---

97 Renate Miehe, Im Käfig der Ängste. Homosexualität in der Bundesrepublik, in: Frankfurter R
schau vom 11.7.1981, Beilage „Zeit und Bild".
98 Vgl. Kyle Frackman, Coming out, Rochester, NY/Woodbridge 2022.
99 Leserdiskussion über Homosexualität, in: Das Magazin, H. 4 vom April 1988, S. 2 f.
100 Ursula Hafranke, Unsere aktuelle Umfrage: Ungestraft anders? (2) Die versteckte Erotik, in:
Magazin H. 2 vom Februar 1989, S. 24–29, hier insb. S. 28.
101 Ebenda, S. 26 f.
102 Josie McLellan, Love in the Time of Communism. Intimacy and Sexuality in the GDR, Cambr
2011, S. 12.

gen der Verlust des Arbeitsplatzes – mit allen entehrenden Begleiterscheinungen.[103] Promovierten Akademikern konnte – besonders unter der NS-Diktatur – der Doktortitel aberkannt werden, was in vielen Fällen auch die bisherige Berufsausübung unmöglich machte.[104] Der Psychiater Hans-Joachim von Schumann, der sich 1965 mit dem Zusammenhang zwischen Verfolgung und Ausgrenzung und den Selbstmorden unter Homosexuellen beschäftigte, berührte auch den Kontext beruflicher Nachteile und öffentlicher Bloßstellung. Dabei äußerte ein freiberuflicher Psychotherapeut, „ein Verstoß gegen das Gesetz würde ihn nicht so hart treffen wie einen Beamten, dem die Entlassung aus dem Dienstverhältnis ohne Pensionszahlung droht".[105] Wie verbreitet und tiefsitzend existenzielle Ängste um die Vernichtung der beruflichen Stellung und des sozialen Ansehens vielfach waren, macht exemplarisch eine Leser-Diskussion im Magazin „twen" aus dem Jahre 1963 deutlich, angestoßen durch ein Plädoyer für die Liberalisierung des Homosexuellenstrafrechts. Daraufhin offenbarte ein Mitvierziger aus Dortmund, dass er als 21-Jähriger während der NS-Zeit „wegen widernatürlicher Unzucht" zu einem Jahr Gefängnis verurteilt worden sei, und fügte hinzu: „Obwohl bis heute 26 Jahre vergangen sind, verfolgt mich meine Strafe auf Schritt und Tritt. Ich habe heute eine sehr verantwortungsvolle Position. Aber in dem Moment, wo man erfahren würde, was mit mir ‚los' ist – ich würde unbedingt der Verachtung anheimfallen und wäre ohne jede Hilfe und Existenz." Ein Mann aus Stuttgart empfand sein Leben als Homosexueller nur als „ein Vegetieren", „dauernd" gekennzeichnet von „Angstgefühl und Schamgefühl": „Ich arbeite in einer Druckerei und verdiene auch ganz gut, aber glücklich wäre ich erst dann, wenn ich keine Angst mehr haben müßte vor Polizei und Gericht." Ähnlich angstvoll erklärte ein Mann aus Bamberg: „Ich bin Bundesbeamter und bin mir bewußt, daß ich sofort fristlos entlassen würde, wenn ich jemals nach §175 des StGB bestraft werden sollte. Wegen eines Vergehens, das in den meisten anderen europäischen Ländern straffrei ist. [...] Mein einziger Wunsch ist nur, in Ruhe leben zu können. Meine ständige Angst vor Erpressungen und der Be-

---

103 Vgl. den Beitrag von Klaus Storkmann im vorliegenden Band.

104 Vgl. Zinn, Von „Staatsfeinden" zu „Überbleibseln der kapitalistischen Ordnung", S. 211 f. So wurden an der Universität Münster während der NS-Zeit 13 Doktortitel aberkannt, elf davon wegen strafrechtlicher Verurteilung, die überwiegend wegen homosexueller Handlungen oder wegen wirtschaftlicher Delikte erfolgt waren. Der Kultusminister des Landes Nordrhein-Westfalen bekräftigte 1957 die Rechtsgültigkeit des Runderlasses des Reichserziehungsministers von 1937, wonach ein Verlust der bürgerlichen Ehrenrechte im Zuge einer Verurteilung automatisch die Aberkennung des Doktorgrades nach sich ziehe. Erst mit der Strafrechtsreform von 1969 verlor diese NS-Bestimmung ihre Gültigkeit; vgl. Sabine Happ, Die Aberkennung von Doktorgraden an der Universität Münster in den Jahren 1920 bis 1960, in: Hans-Ulrich Thamer/Daniel Droste/Sabine Happ (Hrsg.), Die Universität Münster im Nationalsozialismus. Kontinuitäten und Brüche zwischen 1920 und 1960, 2 Bde., hier Bd. 1, Münster 2012, S. 135–161, hier insb. S. 157 f.

105 Hans-Joachim von Schumann, Homosexualität und Selbstmord. Ätiologische und psychotherapeutische Betrachtungen, Hamburg 1965, S. 96.

kanntschaft mit dem Gerichtssaal sind für mich eine schwere seelische Belast
Selbstmorde in unseren Kreisen sind deshalb nur allzu verständlich."[106]

In der Tendenz ähnliche Briefe von Homosexuellen hatte in der DDR bereits
der Psychiatrieprofessor Hanns Schwarz in einem seiner Sexualberatungs-Bücher
gedruckt. Ein Kaufmann schilderte seine lebenslangen Versuche, seine homosext
Orientierung „mit Gewalt zu unterdrücken" und stattdessen der heterosexue
Norm zu entsprechen; sein Gewissen verbiete es ihm, „den widernatürlichen Gefül
freien Lauf zu lassen", doch zugleich bringe ihn „der durch die Unterdrückung
Gedanken und Gefühle entstehende seelische Zustand [...] langsam zur Verzv
lung".[107] Ein über 60-jähriger Rentner wiederum berichtete, er habe sich seit se
Jugend stets nur für pubertierende männliche Jugendliche interessiert, doch nach
NS-Gesetzesverschärfung von 1935 habe er aus Vorsicht „keinen Geschlechtsverl
mehr gehabt". Dennoch sei er 1937 – auch infolge Zeugenbeeinflussung seitens der
stapo – zu einer Gefängnisstrafe verurteilt und aus dem öffentlichen Dienst entla:
worden. Seither habe er sich „seit vielen Jahren" jeglichen Geschlechtsverkehr
sagt, „um mich nicht strafbar zu machen". Trotz dieser von Repression gepräj
Lebensgeschichte hoffte der Betreffende, durch seinen Brief „das Schicksal me
Artgenossen zu verbessern". Denn er beobachtete: „Die Diffamierung durch die Be
kerung und die oberflächlichen Urteile der Gerichte machen uns zu besonders
glücklichen Geschöpfen, die wir durch unsere Veranlagung doch schon genug gest
sind." Die Gerichte sollten „künftig in allen Fällen zunächst ärztliche Sachverstän
zu Rate ziehen, bevor sie vernichtende Urteile fällen und damit sonst durchaus eh:
re Menschen aus der Gemeinschaft ausstoßen".[108]

Insofern wendete die deutsch-deutsche Strafrechtsliberalisierung von 1968/69
Lebenssituation der meisten Homosexuellen zumindest insofern deutlich zum Be
ren, als ihnen die Furcht vor Polizei, Gericht und Gefängnis genommen wurde. I
noch konnten Ängste und Verletzungen bei vielen lange nachwirken – oder sie v
den in den nach wie vor homophoben Teilen der Gesellschaft reproduziert. Nache
der provokative Schwulenfilm „Nicht der Homosexuelle ist pervers, sondern die Si
tion, in der er lebt" des Regisseurs Rosa von Praunheim 1973 in der bundesrepubl
nischen Öffentlichkeit hohe Wellen geschlagen hatte, was ja ein ermutigendes S
ptom für weitreichende mediale Öffnung und Reformorientierung war, gingen b
hierfür verantwortlichen Westdeutschen Rundfunk (WDR) hunderte Zuschauerre
tionen ein, die meisten mit „positive[r] Einstellung", während sich nur ein einziger
schauer Hitlers Verfolgung der Homosexuellen zurückgewünscht haben soll. Die
schriften homosexueller Zuschauer erlebten die Fernsehredakteure jedoch
Ausdruck ebenjener „unmenschlichen Situation, die Praunheim beschreibt": Häuf:

---

106 Leser-Diskussion zum § 175, in: twen 5 (1963), Nr. 7, S. 70–72.
107 Hanns Schwarz, Schriftliche Sexualberatung, Rudolstadt 1959, S. 61.
108 Ebenda, S. 62 f.; vgl. auch die partielle Wiedergabe dieses Schreibens bei Zinn, Von „Staats:
den" zu „Überbleibseln der kapitalistischen Ordnung", S. 283 f.

sei die Bitte um Verständnis für die Anonymität des jeweiligen Schreibens geäußert worden, verbunden mit bedrückenden Schilderungen, die von Diskriminierungserfahrungen bis hin zu Selbstmordgedanken reichten.[109] Dass auch nach 1969 längst nicht alles gut war, zeigten dann in den 1980er Jahren der ambivalente Umgang mit der homosexuellen Minderheit während der AIDS-Krise[110] und sodann der heftige Grundsatz-Streit in der Community über unfreiwillige „Outings" prominenter Homosexueller um 1990.[111] Die Zeit der Diskriminierungsfurcht und des Selbsthasses war trotz der selbstbewusst auftretenden neuen Schwulen- und Lesbenbewegungen nicht vorbei.

Als 1990 der prominente Schauspieler Walter Sedlmayr ermordet wurde, kam posthum heraus, was dieser – ein Angehöriger des Jahrgangs 1926, geprägt durch die Verfolgungs-Atmosphäre der Hitler-Diktatur und der Adenauer-Zeit – zeitlebens sorgsam zu verbergen versucht hatte: dass er homosexuell (und außerdem masochistisch) veranlagt gewesen war. Diesen und ähnliche prominente Fälle des eigenen Verbergens oder des kollektiven Beschweigens abweichender sexueller Orientierungen nahm der Publizist Elmar Kraushaar 1991 in der linksalternativen Berliner Tageszeitung „taz" zum Anlass für die Feststellung, die gesellschaftliche Situation von Homosexuellen sei derzeit uneindeutig: Auch wenn es kürzlich noch in einer Fernseh-Talkshow zum Protestauszug eines Gastes gekommen sei, der nicht mit Homosexuellen gemeinsam habe auftreten wollen (und die Moderatorin dazu erklärt habe, das sei ein Standpunkt, den man akzeptieren müsse), seien Lesben und Schwule in der öffentlichen Debatte „prinzipiell [...] heute präsentabel" – zwar noch nicht als Personen, aber zumindest als „Demonstrationsobjekte" für die Gruppe, der sie angehörten. Kraushaar schlussfolgerte: „Die Diskriminierung hat sich verfeinert." Diskriminierung aber gebe es nach wie vor: Denn der Einzelne – vor allem im Falle öffentlicher Prominenz – sei als homosexueller „Fremder" nach wie vor nicht zugelassen. „Lediglich der Tod kann, wie im Fall des Walter Sedlmayr [...], die Hemmung lüften, um dann doch nur ein gelebtes Leben in eine Folge von Skandalen zu zerlegen."[112] Zwar hatte die liberalkonservative „FAZ" die Berichterstattung über den Sedlmayr-Mord immerhin zum Anlass genommen, 1990 zum ersten Mal das Wort „schwul" ohne distanzierende Anführungsstriche zu verwenden – was der „Spiegel" schon 1973 geschafft hatte. Doch die Boulevardzeitung „Bild" konnte zum selben Prominenten-Mord noch 1990 sensationslüstern doppeldeutig titeln: „Der Tod kam von hinten".[113]

Unter den vielen Diskriminierungen gab es manche, die zeitweilig über einen fortschrittlichen und wohlmeinenden Ruf verfügten: So die Grundhaltung der meisten

---

109 Praunheim-Film im Fernsehen, in: FAZ vom 13.1.1973.

110 Vgl. auch die Beiträge von Adrian Lehne und Michael Schwartz im vorliegenden Band.

111 Vgl. dazu Andreas Heilmann, Normalität auf Bewährung. Outings in der Politik und die Konstruktion homosexueller Männlichkeit, Bielefeld 2011.

112 Elmar Kraushaar, Aufbruch vom anderen Ufer, in: taz vom 28.6.1991, S. 19.

113 Axel Schock, Der Mörder kam von hinten. Das Lesbisch-Schwule Pressearchiv in Berlin sammelt seit 25 Jahren Medienberichte über Schwule und Lesben. Auch besonders diskriminierende und dämliche, in: taz vom 10.6.1997.

Mediziner und Psychiater, die über ein Jahrhundert lang bis in die 1990er Jahre hi:
Homosexualität als „Krankheit" einstuften und teilweise auch über Methoden e'
„Heilung" oder „Therapie" nachsannen. Die Krankheitsdiagnose galt lange als au
klärt und human, richtete sie sich doch gegen eine religiös-moralische Verurtei
als „Sünder" ebenso wie auch gegen die staatlich-juristische Verfolgung als Straf
Doch zugleich zementierte die medizinische Perspektive den gesellschaftlichen Au:
seiterstatus als „pervers", „abartig" oder „anormal".[114] Mediziner, selbst Aktivisten
Emanzipationsbewegung wie Magnus Hirschfeld, wirkten als Gerichtsgutachte
Machtdispositiven der Verfolgung mit.[115] Der oben zitierte DDR-Psychiater Ha
Schwarz teilte – wie viele seiner Kollegen im 20. Jahrhundert – Homosexuelle in
schiedene Gruppen ein, für die er ganz unterschiedliche gesellschaftliche Reaktio
vorsah: „Wir wollen echte Homosexuelle nicht verachten, sondern bedauern; wir '
len verführte, unechte Homosexuelle mit den Mitteln unserer Fürsorge und Erzieh
auf den rechten und richtigen [heterosexuellen] Weg zurückführen; dem routinie
gewissenlosen Verführer aber gebührt nicht Bedauern oder Sorge, sondern Aussch
aus der Gesellschaft, deren hohes Anliegen es ist, die Jugend unseres Volkes zu sc
zen."[116]

Auf tiefgreifenden Wandel setzende westdeutsche Soziologen stellten daher r
der Strafrechtsliberalisierung um 1970 pointiert fest: „Die gesellschaftliche Ächt
der Homosexuellen dauert an; allerdings ist sie in ein neues Stadium getreten: aus
minellen sind Kranke geworden. Das alte Verdikt ist abgelöst durch einen neuen, n
minder totalen Urteilsspruch. Am Tabu der Homosexualität aber wurde nicht ge
telt."[117] Auch wenn diese Zeitdiagnose allzu überspitzt ausfiel, da sich die darin
schwingende Furcht vor massenhafter Zwangsbehandlung als unbegründet erwe:
sollte, dauerte es lange, bevor die „Kontrolle durch Pathologisierung"[118] abgeschwä
und im Mainstream der Wissenschaften und in internationalen Wissenschaftsorg
sationen wie der WHO schließlich fallengelassen wurde. Auch eine jüngere, au
schlossenere Wissenschaftlergeneration, die in den 1970er oder 1980er Jahren ton
gebend wurde, vermochte erst allmählich ihre ambivalente Sicht auf Homosexua
abzustreifen: So bezeichnete der in dieser Zeit maßgebende DDR-Psychotherap
Siegfried Schnabl in seinem wichtigsten Sexualberatungsbuch, das erstmals 1969
schien und dann bis 1990 in achtzehn Auflagen immer wieder nachgedruckt wu
„die Homosexualität gar nicht als Krankheit [...], sondern [...] als Variante der Sexu
tät". Diese Einsicht führte aber 1969 keineswegs zu vollständiger Akzeptanz: Statt

---

114 Vgl. Florian Mildenberger, Der Diskurs über männliche Homosexualität in der deutschen Med
von 1880 bis heute, in: Dominik Groß/Sabine Müller/Jan Steinmetzer (Hrsg.), Normal – Anders – Kra
Akzeptanz, Stigmatisierung und Pathologisierung im Kontext der Medizin, Berlin 2008, S. 81–112.
115 Kritisch dazu Schwartz, Homosexuelle – Seilschaften – Verrat, S. 26, 49 und 63.
116 Schwarz, Schriftliche Sexualberatung, S. 68.
117 Martin Dannecker/Reimut Reiche, Der gewöhnliche Homosexuelle. Eine soziologische Unte
chung über männliche Homosexuelle in der Bundesrepublik, Frankfurt a. M. 1974, S. 24 und 346.
118 Lautmann u. a., Seminar: Gesellschaft und Homosexualität, S. 125.

sen diskutierte Schnabl die – aus seiner Sicht sehr unterschiedlichen – Erfolgsaussichten von „Heilungsmaßnahmen" (die insbesondere „bei der Bisexualität einige Erfolgschancen" hätten) und fand mit Blick auf eine mögliche *„Vorbeugung* der Homosexualität" die damaligen Hormonuntersuchungen des DDR-Mediziners Günter Dörner vielversprechend. Erst, wenn „kein Zweifel mehr" über die feste Verwurzelung der homosexuellen Orientierung in der individuellen Persönlichkeit bestehe, müsse man „dem Patienten helfen, mit seinem Anderssein fertig zu werden und es so in seinen Lebensplan einzubauen, wie es für ihn und die Gesellschaft am ehesten tragbar ist". Schnabl dachte an feste monogame Paarbeziehungen. Doch er beschränkte sich damit auf Toleranz, auf Duldung, nicht auf gleichberechtigte Akzeptanz: „Die Homosexualität wird durch die Straffreiheit [...] nicht zu einer normalen Erscheinung. Sie dulden heißt nicht, sie fördern."[119]

Erst in der Folgezeit veränderte sich diese Position: 1985 äußerte sich Schnabl kritisch zur Übertragbarkeit der tierexperimentellen Resultate Dörners – dem organisierte Schwule und linke Sexualwissenschaftler in Westdeutschland längst polemisch zugespitzt vorwarfen, das Ziel einer „endokrinen Euthanasie der Homosexualität" zu verfolgen[120] – auf den Menschen, glaubte aber weiterhin an den grundsätzlichen Sinn von Prävention: „denn niemand bedauert, nicht homosexuell geworden zu sein". Homosexualität sei „zweifellos [...] keine erstrebenswerte, keine normgemäße Sexualität". Doch anders als 1969 setzte sich der prominente DDR-Sexualwissenschaftler kritisch mit der Diskriminierung homosexueller Mitmenschen auseinander und zielte nicht mehr nur auf Toleranz, sondern auf möglichst gleichberechtigte Normalisierung: „Wir müssen durch beharrliche Aufklärung erreichen, daß sie ohne Angst vor Nachteilen für Beruf und Ansehen ihr eigenes Ich bejahen können, ihre Neigung und Partnerschaft nicht [zu] verbergen brauchen. [...] Dadurch schwinden [...] Vorurteile, denn jeder erlebt nun umittelbar [...], daß durchschnittliche Homosexuelle – einige Auffällige gibt es nicht nur unter ihnen – normale Menschen [...] wie wir alle sind." Das klang im Vergleich zum Vorherigen nicht gar so schlecht; doch nach wie vor verortete dieser sich als aufgeklärt begreifende und in der breitenwirksamen Sexualaufklärung engagierte Mediziner Homosexualität unter den „Varianten und Abarten der Sexualität".[121]

Die modernen Massenmedien – damals Buchmarkt, Presse, Rundfunk und Fernsehen – spielten in der Geschichte der Sexualität und damit auch der Homosexualität(en) eine mindestens ebenso widersprüchliche Rolle. Ihre Avantgardefunktion in Pha-

---

119 Siegfried Schnabl, Mann und Frau intim. Fragen des gesunden und des gestörten Geschlechtslebens, Rudolstadt 1969, S. 327–330; vgl. ders., Mann und Frau intim. Gesundes Geschlechtsleben – gestörtes Geschlechtsleben, Gütersloh/Stuttgart/Wien 1969 (westliche Lizenzausgabe), S. 304–307.

120 Vgl. Florian Mildenberger, Günter Dörner – Metamorphosen eines Wissenschaftlers, in: Wolfram Setz (Hrsg.), Homosexualität in der DDR. Materialien und Meinungen, Hamburg 2006, S. 237–272, hier S. 260.

121 Siegfried Schnabl, Mann & Frau intim. Fragen des gesunden und gestörten Geschlechtslebens, Berlin [Ost] [17]1985, S. 259 f. und 262–264.

sen tendenzieller Emanzipation ist ebenso evident wie ihre Rolle als Akteure von grenzung und Diskriminierung. Einige westdeutsche Leitmedien – etwa die Maga „Spiegel" oder „Stern" – profilierten sich in den 1960er und 1970er Jahren als entsc dene Befürworter von Liberalisierung, Entkriminalisierung und Toleranz.[122] Diese Medien wurden nur wenig später, Mitte der 1980er Jahre, im Zuge der AIDS-Kris Antreibern panischer Stigmatisierung und Ausgrenzung.[123] Überwiegend tendie Massenmedien zu einer die heteronormative Gesellschaftsordnung stabilisieren „Rollenkonstitution" durch „ein ins Negative verzerrtes Wissen und Meinen über Homosexuellen".[124] Namentlich die Boulevardpresse tat alles, um „normale" Hom xualität auszublenden und stattdessen möglichst reißerische Einzelfälle in den dergrund zu stellen, in denen Homosexuelle als Jugendverführer, Verräter, Krimir und Abseitige stereotypisiert wurden. Erst gegen Ende der 1990er Jahre hatte sie paradoxerweise ausgerechnet als Folge der AIDS-Krise – die Situation offensich grundlegend verbessert, der Trend zur medialen Stigmatisierung deutlich a schwächt.[125]

Die christlichen Kirchen hatten mit ihrer ethischen Verurteilung homosexu Handlungen – wenn auch in der Regel *nicht* homosexuell orientierter Personer sich – sowie durch politisch-gesellschaftliche Einflussnahmen staatliche Strafve gung und gesellschaftliche Diskriminierungen lange gestützt oder sogar forciert. berief sich das Bundesverfassungsgericht in seinem affirmativen Urteil zur Weiter tung des NS-Homosexuellenstrafrechts auf die sittlichen Grundüberzeugungen der völkerungsmehrheit, die faktisch von den beiden großen christlichen Kirchen re sentiert würden.[126] Die liberal gesonnenen Strafrechtsreformer von 1969 entkoppe dieses Syndrom aus staatlichem Recht und kirchlicher Moral, doch zugleich ergä SPD-Bundesjustizminister Horst Ehmke die damalige Entkriminalisierung der Erw senen-Homosexualität im Bundestag durch den beschwichtigenden Hinweis, Straf heit bedeute keineswegs die *moralische Billigung* homosexueller Lebensweisen.[127]

Ein Blick auf die oben diskutierten Unterschiede der europäischen Strafrechts wicklungen des 19. und 20. Jahrhunderts könnte leicht das Urteil begünstigen, protestantisch geprägte Staaten deutlich homophober agierten als ihre katholisch prägten Nachbarn. So stellte der DDR-Mediziner Rudolf Klimmer um 1960 point fest: „In manchen protestantischen Staaten wurde das Sexuelle oft über Gebühr

---

122 Vgl. Michael Schwartz, „Warum machen Sie sich für die Homos stark?" Homosexualität und M enöffentlichkeit in der westdeutschen Reformzeit der 1960er und 1970er Jahre, in: Jahrbuch Sex täten 1 (2016), hrsg. im Auftrag der Initiative Queer Nations e. V., Göttingen 2016, S. 51–93.
123 Vgl. den Beitrag von Michael Schwartz im vorliegenden Band.
124 Lautmann u. a., Seminar: Gesellschaft und Homosexualität, S. 219.
125 Vgl. den Beitrag von Michael Schwartz im vorliegenden Band.
126 Schäfer, „Widernatürliche Unzucht", S. 115; ferner Schwartz, Homosexuelle im moder Deutschland, in: Vierteljahreshefte für Zeitgeschichte 69 (2021), H. 3, S. 395 f.
127 Schwartz, Warum machen Sie sich für die Homos stark?, in: Jahrbuch Sexualitäten 1 (2016), S Whisnant, Male Homosexuality in West Germany, S. 202.

kämpft", während „die romanischen Staaten bei aller Betonung des katholischen Dogmas der Einehe dem Bereich der Sexualität und Erotik weit mehr Verständnis entgegengebracht und gesündere Formen der Regulierung zugelassen" hätten. So werde von der katholischen Morallehre homosexueller Verkehr zwar als Sünde verurteilt, „aber nicht anders als jeder außereheliche Geschlechtsverkehr zwischen Mann und Frau". Aus katholischer Sicht sei daher eine „gesetzliche Schlechterstellung der Homosexuellen gegenüber den Heterosexuellen [...] weder logisch noch sittlich zu begründen".[128] Demnach lag die Differenz zwischen den protestantischen und den katholisch-romanischen Ländern nicht nur in der Wirkung von Aufklärungsphilosophie und Französischer Revolution begründet, sondern auch in einer spezifischen katholischen Tradition im Umgang mit abweichenden sexuellen Handlungen. Hier fehlt es eindeutig noch an Langzeitstudien zur Entwicklung protestantischer Ethik bzw. katholischer Moraltheologie, auch in transnational vergleichender Perspektive.

In der zweiten Hälfte des 20. Jahrhunderts änderte sich jedenfalls die von Klimmer skizzierte Verortung beider Kirchen gravierend: Vor allem bei einem Teil der Protestanten und Anglikaner, deutlich weniger im Katholizismus, begann sich eine aufgeschlossenere Grundhaltung gegenüber Homosexualität anzubahnen – sowohl in innerkirchlichen Diskursen als auch in öffentlichen Stellungnahmen. In vielen protestantischen Kirchen vollzog sich gegen Ende des 20. Jahrhunderts ein signifikanter Transformationsprozess – weg von der um 1970 noch praktizierten moralischen Verurteilung, hin zur schrittweisen Anerkennung von als verantwortlich betrachteten homosexuellen Lebensweisen – am Ende bis zur kirchlichen Eheschließung.[129] Der Theologe und Soziologe Siegfried Keil versuchte schon Mitte der 1960er Jahre die ganzheitliche personale Liebe als maßgebendes ethisches Kriterium zu etablieren, gleichgültig ob es um hetero- oder homosexuelle Beziehungen ging.[130] Doch noch in den 1980er Jahren wurde im deutschen Protestantismus erbittert über die kirchenamtlich betriebene Entlassung eines homosexuellen Pfarrers debattiert. Als das westdeutsche Schwulen-Magazin „Du & Ich" 1981 über die Streitfrage diskutieren ließ, ob die Gesellschaft seit 1969 toleranter geworden sei, verwies der Wortführer des „Pro" darauf, dass die liberalen Strafrechtsreformen „nicht ohne Einfluß auf die Gesellschaft geblieben" seien und die Lage der Homosexuellen positiv beeinflusst hätten. Allerdings gebe es Bereiche wie die Kirchen, die nach wie vor homophob eingestellt seien – wie nicht nur Äußerungen „des polnischen Papstes" zeigten, sondern auch das Berufsverbot gegen einen homosexuellen evangelischen Pfarrer in Hannover.[131]

---

128 Klimmer, Die Homosexualität als biologisch-soziologische Zeitfrage, S. 289 f.

129 Vgl. Fitschen, Liebe zwischen Männern?, sowie den Beitrag von Klaus Fitschen im vorliegenden Band.

130 „Zur Jugendliebe gehört die Empfängnisverhütung". Aus dem Buch „Sexualität" des Theologen und Soziologen Dr. Dr. Siegfried Keil (Universität Marburg), in: Der Spiegel vom 22.8.1966, S. 55.

131 Pro & Contra: Ist die Gesellschaft toleranter geworden?, in: Du & Ich Nr. 10 vom Oktober 1981, S. 75.

In der katholischen Kirche gab es ebenfalls unterschiedliche und zum Teil zut
widersprüchliche Entwicklungen. Zum einen wurde unter dem konservativen p
schen Papst Johannes Paul II. (1978–2005) und seinem deutschen Glaubenspräfe
Joseph Kardinal Ratzinger (dem späteren Papst Benedikt XVI.) 1986 ausdrücklich
tont, nicht erst konkrete homosexuelle Handlungen, sondern bereits jede homos
elle Orientierung an sich enthalte eine Tendenz zum intrinsischen, also in der Sa
selbst liegenden moralischen Übel. Zum anderen hatte sich trotz dieser moraltheo
schen Verhärtung im Vatikan in Teilen des katholischen Milieus längst etwas in
andere Richtung bewegt: Eine vom Erzbischof von London berufene Theologenk
mission hatte schon in den 1950er Jahren die Entkriminalisierung homosexue
Handlungen befürwortet[132] – zu einer Zeit, als der deutsche Episkopat noch him
weit davon entfernt war, bevor auch er den Engländern und der eigenen Bundesre
rung um 1970 darin zustimmte, dass homosexuelle Handlungen unter Erwachse
keine rechtliche Bestrafung mehr erheischten. In beiden deutschen Staaten zog
der Episkopat, parallel zur staatlichen Politik, auf die letzte Verteidigungslinie e
strafbewehrten Jugendschutzes im Sonderstrafrecht für Homosexuelle zurück. In
terreich hingegen wurde die Strafrechtsliberalisierung von 1971 durch die dortigen
tholischen Bischöfe massiv attackiert[133], was wie ein Rückzugsgefecht anmutete,
zugleich auf die erwähnte verschärfte Ratzinger-Erklärung von 1986 vorauswies.

Vorangegangen waren der tendenziellen Anerkennung staatlicher Entkrimi
sierung durch die Bischöfe gewisse katholische Kurskorrekturen, die sich in ihrer
ferenzierung zwischen strafrechtlicher Liberalität und anhaltender moralischer
urteilung an Sichtweisen des 19. Jahrhunderts anschlossen. So wurde in Deutschl
an die durch dessen Korrespondenz mit Magnus Hirschfeld berühmt gewordene F
tion des Mainzer Bischofs Paul Leopold Haffner aus den 1890er Jahren, homosexu
Handlungen seien für den Staat nicht strafwürdiger als unrichtige heterosexu
Handlungen, 1960 durch das katholische „Lexikon für Theologie und Kirche"
schweigend wiederangeknüpft[134], nachdem diese Sicht im deutschen Katholizis
zwischenzeitlich inopportun gewesen war. Denker wie der angesehene Moraltheo
Bernhard Häring, der ebenfalls um 1960 diese Position von der Nicht-Notwendig
staatlicher Kriminalisierung und Verfolgung vertrat, sprachen sich im gleichen At
zug vehement dagegen aus, das homosexuelle „Laster" als etwas Natürliches zu
trachten.[135] Wenn auch die moralische Verurteilung beibehalten wurde, so wurde

---

132 Vgl. auch den Beitrag von Katharina Ebner im vorliegenden Band.
133 Episkopat gegen Strafreform, in: Die Presse (Wien) vom 10./11.3.1971.
134 Vgl. dazu Schwartz, Homosexuelle im modernen Deutschland, in: Vierteljahrshefte für Ze
schichte 69 (2021), H. 3, S. 397.
135 Vgl. John T. McGreevy, Catholicism. A Global History from the French Revolution to Pope Fra
New York 2022, S. 397–400; zu vorsichtigen Änderungen der katholischen Theologie Arnold Angene
Ehe, Liebe und Sexualität im Christentum. Von den Anfängen bis heute, Münster 2015, S. 207; Schw
Homosexuelle im modernen Deutschland, in: Vierteljahrshefte für Zeitgeschichte 69 (2021), H. 3, S.
402.

se doch von der staatlichen Verfolgung weithin entkoppelt: In den 1960er Jahren gab der katholische Episkopat Deutschlands die ein Jahrzehnt zuvor geschlossene und zeitweilig höchst wirksame Allianz mit integralistisch-konservativen CDU-Sittlichkeitspolitikern wie Bundesfamilienminister Franz-Josef Wuermeling sukzessive auf, um stattdessen innerhalb der langjährigen Regierungspartei CDU/CSU liberalen Kreisen die Meinungsführerschaft zuzugestehen[136] und damit die Strafrechtsreform von 1969 mit zu ermöglichen. Und 1981 blieb in der katholischen Kirche in Sachen Homosexualität der Vatikan zwar unerbittlich bei seiner sittlichen Verurteilung, die Mehrheit der deutschen Moraltheologen aber forderte eine individuelle Beurteilung jeder Person und ihrer Handlungen. Zur selben Zeit wurden von der evangelischen Kirche Homosexuelle in Deutschland bereits „sozial umarmt", wie eine Journalistin dies ausdrückte, jedoch galt eine offen bekundete homosexuelle Orientierung von Pfarrern in immerhin noch fünf Landeskirchen weiterhin als Einstellungshindernis bzw. Entlassungsgrund.[137] Erblickte die katholische Kirche in homosexuellen Handlungen weiterhin eine schwere Sünde, bedeutete Homosexualität für protestantische Theologen damals eher ein „pathologisches Problem" – eine ebenfalls diskriminierende, aber mildere und christliche Solidarität möglich machende Ansicht.[138]

Bei allen Ambivalenzen – nicht nur wegen der Gleichzeitigkeit des Ungleichzeitigen in Katholizismus und Protestantismus, sondern auch im darüber tief gespaltenen Protestantismus selbst – erweist sich am Ende auch für die Kirchengeschichte der Moderne unser Untersuchungszeitraum, die zweite Hälfte des 20. Jahrhunderts, als wichtige Transformationszeit im Umgang mit Homosexuellen und Homosexualität. In weiten Teilen des Protestantismus mündete diese Entwicklung in Gleichstellung und Akzeptanz, in der katholischen Kirche besteht hingegen bis heute eine widersprüchliche, aber im Kern weiterhin homophobe Konstellation. Vielleicht ist es ein hoffnungsvolles Indiz für künftige Veränderungen, wenn sich anlässlich des Holocaust-Gedenktages im Januar 2023, als im deutschen Bundestag zum ersten Mal der wegen ihrer Homosexualität oder ihrer sonstigen nicht-heterosexuellen Orientierungen von der NS-Diktatur verfolgten und diskriminierten Menschen gedacht wurde, auch der Beauftragte der Katholischen Deutschen Bischofskonferenz für die „LSBTQ*-Pastoral", der Essener Weihbischof Ludger Schepers, zu Wort meldete: „Dieser Tag ist Anlass für die katholische Kirche, sich zu ihrer eigenen Geschichte der Unterstützung homophoben Verhaltens während des Nationalsozialismus und auch danach zu bekennen". Der Bischof meinte dies kirchenkritisch: „In der Nazi-Zeit habe es zu wenig Widerstand auch

---

136 Vgl. Schwartz, Homosexualität, Sexualstrafrecht und Sittlichkeit, in: Rauschenberger/Steinbacher (Hrsg.), Fritz Bauer, S. 173 und 182.
137 Miehe, Im Käfig der Ängste, in: Frankfurter Rundschau vom 11.7.1981, Beilage „Zeit und Bild".
138 Hedi Landwehr, Wie steht es um den Mann mit den sanften Augen? Gleichgeschlechtliche Liebe als Sünde oder Die Diskriminierung von Homosexuellen, in: Stuttgarter Zeitung vom 13.4.1985, S. 51.

unter den Bischöfen gegeben, was es den Nazis erleichtert habe, brutal gegen qu
Menschen vorzugehen."[139]

V

Abschließend wenden wir uns dem Begriff der *Emanzipation* zu: Der Terminus m
zunächst juristische Gleichberechtigung, verweist aber zugleich auf eine umfasse
gesellschaftliche Gleichstellung einer bislang diskriminierten Gruppe. Insofern hat
Ausdruck sowohl eine pragmatische als auch eine utopische Seite. Er ist zutiefst
knüpft mit einer Neuinterpretation des Demokratie- bzw. Demokratisierungs-Begr

Beide – pragmatische wie utopische – Bedeutungsdimensionen finden sich in
gängigen Komposita „Sklavenemanzipation"[140] oder „Frauenemanzipation".[141] In
licher Weise lässt sich „homosexuelle Emanzipation in Europa" historiographisch
turieren.[142] Es gibt unterschiedliche Transformations-Phasen im Umgang von Ge
schaften mit Homosexualität, aus denen – wenngleich nicht linear – Schritt
Richtung homosexueller Emanzipation resultierten. Damit verbunden hat auch die
griffsgeschichte der „Emanzipation" ihre Konjunkturen: Eine davon gab es gegen
te des 19. Jahrhunderts, der Zeit Heinrich Heines und anderer Protagonisten uns
Moderne. Ein anderer Höhepunkt folgte rund einhundert Jahre später und betriff
mit auch unseren Band ganz direkt: „Die Begrifflichkeit ‚Emanzipation', ‚sich ema
pieren' oder ‚emanzipiert' hat sich seit den sechziger Jahren des 20. Jahrhunderts
si inflationär verbreitet und ist strapazierend häufig in Gebrauch genommen wor
Man spricht von emanzipiertem Verhalten, von emanzipierter Frau, von Emanzi
on der Schwulen und Lesben [...]. Die Reihe dessen, wovon man sich emanzipie
will, ist unendlich." Durch diese Expansion scheint der Ausdruck „Emanzipat
nicht nur ein „Modewort" mit universalem Anspruch, sondern auch mit einer quas
ligiösen säkularen Heilserwartung geworden zu sein.[143]

Da dem Begriff der „Emanzipation" stets etwas Utopisch-Ideales innewohnt, k
man fragen, ob ihr Ziel jemals voll erreicht wurde oder überhaupt je erreicht wer

---

139 Vgl. https://www.kirche-und-leben.de/artikel/bischoefe-bekennen-mitschuld-an-homosexue
leid-in-ns-zeit (1.2.2023).
140 Vgl. etwa Jürgen Osterhammel, Die Verwandlung der Welt. Eine Geschichte des 19. Jahrhund
München ⁵2010, S. 107, 761, 995, 1188 und 1192.
141 Vgl. etwa Gisela Bock, Geschlechtergeschichten der Neuzeit. Ideen, Politik, Praxis, Göttingen
passim.
142 Vgl. Jeffrey Weeks, Gender, Sexualität und homosexuelle Emanzipation in Europa, Götti
2014; zur vielgestaltigen Nutzung des Emanzipations-Begriffs in der Schwulenbewegung: Magda
Beljan, Rosa Zeiten? Eine Geschichte der Subjektivierung männlicher Homosexualität in den 19
und 1980er Jahren der BRD, Bielefeld 2014, S. 23 f., 82, 95, 99, 109, 136, 156, 191, 199, 211, 247 und
143 Zur Begriffsgeschichte vgl. Koon-Ho Lee, Heinrich Heine und die Frauenemanzipation, Stutt
Weimar 2005, S. 8.

kann – für die Sklaven- oder Frauenemanzipation wird diese Debatte bekanntlich längst geführt. Was im Falle juristischer Gleichberechtigung an Emanzipations-Schritten halbwegs gut zu messen und nachzuvollziehen ist, stellt sich mit Blick auf die vielfältigen Formen gesellschaftlicher Diskriminierung ungleich komplexer und widersprüchlicher dar. Im Hinblick auf homosexuelle Menschen in der zweiten Hälfte des 20. Jahrhunderts, um die es uns hier geht, hat der teleologisch aufgeladene Terminus „Emanzipation" zwar insgesamt seine Berechtigung – freilich nur als Indikator für die tendenzielle Richtung einer Entwicklung, die widersprüchlich war und bleibt, nicht aber als Vorstellung von deren umfassend „erlösendem" Abschluss.

Hinzu tritt ein grundsätzlicher Einwand: Homosexuelle „Emanzipation" im späten 20. Jahrhundert wird keineswegs durchgängig, keineswegs von allen, als reine Fortschritts- und Erfolgsgeschichte betrachtet, sondern auch kritisch nach Bedingungen und Grenzen befragt. Manchem scheint die Rede von schwul-lesbischer Emanzipation nur ein kultureller Progressivitäts-Nachweis einer ansonsten neoliberal gewendeten Reform-Linken der 1990er Jahre zu sein.[144] Andere stellen „die Liberalisierungsthese als zentrales Paradigma" der neuesten Geschichte und damit die Bedeutung der Liberalisierungsära um 1970 in Frage, wollen „die Zeitgeschichte der Homosexualitäten" nicht auf den Gegensatz „zwischen Repression und Emanzipation reduziert" sehen. Sie erblicken den derzeitigen Stand der Dinge nach der zweifellos wichtigen Transformationsphase des späten 20. Jahrhunderts nicht nur in erfolgreicher „Anpassung und Verbürgerlichung", sondern sehen die Gegenwart gekennzeichnet durch eine widersprüchliche „Gleichzeitigkeit von Normalisierung, Emanzipation und Stigmatisierung".[145] Wieder andere kritisieren die von den Emanzipationsbewegungen des globalen Nordens entwickelten Schlüsselbegriffe „Sichtbarkeit" und „Identität", denn die unter dieser Flagge geführten Anerkennungs-Kämpfe seien in ein „Ordnungsregime" gemündet, das die weiße bürgerliche homosexuelle Paarbeziehung als neue Norm gesetzt habe, während „Queers of Color" (also nicht-weiße LGBTIQ*-Personen) oder Homosexuelle mit alternativen Lebensentwürfen marginalisiert würden. Die oft beschworene einheitliche „schwule Identität" sei fragwürdig.[146] Sobald man sozial differenziert und intersektionale Kriterien anlegt, ist sie das in der Tat – und bleibt doch interessenpolitisch organisiert ein höchst wirkmächtiger Faktor.

Die „Normalisierung" von Diversität ist dabei kein Sonderfall, der allein homosexuelle Menschen in der zweiten Hälfte des 20. Jahrhunderts beträfe, sondern ein über-

---

144 Georg Klauda, Eine Übung in Bescheidenheit. Zum fehlenden Fragezeichen hinter der Erfolgsgeschichte der Lesben- und Schwulenbewegung, in: Andreas Pretzel/Volker Weiß (Hrsg.), Politiken in Bewegung. Die Emanzipation Homosexueller im 20. Jahrhundert, Hamburg 2017, S. 304–328, hier insb. S. 319 f.
145 Vgl. Gammerl, Anders fühlen, S. 345 f.
146 Vgl. Zülfukar Çetin/Heinz-Jürgen Voß, Schwule Sichtbarkeit – schwule Identität. Kritische Perspektiven, Gießen 2016.

greifender Grundzug der Moderne der gesamten letzten beiden Jahrhunderte.[147]
kriminierungen sind im Zuge der neuesten Phase grundlegender Transformation
Sexualität(en) ebenfalls nicht verschwunden. Im Gegenteil verorten Sozialwis
schaftler „die entscheidenden Spannungsfelder homosexuellen Lebens" unserer
genwart einerseits in der „Verhinderung homosexueller Vielfalt durch heteronor
tive Diskriminierung", etwa an heutigen Schulen bzw. unter deren Schül
andererseits aber auch – quasi als Nebenwirkung der Selbstorganisationserfolge
letzten Jahrzehnte – als „Verhinderung homosexueller Vielfalt [...] durch die hom
xuelle Subkultur" selbst.[148] Auch von den emanzipativen Selbstorganisationen gin
und gehen Normalisierungstendenzen aus, die Diversität einschränken.

Solche Diskriminierungspotenziale prägten die Schwulen- und Lesbenbeweg
gen während ihrer gesamten Geschichte im letzten Drittel des 20. Jahrhunderts.
die ARD 1973 den oben erwähnten „Homosexuellen"-Film des schwulen Regisse
Rosa von Praunheim ausstrahlen wollte, beantrage die „Deutsche Homophilen O
nisation" – eine bürgerliche Vereinigung mannmännlich orientierter Männer, die
bewusst nicht „homosexuell" und schon gar nicht „schwul" nennen wollten – e
einstweilige Verfügung, um dies zu verhindern. Die Begründung lautete, Homop
würden darin als „übertrieben geschminkt[e]" effeminierte „Tunten" dargestellt,
homophobe Vorurteile noch steigere, statt sie abzubauen.[149] Dieser Abscheu ge
„Tunten" war kein Privileg konservativ-bürgerlicher Homosexueller: In der linkssc
listischen Szene West-Berlins kam es nur wenig später zum sogenannten Tuntenst
gegen ein sowohl als unpolitisch als auch als unpassend gewertetes Auftreten effe
nierter Homosexueller in Frauenkleidern, die mit lautstarken „tuntigen" Parolen
einer Demonstration hervorgetreten waren.[150] Noch als 1991 in Berlin ein „Erstes D
sches Schwulen Fernsehen" zu senden begann, währte die Karriere des ersten Me
rators namens „Ichgola Androgyn" nicht lange. Denn dieser wurde als „Tunte"
vielen homosexuellen Zuschauern abgelehnt, die zornig erklärten: „So sind wir nic
Daraufhin übernahmen „die Moderation zwei nette Jungs von nebenan", gelegent
ergänzt durch einen schriller wirkenden Modedesigner als lustige „Berliner Szer
gur".[151] Immer wieder wurden hier Grenzen des Sicht- und Sagbaren neu verhand
und keineswegs in „herrschaftsfreien" Diskursen.

---

147 Vgl. Peter Becker (Hrsg.), Normalizing Diversity, European University Institute Working P.
HEC No. 2003/5, San Domenico 2003.
148 Thomas Hertling, Homosexuelle Männlichkeit zwischen Diskriminierung und Emanzipation.
Studie zum Leben homosexueller Männer heute und Begründung ihrer wahrzunehmenden Viel
Münster u. a. 2011, S. 240, 244 und 374–376.
149 Vgl.: Bei Rosa sehen viele rot! Einstweilige Verfügung und Proteste gegen die Sendung des Hc
sexuellen-Films am 15. Januar im Fernsehen, in: BZ vom 9.1.1973.
150 Sebastian Haunss, Identität in Bewegung. Prozesse kollektiver Identität bei den Autonomen
in der Schwulenbewegung, Wiesbaden 2004, S. 197 f.
151 Joachim Hauschild, Der Weg vom Ghetto in die Oase? Das „Erste Deutsche Schwulen Fernseł
in Berlin. Schwierigkeiten mit dem Konzept, in: Süddeutsche Zeitung vom 22.4.1991.

Solch normalisierte wie normalisierende Emanzipation erzeugt seltsame historische Ironien. Der kritische Hinweis auf das neue „normale" Leitbild schwul/lesbischer bürgerlich-monogamer Paarbeziehungen, die auf Wunsch als Ehe institutionalisiert und zur adoptierten „Regenbogen"-Kleinfamilie erweitert werden können, ist durchaus berechtigt. Diese „Verbürgerlichung" homosexueller Lebensformen im frühen 21. Jahrhundert steht jedenfalls in denkbar größtem Gegensatz zu jenen anarchischen Sexualutopien der linken Schwulen- und Lesbenbewegungen der 1970er Jahre, die die heterosexuelle Mehrheitsgesellschaft umstürzen oder grundlegend verändern, aber keinesfalls sich dieser anpassen wollten. Auf verquere Weise ähnelt die normativ gestaltete homosexuelle Paarbeziehung des frühen 21. Jahrhunderts in manchem jenem Leitbild des monogam-disziplinierten homosexuellen Mannes, dem der (selbst homosexuelle) Sexualwissenschaftler Hans Giese um 1960 in der Bundesrepublik dadurch Akzeptanz zu verschaffen suchte, indem er es scharf abgrenzte von promiskuitiv-unkontrollierbaren Abweichlern.[152] Auch der frühe Siegfried Schnabl hatte um 1970 – wie oben gezeigt – in der DDR die monogame Paarbeziehung als integrative Lösung skizziert, und daran sollten spätere Verfechter mehrheitsgesellschaftlicher Toleranz Ende der 1980er Jahre in reformorientiertem Pragmatismus anknüpfen.[153]

Zugleich kann man verwundert beobachten, dass homosexuelle Emanzipation im späten 20. und frühen 21. Jahrhundert nicht zu jener möglichst unterschiedslosen „Integration" in eine Gesellschaft gleichberechtigter Individuen geführt zu haben scheint, wie sich dies tolerante Wortführer vergangener Jahrzehnte einst vorgestellt hatten, sondern dass Gruppen-Identitäten aufrechterhalten bleiben, wenn nicht gar verfestigt und ausgebaut werden. Einst hat die NS-Diktatur eine negative Gruppenidentität für homosexuelle Männer durch den „Rosa Winkel" – zumindest für KZ-Häftlinge – symbolisch ausdifferenziert. Statt sich von dieser kollektiven Stigmatisierung zu distanzieren, wurde ab den 1970er Jahren der „entliehene Rosa Winkel" (Michael Holy) zum Identitätssymbol für eine jüngere Generation schwuler Aktivisten – eine unhistorische Aneignung „als schwulenpolitisches Symbol" zwecks Ausbildung einer eigenen kollektiven „Opferidentität".[154] Auch heute, in den 2020er Jahren, ist das Bedürfnis nach Gruppenidentität und ihrer symbolischen Repräsentation ungebrochen. Nun scheint die „Regenbogenflagge", 1978 in den USA entworfen und lange mit dem aus der deut-

---

152 Volkmar Sigusch, Geschichte der Sexualwissenschaft. Mit einem Beitrag von Günter Grau, Frankfurt a. M./New York 2008, S. 409 f.

153 Vgl. Reiner Werner, Homosexualität. Herausforderung an Wissen und Toleranz, Berlin [Ost] 1987, S. 158 f., mit konkreten Vorstellungen zur „Bearbeitung von [gemeinsamen] Wohnungsanträgen" homosexueller Paare oder zur „Gütergemeinschaft statt ‚Ehe'".

154 Corinna Tomberger, Homosexuellen-Geschichtsschreibung und Subkultur. Geschlechtertheoretische und heteronormativitätskritische Perspektiven, in: Michael Schwartz (Hrsg.), Homosexuelle im Nationalsozialismus. Neue Forschungsperspektiven zu Lebenssituationen von lesbischen, schwulen, bi-, trans- und intersexuellen Menschen 1933 bis 1945, München 2014, S. 19–26, hier S. 21.

schen NS-Verfolgung international übernommenen „Rosa Winkel" konkurrierer
zu dominieren.

So gesehen hat das doppelte Titelbild unseres Bandes auch eine doppelte Be
tung: Zum einen zeichnet es eine gewissermaßen tröstliche Entwicklung nach,
vom „Rosa Winkel" als Symbol der schlimmstmöglichen Verfolgung hin zur „Rege
genflagge" vor dem Bundeskanzleramt als Ausdruck größtmöglicher Wertschätz
führt. Doch dieser vorwärtsfliegende Pfeil der Geschichte ist nicht ohne eine irr
rende Kreisbewegung zu haben: Zwar wurde die negative Kennzeichnung der N
Zeit gänzlich umgewendet zu einer selbstbewusst-positiven Gruppenkennzeichn
aber eine kollektive Sonderidentität ist nach wie vor, vielleicht mehr denn je vorl
den. Und sie ist überaus wirksam in der Zuweisung von Zugehörigkeiten und da
verbundenen Ansprüchen oder Rechten.

VI

Der vorliegende Band konzentriert sich geographisch auf das nach 1945 get
Deutschland im späteren 20. Jahrhundert, wagt jedoch zugleich instruktive Seiter
cke auf einige west-, mittel- oder mittelosteuropäische Nachbargesellschaften – e
Großbritannien, Österreich und Polen. Es geht somit nicht um einen enzyklop
schen, handbuchartigen Gesamtüberblick, sondern um den Versuch, einige zent
Problemfelder und Entwicklungsprozesse zu umreißen, welche die Lebenssituatio
homosexueller Männer und Frauen zwischen 1945 und 2000 prägten und verän
ten.

Ein erster Themenblock wendet sich den „Schatten der Vergangenheit zu", e
Erbe der NS-Homosexuellenverfolgung in den Nachkriegsgesellschaften nach 1945
hann Karl Kirchknopf diskutiert die „Kontinuitäten und Brüche" im Umgang der ös
reichischen Nachkriegsjustiz mit der NS-Homosexuellenverfolgung. *Esther Abel* an
siert die systemübergreifende Verweigerung des NS-Opferstatus im Hinblick auf
verfolgte Homosexuelle in der Bundesrepublik und der DDR als eine gezielte „Po
des Verdrängens". Und *Teresa Tammer* macht deutlich, wie problematisch und k
fliktreich ostdeutsches Gedenken an NS-verfolgte Homosexuelle noch in der DDR
1980er Jahre war, wo sich eine junge Schwulenbewegung „zwischen [staatsoffiziell
Antifaschismus und [westlichem] Christopher Street Day" transnational zu vero
suchte.

Der zweite Themenblock behandelt die „Vielfalt der Repression" nach 1945
untersucht verschiedene Typen homophober Verfolgung oder Diskriminierung

---

155 Ebenda, wonach AIDS-Aktivisten aus den USA den „Rosa Winkel" in den 1980er Jahren als G
pensymbol übernommen hätten; zu „Rosa Winkel" und „Regenbogenflagge" als internationale S
bole der Schwulenbewegung auch Julia Austermann, Visualisierungen des Politischen. Homoph
und queere Protestkultur in Polen ab 1980, Bielefeld 2021, S. 39, mit weiterführender Literatur.

Nachkriegs-Deutschland. *Andrea Rottmann* illustriert am Beispiel einer lesbischen Aktivistin die Ausgrenzungsmechanismen unter Kommunisten im Berlin der unmittelbaren Nachkriegsjahre. *Werner Renz* erinnert an den unermüdlichen Einsatz des NS-verfolgten Juden und sozialdemokratischen Generalstaatsanwalts Fritz Bauer für eine öffentliche Kritik des repressiven Sexualstrafrechts der frühen Bundesrepublik, was zu einer unverzichtbaren Voraussetzung der liberalen Strafrechtsreformen von 1969/ 73 wurde. *Julia Noah Munier* verortet die Lebenswelten homosexueller Männer im südwestdeutschen Bundesland Baden-Württemberg „zwischen Aufbruch und Repression" im Lichte neuester Forschungsergebnisse. Das gilt auch für *Kirsten Plötz* mit Blick auf antilesbische Diskriminierungen im bundesrepublikanischen Ehe- und Familienrecht, die über die gesamte zweite Hälfte des 20. Jahrhunderts in jeweils spezifischen Formen aufgezeigt werden.

Unser dritter Themenblock fokussiert auf die bislang wenig beachtete Rolle der „Kirchen als Seismographen sexueller Transformation", während der langanhaltende repressive Einfluss der christlichen Kirchen und der sie tragenden sozialmoralischen Milieus auf ihre Gesamtgesellschaften hinlänglich bekannt ist. *Katharina Ebner* zeigt, wie stark Kirchen und religiös motivierte Politiker in der Bundesrepublik Deutschland wie in Großbritannien in den 1950er und 1960er Jahren in gesellschaftspolitische Aushandlungsprozesse über den Umgang mit Homosexualität involviert waren – was in eine widersprüchliche Gemengelage aus „Reformimpulsen, Polemik und Sprachlosigkeit" mündete. *Klaus Fitschen* geht den wichtigen Veränderungen im deutschen Protestantismus in dessen kirchenöffentlichen Diskursen über Homosexualität in der zweiten Hälfte des 20. Jahrhunderts nach, die diesen Protestantismus allmählich – freilich unter heftigen internen Konflikten – aus einer Bastion der Homophobie in eine Vorhut der Emanzipation verwandelten. *Christian Neuhierl* exemplifiziert anhand der evangelischen Kirchen in der DDR das ambivalente Verhältnis zwischen Kirchen und neu entstehender DDR-Homosexuellenbewegung in Form der kirchlichen „Arbeitskreise Homosexualität" im Laufe der 1980er Jahre. Diese Selbstorganisation von Homosexuellen war lange nur unter dem gleichermaßen schützenden wie disziplinierenden Dach der Kirchen möglich, bevor sich auch der SED-Staat in seiner Schlussphase zu größerer (konkurrierender) Toleranz durchringen konnte.

Vielfalt und Tiefe, aber ebenso Grenzen von „Transformationszeiten" im späten 20. Jahrhundert versucht der vierte und letzte Themenblock des Bandes auszuloten. *Klaus Storkmann* analysiert zunächst die Lebenssituationen homosexueller Soldaten in der (west)deutschen Bundeswehr zwischen 1955 und 2000 und vermag die dort überdurchschnittlich lange anhaltende berufliche Diskriminierung aufzuzeigen, für welche „die Bewertung der Homosexualität als Sicherheitsrisiko" die entscheidende Legitimationsgrundlage abgab. Der zeitliche Schwerpunkt der anderen Beiträge des Themenblocks liegt auf den 1980er Jahren. *Michael Schwartz* untersucht die AIDS-Krise mit Blick auf Westdeutschland. Diese Phase wird als hochgradig ambivalent bewertet, „zwischen Ausgrenzung und Aufwertung", wobei die anfänglich dominierende Stigmatisierung mit ihren illiberalen Folgen sukzessive in gesamtgesellschaftliche Auf-

wertung umschlug; dafür spielte die Kooperation zwischen staatlicher Gesundheit
litik und neuer Homosexuellen-Selbstorganisation (Aidshilfe) eine zentrale Rolle
bewirkte auch eine Ausweitung öffentlicher Sichtbar- und Sagbarkeiten. *Adrian L*
betrachtet die Parallelentwicklung in der DDR, wo die SED-Diktatur eine vergleich
re – freilich weit weniger öffentliche – Wendung von einer autoritären zu einer
operativen Gesundheitspolitik vollzog und wo die AIDS-Krise ebenfalls die Präs
von Homosexuellen in gesellschaftlichen Diskursen deutlich steigerte. *Markus Pi*
vergleicht abschließend die Lebenssituationen homosexueller Männer in der DDR
in Polen in den 1980er Jahren und demonstriert dabei nicht nur die Grenzen libe
sierender Reformpolitiken, die es in beiden Staaten gegeben hatte, gegenüber Res
en gesellschaftlicher Diskriminierung, sondern auch die Gleichzeitigkeit des Ungle
zeitigen in den „Transformationszeiten" des späten 20. Jahrhunderts. Denn währ
die SED-Diktatur eine (systemkonforme) Selbstorganisation von Homosexuellen zu
lerieren lernte und gegen Ende ihrer Herrschaft sogar die letzten Reste eines ho
phoben Sonderstrafrechts beseitigen sollte, fand in Polen trotz einer bis ins Jahr
zurückreichenden Tradition der Entkriminalisierung von Erwachsenen-Homosexu
tät im Jahre 1985 eine einschüchternde landesweite Razzia der „Volksmiliz" gegen
mosexuelle Männer statt – ein klarer repressiver Schritt zur Unsichtbarmachung
Unerwünschten. Somit gestalteten sich selbst in einander ähnlichen politischen Sy
men noch gegen Ende des 20. Jahrhunderts, als grundlegende Transformationen
Verhältnis zwischen Staat, Gesellschaft und homosexuellen Menschen einsetzten,
ren Lebenssituationen hochgradig unterschiedlich.

Teil I: **Der Nationalsozialismus und seine Folgen**

Johann Karl Kirchknopf

Kontinuitäten und Brüche

Die Strafverfolgung wegen gleichgeschlechtlicher Sexualhandlungen in
Österreich nach dem Ende der nationalsozialistischen Herrschaft

Die Beantwortung der Frage, inwiefern nationalsozialistische Praktiken der Homose-
xuellenverfolgung nach dem Ende der NS-Herrschaft in Österreich fortwirkten, gestal-
tet sich schwierig. Die rechtliche Ausgangslage ist weit weniger eindeutig als jene in
Deutschland. So kann der Fortbestand des vom NS-Regime 1935 verschärften § 175
Reichsstrafgesetzbuch (RStGB) nach 1945 in Westdeutschland als eine Kontinuität zum
Nationalsozialismus bzw. dessen Reformierung in der DDR, dem östlichen deutschen
Teilstaat ab 1949, als Distanzierung von selbigem gewertet werden.[1] In Österreich hingegen überstand der Wortlaut der entsprechenden Gesetzesstelle, die von 1852 bis
1971 die Grundlage für die Strafverfolgung wegen gleichgeschlechtlicher Sexualhandlungen bildete, den Wechsel der Regime unverändert: „Unzucht wider die Natur, das
ist mit Personen desselben Geschlechts" (§ 129 Ib Strafgesetz, StG)[2] – im internationalen Vergleich bildete Österreich insofern eine seltene Ausnahme, als auch Sexualakte
zwischen Frauen und nicht nur solche zwischen Männern kriminalisiert wurden. Die
schärfsten Maßnahmen, die das NS-Regime zur „Ausmerzung" vor allem von männlicher Homosexualität eingeführt hatte, wurden nach dem Ende der NS-Herrschaft
auch in Österreich aufgehoben, wie etwa die polizeilich verhängte Vorbeuge- bzw.
Schutzhaft in Konzentrationslagern[3] oder die Möglichkeit der Verhängung der Todesstrafe für „gefährliche Gewohnheitsverbrecher", worunter auch nach § 175 RStGB
bzw. § 129 Ib StG Verurteilte fallen konnten.[4] Kriminalstatistische Untersuchungen
deuten aber daraufhin, dass zumindest der vom NS-Regime erhöhte Verfolgungsdruck

---

1 Christian Schulz, Paragraph 175. (abgewickelt). Homosexualität und Strafrecht im Nachkriegsdeutschland; Rechtsprechung, juristische Diskussionen und Reformen seit 1945, Hamburg 1994.
2 Österreichisches Reichsgesetzblatt (RGBl.) 117/1852; Deutsches RGBl. I 1938, S. 237–238; österr. Staats-
gesetzblatt (StGBl.) 25/1945; österr. Bundesgesetzblatt (BGBl.) 273/1971.
3 Niko Wahl, Verfolgung und Vermögensentzug Homosexueller auf dem Gebiet der Republik Österreich während der NS-Zeit. Bemühungen um Restitution, Entschädigung und Pensionen in der Zweiten
Republik, Wien 2004, S. 29–32.
4 § 1 des Gesetzes vom 4.9.1941 (dt. RGBl. I, S. 549) in Verbindung mit § 20a RStGB in der Fassung des
§ 4 der Verordnung zur Durchführung des Gesetzes zur Änderung des Reichsstrafgesetzbuchs vom
24.9.1941 (dt. RGBl. I, S. 581); aufgehoben durch: § 1 Z. 19 des Gesetzes vom 12.6.1945 über die Wiederherstellung des österreichischen Strafrechtes (StGBl. 25/1945). Dokumentierte Fälle der Verhängung der
Todesstrafe durch das Wiener Sondergericht bei: Andreas Brunner/Hannes Sulzenbacher, Das Projekt
der Namentlichen Erfassung der homosexuellen und transgender Opfer des Nationalsozialismus in
Wien, in: QWien/WASt (Hrsg.), ZU SPÄT? Dimensionen des Gedenkens an homosexuelle und transgender Opfer des Nationalsozialismus, Wien 2015, S. 98–122, hier S. 108 f.

gegenüber Homosexuellen nach 1945 fortwirkte, wie sogleich ausführlich erör
wird.

Dieser Beitrag widmet sich unter Anwendung qualitativer Methoden erstmals
Frage, inwiefern spezifisch nationalsozialistische Eingriffe in die Strafrechtspfleg
der Zweiten Republik fortwirkten. Nach einer knappen Zusammenfassung der bis
publizierten quantitativen Studien werden drei Aspekte der Strafverfolgungspr
thematisiert: die Rechtsprechung des Obersten Gerichtshofs (OGH), die erstinstan
che Rechtsprechung und schließlich die Rechtslehre. Es wird gezeigt, dass, mangel
ner klar gesetzten Zäsur seitens des Höchstgerichts, in der Strafverfolgung we
gleichgeschlechtlicher Sexualhandlungen im Österreich der Zweiten Republik «
Grauzone vorhanden war, die Bezugnahmen zu spezifisch nationalsozialistisc
Strafverfolgungspraktiken ermöglichte. Nicht behandelt wird die späte Rehabil
rung der Opfer der nationalsozialistischen Homosexuellenverfolgung. In dieser]
sicht verlief die Entwicklung in Österreich ähnlich wie in Deutschland.[5]

Kriminalstatistik

Kriminalstatistisch wurde die eingangs aufgeworfene Frage bereits in mehreren
dien untersucht. Hans-Peter Weingand etwa wies nach, dass die Zahlen der Veru
lungen von Männern und Frauen wegen § 129 Ib StG österreichweit in den Jahren :
bis 1956 und 1959/60 sogar über dem Höchstwert der NS-Zeit lagen.[6] Der Anteil
Frauen lag österreichweit im 20. Jahrhundert im Durchschnitt bei rund 5 Proze
konnte aber regional in bestimmten Jahren auch deutlich höher sein, wie etwa
Wien im Jahr 1941.[8] Bei den Verurteilungszahlen handelt es sich jedoch um abso
Werte. Wird die Strafverfolgung wegen § 129 Ib StG im Verhältnis zur gesamten St
verfolgungstätigkeit der Gerichte betrachtet, so zeigt sich, dass die Intensität der `
folgung während der Zeit der NS-Herrschaft ihren Höhepunkt erreichte, sich n
1945 aber immer noch auf höherem Niveau fortsetzte als vor dem „Anschluss" Ös

---

5 Wahl, Verfolgung, S. 89 f.; Homosexuelle Initiative Wien, Homosexuelle NS-Opfer erhalten ene
Rechtsanspruch auf Entschädigung, https://www.hosiwien.at/homosexuelle-ns-opfer-erhalten-end
rechtsanspruch-auf-entschadigung/ (15.3.2022); Alexander Zinn, „Aus dem Volkskörper entfernt"?
mosexuelle Männer im Nationalsozialismus, Frankfurt a. M./New York 2018, S. 520–531.
6 Hans-Peter Weingand, Homosexualität und Kriminalstatistik in Österreich, in: Invertito 13 (2
S. 40–87, hier S. 54.
7 Albert Müller/Christian Fleck, „Unzucht wider die Natur". Gerichtliche Verfolgung der „Unzuch
Personen gleichen Geschlechts" in Österreich von den 1930er bis zu den 1950er Jahren, in: Öste
chische Zeitschrift für Geschichtswissenschaften (ÖZG) 9 (1998), H. 3, S. 400–422, hier S. 419.
8 Johann Karl Kirchknopf, Ausmaß und Intensität der Verfolgung weiblicher Homosexualität in V
während der NS-Zeit. Rechtshistorische und quantitative Perspektiven auf Dokumente der Ve
gungsbehörden, in: Invertito 15 (2013), S. 75–112.

reichs an Hitlers Deutschland im Jahre 1938.[9] Auch die durchschnittlich verhängte Haftdauer ging in der Zweiten Republik zwar zurück, lag aber immer noch höher als vor 1938.[10] Der Anteil der Verfahren, die mit der Verhängung einer Haftstrafe endeten, stieg nach 1945 sogar noch weiter an; der Anteil der Verfahrenseinstellungen ging unter das Niveau von vor 1938 zurück, nur der Anteil der Freisprüche nahm in der Zweiten Republik zu.[11] Kriminalstatistisch betrachtet hatten demnach die nationalsozialistischen Maßnahmen der Homosexuellenverfolgung in Österreich eine nachhaltige Folge-Wirkung in der Zweiten Republik.

Die Rechtsprechung des Obersten Gerichtshofs

§ 129 Ib StG definierte keine Tathandlung: „Unzucht wider die Natur, das ist mit Personen desselben Geschlechts". Die Rechtslehre kritisierte dies immer wieder.[12] Der Rechtsprechung blieb damit ein großer Spielraum zur Auslegung des Gesetzes, wodurch Verschärfungen wie auch Lockerungen des Tatbestands ohne gesetzgeberischen Eingriff möglich waren. So wies die Rechtshistorikerin Elisabeth Greif nach, dass der Oberste Gerichtshof ab der Wende vom 19. zum 20. Jahrhundert eine extensive Auslegung vertrat und das Tatbild auf masturbatorische Handlungen ausweitete. Dies sei angeregt worden durch die zeitgenössische Sexualwissenschaft, die „den Blick statt auf die sexuelle Handlung vermehrt auf die sexuelle Lust zu richten begann".[13] Der OGH führte zudem die Tatsache, dass der Gesetzgeber auch Frauen erfasst hatte, als einen zentralen Grund *für* eine extensive Auslegung an.[14] Die österreichische Rechtsprechung erfasste somit bis 1935 ein breiteres Spektrum sexueller Handlungen als die deutsche, die bis zur Verschärfung des § 175 RStGB im Jahr 1935 nur beischlafähnliche Handlungen als tatbildlich interpretierte.[15] Auf Druck des Reichsjustizministeriums glich das Reichsgericht schließlich am 4. Juni 1940 die Auslegung des Begriffs der „Unzucht" im österreichischen Strafrecht an die Judikatur zu § 175 RStGB in der ver-

9 Johann Karl Kirchknopf, Die strafrechtliche Verfolgung homosexueller Handlungen in Österreich im 20. Jahrhundert, in: Zeitgeschichte 43 (2016), H. 2, S. 68–84, hier S. 75–80.
10 Müller/Fleck, Unzucht, in: ÖZG 9 (1998), H. 3, S. 402 f.
11 Ebenda, S. 404.
12 Ludwig Altmann/Siegfried Jacob, Kommentar zum Österreichischen Strafrecht. 1. Bd., Wien 1928, S. 343; Theodor Rittler, Lehrbuch des österreichischen Strafrechts. 2. Bd.: Besonderer Teil, Wien 1962, S. 311.
13 Elisabeth Greif, „Unzüchtige Umarmungen" – Weibliche gleichgeschlechtliche Unzucht in der Zwischenkriegszeit, in: Juridikum (2014), H. 3, S. 291–300, hier S. 294.
14 Entscheidung (E.) vom 12.9.1902, Slg. 2747, in: k. k. Generalprocuratur (Hrsg.), Entscheidungen des k. k. Obersten Gerichts- als Cassationshofes, Wien 1903, S. 257–260, hier S. 257.
15 Günter Grau, Die nationalsozialistische Neufassung des Paragraphen 175 RStGB, in: ders. (Hrsg.), Homosexualität in der NS-Zeit. Dokumente einer Diskriminierung und Verfolgung, Frankfurt a. M. 2004, S. 93–100.

schärften Fassung von 1935 an.[16] Die Verschärfung der Rechtslage wurde in Österr
somit nicht durch eine Gesetzesänderung herbeigeführt, sondern durch eine polit
motivierte Änderung der Spruchpraxis des Höchstgerichts.

Nachdem die NS-Herrschaft in Österreich beendet war, beschloss die provi
sche Staatsregierung bereits am 12. Juni 1945 die Wiederherstellung des österre
schen Strafrechts „in der Fassung vom 13. März 1938" und hob zugleich 33 Verord
gen respektive Bestimmungen auf, mit denen das nationalsozialistische Regime
österreichische Strafrecht abgeändert bzw. ergänzt hatte.[17] Eine vergleichbare Z
setzte der OGH nicht. Angesichts der Arbeitsweise des Höchstgerichts, nämlich nu
Einzelfällen, die ihm vorgetragen werden, zu entscheiden, wäre eine allgemeine
grundlegende, nicht auf einen konkreten Fall bezogene Äußerung auch nicht denk
gewesen. Der OGH nahm aber auch in keinem der ab 1945 amtlich veröffentlic
Judikate betreffend § 129 Ib StG Stellung zur Frage der Verwendung von reichsger
lichen Entscheidungen aus der NS-Zeit – obgleich sich dies angeboten hätte, wie n
gezeigt werden wird. Eine diesbezügliche Regelung durch den Gesetzgeber v
wahrscheinlich als ein verfassungswidriger Eingriff der Legislative in die Judika
gewertet worden und so beschloss der Gesetzgeber lediglich im Zuge der Wieder
stellung des österreichischen Straf- und Strafprozessrechts in Form von Übergang
stimmungen, dass „Entscheidungen des Reichsgerichtes, die nach dem 27. April ?
gefällt worden sind, [...] im Bereich der Republik Österreich keine Wirkung [habe
und dass „Entscheidungen, die vom Reichsgerichte vor diesem Zeitpunkte gefällt \
den sind", wirksam bleiben sollten, wenn diese „bis spätestens 1. Oktober 1945 der
ten Instanz zukommen".[18]

Bis zur Aufhebung des Totalverbots gleichgeschlechtlicher Sexualhandlungen
Jahr 1971 veröffentlichte der OGH nur noch wenige Entscheidungen betreff
§ 129 Ib StG. Erst 1969 legte er in einem amtlich veröffentlichten Judikat die Ausleg
des Begriffs der „Unzucht" fest auf die „Herstellung unmittelbarer und intensiver
xuell motivierter Berührungen des Geschlechtsteiles eines Partners mit dem Kör
des anderen" und beschrieb diese Auslegung als „restriktiv".[19] Der Grad der „Restr
vität" mag bestritten werden. Mit Blick auf die Entwicklung der Spruchpraxis im
Jahrhundert markiert dieses Judikat dennoch eine deutliche, wenn auch nicht exp
te Distanzierung zur nationalsozialistischen Spruchpraxis.

---

16 Entscheidung des Reichsgerichts (RG) vom 4.6.1940, 6 D 121/40, EvBl. 332/1940, in: Evidenzbl.
(1940), S. 139; Günter Grau, Das Vorgehen in den okkupierten Gebieten. Österreich, in: ders. (H
Homosexualität in der NS-Zeit, S. 252–261.
17 §§ 1 und 2 des Gesetzes vom 12.6.1945 über die Wiederherstellung des österreichischen Strafrec
(StGBl. 25/1945).
18 § 6 Abs. 1 und 2 des Gesetzes vom 31.7.1945 betreffend Übergangsbestimmungen zur Wieder
stellung des österreichischen Strafrechts und des österreichischen Strafprozeßrechts (StGBl. 105/1
19 E. 22.1.1969, SSt. XL 5, in: Österreichischer Oberster Gerichtshof (Hrsg.), Entscheidungen des ö
reichischen Obersten Gerichtshofes in Strafsachen, Wien 1972, S. 10–17.

Die Rechtsprechung in erster Instanz

Die Beantwortung der Frage, inwiefern es Kontinuitäten oder Brüche zur nationalsozialistischen Homosexuellenverfolgung auf Ebene der erstinstanzlichen Rechtsprechung in Österreich nach 1945 gab, ist äußerst schwierig, müssten doch die Akten zu rund 15 000 Strafverfahren untersucht werden.[20] Im Rahmen meines Dissertationsprojekts habe ich bisher knapp 350 Akten der Landesgerichte Wien, Linz, Wels, Innsbruck, Graz und Leoben und des Jugendgerichtshofs in Wien aus der Zweiten Republik einer ersten Grobanalyse unterzogen. Einige der Strafverfahren weisen einen Bezug zu nationalsozialistischen Verfolgungsmaßnahmen auf. Die Untersuchung ist noch nicht abgeschlossen, doch lassen sich bereits zwei grundlegend verschiedene Formen der Bezugnahme unterscheiden. Zum einen handelt es sich um Verfahren, die noch während der NS-Herrschaft begonnen oder schon abgeschlossen worden waren und nach 1945 fortgesetzt bzw. wieder aufgerollt wurden; diese Art der Bezugnahme macht den überwiegenden Teil aus. In den bisher untersuchten Akten ist zum anderen auch ein Verfahren dokumentiert, das erst lange nach Ende der NS-Herrschaft begann, bei dem aber die Verfolgungsbehörden Bezug nahmen auf nationalsozialistische Rechtsprechung. Im Folgenden wird zunächst ein besonders aussagekräftiges Verfahren der erstgenannten Kategorie exemplarisch erörtert; danach folgt eine kurze Darstellung des bislang singulären zweiten Falles.

Das Landgericht[21] Graz hatte am 20. September 1944 einen damals 36 Jahre alten Mann wegen „gleichgeschlechtlicher Unzucht" und „Schändung" zu vier Jahren Zuchthaus verurteilt, weil er mit drei männlichen Jugendlichen, von denen zwei das vierzehnte Lebensjahr noch nicht vollendet hatten, „durch Betastungen der Geschlechtsteile widernatürliche Unzucht getrieben" habe.[22] Warum es nicht zur Verbüßung der gesamten Haftstrafe kam, geht aus dem Akt nicht hervor. Am 22. Mai 1948 beschloss jedenfalls das Landesgericht Graz auf Antrag der Staatsanwaltschaft, das Strafverfahren noch einmal aufzurollen, weil das Urteil „nach der Ueberlieferung österr.[eichischer] Strafrechtspflege als übermässig hoch anzusehen" sei, wobei das Urteil in seinem Ausspruch über die Schuld aber unberührt bleiben solle.[23] Am 6. Juli 1948 wurde die Strafe mit neun Monaten schwerer Kerker neu bemessen und gleichzeitig festgestellt, dass diese wegen Anrechnung der Vorhaftzeiten bereits verbüßt sei.[24] In diesem Fall ist somit eine ausdrückliche Distanzierung zur Gerichtspraxis im Nationalsozialis-

---

20 Weingand zufolge wurden von 1945–1971 insgesamt 14 320 Personen wegen § 129 Ib StG verurteilt: Weingand, Homosexualität, in: Invertito 13 (2011), S. 54.

21 Das NS-Regime benannte, entsprechend der preußisch-deutschen Praxis, die Landesgerichte um in Landgerichte: Verordnung über die Änderung der Bezeichnung von Gerichten im Lande Österreich vom 2.8.1938 (dt. RGBl. I, 998).

22 Urteil vom 20.9.1944, Landesarchiv Steiermark, Landgericht Strafsachen (LGSt) Graz, Akt 2 Vr 2948/1948, Ordnungsnummer (ON) 16, S. 40–41 verso.

23 Beschluss vom 22.5.1948, LGSt Graz, Vr 2948/1948, ON 23, S. 53.

24 Urteil vom 6.7.1948, LGSt Graz, Vr 2948/1948, ON 28, S. 65–65 verso.

mus festzustellen, wenn auch nur mit Blick auf die Höhe der verhängten Strafe. In ser Hinsicht verliefen alle Fortsetzungen und Wiederaufnahmen von Strafverfah die bisher untersucht wurden, in vergleichbarer Form und kamen zu ähnlichen gebnissen.

Beim zweiten Beispielfall ist die Bewertung schwieriger. Am 23. August 1954 urteilte das Landesgericht Innsbruck eine 44-jährige Frau zu eineinhalb Jahren sch rem Kerker, weil sie, unter anderem, ein Mädchen unter vierzehn Jahren „durch tasten der Geschlechtsteile, Oberschenkel und Gesäß, sowie durch Zupfen an Schamhaaren [...] geschlechtlich mißbraucht [...]" habe.[25] Entgegen der Ansicht Staatsanwaltschaft, die diese Handlungen als „gleichgeschlechtliche Unzucht" n §129 Ib StG bewertete, legte das Gericht seinem Urteil den Tatbestand der „Sch dung" nach §128 StG zugrunde. Die Abgrenzung der beiden Tatbestände war a mein strittig, wie auch das Gericht betonte.[26] Bemerkenswert ist aber, dass das Ger für Fragen der Abgrenzung der beiden Delikte auf zwei Entscheidungen des von 1 bis 1945 auch für Österreich zuständigen großdeutschen Reichsgerichts verwies.[27] eine Entscheidung war ein Freispruch aus dem Jahr 1939, der noch im Sinne der a österreichischen Spruchpraxis erfolgt war.[28] Die andere war jene bereits erwäl Entscheidung aus dem Jahr 1940, mit welcher die Angleichung an die reichsdeuts Rechtsprechung und somit eine Ausweitung des Tatbilds im Sinne der nationalso listischen Maßnahmen zur Bekämpfung von vor allem männlicher Homosexualitä folgt war.[29] Der Verweis des Gerichts auf gerade diese beiden Entscheidungen k meines Erachtens nur als eine Distanzierung von spezifisch nationalsozialistisc Maßnahmen der Homosexuellenverfolgung gewertet werden. Die Entscheidung v

---

25 Urteil vom 23.8.1954, Tiroler Landesarchiv, LGSt Innsbruck, Akt 9 Vr 600/1954, ON 30, S. 177–
26 Kirchknopf, Die strafrechtliche Verfolgung, S. 73 f. §128 StG („Schändung") bestrafte unter ande den „geschlechtlichen Missbrauch" von unter Vierzehnjährigen, beinhaltete jedoch eine Subsidiari klausel gegenüber §129 Ib StG, deren Auslegung strittig war. Ein Judikat aus dem Jahr 1930 legte dass diese Subsidiarität nicht bedeute, dass „Schändung" nur im gegengeschlechtlichen Verhältnis übt werden könne. Es sei allein auf die Beschaffenheit der Tathandlung abzustellen. Nur wenn Tathandlung nicht dem Tatbild des §129 Ib StG entspreche, sei diese nach §128 StG zu bewerten; Entscheidung vom 7. Februar 1930, 5 Os 1181/29, SSt. X 21, in: Österreichischer Oberster Gericht unter Mitwirkung der Generalprokuratur (Hrsg.), Entscheidungen des österr. Obersten Gerichtsh in Strafsachen und Disziplinarangelegenheiten: Veröffentlicht von seinen Mitgliedern unter Mit kung der Generalprokuratur, Bd. 10: Sammlung Strafsachen, Wien 1930, S. 44–46. Diese Regelung f te dazu, dass sich unter den Verurteilungen nach §129 Ib StG nicht nur Fälle von einvernehmlic Sexualhandlungen zwischen Erwachsenen finden, sondern auch eine beträchtliche Anzahl von Fä sexuellen „Missbrauchs" von Unmündigen; vgl. Weingand, Homosexualität, in: Invertito 13 (2 S. 60–64.
27 Der österreichische Oberste Gerichtshof musste per 31.3.1939 seine Tätigkeit einstellen. Sein Zus digkeitsbereich ging über auf das Reichsgericht in Leipzig; siehe: https://www.ogh.gv.at/der-ober gerichtshof/geschichte-des-ogh/drittes-reich-ostmark/ (15.3.2022).
28 RG 17.10.1939, 6 D 559/39, EvBl. 42/1940, in: Evidenzblatt 7 (1940), S. 12 f.
29 EvBl. 332/1940.

4. Juni 1940, wonach die Handlungen der Frau unter § 129 Ib StG fallen würden, was aber der Richter ablehnte, stellt nämlich eine auf Druck des NS-Regimes erfolgte Ausweitung des Tatbilds gegenüber der älteren Rechtsmeinung dar, wie sie in der Entscheidung von 1939 noch vertreten wurde. Das Gericht schloss sich der älteren Rechtsmeinung an und bewertete die Handlungen der Frau als „Schändung" und nicht als „Unzucht wider die Natur mit Personen desselben Geschlechts". Es drängt sich aber die Frage auf, ob das Gericht damit nicht nur die Rechtsansicht der Staatsanwaltschaft, sondern vielleicht auch deren politische Einstellung kritisieren wollte. Denn wollte es bloß die Rechtsansicht kritisieren, hätte es nur auf ältere Judikate des OGH verweisen müssen. Ohne weitere Forschung, etwa zu einzelnen Karriereverläufen, bleibt die Beantwortung dieser Frage spekulativ. Dass aber das Gericht überhaupt auf Entscheidungen des Reichsgerichts verwies, ist ein eindeutiges Indiz dafür, dass auf Ebene der Judikatur die Jahre der NS-Herrschaft in Österreich nicht ausgeklammert wurden. Und auch der OGH, der in dieser Sache angerufen wurde, kritisierte an keiner Stelle, dass ein österreichisches Gericht im Jahr 1954 reichsgerichtliche Entscheidungen aus der NS-Zeit zitierte.[30] Ohne in der Sache anders entscheiden zu müssen, hätte der OGH öffentlichkeitswirksam bemerken können, dass Entscheidungen des Reichsgerichts nicht herangezogen werden dürften. Das war jedoch unterblieben.

Die Rechtslehre

Im zuletzt beschriebenen Fall mag die Bezugnahme auf Entscheidungen des Reichsgerichts in einem Gerichtsverfahren der Zweiten Republik wenig problematisch erscheinen, dürfte doch der Grund dafür darin gesehen werden, dass der Richter die nationalsozialistische Ausweitung des Tatbilds offenbar ablehnte. Dass aber derartige Bezugnahmen aus grundsätzlichen Überlegungen nicht unproblematisch waren, wurde auch schon von zeitgenössischen Rechtsgelehrten vertreten. So schrieb Wilhelm Malaniuk im Vorwort seines Lehrbuchs des Strafrechts aus dem Jahr 1947:

> „Die Literatur und die Entscheidungen des deutschen Reichsgerichtes nach dem Jahre 1933 habe ich bezüglich des reichsdeutschen Strafrechts – das gleiche galt für das österreichische Strafrecht ab 1938 – nicht benützt, weil diese Entscheidungen und Theorien [...] dazu angetan waren, nicht der Gerechtigkeit zu dienen, sondern der nationalsozialistischen Idee zum Durchbruch zu verhelfen."[31]

Ohne explizit darauf einzugehen, hat auch Friedrich Nowakowski in seinem Lehrbuch aus dem Jahr 1955 keine Entscheidungen des Reichsgerichts zitiert, jedenfalls nicht im Kontext der Sittlichkeitsdelikte, sondern ausschließlich Entscheidungen des OGH aus

---

30 Entscheidung des OGH vom 1.12.1954 (5 Os 1205/54), LGSt Innsbruck, Vr 600/1954, ON 38, S. 207–213.
31 Wilhelm Malaniuk, Lehrbuch des Strafrechtes. Erster Band: Allgemeine Lehren, Wien 1947, S. V.

der Zeit vor und nach der NS-Herrschaft in Österreich.[32] Dies ist deshalb bemerk
wert, weil Nowakowski während der NS-Zeit als Staatsanwalt am Wiener Sonde
richt tätig war und in dieser Funktion auch mehrjährige Zuchthausstrafen we
„Verbrechen" nach § 129 Ib StG beantragt hatte.[33]

Anders verfuhr Theodor Rittler, der 1954 und 1962 die zweite Auflage seines e
mals vor dem Zweiten Weltkrieg erschienenen Lehrbuchs des österreichischen St
rechts herausbrachte. Er sah offenbar kein Problem darin, in seinem Kapitel i
§ 129 Ib StG, das er mit „Sodomie" überschrieb, Entscheidungen des Reichsgericht
zitieren.[34] Er verwies aber nicht auf jene Entscheidung des Reichsgerichts, die 1
zur Angleichung der Spruchpraxis in Österreich geführt hatte.[35] Rittler führte jed
bei seinen Literaturempfehlungen ein Buch von Rudolf Klare aus dem Jahr 1937 ar
dem der Verfasser nationalsozialistische Konzepte zur Strafverfolgung von Hom
xualität vertrat.[36] Dies ist insofern bemerkenswert, als der mit dieser Arbeit als Ju
promovierte Autor Klare keineswegs ein prominenter Rechtsgelehrter, dafür aber
überzeugter Nationalsozialist gewesen war. So beschrieb er etwa im ersten Kapitel
nes Buches, in dem er sich auch für die Kriminalisierung gleichgeschlechtlicher Se
alhandlungen unter Frauen aussprach[37], die „erschreckende Zunahme homosexue
Betätigung", die er als Folge der Bestrebungen zur Abschaffung des § 175 RStGB in
Zeit der Weimarer Republik sah, als eine „Gefahr für Volk, Staat und Rasse" und
achtete die Verschärfung dieses Paragrafen durch das nationalsozialistische Reg
im Jahr 1935 als „Beweis dafür, daß der nationalsozialistische Staat die fundamen
Bedeutung des Problems der Homosexualität erkannt hat".[38] Es sei das Ziel seines
ches, darzulegen, „welche Folgerungen sich dafür aus nationalsozialistischer Rec
und Staatsauffassung ergeben".[39] Obgleich Theodor Rittler den Begriff der „Unzu
in seinem Lehrbuch sehr weit auslegte, ging er dennoch nicht so weit, diesen offer
Sinne nationalsozialistischer Rechtsprechung zu definieren. Sein Verweis auf den
Juristen Klare – der nach 1945 bestenfalls noch in NS-kritischer Absicht zitierfä
war – und auch seine generelle Haltung zum Nationalsozialismus, die in den Vorv
ten der beiden Bände seines Lehrbuchs zum Ausdruck kommt und bestenfalls als
kritisch bezeichnet werden kann[40], sind allerdings Indizien für eine nationalsozia
tisch geprägte Haltung gegenüber gleichgeschlechtlicher Sexualität.

---

32 Friedrich Nowakowski, Das österreichische Strafrecht in seinen Grundzügen, Graz/Wien/Köln 1
S. 152–158.
33 Siehe z.B. Wiener Stadt- und Landesarchiv, Sondergericht, 2.3.13.A1, SHv-Strafakten: 5691/47.
34 Rittler, Lehrbuch 2. Bd., S. 310–312.
35 EvBl. 332/1940.
36 Rudolf Klare, Homosexualität und Strafrecht, Hamburg 1937.
37 Ebenda, S. 120–124.
38 Ebenda, S. 11.
39 Ebenda, S. 12.
40 Theodor Rittler, Lehrbuch des österreichischen Strafrechts. 1. Bd.: Allgemeiner Teil, Wien 195
VI f.; Rittler, Lehrbuch 2. Bd., Vorwort, o. P.

Resümee

Ein eindeutiger Fortbestand nationalsozialistischer Maßnahmen der Homosexuellenverfolgung lässt sich für Österreich nach dem Ende der NS-Herrschaft nicht feststellen. Die verschärfte Auslegung des Begriffs der „Unzucht", die das Reichsgericht auf Druck der NS-Politik 1940 eingeführt hatte, wurde in der Zweiten Republik nach gegenwärtigem Stand der Forschung nicht mehr angewendet. In der Rechtsprechung erfolgte aber auch keine deutliche Zäsur. Entgegen mancher Stimmen aus der Rechtslehre und obwohl der Gesetzgeber das Strafrecht aus der Zeit zwischen 13. März 1938 und 3. November 1945 ausgeklammert hatte, wurden Entscheidungen des Reichsgerichts aus dieser Zeit dennoch nicht grundsätzlich aus der Gerichtspraxis verbannt. Wie in vielen anderen Bereichen, bestand auch bei der Strafverfolgung wegen „gleichgeschlechtlicher Unzucht" nach 1945 eine Grauzone. Diese machte es möglich, dass nationalsozialistische Konzepte von Homosexualität nicht gänzlich aus der Rechtslehre verschwanden. Für die zeithistorische Forschung bedeutet dies, dass keine allgemeingültige Antwort auf die Frage gegeben werden kann, ob die Rechtsprechung wegen § 129 Ib StG mit dem Ende des NS-Regimes eine Zäsur erfuhr oder ungebrochen fortgesetzt wurde, denn vieles hing von den handelnden Personen ab. Erforderlich ist somit eine Erforschung personaler Kontinuitäten bei Polizei, Staatsanwaltschaft und den Gerichten, wie sie etwa für die Rechtswissenschaftliche Fakultät der Universität Wien bereits erfolgt ist.[41] Personale Kontinuitäten würden auch das anhaltend hohe Niveau von Ausmaß und Intensität der Strafverfolgung wegen gleichgeschlechtlicher Sexualhandlungen in der Zweiten Republik erklären.

---

41 Franz-Stefan Meissel/Karin Bruckmüller (Hrsg.), Vertriebenes Recht – vertreibendes Recht. Zur Geschichte der Wiener Rechts- und Staatswissenschaftlichen Fakultät zwischen 1938 und 1945, Wien 2012.

Esther Abel

Politik des Verdrängens

Die Bewertung von „typischem" NS-Unrecht und der verwehrte NS-Opfer-Status für homosexuelle Männer in der Bundesrepublik und der DDR bis zum Jahre 1969

Dieser Beitrag befasst sich mit den Debatten um Anerkennung respektive Nichtanerkennung von homosexuellen Männern als Opfer des nationalsozialistischen Terrors in der Bundesrepublik und der DDR.[1] Der Schwerpunkt liegt auf der jeweiligen Bewertung „typischen" NS-Unrechts. Unternommen werden soll ein Vergleich der Entwicklung in den Besatzungszonen 1945–1949 sowie in den beiden deutschen Staaten bis zur Strafrechtsreform in der DDR von 1968 und in der Bundesrepublik von 1969. Hierbei sind nicht nur juristische Richtlinien und gesetzgeberische Praxis zu untersuchen, sondern auch die ideologischen Gründe der Nichtanerkennung und die Ausgrenzungsmuster der beiden deutschen Staaten. Welche Gemeinsamkeiten und Unterschiede gab es hier bei den Kriterien in Ost und West? Welche Rolle spielen Zuschreibungen wie „asozial" und „kriminell", aber auch das Argument des „Gemeinwohls"? Inwiefern wurden Kategorisierungen aus dem Nationalsozialismus übernommen?

Beschäftigt man sich mit Verfolgung, Diskriminierung und Emanzipation im Allgemeinen, so ist festzustellen, dass Diskriminierung auch durch Nicht-Akzeptanz oder gar Leugnung von Verfolgung zutage treten kann. Im Falle von homosexuellen Männern beschränkt sich die Diskriminierung jedoch nicht allein auf die Nicht-Anerkennung des Opferstatus für erlittene nationalsozialistische Verfolgung, wie bei etlichen anderen NS-Verfolgten, sondern stellt überdies ein Fortdauern von Verfolgung dar:

---

[1] Zur Methodik dieses Beitrags: Ziel ist, die Frage nach NS-Spezifika in der Verfolgung homosexueller Männer herauszuarbeiten. Die Verwehrung der Anerkennung als NS-Opfer in beiden deutschen Staaten nach 1945 soll als Diskussionsgrundlage dienen, was Selbstverständnis sowie Reflexion und Bewertung von NS-Terror und nationalsozialistischer Ideologie anbetrifft. Ein empirisches Quellenstudium zum Beleg einzelner Beispiele kann dieses Format nicht leisten, der Aufsatz versteht sich daher als Diskussionsbeitrag. Zur Frage von Forschungsdesideraten siehe auch Stefanie Wolter, Lebenssituationen und Repressionen von LSBTI im Nationalsozialismus. Desiderate und Perspektiven der Forschung, in: Michael Schwartz (Hrsg.), Homosexuelle im Nationalsozialismus. Neue Forschungsperspektiven zu Lebenssituationen von lesbischen, schwulen, bi-, trans- und intersexuellen Menschen 1933 bis 1945, Oldenburg 2014, S. 53–59. Über die ebenda angemahnten Regionalforschungen hinaus könnten etwa die Gegenüberstellung von Stadt und Land, Arbeitermilieu und Bürgertum oder die Frage nach der Rolle der Kirche weitere Erkenntnisse bringen. Gewerbeamtsakten heranzuziehen als Quelle zum Studium der Überwachung von Homosexuellen in Lokalen kann lohnend sein, gerade in Fragen der alltäglichen Verfolgung vor und nach 1945. Zu einem hervorragenden Beispiel von Regionalstudien vgl. Alexander Zinn, „Aus dem Volkskörper entfernt?" Homosexuelle Männer im Nationalsozialismus, Frankfurt a. M. 2018.

Diese Opfergruppe ist die einzige, die in beiden deutschen Staaten strafrechtlich
folgt blieb, wobei der entsprechende Paragraph nicht verändert wurde (in der [
bis 1968, in der Bundesrepublik bis 1969).[2] Somit ist eine Form der doppelten Diskr
nierung gegeben. Aus diesem Grunde forderte die um 1970 entstandene neue Sch
lenbewegung lange Zeit vergeblich die Wiedergutmachung bzw. Entschädigung an
mosexuellen NS-Opfern ein. Diese Forderung wurde für NS-Verfolgte erst im Ja
2002 erfüllt[3], auf die Rehabilitierung der vielen nach heutiger Jurisdiktion zu Unr
in der Bundesrepublik und der DDR verurteilten homosexuellen Männer warteten
Betroffenen bis 2017.[4]

Der Frage, wie NS-Unrecht zu definieren ist, wurde anhand zahlreicher NS-Op
gruppen nachgegangen, wobei die Thematik noch lange nicht erschöpft ist. La
marginalisierte Opfergruppen nationalsozialistischer Verfolgung sind neben hom
xuellen Männern auch Zwangssterilisierte, „Asoziale", ermordete Patientinnen
Patienten, „moralisch Schwachsinnige" oder auch „gefallene Frauen", Prostitui
und Wohnsitzlose. Diesen Gruppen ist gemein, dass lange die Behauptung wirksa
tig war, eine *typische* NS-Verfolgung sei in ihrem Fall nicht nachzuweisen.[5] In Hink

---

2 Auch diese parallelen Strafrechtsreformen von 1968/69 beendeten ein diskriminierendes besonc
Strafrecht gegen homosexuelle Handlungen nicht vollständig, sondern schrieben die Kriminalisie
von Homosexualität grundsätzlich fort; entsprechende Bestimmungen wurden in der DDR erst 198
für das Gebiet der alten Bundesrepublik im wiedervereinigten Deutschland erst 1994 ersatzlos ge
chen.
3 Deutscher Bundestag, Plenarprotokoll 14/237 vom 17.5.2002.
4 Im Sommer 2017 verabschiedete der Deutsche Bundestag ein Gesetz zur Rehabilitierung der in
desrepublik und DDR verurteilten homosexuellen Männer. Ausgenommen waren nur solche, d
Handlungen auch nach heute geltendem Recht strafbar wären. Das Gesetz sieht eine Entschädig
für noch lebende Opfer in Höhe von 3000 Euro pro Urteil und 1500 Euro für jedes angefangene
Freiheitsentzug vor. Vgl. Gesetz zur Strafrechtlichen Rehabilitierung der nach dem 8.5.1945 wegen
vernehmlicher homosexueller Handlungen verurteilten Personen und zur Änderung des Einkom
steuergesetzes: Bundesgesetzblatt Jahrgang 2017 Teil I, Nr. 48, Bonn 21.7.2017. Vgl. hierzu auch
Abschnitt „Nach der Abschaffung des § 175" in diesem Beitrag.
5 Vgl. hierzu u. a. Susanne zur Nieden, „.... als Opfer des Faschismus nicht tragbar". Ausgrenzu
verfolgter Homosexueller in Berlin 1945–1949, in: Beiträge zur Geschichte der nationalsozialistis
Verfolgung in Norddeutschland 5 (1999), S. 93–103; Christoph Hölscher, NS-Verfolgte im „antifasc
schen Staat". Vereinnahmung und Ausgrenzung in der ostdeutschen Wiedergutmachung (1945–1
Berlin 2002; Burkhard Jellonnek/Rüdiger Lautmann (Hrsg.), Nationalsozialistischer Terror gegen
mosexuelle. Verdrängt und ungesühnt, Paderborn 2002. Susanne zur Nieden, Unwürdige Opfer.
Aberkennung von NS-Verfolgten in Berlin 1945 bis 1949, Berlin 2003; Stefan Romey, „Asozial"
Ausschlusskriterium in der Entschädigungspraxis der BRD, in: Beiträge zur Geschichte der natic
sozialistischen Verfolgung in Norddeutschland 11 (2009), S. 149–159; Henning Tümmers, Anerkennu
kämpfe. Die Nachgeschichte der nationalsozialistischen Zwangssterilisationen in der Bundesrepu
Göttingen 2011; Nina Schulz, Spiel auf Zeit. NS-Verfolgte und ihre Kämpfe um Anerkennung und
schädigung, Berlin 2016; Michael Schwartz, Victim Identities and the Dynamics of „Authenticat
Patterns of Shaping, Ranking, and Reassessment, in: Randall Hansen/Achim Saupe/Andreas
sching/Daqing Yang (Hrsg.), Authenticity and Victimhood after the Second World War. Narra
from Europe and East Asia, Toronto 2021, S. 50–76.

auf diese Opfer ist grundlegend zu klären, was unter „typischen" NS-Verbrechen tatsächlich zu verstehen ist, wo sich also der NS-Terror von anderen Verfolgungsmustern unterscheidet und was die zuständigen Stellen und Regierungen, d. h. hier die vier alliierten Besatzungsmächte sowie die späteren Regierungen der beiden deutschen Staaten, darunter verstanden oder vorgaben, darunter zu verstehen.

Dieser Beitrag befasst sich allein mit homosexuellen Männern. Frauen waren von der Strafandrohung des § 175 StGB faktisch nicht – oder doch so gut wie nicht[6] – betroffen, da sie nach der nationalsozialistischen Ideologie zum einen keinen Status autonomer Sexualität genossen und zum anderen weibliche Homosexualität angeblich keine Gefahr für die „deutsche Volkskraft" darstellte. Insa Eschebach erklärt dies folgendermaßen: „Homosexualität ist per se männliche Homosexualität […]. Infolgedessen ist im Kontext der von der NS-Ideologie propagierten heteronormativen Zweigeschlechtlichkeit das Pendant zur männlichen Homosexualität auch nicht die weibliche Homosexualität."[7] Wenn auch heteronormative Zweigeschlechtlichkeit bei gleichzeitiger Diskriminierung weiblicher Homosexualität als „kurierbar" oder „harmlos" nicht automatisch nationalsozialistisch sein muss, so ist hier doch der völkisch-rassistische Aspekt mit zu denken. Befürworter der Strafverfolgung von Lesben im Nationalsozialismus sowie deren Argumentationsgegner bezogen sich auf „Volksgesundheit". Der Jurist Rudolf Klare begründete die angebliche Notwendigkeit der Strafverfolgung mit „rassischer Entartung" und bezog dies auf Männer und Frauen.[8] Klare sah sich mit diesem Ansatz allerdings in der Minderheit. Umgekehrt war die Meinung im NS-Apparat vorherrschend, homosexuelle Frauen seien zum einen „kurierbar" und zum anderen sei die Gefahr der „Verführung" bei Frauen nicht so groß wie bei Männern, da die „verführte" oder auch „gefallene" Frau nicht dauerhaft dem „normalen Geschlechtsverkehr entzogen" werde und „bevölkerungspolitisch nutzbar" bleiben werde.[9] Dieser Theorie folgte Himmler, wie Eschebach weiter erörtert: „Weibliche Sexualität ist relevant einzig im Hinblick auf die Gebärfähigkeit, weshalb Himmler das Pendant zu (männlicher) Homosexualität in der ‚hohen Zahl der Abtreibungen' erkannte, die er

---

6 Vgl. zu wenigen Grenzfällen Michael Schwartz, Homosexuelle im modernen Deutschland. Eine Langzeitperspektive auf historische Transformationen, in: Vierteljahrshefte für Zeitgeschichte 69 (2021), H. 3, S. 377–414.

7 Insa Eschebach (Hrsg.), Homophobie und Devianz. Weibliche und männliche Homosexualität im Nationalsozialismus, Berlin 2016, S. 13.

8 Rudolf Klare, Homosexualität und Strafrecht, Hamburg 1937, S. 120.

9 Claudia Schoppmann, Zur Situation lesbischer Frauen in der NS-Zeit, in: Günter Grau (Hrsg.), Homosexualität in der NS-Zeit. Dokumente einer Diskriminierung und Verfolgung, Frankfurt a. M. 1993, S. 35–42, hier S. 37. Zum Mutterkult, einem prominenten Aspekt der NS-Frauenpolitik, sei ergänzt, dass dies nur als „rassisch wertvoll" angesehene Personen betraf. Mit antinatalistischen Maßnahmen wie dem Gesetz zur Verhütung erbkranken Nachwuchses von 1933 und dem „Ehegesundheitsgesetz" von 1935 wird die rassistische Bevölkerungspolitik deutlich. Vgl. dazu Gisela Bock, Zwangssterilisierung im Nationalsozialismus. Studien zur Rassenpolitik und Frauenpolitik, Opladen 1986.

als eine ‚erhebliche Gefährdung der Bevölkerungspolitik und Volksgesundheit' w
nahm.“[10]

Bruch oder Kontinuität bei Fragen von Sexualpolitik und Körperbild?

Es gibt insbesondere zwei Gründe, weshalb bestimmte Opfergruppen von Entsch
gung oder überhaupt von der Anerkennung als Opfergruppe ausgeschlossen wa
Zum einen galt ihre Verfolgung nicht als spezifisch nationalsozialistisch. Der zw
Ausschlussgrund bestand darin, dass die hier betrachteten Personengruppen im N
kriegsdeutschland (ganz oder teilweise) ebenfalls geächtet, gesellschaftlich au
schlossen oder auch gesetzlich und strafrechtlich verfolgt waren. Um eben diese st
rechtliche Verfolgung voranzutreiben, wurden teilweise in zynischer W
Kategorien des Nationalsozialismus übernommen. So forderte etwa der Oberstaat:
walt beim Landgericht Hamburg 1947, die Bescheinigungen für die Bewertung
Entschädigungsansprüchen so abzufassen, dass erkennbar sei, ob die ehemaligen
Häftlinge politische Gefangene gewesen waren oder nicht, und bezog sich somit
mittelbar auf die in den NS-Konzentrationslagern vergebenen Häftlingswinkel.[11] A
log zu der den Winkeln geschuldeten „Lagerhierarchie" fanden sich die mit ei
schwarzen Winkel versehenen „Asozialen", die mit einem grünen Winkel versehe
„Vorbeugehäftlinge" und die mit einem rosa Winkel markierten „Homosexuellen"
unterster Stelle möglicher Anspruchsberechtigter auf Anerkennung als NS-Verfo
und auf Entschädigung.[12] Ähnlich bitter mutet die „Liste der Aberkannten" an, ein
tenkonvolut über Personen, denen der Berliner Hauptausschuss der anerkannten „
fer des Faschismus" als eine der ersten Verfolgtenorganisationen Entschädigungs)
tungen verwehrte; 22 Akten dieses Konvoluts betreffen Männer, die als Homosexu
verfolgt waren und denen die bereits bewilligte Wiedergutmachungsleistung wie
entzogen wurde.[13] Dieser Umstand wird in der zweiten Hälfte des Beitrags noch
Sprache kommen.[14]

---

10 Eschebach (Hrsg.), Homophobie, S. 13. Nicht aus Zufall wurde auf Veranlassung Himmlers 193(
„Reichszentrale zur Bekämpfung der Homosexualität und Abtreibung" errichtet.
11 Vgl. Romey, „Asozial", in: Beiträge zur Geschichte der nationalsozialistischen Verfolgung in N
deutschland 11 (2009), S. 150.
12 Vgl. Editorial der Beiträge zur Geschichte der nationalsozialistischen Verfolgung in Norddeu
land 11 (2009), S. 7–15.
13 Vgl. Susanne zur Nieden, Als „Opfer des Faschismus" nicht tragbar: Über den Umgang mit ver
ten Homosexuellen im Berlin der ersten Nachkriegsjahre, in: Alexander Zinn, Homosexuell
Deutschland 1933–1969. Beiträge zu Alltag, Stigmatisierung und Verfolgung, Göttingen 2020, S. 131–
14 Zum Umgang mit der nationalsozialistischen Verfolgung Homosexueller Männer in der DDR s
auch den Beitrag von Teresa Tammer in diesem Band.

Was ist also das Besondere an der Sexualpolitik beziehungsweise dem Körperbild im Nationalsozialismus? Die Politik im „Dritten Reich" war nicht per se prüde oder sexualfeindlich. Allerdings war die Beurteilung von Sexualität auf deren Nützlichkeit für den angestrebten Rassen- und Herrenstaat ausgerichtet. Den Maßstäben eines „arischen" Menschenbildes war dementsprechend auch in der Sexualpolitik alles untergeordnet: Die Sicht auf voreheliche Verkehr und ledige Mutterschaft war gelockert, zur „richtigen" Sexualität wurde durchaus ermutigt. Was nun „schmutzig" oder „pervers" war, bestimmte das Herrenmenschenbild. Dementsprechend verschob sich die Definition von dem, was in der bürgerlichen Gesellschaft als „asozial" gegolten hatte. Eine Schlüsselrolle zur Einordnung spielte die nationalsozialistische „Volksgemeinschaft", die eine neue Normsetzung sozialer Abweichungen festlegte. Dieses Postulat verband den Rassismus, der alles „rassisch Minderwertige" ausgrenzte, mit dem Repressionsinstrument der Stigmatisierung von „Gemeinschaftsfremden". Mitte der 1930er Jahre setzte ein Orientierungswandel vom „Staatsfeind" zum „Volksfeind" ein. Als „artfremd" galt nun auch, wer zwar „deutschblütig", aber eben „gemeinschaftsfremd" war.[15] Die Kategorien „Volksfeind" und „gemeinschaftsfremd" belegen somit die Besonderheit der *nationalsozialistischen* Verfolgung und zeigen gleichzeitig, dass diese sich durchaus von anderen Verfolgungsmustern abhebt. Diesem Umstand zum Trotz ließ die Politik der Bundesregierung jahrzehntelang entsprechende kritische Erwägungen vermissen, etwa dass die Nationalsozialisten (männliche) Homosexualität als „volksschädlich" angesehen haben[16] und die Verschärfung des § 175 StGB im Jahr 1935 in explizit rassistischer, weil völkischer und Geburten regelnder Intention geschah.

Zum Paragraphen selbst: Die Strafverfolgung von Homosexuellen hat eine jahrhundertelange Vorgeschichte. Unter Karl V. (erste Reichsgesetzgebung von 1532) war das „unkeusch Treiben wider die Natur" mit Todesstrafe belegt. Dem Begriff der „Unkeuschheit" lag der sehr weit gefasste religiöse Begriff der Sodomie zugrunde. Er schloss jede nicht auf Fortpflanzung ausgerichtete sexuelle Handlung mit ein. Im Zuge der Aufklärung wurde dann die religiös begründete strafrechtliche Verfolgung von Homosexualität in Frage gestellt.[17] Eine wichtige Änderung brachte der § 143 im preußischen Gesetzbuch von 1851 (bis dahin waren Frauen mit eingeschlossen): „Die widernatürliche Unzucht, welche zwischen Personen männlichen Geschlechts oder von Menschen mit Thieren verübt wird, ist mit Gefängnis von sechs Monaten bis zu vier Jahren sowie mit zeitiger Untersagung der Ausübung der bürgerlichen Ehrenrechte

---

15 Christa Schikorra, Grüne und schwarze Winkel – geschlechterperspektivische Betrachtungen zweier Gruppen von KZ-Häftlingen, in: Beiträge zur Geschichte der nationalsozialistischen Verfolgung in Norddeutschland 11 (2009), S. 104–110, hier S. 106

16 Amtliche Begründung der Strafrechtsnovelle, hier zitiert nach: Jörg Hutter, Zum Scheitern der Politik individueller Wiedergutmachung, in: Jellonek/Lautmann (Hrsg.), Terror, S. 339–355, hier S. 343.

17 Claudia Schoppmann, Zwischen strafrechtlicher Verfolgung und gesellschaftlicher Ächtung: Lesbische Frauen im „Dritten Reich", in: Eschebach (Hrsg.), Homophobie, S. 35–51, hier S. 37.

zu bestrafen."[18] Erstmals als § 175 tritt er im StGB von 1871 in Erscheinung, mit (
Wortlaut „Die widernatürliche Unzucht, welche zwischen Personen männlichen
schlechts oder von Menschen mit Thieren begangen wird, ist mit Gefängnis zu bes
fen; auch kann auf Verlust der bürgerlichen Ehrenrechte erkannt werden."[19] Alle V
anten waren auf das männliche Geschlecht bezogen.

Die Verschärfung des § 175 im Jahr 1935 – Absichten und Konsequenzen

Die Verschärfung des § 175 StGB und die Einführung des neuen § 175a betraf im J
1935 Strafrahmen sowie Strafmaß. Galten als Straftat bislang nur beischlafähnl
Handlungen, wurde nun der Straftatbestand als erfüllt angesehen, wenn ein Ric
zu erkennen glaubte, dass objektiv das allgemeine Schamgefühl verletzt worden
Dieser Willkür pflichtete der neue Grundsatz des „Gesunden Volksempfindens" (/
logieparagraph) bei. Das bedeutete, dass Richter eben auch bei Urteilen zu § 175 S
nicht mehr allein an das geschriebene Gesetz gebunden waren, sondern gleichber
tigt die „ungeschriebene Rechtsquelle", nämlich das „Gesunde Volksempfinden",
in die Urteilsfindung einbeziehen konnten und somit jegliche rechtsstaatliche Gr
sätze aufgehoben waren.[20] Die Tatsache, dass die Amtliche Deutsche Strafrechtsk
mission die Strafrechtsnovelle von 1935 unter dem Überbegriff des „Schutzes von :
se und Volkstum" erarbeitete, führte dann auch dazu, dass Homosexuelle nicht n
„nur" als Kriminelle galten, sondern als „Volksschädlinge". Somit war die Versc
fung des Homosexuellenstrafrechts völkisch-rassistisch konnotiert. Noch zwei Ja
nach der Novellierung schrieb Himmler im „Schwarzen Korps", dass „aus der M
der wahllos am Gestade des polizeilichen Zugriffs angeschwemmten Homosexue
die Spreu vom Weizen" zu trennen sei, den „Anormalen vom Mitläufer".[21] Gleichz
erlaubte die Novellierung eine massive Ausweitung der Verfolgung, da sich zwa
läufig der Kreis der Beschuldigten vergrößerte, wenn nun nicht mehr ausschließ
„beischlafähnliche Handlungen" unter Strafe standen. Der neu eingeführte § 175a
schärfte nicht nur Strafrahmen, sondern auch das Strafmaß, indem er nun bis
zehn Jahren Zuchthausstrafe ermöglichte. Außerdem konnte mit dem § 175a auch
Person in abhängiger oder genötigter Position bestraft werden, was ebenfalls ein
vum in der Entwicklung dieses Paragraphen darstellte. Das mit der Erweiterung
Strafrahmens einhergehende Potenzial zu mehr Willkür durch die Exekutive wu
in den Strafrechtsnovellen vom 28. Juni 1935 unverblümt wiedergegeben: „Die r

---

18 Zitiert in: Günter Grau, Lexikon zur Homosexuellenverfolgung 1933–1945. Institutionen – Pe
nen – Betätigungsfelder, Berlin 2011, S. 153.
19 Ebenda.
20 Grau, Lexikon, S. 111.
21 Das schwarze Korps 3, Nr. 9, 4.3.1937, S. 1.

erweiterte Strafvorschrift wird eine energischere Bekämpfung der gleichgeschlechtlichen Unzucht unter Männern ermöglichen, da sie die bisherigen Beweisschwierigkeiten beseitigt".[22] Die „Beseitigung der Beweisschwierigkeiten" schien auch prompt zu greifen; die Zahl der wegen Vergehen nach § 175 und 175a Verurteilten verzehnfachte sich zwischen 1936 und 1938 im Vergleich zu 1931 bis 1933.[23]

Weiterverfolgung, ausbleibende Entschädigung und verspätete Rehabilitierung

Die durch die nunmehrige Bewertung als „Volksschädlinge" von homosexuellen Männern erkennbare völkische Konnotation des § 175 und die Abkehr von dem Rechtsgrundsatz „nullum crimen sine lege" durch die Anwendung des „Analogieparagraphen" im „Dritten Reich" war für Politik und Gesellschaft der frühen Bundesrepublik jedoch kein Anlass, die eigene Sexualmoral zu überdenken. Diese war gekennzeichnet durch manche Kontinuitäten zum „Dritten Reich" hinsichtlich eugenischer Vorstellungen und Homophobie. Das Männerbild, das durch die Politik des Rassismus und der totalen Volksgemeinschaft manifestiert war, wurde bis weit in die politisch stabilisierte Bundesrepublik hineingetragen. Diese These wird beispielsweise gestützt durch eine Untersuchung des Hamburger Instituts für Sexualforschung von 1966. 170 Männer und 150 Frauen machten hier übereinstimmende Aussagen zum „echten" Mann und zum „typischen Homosexuellen": klar, wenig triebhaft, laut, gesund, hart versus weich, verschwommen, triebhaft, schwach, weibisch. Die strafrechtliche Weiterverfolgung von homosexuellen Männern in beiden deutschen Staaten ist auch diesem Gesellschaftsbild geschuldet. In dieser Konsequenz ist bezüglich der Situation in der Bundesrepublik folgender Hauptunterschied zwischen homosexuellen Männern und den anderen erwähnten marginalisierten NS-Opfergruppen erkennbar: die anhaltende Kriminalisierung und die dazugehörige strafrechtliche Verfolgung auf Basis desselben Paragraphen. Das Bundesverfassungsgericht erklärte 1957 zur Weiterverwendung des § 175 StGB, dass selbst eine abzulehnende Gesetzgebung „durch das auch ihr innewohnende Ordnungselement Geltung gewinnen kann; sie schafft wenigstens Rechtsicherheit".[24] Das oberste Gericht der DDR hingegen erkannte im März 1950 die Fassung von 1935 als explizit nationalsozialistisch an, behielt jedoch die Fassung von 1871 bei, einschließlich der restriktiveren Auslegung, wonach lediglich „beischlafähnliche Handlungen" strafrechtlich geahndet werden sollten. Gleichzeitig aber blieb in beiden deut-

---

22 Die Strafrechtsnovellen vom 28. Juni 1935 und die amtlichen Begründungen zu diesen Gesetzen: Gesetz zur Änderung des Strafgesetzbuches §§ 2 und 175, 175a, Berlin 1935, S. 39. Hier zitiert nach: Hutter, Scheitern, in: Jellonek/Lautmann (Hrsg.), Terror, S. 344.
23 Grau, Lexikon, S. 302.
24 Zitiert nach: Hans Georg Stümke, Rosa Winkel, Rosa Listen. Homosexuelle und „Gesundes Volksempfinden" von Auschwitz bis heute, Hamburg 1981, S. 460 f.

schen Nachkriegsstaaten §175a trotz seines NS-Ursprungs in Kraft, da dieser die
sunde Entwicklung der Jugend" schütze.[25]

In der Bundesrepublik wurden zwischen 1949 und 1969 etwa 50 000 Männer
grund des 1935 verschärften und – wie gerade erwähnt – weiter beibehaltenen P
graphen verurteilt.[26] Die fortgesetzte Strafverfolgung und die Nicht-Anerkennung
NS-Opferstatus haben etwas gemeinsam: das Abstreiten oder zumindest Nicht-Se
Wollen des *spezifisch Nationalsozialistischen* in der Verfolgung im „Dritten Reich"
der ihm (dem spezifisch Nationalsozialistischen) innewohnenden Behauptung e
„völkischen Lebensordnung". Nicht zuletzt die Bestimmung des Strafmaßes nach
sundem Volksempfinden", wie der „Analogieparagraph" es ermöglichte, ist einziga
im Vergleich mit anderen Staaten, die Homosexuelle verfolgten und kriminalisier
Die Ignoranz dieses Umstands im Zusammenhang mit der fortgesetzten Strafve
gung zeigt sich etwa in der Erklärung der Oberlandesgerichte Hamburg und Bra
schweig, die 1946 auf eine Prüfung reagierten, ob es sich bei den §§175 und 175a
„nationalsozialistische Lehren" nach dem Militärregierungsgesetz handle. Sie ka
zu dem Schluss, dass die NS-Fassungen auf „altes, nicht nationalsozialistisches Ge
kengut" zurückgingen.[27] Hat die Bundesrepublik auch homosexuelle Männer nicht
ter dem Diktum der „totalen Volksgemeinschaft" verfolgt, so klingt die Begründun
dem Entwurf des Strafgesetzbuchs von 1962 aus heutiger Sicht zumindest befremd
Von der „unbestreitbaren Erkenntnis" ist die Rede, dass „die Reinheit und Gesund
des Geschlechtslebens eine außerordentlich wichtige Voraussetzung für den Best
des Volkes und die Bewahrung der natürlichen Lebensordnung ist".[28] An anderer S
le heißt es zur Begründung des abschreckenden Charakters scharf formulierter Ge
ze, dass „straffällig gewordene Männer bei zumutbarer Anspannung der seelisc
Kräfte in der Lage wären, ein gesetzmäßiges Leben zu führen".[29] Die Rechtslage n
der Beibehaltung von §175 in der Bundesrepublik hatte deutliche Folgen für die
troffenen. 1950 wurden 1920 Männer auf dessen Grundlage verurteilt, 1959 ware
3530. Bis 1969 wurden über 50 000 Strafen verhängt.[30] Berücksichtigt man die fehle
rassistische Grundlage und die unterschiedlichen Gesellschaftsordnungen zwisc
„Drittem Reich" und Bundesrepublik, so bleibt doch festzuhalten, dass diese Op

---

25 Grau, Lexikon, S. 154.
26 Spiegel online, www.spiegel.de/panorama/justiz/paragraf175-entschaedigung-schwuler-maen
kommt-nur-schleppend-voran-a-1196888.html (27.7.2018).
27 Zitiert nach: Zinn, Volkskörper, S. 501. Zinn weist überdies darauf hin, dass in der Rechtspraxis
1920er Jahre, also der Zeit auf die die Gerichte sich beziehen, wenn sie von „altem" Gedankengut s
chen, häufig zugunsten der Angeklagten gehandelt wurde, wenn beispielsweise sehr geringe Stra
verhängt oder Strafaufschub gewährt wurde. Ebenda, S. 502.
28 BT-Drucksache IV/650, S. 359, hier zitiert nach: Johannes Wasmuth, Strafrechtliche Verfolgung
mosexueller in BRD und DDR, in: Jellonnek/Lautmann (Hrsg.), Terror, S. 173–186, hier S. 180.
29 BT-Drucksache IV/650, S. 375, zitiert nach: ebenda.
30 Ebenda, S. 175.

gruppe die einzige Gruppe von NS-Opfern ist, die unter dem gleichen, bewusst beibehaltenen Paragraphen wie im „Dritten Reich" verfolgt und kriminalisiert wurde.

Beschäftigt man sich mit „Vergessenen Opfern", dann ist im Zusammenhang mit
homosexuellen Männern zu betonen, dass „vergessen" hier ein unzutreffendes Wort
ist. In beiden deutschen Staaten wurden sie bewusst ausgegrenzt. Vom Gesetzgeber
als „nicht zu den Opfern des Nationalsozialismus" gehörend definiert zu werden,
kann durchaus als ein Vorgang der bewussten Ausgrenzung angesehen werden und
nicht als ein Vorgang des Vergessens. Jörg Hutter geht noch einen Schritt weiter und
sieht in dem Euphemismus „vergessen" eine Verschleierung der Hintergründe von
Leistungsverweigerung.[31]

Als homosexuelle Opfer des nationalsozialistischen Terrors wurden ausschließlich
Männer entschädigt. Dadurch, dass Frauen bis auf extrem wenige Ausnahmen nicht
als „Lesben", sondern als „asoziale, gefallene" Frauen oder eben Prostituierte verfolgt
und pönalisiert waren, konnten potenzielle Antragstellerinnen sich auch nur in dieser, ebenfalls marginalen, Opfergruppe der als „asozial" Verfolgten wiederfinden.[32]
Die Debatte zum Thema Entschädigung im Zusammenhang mit NS-Unrecht ist von
Ambivalenzen geprägt, allein dadurch, dass sie in den vier Besatzungszonen unterschiedlich gehandhabt wurde. Gleichzeitig wurde in allen vier Besatzungszonen Homosexualität nach wie vor als kriminelles Vergehen geahndet.[33]

Im Juni 1945 hatten die Alliierten in der *Berliner Erklärung zur Kapitulation* ange-
ordnet, „deutsche und ausländische Internierte freizulassen und zu versorgen". Weiter gab es als Magistratsdienststelle den Berliner Hauptausschuss „Opfer des Faschismus", der in Berlin von Frühjahr 1945 bis Ende 1948 alle dort ansässigen NS-
Verfolgten betreute.[34] Im Westen gründete sich 1947 die „Vereinigung der Verfolgten
des Naziregimes" (VVN); 1949 wurde in der amerikanischen Besatzungszone das Gesetz zur Wiedergutmachung nationalsozialistischen Unrechts verkündet, die britische
und französische Zone zogen nach. Aus dem 1952 geschlossenen „Überleitungsvertrag"
zwischen Bundesrepublik und Besatzungsmächten[35] entwickelte sich dann 1956 das

---

31 Hutter, Scheitern, in: Jellonnek/Lautmann (Hrsg.), Terror, S. 340.

32 Vgl. dazu die eingangs erwähnte Literatur aus Anm. 5 und 7.

33 zur Nieden, Ausgrenzungen, in: Beiträge zur Geschichte der nationalsozialistischen Verfolgung in
Norddeutschland 5 (1999), S. 96. Zum Begriff der Entschädigungsleistungen ist hinzuzufügen, dass er
lange, auch von Befürwortern entsprechender Leistungen, durch den beschönigenden und dadurch
problematischen Begriff „Wiedergutmachung" ersetzt wurde. Wiedergutmachung trifft nicht den Kern
des Sachverhalts, da er implizit unterstellt, durch materiellen Ausgleich ließe sich erlittenes Unrecht
innerhalb eines Menschenlebens ungeschehen machen. Doch wurde dieser Terminus in den 1950er
Jahren auch von den Opfern selbst genutzt. Entschädigung oder auch Rückerstattung sind ihrerseits
juristische Begriffe, die konsensual in Forschung und Rechtsprechung gebraucht werden. Vgl. hierzu
Michael Sartorius, Wider-Gutmachung. MännerschwarmSkript, Hamburg 1994, S. 90.

34 zur Nieden, Ausgrenzungen, in: Beiträge zur Geschichte der nationalsozialistischen Verfolgung in
Norddeutschland 5 (1999), S. 94 f.

35 Dieser sah vor, Personen zu entschädigen, die „wegen ihrer politischen Überzeugung, aus Gründen
der Rasse, des Glaubens oder der Weltanschauung verfolgt wurden (typisches nationalsozialistisches

Bundesentschädigungsgesetz, das rückwirkend ab 1. Oktober 1953 in Kraft trat. An
zum Überleitungsvertrag war nach dem Bundesentschädigungsgesetz antragsber
tigt, wer „aus Gründen politischer Gegnerschaft gegen den Nationalsozialismus c
aus Gründen der Rasse, des Glaubens oder der Weltanschauung durch nationalsc
listische Gewaltmaßnahmen verfolgt worden war".[36] Auf Männer, die unter dem
Regime nach den §§ 175 oder 175a verurteilt worden waren, traf diese Definition n
zu. Auch galt KZ-Haft nicht als „typisches NS-Unrecht", sondern als Staatsunrec
Das bedeutete zunächst, dass Männer die mit dem sogenannten Rosa Winkel in
Haft gesessen (und diese überlebt) hatten, auch nicht durch diesen Umstand zum
spruchsberechtigten Personenkreis gehören konnten. Bei solchen Opfergruppen,
denen Verfolgung „aus Gründen der Rasse, des Glaubens oder der Weltanschau
von vornherein nicht zum Tragen kam, wurde bei der Diskussion um Entschädig
dem Grad der Feindschaft zum Nationalsozialismus eine große Bedeutung zuger
sen. In einem Kommentar von 1960 heißt es:

> „Keine echten Gegner des Nationalsozialismus waren ferner: Sittlichkeitsverbrecher, Zuhä
> Landstreicher, Trunksüchtige [...] und Homosexuelle, die häufig als politische Gegner behan
> und in Konzentrationslager eingeliefert wurden [...]. In Wirklichkeit beruhten die gegen si
> griffenen Maßnahmen jedoch auf Gründen der Sicherheit, der Ordnung oder ähnlichen Grür
> die mit einer echten politischen Gegnerschaft nichts zu tun haben".[38]

Eine Erklärung, wie „echte politische Gegnerschaft" definiert wird und auf wel
„Wirklichkeit" sich hier bezogen wird, bleiben die Protagonisten schuldig.

Am 1. Januar 1958 trat das Allgemeine Kriegsfolgengesetz (AKG) in Kraft und
difizierte die geltenden Gesetze geringfügig, wenn es beispielsweise KZ-Haft als „na
nalsozialistische Gewaltmaßnahme" anerkannte. Das bedeutete einen theoretisc
Anspruch auf Entschädigung. Entsprechende Anträge mussten binnen eines Jahres
stellt werden, also bis zum 31. Dezember 1958. Bei Versäumnis konnte bis Ende 1
Nachsicht gewährt werden. In diesem Zeitraum gingen 14 Anträge ein.[39] Für die
tragsteller kam erschwerend hinzu, dass sie sich zwangsläufig outeten und sich en
einer möglichen Strafverfolgung aussetzten. Somit ist auch die Modifizierung du
das AKG nicht mit umfangreicher Entschädigungspolitik gleichzusetzen, sond
könnte auch als Farce interpretiert werden. Die Bundesregierung hielt noch 1987
Urteile gegen homosexuelle Männer für rechtsstaatlich unbedenklich: „Die Bestraf

---

Unrecht)". Hier zitiert nach: Hans-Georg Stümke, Wiedergutmachung an homosexuellen NS-Op
von 1945 bis heute, in: Jellonnek/Lautmann (Hrsg.), Terror, S. 329–338, hier S. 330. Stümke weist da
hin, dass durch die Formel vom „typischen NS-Unrecht" die spätere Rechtsprechung in der Bunde
publik präjudiziert wurde.

36 Ebenda.

37 Grau, Lexikon, S. 86.

38 Erich Blessin/Hans-Georg Ehrig/Hans Wilden, Bundesentschädigungsgesetze 1960, hier zitiert n
Hutter, Scheitern, in: Jellonnek/Lautmann (Hrsg.), Terror, S. 341.

39 Stümke, Wiedergutmachtung, S. 331.

homosexueller Betätigung [...] ist weder NS-Unrecht noch rechtsstaatwidrig."[40] Somit ignorierten die Bundesregierungen vor und nach der Strafrechtsreform von 1969 die Entstehungsgeschichte des § 175 mit seiner 1935 in der Verschärfung enthaltenen völkisch-rassistischen Konnotation sowie die damalige Aushebelung jeglicher Rechtsstaatlichkeit durch den Analogieparagraphen.

In den 1980er Jahren schuf die Bundesregierung sogenannte Härtefallregelungen zur Entschädigung, die nun auch für Homosexuelle galten. Allerdings mussten die Betroffenen zugefügtes Unrecht nachweisen, das über eine Verurteilung nach § 175 StGB hinausging. Auch musste sich der Antragsteller „gegenwärtig in einer Notlage befinden". Eine Möglichkeit war, die KZ-Haft als Ausfallzeit bei der Rentenversicherung zu beantragen. Weniger als 50 Männer erhielten bis 1990 individuelle Entschädigung.[41]

In der DDR ist die Entschädigung von homosexuellen Männern nie öffentlich diskutiert worden.[42] Grundsätzlich waren sie, wie auch in Westdeutschland, von den definierten Kriterien der Entschädigungswürdigkeit ausgenommen. Der Berliner Magistrat definierte im Mai 1946 einen Personenkreis derer, die als NS-Verfolgte Anspruch auf bestimmte Formen von Fürsorge hatten. Anerkannt wurden Menschen, die aus „politischen, religiösen und rassischen Gründen" verfolgt worden waren. Festgeschrieben wurde auch die Einbeziehung jüdischer Verfolgter, der Zeugen Jehovas sowie Sinti und Roma.[43]

Während in Westdeutschland „typisches NS-Unrecht" eine Art Schlagwort zur Ausdifferenzierung des Berechtigtenkreises war, so schien dies in der DDR der Begriff „Opfer des Faschismus" (OdF) zu sein. Der zu Anfang erwähnte Hauptausschuss „Opfer des Faschismus" sah sich als politische Vertretung von NS-Verfolgten und wurde als Teil der Stadtverwaltung auch soziale Anlaufstelle für sie. Er war in der Hauptsache von kommunistischen Verfolgten initiiert worden und legte folgerichtig einen deutlichen Schwerpunkt auf die Entschädigung von politisch Verfolgten. Die Vertreter des Hauptausschusses klagten weniger materielle Entschädigung ein als die Anerkennung des politischen Widerstandskampfes. Dem Status des „Opfers des Faschismus" wurde der noch hehrere Titel „Kämpfer gegen den Faschismus" vorangestellt.[44] Weder der Hauptausschuss noch die 1947 gesamtdeutsch gegründete „Vereinigung der Verfolgten des Naziregimes" (VVN)[45] sahen einen Grund für eine Aufnahme von ausschließlich als homosexuell Verfolgten, also ohne eine politische Dimension der Ver-

---

40 Bericht der Bundesregierung über Wiedergutmachung und Entschädigung für nationalsozialistisches Unrecht, Bonn 1987, S. 372; Bundestagsdrucksache 10/6287, S. 40.

41 Hutter, Scheitern, in: Jellonnek/Lautmann (Hrsg.), Terror, S. 342 f.

42 Grau, Lexikon, S. 85; zur Nieden, Ausgrenzungen, in: Beiträge zur Geschichte der nationalsozialistischen Verfolgung in Norddeutschland 5 (1999), S. 95.

43 Bundesarchiv Berlin, DQ 2/3320, Bl. 116–118, hier zitiert nach: zur Nieden, Opfer des Faschismus, in: Zinn, Homosexuelle, S. 135.

44 Ebenda, S. 138.

45 Vgl. Elke Reuter/Detlef Hansel, Das kurze Leben des VVN von 1947 bis 1953. Die Geschichte der Verfolgten des Nazi-Regimes in der SBZ und DDR, Berlin 1997.

folgung, die den Status „Opfer des Faschismus" gerechtfertigt hätte. So schrieb VVN 1949 auf eine Anfrage:

> „Hat der Antifaschist Widerstand geleistet, kann er aufgenommen werden. Ist ein solcher An̄ schist ein Homosexueller, steht seiner Aufnahme nichts im Wege. Lediglich der Grund der Ve̊ gung seitens des Naziregimes gegenüber einem Homosexuellen ist für uns noch kein Aufna̋ grund"[46]

Auch wenn das Oberste Gericht der DDR 1950 den § 175 als „nazistisch" anerkan̄ zeigt die Priorisierung des Hauptausschusses und der VVN, dass hier eine ähnli̊ Ignoranz gegenüber dem völkisch-rassistischen Charakter der nationalsozialistisc̄ Verfolgung von homosexuellen Männern zutage trat, wie es in der Bundesrepů der Fall war.

Entsprechend gaben viele homosexuelle NS-Opfer ihre Gegnerschaft zum NS̄ gime in ihrer Antragsbegründung auf Anerkennung an und verschwiegen Verů lungen nach § 175 StGB. Erfuhr der Hauptausschuss von Letzteren, erfolgte sogl̊ die Aberkennung wegen „falscher Angaben". Der Hauptausschuss führte in seinen terlagen gar eine „Liste der Aberkannten". Die darauf festgehaltenen Gründe der erkennung lauteten „kriminell", „asozial", „falsche Angaben" und wiederholt å „§ 175".[47]

Auch wenn Männer aufgrund „kommunistischer Umtriebe" in NS-Haft geses̄ hatten, wurde ihnen ihr Opferstatus nach Bekanntwerden weiterer Verurteilun̄ aufgrund § 175 StGB aberkannt.[48] Für viele Funktionäre der anerkannten NS-Verf̊ ten war Homosexualität offensichtlich eine dem Ansehen der „Opfer des Faschisn̄ abträgliche Eigenschaft. Diese Haltung irritiert vor allem deshalb, weil die DDR dů die partielle Aufhebung der NS-Verschärfung des § 175 StGB als einem Bestandteil tionalsozialistischer Bevölkerungspolitik dessen völkisch-rassistischen Hintergr̄ und somit auch sein NS-Spezifikum anerkannt hatte. Demzufolge hätte sie nach i̊ eigenen Logik auch die durch § 175 StGB Verfolgten als Opfer des Faschismus anerl̊ nen müssen. Die ehemaligen KZ-Inhaftierten mit grünem, schwarzem oder eben r̄ Winkel machten 40 % der Personen aus, die ihren Ausweis als „Opfer des Faschisn̄ wieder abgeben mussten.[49]

---

46 Archiv Schwules Museum Berlin, aus dem Nachlass Klimmer, hier zitiert nach: zur Nieden, . grenzungen, in: Beiträge zur Geschichte der nationalsozialistischen Verfolgung in Norddeutschlå (1999), S. 102.
47 Ebenda, S. 93 f.
48 Hölscher, NS-Verfolgte, S. 81 f.
49 zur Nieden, Unwürdige Opfer, S. 143.

Nach der Abschaffung des § 175

2002 wurde ein Gesetz zur Aufhebung nationalsozialistischer Unrechtsurteile in der Strafrechtspflege vorgelegt. Als Unrecht qualifiziert wurden die zwischen 1933 und 1945 ergangenen Urteile nach § 175 und § 175a, Abs. 4 StGB.[50] Die Tatsache, dass darin jedoch nicht die Urteile zwischen 1949 und 1969 berücksichtigt waren, zeigt, dass auch 2002 bei den Gesetzgebern kein Bewusstsein für die problematische Kontinuität des NS-Rechts vorhanden war. Der gleiche Paragraph, auf dessen Grundlage zumindest in der Bundesrepublik zwischen 1949 und 1969 Urteile gesprochen worden waren, ist ursprünglich zum „Schutz von Rasse und Volkstum" entstanden. Die Nichtbeachtung dieses Hintergrunds führte dazu, dass eine Rehabilitierung der in diesem Zeitraum Verurteilten bis 2017 auf sich warten lassen sollte.

Das im Sommer 2017 verabschiedete Gesetz zur Rehabilitierung der „nach dem 8. Mai 1945 wegen einvernehmlicher homosexueller Handlungen verurteilten Personen" (kurz: StRehaHomG) kam für etliche Opfer zu spät. Die Formulierung „nach dem 8. Mai 1945" besagt, dass es sich um den Zeitraum nach dem Ende der NS-Diktatur handelte. Somit betrifft es deutsche Gerichte während der alliierten Besatzungsherrschaft, vor allem aber in der Bundesrepublik sowie in der DDR. Allerdings kann lediglich von einer beinahe umfassenden Rehabilitierung die Rede sein, da ausdrücklich Absatz 1 und 2 des § 175a ausgeklammert werden, wenn im StRehaHomG von „wegen einvernehmlicher homosexueller Handlungen verurteilten Personen" die Rede ist.[51] Problematisch daran ist, dass der Entstehungskontext offenbar keine Rolle bei den Überlegungen zu einer Rehabilitierung zu spielen scheint: § 175a wurde 1935 ausdrücklich zur Bekämpfung von „Volksschädlingen" eingeführt, also in explizit nationalsozialistischer Konnotation. Dieser Tatsache im Rehabilitierungsgesetz keine Bedeutung beizumessen, sondern überdies Absatz 1 und 2 weiter davon auszunehmen, könnte man als Blindheit seitens des Gesetzgebers gegenüber dem Unrechtscharakter des NS-Regimes verstehen. Noch drastischer wirkt dies im Gesetz zur Aufhebung nationalsozialistischer Unrechtsurteile in der Strafrechtspflege von 2002, wo auch die Urteile zu Absatz 3 des § 175a ausgespart blieben. Hintergründe, Motive und Charakter der Anwendung des § 175a in der Bundesrepublik sind Gegenstände für einen eigenen Aufsatz, doch ist bei den beiden erwähnten Rehabilitierungsgesetzen zu bemerken, dass die Absätze 1–3 sexuellen Umgang mit Minderjährigen oder in Abhängigkeit stehenden Personen behandeln. Der Umstand, dass der Schutz dieser Personengruppen von hoher moralischer Bedeutung ist, könnte die angenommene Blindheit des Gesetzgebers gegenüber der nationalsozialistischen Absicht der „Bekämpfung von Volksschädlingen" erklären, freilich ohne sie zu rechtfertigen Dies legt die Vermutung nahe, dass sich der Gesetzgeber schwer getan hat, mit den entsprechenden Verurteiltengruppen umzugehen.

---

50 Grau, Lexikon, S. 87.

51 https://www.bmj.de/DE/Themen/FamilieUndPartnerschaft/175/RehabilitierungVerurteilterHomosexuellerPersonen_node.html (15.7.2022).

Auf einer Podiumsdiskussion am 27. Januar 2018 meinte Helmut Kress, der in der
hen Bundesrepublik aufgrund seiner Homosexualität verfolgt worden war: „Wo
heute stehen? Am Anfang, würde ich sagen. Es ist zwar Gesetz und beschlossen, ⸱
in der Gesellschaft ist es noch nicht durch." Und der Richter a. D. Klaus Beer, de⸱
den 1960er Jahren am Ulmer Landgericht Männer nach § 175 StGB verurteilt hatte,
te an gleicher Stelle: „Man war umgeben von einer [...] Richterschaft, die völlig
ging in den damaligen Vorstellungen. Und jetzt endlich haben wir das Gesetz.
kommt zu spät. [...] Von den sechs Männern, die ich verurteilt habe, sind alle tot."[52]

Parallel zu den irritierend spät umgesetzten Rehabilitationen von 2002 und ⸱
gibt es weitere Beispiele für einen Umgang mit der Geschichte der Verfolgung von
mosexuellen, der von Ignoranz gegenüber der Bedeutung von Personengruppen ze⸱
die zur Zeit des Nationalsozialismus vom Konstrukt der „totalen Volksgemeinsch⸱
ausgenommen waren. Da ist einmal der fast schon legendäre Fauxpas des Hambu⸱
Staatsarchivs, das zwischen 1986 und 1996 NS-Justizakten vernichtet hat, die elem⸱
tar gewesen wären zur Klärung zahlreicher Verfolgungsschicksale von homosexue⸱
Männern während der NS-Zeit. Dieser Bestand war einzigartig in seiner Überli⸱
rungsgeschichte, da Strafjustizakten in vergleichbarem Umfang an anderen Stan⸱
ten entweder von den Tätern gegen Ende des Krieges vernichtet oder anderw⸱
zerstört worden waren. Fragwürdige Auswahlkriterien zum Erstellen einer reprä⸱
tativen Dokumentation vor dem Kassieren dieses Bestandes führten dazu, dass
Vielschichtigkeit der Inhalte dieser Akten mit der Vernichtung des Bestandes verlo⸱
ging.[53] Aber auch wohlmeinende Historiker verfielen noch in den 1980er Jahren
reotypen, die sich jahrzehntelang im gesellschaftlichen Denken festgesetzt hatten⸱
berichtet Rüdiger Lautmann von der Auswertung von mehr als zehntausend Kar⸱
karten von Häftlingen der Emslandlager – um Homosexuelle hernach in einen T⸱
zu werfen mit Personen, die als Vergewaltiger oder „Sittlichkeitsverbrecher" in⸱
Emslandlagern eingesperrt worden waren.[54] Unabhängig von der fragwürdigen K⸱
gorisierung der Nationalsozialisten zeigen diese Beispiele, wie stark heteronorm⸱
die deutsche Nachkriegskultur geprägt war. Hat sich auch die Forschung bereits⸱
einiger Zeit denjenigen NS-Opfergruppen zugewandt, die lange als „marginal" ga⸱

---

52 „... sind einfach weiter verfolgt worden" – Podiumsgespräch zur Verfolgung homosexueller ⸱
ner nach 1945 im Ulmer Stadthaus am 27.1.2018 mit der Leiterin des Dokumentationszentrums Ob⸱
Kuhberg, Dr. Nicola Wenge, der Historikerin Dr. Julia Munier, Richter a. D. Klaus Beer und He⸱
Kress, in: DZOK-Mitteilungen, H. 68, 2018, S. 6 f.
53 Zur vollständigen Historie zu dem Hamburger Bestand siehe Stefan Micheler, „Verfahren ⸱
§ 175 übertrafen in ihrer Häufigkeit die Verfahren gegen andere Verfolgte erheblich" – daher wu⸱
sie vernichtet. Zum Umgang des Hamburger Staatsarchivs mit NS-Justizakten, in: Beiträge zur⸱
schichte der nationalsozialistischen Verfolgung in Norddeutschland 5 (1999), S. 112–121.
54 Rüdiger Lautmann, Vom Nutzen des Vergleichs: Abschied von der Opferkonkurrenz, in: ⸱
(Hrsg.), Homosexuelle, S. 177–191, hier S. 183.

und die teilweise bis heute auf die Anerkennung des NS-Opferstatus warten[55], zeigt die Entwicklung – für Westdeutschland gesprochen – mit ihrer Hierarchisierung der Opfergruppen, wie stark die unterschiedliche Intensität der Beschäftigung mit einzelnen Opfergruppen ins Gewicht fällt.

Auch bei der Berücksichtigung homosexueller NS-Opfer im Zusammenhang mit Stolperstein-Verlegungen zeigt sich eine Zeitverzögerung. Unter dem Hinweis, dass Verfolgungshintergründe nicht eindimensional gesehen werden dürfen, berichtet Ulf Bollmann von den bis zum Jahre 2013 311 verlegten Stolpersteinen für homosexuelle NS-Opfer, darunter sieben für lesbische und bisexuelle Frauen sowie für vier Transvestiten.[56]

Die Forschung über Verfolgung und Alltag (männlicher) Homosexueller, besonders nach 1945, ist bei der Diskussion um Entschädigung nach wie vor lückenhaft, ganz abgesehen von der Erforschung der Situation lesbischer Frauen. Die jüngsten Publikationen, auf die auch im Beitrag Bezug genommen wurde, lassen glücklicherweise eine andere Tendenz erkennen. Dieser Aufsatz darf hierzu als Debattenbeitrag wahrgenommen werden.

---

55 Die 2021 gewählte Bundesregierung sieht erstmals vor, Zwangssterilisierte und Opfer der NS-„Euthanasie" anzuerkennen.
56 Ulf Bollmann, Gemeinsam gegen das Vergessen – Stolpersteine für homosexuelle NS-Opfer. Perspektiven und Grenzen bei der Quellenrecherche aus Sicht einer Hamburger Forschungsinitiative, in: Schwartz (Hrsg.), Homosexuelle, S. 129–134, hier S. 129.

Teresa Tammer

Zwischen Antifaschismus und Christopher Street Day

Ostdeutsches Gedenken an die im Nationalsozialismus verfolgten Homosexuellen in den 1980er Jahren

Für die Schwulen- und Lesbenbewegung in der DDR der 1980er Jahre war das Gedenken an die als Homosexuelle im Nationalsozialismus Verfolgten wichtiger Teil ihres Aktivismus. Sie besuchten die Nationalen Mahn- und Gedenkstätten, hielten dort Gedenkveranstaltungen ab, legten Kränze nieder, forschten dazu und informierten sich und andere zu diesem Thema. Die unter dem Dach evangelischer Kirchen organisierten Schwulen- und Lesbengruppen traten dabei früher und stärker hervor als die nicht an kirchliche Räume gebundenen Initiativen, die versuchten, in staatlichen Jugendclubs Strukturen aufzubauen. Über das Gedenken und seine Formen bestand innerhalb der ostdeutschen Bewegung somit insofern von Anbeginn Uneinigkeit, als die jeweilige Verortung in der DDR den Rahmen setzte.

Aber auch innerhalb dieser verschiedenen Gruppen gab es Auseinandersetzungen über die geeigneten Formen und Kontexte von Aktivitäten, mit denen der homosexuellen NS-Opfer gedacht werden sollte. Das Spannungsfeld, in dem sich die Diskussionen und Positionen bewegten, war zuvorderst bestimmt durch die Möglichkeiten und Unmöglichkeiten selbstorganisierter und nicht staatlich kontrollierter Aktivitäten in der DDR sowie von der Geschichtspolitik der SED und dem „von oben" verordneten Antifaschismus. Eine weitere, wichtige Rolle für das ostdeutsche Gedenken spielten die Teilung Deutschlands sowie die dennoch mögliche Kommunikation über die Mauer hinweg. Durch diese Verflechtungen mit der westdeutschen Schwulen- und Lesbenbewegung waren die ostdeutschen Aktivist*innen in eine transnationale Bewegung eingebunden. Zwischen den Bedingungen, die der SED-Staat vorgab, und den Chancen und Gefahren, die die Nähe zur Bundesrepublik mit sich brachte, entwickelte sich in den 1980er Jahren somit ein spezifisches ostdeutsches schwul-lesbisches Gedenken an die im Nationalsozialismus verfolgten Menschen, denen gleichgeschlechtliches Begehren zum Vorwurf gemacht wurde.

Dass in der DDR insbesondere die unter dem Dach der Kirchen organisierten Schwulen und Lesben Kranzniederlegungen in den Nationalen Mahn- und Gedenkstätten durchführten, ist in der historischen Forschung bekannt.[1] Kristine Schmidt und Maria Bühner haben außerdem dargestellt, dass diese Veranstaltungen – wie etwa das Gedenken lesbischer Aktivistinnen 1984 in Ravensbrück – von der Staatssicherheit und der SED gestört, verhindert oder zumindest mit strengen Auflagen belegt wur-

---

1 Vgl. u. a. Josie McLellan, Love in the Time of Communism, Cambridge 2011, S. 124.

den.[2] Wie Aktivist*innen in der DDR glaubten, sich selbst und das Gedenken an
Verfolgten in den offiziellen Erinnerungsdiskurs in der DDR einbringen und gleich
tig an einem grenzübergreifenden homosexuellen Aktivismus teilhaben zu können
bisher jedoch noch unerforscht.[3] Insgesamt überwiegen außerdem Arbeiten, die
westdeutsche, westeuropäische und US-amerikanische Schwulen- und Lesbenbe
gung der 1970er und 1980er Jahre nach ihrer Auseinandersetzung mit dem Nationa
zialismus befragen.[4] Dazu muss gesagt werden, dass das Gedenken an die von den
tionalsozialisten verfolgten Homosexuellen – wobei die verfolgten Männer im Fc
standen – und die Erforschung ihrer Geschichte seit den 1970er zentraler Bestand
westdeutscher homosexueller und vor allem schwuler Identitätspolitik war.[5] Bis da
wurde dieses Schicksal sowohl in der Bundesrepublik als auch in der DDR kaum

---

2 Vgl. Kristine Schmidt, Lesben und Schwule in der Kirche, in: Jens Dobler (Hrsg.), Verzaubert in N
Ost. Die Geschichte der Berliner Lesben und Schwulen in Prenzlauer Berg, Pankow und Weißer
Berlin 2009, S. 198–220, hier S. 215–220; Maria Bühner, Die Kontinuität des Schweigens. Das Geder
der Ost-Berliner Gruppe Lesben in der Kirche in Ravensbrück, in: Elisa Heinrich/Johann Karl K
knopf (Hrsg.), Homosexualitäten revisited, in: Österreichische Zeitschrift für Geschichtswissensch
29 (2018), H. 2, S. 111–131.
3 Eine umfassende Analyse hierzu nimmt die Autorin in ihrer Dissertation vor, die im Juni 2023 I
DeGruyter Verlag unter dem Titel „Warme Brüder" im Kalten Krieg. Die DDR-Schwulenbewegung
das geteilte Deutschland in den 1970er und 1980er Jahren" erscheint.
4 Vgl. u. a. R. Amy Elman, Triangles and Tribulations. The Politics of Nazi Symbols, in: Journa
Homosexuality 30 (1996), H. 3, S. 1–11; Stefan Micheler/Jakob Michelsen, Geschichtsforschung und I
titätsstiftung. Von der Schwulen Ahnenreihe zur Dekonstruktion des Homosexuellen, 1.1.2005, h
www.stefanmicheler.de/wissenschaft/art_ahnengalerie_1997.html (26.9.2021); Klaus Müller, Amne
Formen des Vergessens, Formen des Erinnerns, in: Heinrich-Böll-Stiftung (Hrsg.), Der homosexu
NS-Opfer gedenken, Berlin 1999, S. 56–68; Erik N. Jensen, The Pink Triangle and Political Conscious
Gays, Lesbians, and the Memory of Nazi Persecution, in: Journal of the History of Sexuality 11 (2
H. 1–2, S. 319–349; James D. Steakley, Selbstkritische Gedanken zur Mythologisierung der Homos
ellenverfolgung im Dritten Reich, in: Burkhard Jellonnek/Rüdiger Lautmann, Nationalsozialistis
Terror gegen Homosexuelle. Verdrängt und ungesühnt, Paderborn 2002, S. 55–68; Beate Schapp
Geballte Faust, Doppelaxt, rosa Winkel. Gruppenkonstituierende Symbole der Frauen-, Lesben-
Schwulenbewegung, in: Cordia Baumann (Hrsg.), Linksalternative Milieus und Neue Soziale Bewe
gen in den 1970er Jahren, Heidelberg 2011, S. 259–283; Dominique Grisard, Rosa. Zum Stellenwert
Farbe in der Schwulen- und Lesbenbewegung, in: Andreas Pretzel/Volker Weiß (Hrsg.), Rosa Radi
Die Schwulenbewegung der 1970er Jahre, Hamburg 2012, S. 177–198; Corinna Tomberger, Homos
ellen-Geschichtsschreibung und Subkultur. Geschlechtertheoretische und heteronormativitätskriti
Perspektiven, in: Michael Schwartz (Hrsg.), Homosexuelle im Nationalsozialismus. Neue Forschu
perspektiven zu Lebenssituationen von lesbischen, schwulen, bi-, trans- und intersexuellen Mensc
1933 bis 1945, München 2014, S. 19–26.
5 Vgl. Magdalena Beljan, Rosa Zeiten? Eine Geschichte der Subjektivierung männlicher Homose
lität in den 1970er und 1980er Jahren der BRD, Bielefeld 2014, S. 82; Micheler/Michelsen, Geschic
forschung (s. Anm. 4); Tomberger, Homosexuellen-Geschichtsschreibung, in: Schwartz (Hrsg.), Hc
sexuelle im Nationalsozialismus, S. 21.

matisiert. Erst seit den 1980er Jahren werden umfangreichere Studien betrieben, nach Quellen recherchiert sowie persönliche Erinnerungen und Dokumente archiviert.[6]

Um das Gedenken der Schwulen- und Lesbenbewegung der DDR genauer in den Blick zu nehmen, wird im Folgenden zunächst der historische und begriffliche Bezugsrahmen vorgestellt. Im Anschluss werden insbesondere Gedenkveranstaltungen als Formen des ostdeutschen Aktivismus, damit verbundene Konflikte sowie deren deutsch-deutsche Dimension untersucht. Ziel ist es, den spezifischen Beitrag der Schwulen und Lesben in der DDR in einem transnationalen Kontext der Erinnerung an die im Nationalsozialismus verfolgten Homosexuellen herauszuarbeiten.

Gedenken und Geschichtspolitik

Der zentrale Begriff dieses Beitrags ist der des Gedenkens. Dieser verweist auf die Praxis, die kennzeichnend ist für die Herstellung eines kulturellen Gedächtnisses, das nach Jan Assmann das Bewusstsein einer Gruppe für ihre Eigenart und ihre Einheit prägt.[7] Das Gedenken, etwa in Form von Kranzniederlegungen in den Nationalen Mahn- und Gedenkstätten der DDR, also in der Regel in den früheren NS-Konzentrationslagern, ist die Kommunikation über die Vergangenheit, bei der Wissen vermittelt und das Selbstbild der Gedenkenden verhandelt bzw. auf diese Vergangenheit hin konstruiert wird.[8] Der Terminus „Geschichtspolitik" zielt auf den Umgang politischer Instanzen mit vorrangig der eigenen Nationalgeschichte. Geschichtspolitik drückt sich in den nationalen Gedenktagen oder etwa der Einrichtung historischer Museen und Gedenkstätten aus.[9] Die DDR-Geschichtspolitik in Bezug auf den Nationalsozialismus stellte den Widerstand und die Verfolgung von Kommunisten und Sozialisten in den Mittelpunkt. Diese wurden in den Nationalen Mahn- und Gedenkstätten Sachsenhausen, Buchenwald und Ravensbrück geehrt, wo zugleich der „Antifaschismus" als Selbstverständnis der DDR präsentiert wurde.[10] NS-Opfergruppen wie Sinti und Roma, sogenannte Asoziale und Kriminelle blieben ausgeschlossen, weil die DDR sich nicht in der Verantwortung für die Verbrechen der Nationalsozialisten sah. Die jüdischen NS-Opfer waren marginalisiert; und die homosexuellen Frauen und Männer blieben

---

6 Rüdiger Lautmann, Vom Nutzen des Vergleichs. Abschied von der Opferkonkurrenz, in: Alexander Zinn (Hrsg.), Homosexuelle in Deutschland 1933–1969. Beiträge zu Alltag, Stigmatisierung und Verfolgung, Göttingen 2020, S. 177–191, hier S. 181.

7 Vgl. Jan Assmann, Kollektives Gedächtnis und kulturelle Identität, in: Jan Assmann/Tonio Hölscher, Kultur und Gedächtnis, Frankfurt a. M. 1988, S. 9–19, hier S. 12.

8 Vgl. ebenda, S. 13 f.

9 Stefan Troebst, Geschichtspolitik, in: Docupedia-Zeitgeschichte, 4.8.2014, http://docupedia.de/zg/troebst_geschichtspolitik_v1_de_2014 (26.9.2021).

10 Vgl. Bernd Faulenbach, Erinnerung und Politik in der DDR und der Bundesrepublik. Zur Funktion der Gedenkstätten für die Opfer des Nationalsozialismus, in: Deutschland Archiv 30 (1997), H. 4, S. 599–606, hier S. 600.

unberücksichtigt. Eine Auseinandersetzung mit den Ursachen für die Verfolgung Homosexuellen fand auch deshalb nicht statt, so Günter Grau, weil die Staats- Parteiführung der DDR bis in die 1970er Jahre Homosexualität für ein Phänomen h das der kapitalistischen Gesellschaft entstamme und im Sozialismus von selbst schwinden werde. Öffentliche Aufmerksamkeit auf dieses Thema zu lenken, hielt demnach nicht für nötig.[11] In der Bundesrepublik, wo der von den Nationalsoziali: verschärfte § 175 StGB bis Ende der 1960er Jahre Bestand hatte, wurde die Rechtmä keit der Verfolgung homosexueller Männer nicht angezweifelt. Somit konnte es für kein offizielles Gedenken geben und die Betroffenen waren zum Schweigen verurt wollten sie sich nicht einer erneuten Strafverfolgung aussetzen. Es gelang der Sch len- und Lesbenbewegung auch hier erst in den 1980er Jahren, die Gesellschaft andere Verfolgten-Initiativen für die Schicksale der homosexuellen NS-Opfer zu se bilisieren und etwa im ehemaligen Konzentrationslager Neuengamme eine Geden fel anzubringen.[12] Für die Auseinandersetzung der DDR mit der nationalsozial schen Vergangenheit lässt sich insgesamt festhalten, dass diese von dem spezifisc Faschismus-Verständnis der SED geprägt war, nach dem die Herrschaft der Natio sozialisten lediglich eine extreme Variante des Kapitalismus darstellte. Die DDR schichtspolitik war damit immer auch als eine Abgrenzungsstrategie gegenüber a nicht-sozialistischen Staaten, insbesondere der Bundesrepublik, gemeint.[13]

Erst 1989 tauchten in den gelenkten Medien der DDR die ersten Beiträge z Schicksal von homosexuellen Männern im Nationalsozialismus auf. Dieser Wan kann als Konsequenz aus der Einforderung öffentlicher Aufmerksamkeit du Schwulen- und Lesbenaktivist*innen sowie als Veränderung im staatlichen Umg mit Homosexuellen unter dem Motto der „Integration" verstanden werden.[14] Hi kam, dass in den 1980er Jahren der Mythos vom Antifaschismus zusehends an Gla würdigkeit verlor und parallel zu einer neuen NS-Forschung in der Bundesrepu nun auch in der DDR die Vernichtung der europäischen Juden sowie die jüdische schichte in Deutschland erforscht wurden.[15] Über das Schicksal von Homosexue

11 Vgl. Günter Grau, Homosexuelle im Nationalsozialismus. Über Ergebnisse und Perspektiven Forschung, in: Heinrich-Böll-Stiftung (Hrsg.), Der Homosexuellen NS-Opfer gedenken, Berlin 1 S. 90–104, hier S. 92 f.

12 Vgl. Klaus Müller, Amnesien. Formen des Vergessens, Formen des Erinnerns, in: ebenda, S. 56 hier S. 57–59.

13 Vgl. Harald Schmid, „Wir Antifaschisten". Zum Spannungsfeld generationeller Erfahrung und tischer Ideologie in der DDR, in: Harald Schmid/Peter Reichel (Hrsg.), Politische Erinnerung: Geschi und kollektive Identität, Würzburg 2007, S. 150–167, hier S. 158 f.

14 Vgl. Denis M. Sweet, Bodies for Germany, Bodies for Socialism. The German Democratic Repu Devises a Gay (Male) Body, in: Patricia Herminghouse/Magda Mueller (Hrsg.), Gender and Germani Cultural Productions of Nation, Providence 1997, S. 248–262, hier S. 260; Denis M. Sweet, The Chu the Stasi, and Socialist Integration. Three Stages of Lesbian and Gay Emancipation in the Former man Democratic Republic, in: Journal of Homosexuality 29 (1995), H. 4, S. 351–367, hier S. 361.

15 Vgl. Ulrich Herbert/Olaf Groehler (Hrsg.), Zweierlei Bewältigung. Vier Beiträge über den Umg mit der NS-Vergangenheit in den beiden deutschen Staaten, Hamburg 1992, S. 42.

während des Nationalsozialismus konnten außerdem zwei wissenschaftliche Aufsätze von Günter Grau[16] und das Buch von Jürgen Lemke „Ganz normal anders" erscheinen, in dem ein älterer Mann über seine Inhaftierung in einem Konzentrationslager berichtet.[17] Ein ehemaliger KZ-Häftling kommt auch im DEFA-Spielfilm „Coming Out" von Heiner Carow zu Wort, der erstmals die persönlichen und gesellschaftlichen Probleme homosexueller Männer in der DDR thematisierte. Rehabilitiert oder entschädigt wurden die Verfolgten trotz des in den 1980er Jahren einsetzenden öffentlichen Interesses in der DDR jedoch nicht.[18]

Ostdeutsches und/oder transnationales Gedenken – die Kranzniederlegungen der Arbeitskreise Homosexualität

Ein Spezifikum der ostdeutschen Schwulen- und Lesbenbewegung war, dass diese sich in den 1980er Jahren aufgrund fehlender Alternativen überwiegend in evangelischen Kirchengemeinden etablierte und von dort aus ihre Aktivitäten entfaltete. Hatte es in den 1970er Jahren eine einzige schwul-lesbische Gruppe gegeben, waren es 1989 bereits mindestens 14 homosexuelle Arbeitskreise in den Räumen der Kirche und mindestens vier nicht kirchlich angebundene Clubs.[19] Letztere konnten sich deshalb organisieren, weil es ihnen in einzelnen Fällen ab 1987 erlaubt wurde, Räume staatlicher Jugendclubs zu nutzen. Dieses Zugeständnis gehörte zu einer Politik ab Mitte der 1980er Jahre, deren Ziel es war, Schwule und Lesben in die sozialistische Gesellschaft zu *integrieren* und zu verhindern, dass sie der DDR den Rücken kehrten. Die Durchführung wissenschaftlicher Tagungen und Studien im Auftrag der SED sowie als Höhepunkt der Volkskammerbeschluss zur Abschaffung des § 151 StGB im Jahr 1988 sind ebenfalls in diesem Kontext zu sehen.[20]

---

16 Günter Grau, Verstümmelt und ermordet. Homosexuelle im KZ Buchenwald, in: Achim Thom/Samuel Mitja Rapoport (Hrsg.), Das Schicksal der Medizin im Faschismus. Auftrag und Verpflichtung zur Bewahrung von Humanismus und Frieden, Neckarsulm/München 1989, S. 76–79; Günter Grau, Die Verfolgung und „Ausmerzung" Homosexueller zwischen 1933 und 1945. Folgen des rassenhygienischen Konzepts der Reproduktionssicherung, in: Achim Thom/Genadij I. Caregorodcev (Hrsg.), Medizin unterm Hakenkreuz, Berlin (DDR) 1989, S. 91–110.
17 Erich (1900–1986), Arbeiter: Heroische Geschichten lassen sich von uns nicht erzählen, in: Jürgen Lemke (Hrsg.), Ganz normal anders. Auskünfte schwuler Männer, Berlin/Weimar 1989, S. 13–32.
18 Vgl. Grau, Homosexuelle im Nationalsozialismus, in: Heinrich-Böll-Stiftung (Hrsg.), Der Homosexuellen NS-Opfer gedenken, S. 91–93.
19 Vgl.: o. A., Beratungsmöglichkeiten in den Bezirken der DDR, in: Friedrich-Schiller-Universität Jena/ Hans Schmigalla (Hrsg.), Psychosoziale Aspekte der Homosexualität, Jena 1989, S. 232–235.
20 Vgl. Kristine Schmidt, Die interdisziplinäre Arbeitsgruppe „Homosexualität" an der HU Berlin, in: Dobler (Hrsg.), Verzaubert in Nord-Ost, S. 222–228; Kristine Schmidt, Workshop: Psychosoziale Aspekte der Homosexualität, in: ebenda, S. 229 f.; Dominik Heck, Homosexualität in der DDR, Erfurt 2012, S. 50–52; Bert Thinius, Erfahrungen schwuler Männer in der DDR und in Deutschland Ost, in: Wolfram Setz (Hrsg.), Homosexualität in der DDR. Materialien und Meinungen, Hamburg 2006, S. 9–88, hier S. 29–38;

Gedenkveranstaltungen gehörten seit ihrer Gründung zu den Aktivitäten der beitskreise Homosexualität. Die nicht kirchlich organisierten Gruppen beteiligten daran nicht, weil sie viel stärker darauf angewiesen waren, von den staatlichen hörden geduldet zu werden.[21] Die Kranzniederlegungen wurden somit von der Sch len- und Lesbenbewegung selbst als Infragestellung der staatlichen Geschichtspo betrachtet, bei der nach Nutzen und Risiken abgewogen werden musste. Die Arb kreise fuhren in die Nationalen Mahn- und Gedenkstätten, versuchten dort, Krä niederzulegen und mit Gedenkstättenmitarbeiter*innen ins Gespräch zu kommen. Ziel war es, öffentliche Aufmerksamkeit sowohl für sich als auch für die Geschi der Homosexuellenverfolgung zu erreichen. Am 30. Juni 1984 fand mit etwa 60 Pe nen aus mehreren Städten der DDR in der Nationalen Mahn- und Gedenkstätte chenwald eine Kranzniederlegung statt, über die Matthias Kittlitz und Christa Kos ski vom Arbeitskreis Homosexualität in Leipzig im Nachhinein berichteten. Aus ih Bericht geht hervor, dass ihnen von der Abteilung Inneres der Stadt Leipzig verbe worden war, dort als Schwule und Lesben in Erscheinung zu treten. Vor Ort habe stellvertretende Direktor der Mahn- und Gedenkstätte sie ebenfalls noch einmal aufhin gewiesen, dass das Wort „homosexuell" nirgendwo erscheinen dürfe und (auf eine entsprechende Anweisung „von oben" die angemeldete Führung abge werden müsse.[22] Dafür hielt jedoch Günter Grau, der eng mit den Ost-Berliner Arb kreisen verbunden war und in den 1980er Jahren mit seiner historischen Arbei Homosexuellen im Nationalsozialismus begann, eine Rede und nahm dabei das spräch mit dem stellvertretenden Direktor zum Anlass, über „die lange Geschicht nes Vorurteils, nämlich des Vorurteils gegenüber gleichgeschlechtlich liebenden N schen" zu sprechen.[23] Grau zog damit eine Linie von der nationalsozialistisc Verfolgung und der rechtlich deutlich besseren, jedoch immer noch als diskrimi rend wahrgenommenen Situation von Homosexuellen in der DDR. Es war dabei aktuell erlebte Ausgrenzung und Unsichtbarmachung, die eine Selbstmarkierung fortdauernde Opfer staatlicher Unterdrückung begründen sollten. Für die Bunde publik erklärt Magdalena Beljan, dass die dortige Schwulenbewegung die Opfer

---

Teresa Tammer, Grenzfall Strafrecht. Deutsch-deutsche Reaktionen auf die Abschaffung des § 151 S DDR, in: Ministerium der Justiz des Landes NRW/Michael Schwartz, (Hrsg.), Justiz und Homosexua Geldern 2019, S. 166–184, hier S. 177 f.

21 Der Sonntags-Club als einer der ersten nicht kirchlichen Kreise beteiligte sich offiziell nicht an Gedenkveranstaltungen, weil dieser laut eines IM-Berichts befürchtete, die Teilnahme könnte „von staatlichen Stellen als Eingriff gegen die innere Ordnung ausgelegt werden". IM „Richard", Ber Arbeits- und Freundeskreis homosexueller Bürger, 25.6.1984, Bundesbeauftragter für die Unterl des Staatssicherheitsdienstes der ehemaligen Deutschen Demokratischen Republik (BStU), BV I Abt. XX 124, KD Hohenmölsen, Bl. 25.

22 Matthias Kittlitz/Christa Koslowski, Der 30.6.1984 – ein Tag aus der Geschichte eines Vorur Robert-Havemann-Gesellschaft – Archiv der DDR-Opposition (RHG), Sammlung Christian Pulz, 05, Weitere homosexuelle Arbeitskreise und Gruppen, o. P.

23 Ebenda.

Nationalsozialismus „mit den Homosexuellen in der Bundesrepublik und damit auch mit den Opfern des immer noch bestehenden Paragraphen [175 StGB] verbunden" habe, auch wenn dieser 1969 novelliert und entschärft worden war.[24] In der DDR waren anders als in der Bundesrepublik nicht das Strafrecht, sondern die als Schikanen empfundenen Verbote und Zurechtweisungen die Grundlage, auf der die Organisator*innen des schwul-lesbischen Gedächtnisses eine Kontinuität der Diskriminierung von Homosexuellen seit dem Nationalsozialismus behaupteten. Wie auch im Folgenden noch stärker herausgearbeitet wird, betrachtete die ostdeutsche Schwulen- und Lesbenbewegung den seit 1968 geltenden § 151 StGB-DDR, der in den 1980er Jahren inhaltlich dem reformierten bundesdeutschen § 175 StGB sehr ähnlich war, viel weniger als Überbleibsel nationalsozialistischer Strafbarkeit, als dies im Westen der Fall war.[25] Auch in aktivistischen Kreisen wurde somit die Abschaffung des § 175 StGB in der DDR 1968 durchaus als bewusst vollzogener Bruch mit der Vergangenheit wahrgenommen.

Die Kranzniederlegungen der Arbeitskreise Homosexualität waren nie ausschließlich auf die Geschichtspolitik der DDR und die Mobilisierung der ostdeutschen Schwulen und Lesben bezogen. Sie müssen zugleich als Bemühungen verstanden werden, die Schwulen- und Lesbenbewegung in der DDR grenzübergreifend zu vernetzen und in einem deutsch-deutschen Kontext zu verorten. Gleichwohl gingen damit interne Konflikte einher, die wiederum sowohl das Spannungsfeld des Kalten Krieges widerspiegeln, in dem sich die Aktivist*innen bewegten, als auch ihre Bestrebungen, als eigenständige ostdeutsche Bewegung wahrgenommen zu werden.

Das transnationale Moment der Kranzniederlegungen entstand insbesondere durch die bewusst vollzogene Verknüpfung mit dem in Westeuropa seit Ende der 1970er Jahre begangenen Christopher Street Day (CSD), der an die Stonewall Riots von 1969 erinnert, als Schwule, Lesben und Trans*-Personen sich gegen die Razzia in einer Bar in der New Yorker Christopher Street und gegen Polizeigewalt zur Wehr setzten. In den Programmen der Arbeitskreise tauchen die Gedenkstättenbesuche häufig Ende Juni auf, wenn in Westeuropa und den USA traditionell Umzüge stattfanden, oder sie

---

24 Beljan, Rosa Zeiten?, S. 74.
25 Die DDR strich 1968 die §§ 175 und 175a aus ihrem Strafgesetz und ersetzte sie durch § 151 StGB, der gleichgeschlechtliche sexuelle Handlungen zwischen Erwachsenen über 18 Jahren entkriminalisierte, bei gleichgeschlechtlicher Sexualität zwischen über und unter 18-Jährigen nun aber genauso Frauen bestrafte. Für heterosexuelle Beziehungen galt weiterhin ein Schutzalter von 16 Jahren. Vgl. Christian Schulz/Michael Sartorius, Paragraph 175. (abgewickelt). Homosexualität und Strafrecht im Nachkriegsdeutschland. Rechtsprechung, juristische Diskussionen und Reformen seit 1945, Hamburg 1994, S. 52 f.; Christian Schäfer, „Widernatürliche Unzucht" (§§ 175, 175a, 175b, 182 a. F. StGB). Reformdiskussion und Gesetzgebung seit 1945, Berlin 2006, S. 209. 1969 wurde § 175 StGB in der Bundesrepublik novelliert und ein Schutzalter für mann-männliche Sexualkontakte von 21 Jahren eingeführt. 1973 holte die Bundesrepublik mit dem Vierten Strafrechtsänderungsgesetz die weitergehende Änderung in der DDR nach, denn nun wurde auch im Westen das Schutzalter für gleichgeschlechtliche Kontakte zwischen Männern von 21 auf 18 Jahre herabgesenkt. Vgl. Schäfer, „Widernatürliche Unzucht", S. 325.

wurden sogar explizit als CSD angekündigt.[26] Den CSD mit Kranzniederlegungen in innerung an die NS-Opfer zu begehen, war ein ostdeutsches Spezifikum; und zwar allem deshalb, weil andere Formen, wie etwa Kundgebungen und Demonstration nicht möglich waren.[27] Aber auch weil die nationalsozialistische Verfolgung das ausragende Beispiel für „Antihomosexualität" gewesen sei, so der bekannte D Schwulenaktivist Eduard Stapel (1953–2017) im Interview, waren die Gedenkveran tungen für die ostdeutsche Bewegung ein Mittel, um auf die Situation von Homos ellen in der DDR aufmerksam zu machen und sie als Opfer staatlicher Gewalt gesellschaftlicher Ausgrenzung darzustellen.[28] Ausgehend von einer Grenzen ü schreitenden und Zeiten überdauernden Diskriminierung sowie einem Moment selbstbewussten Aufbruchs, der sich im CSD manifestierte, war das Gedenken der deutschen somit ein Akt der Selbstbehauptung, der zugleich nur im Kontext der I und der deutschen Teilung seine Bedeutung erhielt.

Aufgrund ihrer transnationalen Verflechtung waren die Kranzniederlegun aus Anlass des CSD auch von Konflikten begleitet, die sich letztlich um die Positio rung der Schwulen- und Lesbenbewegung gegenüber dem Staat in der DDR dreh Dieses Ringen um die vor allem strategisch beste Form des Gedenkens lässt sich dem Vorschlag festmachen, die Veranstaltungen am 12. Januar durchzuführen, Tag des Volkskammerbeschlusses über das neue Strafgesetzbuch von 1968, der a die Abschaffung des § 175 StGB in der DDR bewirkte. Laut dem Inoffiziellen Mitar ter „Uwe Gerhard", der der Staatssicherheit über ein zentrales Treffen der Arbeitsk se im Jahr 1985 berichtete, habe der Arbeitskreis Leipzig dafür plädiert, die DDR-St rechtsreform als eine emanzipatorische Errungenschaft und als Zeichen des Bru der DDR mit der nationalsozialistischen Vergangenheit hervorzuheben.[29] Diese Po on behauptete explizit keine Verfolgungskontinuität vom Nationalsozialismus bi die DDR, obwohl es diese mit Beibehaltung des 1935 eingeführten § 175a, der Nötig Abhängigkeitsverhältnisse, Sex mit Jugendlichen unter 21 Jahren sowie Prostitu unter Männern als besonders strafwürdig einstufte, de facto bis 1968 gegeben hat. Leipziger Arbeitskreis stellte die Aktivitäten der Homosexuellenarbeitskreise au dem als genuin ostdeutsche und ausdrücklich nicht als transnationale heraus. We gleich möglicherweise beabsichtigt, genügte dieser Vorschlag jedoch nicht, um sic die offizielle Geschichtspolitik einzuschreiben. Denn den von der DDR propagier und als Selbstbild funktionalisierten Antifaschismus mit dem Kampf für die Rec von Homosexuellen und gegen deren staatliche Unterdrückung zu verschränken, s

---

26 Vgl.: Vorläufiges Programm für das 1. Halbjahr 1984, RHG, Sammlung Christian Pulz, Pul 04, Sch le in der Kirche; Kirchlicher Arbeitskreis Homosexualität Dresden, Programm 1984, BStU, BV Dres AKG PI 217/85, Bl. 12.
27 Interview mit Eduard Stapel, 4.12.2015.
28 Ebenda.
29 Vgl. Abschrift vom Band, Quelle „Uwe Gerhard", Information zum zentralen Treffen kirchli Arbeitskreise „Homosexualität" in Dresden, 3.5.1985, BStU, HA XX/9 1969, Abt. XX, Bl. 36.

bei den staatlichen Behörden vor allem auf Ablehnung. In einer „Gesprächskonzeption" der Staatssicherheit hieß es dazu etwa, dass den Arbeitskreisen unmissverständlich klar gemacht werden müsse, dass der 12. Januar „kein Gedenktag der DDR" sei und auch nicht „im staatlichen Interesse" liege.[30] Nicht nur das Gedenken an die homosexuellen Opfer des NS, sondern auch die öffentliche Würdigung der Abschaffung des § 175 StGB wurden in der DDR der 1980er von der Staatssicherheit somit als Angriff auf Staat und Partei gewertet, was nichts anderes bedeutet als eine fortdauernde Unsichtbarmachung von Schwulen und Lesben, wenngleich in den Medien bereits andere Töne angeschlagen wurden.

Die Arbeitskreise trafen sich dennoch auch am 12. Januar zu Gedenkveranstaltungen, wie beispielsweise 1986 im ehemaligen Konzentrationslager Buchenwald.[31] Dass sich dieser Tag letztlich nicht als festes Datum für das Gedenken etablieren konnte, hatte aber nicht zuvorderst mit der Zurückweisung durch die Staatssicherheit zu tun. Vielmehr entschieden sich die Gedenkenden für die Teilhabe an dem Ende Juni in den USA, der Bundesrepublik und vielen anderen westlichen Ländern gefeierten CSD als einem transnationalen schwul-lesbischen Feiertag, der in ihren Augen bedeutender war als der nur für die DDR relevante 12. Januar. Darüber hinaus kann davon ausgegangen werden, dass die Abschaffung des § 175 StGB zum einen von vielen Teilnehmer*innen an den Kranzniederlegungen nicht als Bruch der DDR mit der Vergangenheit und als Beginn einer emanzipatorischen Entwicklung verstanden wurde und zum anderen ein solcher Gedenktag die Aktualität von Diskriminierung und Ausgrenzung in der DDR-Gesellschaft in den Augen der Organisator*innen nicht deutlich genug hätte transportieren können. Damit überragte der Wille zur Mobilisierung von Schwulen und Lesben die Bemühungen um eine Aufnahme in den offiziellen Erinnerungsdiskurs, was ohnehin aussichtslos erschien. Die Aneignung des CSD durch die Träger*innen und Pfleger*innen eines kulturellen schwul-lesbisches Gedächtnisses im Osten wirkte zudem auf eine grenzübergreifende Gruppenzugehörigkeit hin, zu der auch westdeutsche Aktivist*innen ihren Beitrag leisteten, wenn sie an den Ehrungen in den Nationalen Mahn- und Gedenkstätten teilnahmen.[32]

Die Sicherheitsbehörden der DDR wiesen die Verortung der Arbeitskreise im antifaschistischen Selbstbild der DDR zu jeder Zeit entschieden zurück. Dennoch lässt sich feststellen, dass die Kranzniederlegungen zunehmend geduldet und die Gruppen in den Gedenkstätten Ansprechpartner*innen für ihr historisches Interesse fanden. Im Oktober 1986 führte der stellvertretende Direktor der Nationalen Mahn- und Gedenkstätte Sachsenhausen den Ost-Berliner „Arbeitskreis Schwule in der Kirche" durch das

---

30 Gesprächskonzeption, BStU, HA XX/9 1500 1 von 2, Bl. 583.

31 Vgl. Operativinformation zum Treffen homosexuell veranlagter Personen in der Nationalen Mahn- und Gedenkstätte (NMG) Buchenwald, 13.1.1986, BStU, BV Erfurt BdL S 111, Bl. 29–34.

32 Vgl. Information über eine geplante Maßnahme aus Anlaß des 40. Jahrestages der Befreiung vom Hitlerfaschismus, 6.5.1985, BStU, HA XX/9 1967, HV A, Bl. 134; Information, 10.6.1985, BStU, HA XX/9, Bl. 135.

ehemalige Konzentrationslager und erklärte, dass Homosexuelle im nahegelege
Klinkerwerk besonders schwere Zwangsarbeit hätten leisten müssen und in ein
speziellen Block des Lagers untergebracht gewesen seien.[33] Dem Arbeitskreis wu
es außerdem gestattet, Kränze niederzulegen, auf deren Schleifen die Inschrift „In
rendem Gedenken der homosexuellen Opfer des Faschismus" zu lesen war.[34] Da
wurde ihrem Gedenken eine gewisse Berechtigung zugesprochen, und es zeigte s
dass die Gedenkstätten selbst durchaus Kenntnisse besaßen und möglicherweise se
Forschungen betrieben zu der Gruppe derjenigen, die als Homosexuelle von den
tionalsozialisten zu Lagerhaft verurteilt worden waren.

Fazit

Alle Anstrengungen für ein Gedenken an die homosexuellen Opfer und die Er
schung ihrer Geschichte gingen sowohl im Osten als auch im Westen zunächst
den Schwulen- und Lesbenbewegungen aus.[35] Dies war auch in der DDR der 198
Jahre – genauso wie in der Bundesrepublik – Teil eines aktivistischen Diskurses,
die Mobilisierung der Bewegung und die Durchsetzung insbesondere gegenwartsb
gener schwulen- und lesbenpolitischer Interessen zum Ziel hatte. In der DDR entst
eine spezifische Gedenkpraxis, die sich einerseits westlicher Impulse und Erkennt
se über die Verfolgung von Homosexuellen bediente, andererseits aber auch vers
te, sich in die antifaschistischen Traditionen der DDR einzuschreiben. Die Schwu
und Lesbengruppen mussten dabei eine Gratwanderung gehen zwischen der Post
rung einer Verfolgungskontinuität vom Nationalsozialismus bis in die Gegenwart
der Anerkennung des von der DDR propagierten Bruchs mit der Vergangenheit. Da
stellten sie die Geschichtspolitik der DDR immer in Frage und wirkten mit an ein
grenzübergreifenden deutsch-deutschen homosexuellen Gedächtnis.

---

33 Vgl. ebenda.
34 Schwule in der Kirche, Info-Brief Mai-Juli 1987, BStU, BVfS Berlin AIM 4763/91 Bd. II/3, Bl. 214
35 Vgl. Andreas Pretzel, Wiedergutmachung unter Vorbehalt und mit neuer Perspektive. Was ho
sexuellen NS-Opfern verweigert wurde und was wir noch tun können, in: Andreas Pretzel/Volker V
(Hrsg.), Ohnmacht und Aufbegehren. Homosexuelle Männer in der frühen Bundesrepublik, Haml
2011, S. 91–113, hier S. 95–106.

Teil II: **Nachkriegszeit und frühe Bundesrepublik/DDR**

Andrea Rottmann

Berlin 1945–48: Hilde Radusch kommt dem Sozialismus in die Que(e)re

Oder: Nachdenken über die Geschichte lesbisch-queerer Frauen in Deutschland in der Mitte des 20. Jahrhunderts

> „Ja, solange man mit den Kommunisten mitarbeitet, ja, und ihnen hilft bei der Arbeit undsoweiter [sic!], ist alles wunderschön. Aber als ich damals ausgetreten bin, da hat man mir gesagt, nun ja, also, wir würden dich ja auch wieder aufnehmen, wenn du uns versprichst, dass du deine Freundin laufen lässt. Hab mit der Faust auf den Tisch gehauen, hab gesagt [sic!], meine Freundin geht euch gar nichts an, hab mein Parteibuch selbst eingereicht."[1]

Dieser kurze Ausschnitt aus einem Oral History Interview katapultiert uns mitten in das Berlin der unmittelbaren Nachkriegszeit. Zu uns spricht Hilde Radusch, Kommunistin, Journalistin, Schriftstellerin, deren lesbischer Aktivismus im Alter und deren Rolle als Zeitzeugin ihr zu bescheidener Bekanntheit innerhalb der schwul-lesbischen Geschichte in Deutschland verholfen haben.[2] Sie schildert hier die Umstände ihres Austritts aus der Kommunistischen Partei Deutschlands (KPD) im Januar 1946, nachdem sie fünfundzwanzig Jahre lang aktives Mitglied gewesen war, während der Zeit der Weimarer Republik und des Nationalsozialismus. In diesem kurzen Ausschnitt

---

1 Hilde Radusch, Oral-History-Interview mit Annemarie Tröger. 1979, Frauenforschungs-, Bildungs- und Informationszentrum (FFBIZ), Audiodatei, bearbeitet von Christian Fink, Transkription der Autorin.

2 Siehe z. B. Claudia Schoppmann, Zeit der Maskierung: Lebensgeschichten lesbischer Frauen im „Dritten Reich", Berlin 1993, S. 32–41; Pieke Biermann/Petra Haffter, Muss es denn gleich beides sein? BRD 1986 (TV-Dokumentation); Ilona Scheidle, Der Nachlass Hilde Radusch (1903–1994), in: Grünes Gedächtnis 2013 (2014), S. 56–59. Zuletzt hat Sina Speit zu Annemarie Trögers Oral-History-Projekt mit Hilde Radusch geforscht: Sina Speit, Die westdeutsche Frauenbewegung im intergenerationellen Gespräch. Der Nachlass von Hilde Radusch (1903–1994), in: Zeitschrift für Geschichtswissenschaft 69 (2021), H. 2, S. 151–162.

Notiz: Dieser Beitrag ist ein Ergebnis verschiedener Arbeitspapiere und Vorträge. Die Autorin dankt den Teilnehmer_innen des „Doing Queer Studies Now"-Workshops an der University of Michigan, des Seminars „Making Democratic Subjectivities II" bei der Konferenz der German Studies Association, dem Publikum des Science Slam im Berliner Sonntagsclub (alle im Herbst 2016), den Leser_innen des Berliner Colloquiums für die Geschichte der Sexualität im Januar 2017 und den Zuhörer_innen der Tagung in Tutzing im Juni 2017 für Fragen, Kommentare und Denkanstöße. Besonderer Dank an Jan-Henrik Friedrichs, Martin Lücke und Helmut Puff für Kommentare zum Vortrags- und Publikationstext, an Michael Mayer und Michael Schwartz für die Möglichkeit der Veröffentlichung, an das Team des Frauenforschungs-, Bildungs- und Informationszentrums (FFBIZ) für Unterstützung bei der Arbeit mit Raduschs Nachlass und an Thomas Raithel und Angelika Reizle für die Redaktion.

klingt an, dass ihr Austritt mit ihrer Beziehung zu einer Frau zu tun hatte: Die Pa
verlangte, dass sie sich von ihrer Freundin trenne.

In diesem Beitrag möchte ich anhand des Falls von Hilde Radusch über die
schichte von Frauen nachdenken, die wegen ihrer gleichgeschlechtlichen Beziehur
und/oder ihrer Verkörperung von Geschlecht nicht der geschlechtlichen und/oder
xuellen Norm entsprachen. Für sie nutze ich den Begriff „lesbisch-queere Frauen",
auf die Historizität und das Unbändige vermeintlich eindeutiger Geschlechts- und
xualitätskategorien verweist. Dabei geht es mir auch darum zu markieren, dass d
Frauen nicht notwendigerweise aufgrund ihrer Beziehungen zu anderen Frauen
dem Rahmen fielen, sondern zum Teil wegen ihrer auffälligen Verkörperungen
Geschlecht, die normativen Vorstellungen von Weiblichkeit und Männlichkeit en
genstanden. „Queer" wird heute in den englischsprachigen und zum Teil auch in
deutschsprachigen Geisteswissenschaften verwendet, um Praktiken, Identitäten
Lebenswelten zu beschreiben, die die geschlechtliche und/oder sexuelle Norm e
Gesellschaft brechen, ihr entgegenstehen, que(e)r zu ihr verlaufen. Dieser Ausdr
stellt zwar für Deutschland in der Mitte des zwanzigsten Jahrhunderts einen Anac
nismus dar.[3] Aber auch „lesbisch" ist für diesen Zeitraum nur bedingt ein Quel
begriff. Der Historiker Jens Dobler hat skizziert, dass vielmehr seit Ende des 19. J
hunderts und bis in die 1970er Jahre „schwul" als Eigenbezeichnung sowie
kriminalistischer und sexualwissenschaftlicher Literatur vor allem für gleich
schlechtlich liebende Frauen verwendet wurde.[4]

Von Hilde Radusch selbst liegen erst aus den 1970er Jahren Selbstbezeichnun
vor, mit denen sie ihre sexuelle Attraktion zu Frauen beschreibt.[5] Laurie Marho
hat argumentiert, dass in der Zeit des Nationalsozialismus die Kategorie „lesbian"
Frauen, die Affären mit anderen Frauen hatten, für sich wenig aussagekräftig ist. N
mehr war ein nicht-normativer Ausdruck von Geschlecht bestimmend dafür,
gleichgeschlechtlich liebende Frauen Aufsehen erregten und damit dem Risiko
Verfolgung durch die Gestapo ausgesetzt waren.[6] Der Ausdruck „lesbisch-queere F

---

3 Zum Begriff „queer" und zu den „Queer Studies" siehe z. B. Andreas Kraß, Queer Studies –
Einführung, in: Andreas Kraß (Hrsg.), Queer Denken. Queer Studies, Frankfurt a. M. 2003, S. 7–28
wie Laura Doans Diskussion der Queer Studies und schwul-lesbischer „Ahnengeschichte". Lau
Doan, Disturbing Practices. History, Sexuality, and Women's Experience of Modern War, Chicago/
don 2013, S. 1–93.
4 Jens Dobler, Schwule Lesben, in: Andreas Pretzel/Volker Weiß (Hrsg.), Rosa Radikale. Die Schwu
bewegung der 1970er Jahre, Hamburg 2012, S. 113–123.
5 In einem unveröffentlichten Manuskript aus der Mitte der 1970er Jahre verwendet sie den Be
„Lesbierin" und in einem Brief an Annemarie Tröger, die über Jahre ein Oral-History-Projekt mi
durchführte, erinnert sie, das Wort „lesbisch" zum ersten Mal „nach 1945" im Kontext ihres Bruchs
der KPD gehört zu haben. Vgl. Hilde Radusch, Unveröffentlichte Notiz. Frauenforschungs-, Bildu
und Informationszentrum (FFBIZ), Rep. 500, Acc. 300, Kiste 2, sowie Hilde Radusch, Brief an Annem
Tröger, 7.1.1979, FFBIZ Rep. 500, Acc. 300, Kiste 3.
6 Laurie Marhoefer, Lesbianism, Transvestism, and the Nazi State. A Microhistory of a Gestapo Ir
tigation, 1939–1943, in: American Historical Review 121 (2016), H. 4, S. 1167–1195, hier S. 1172.

en" erscheint mir daher gut geeignet, um die Situation von Hilde Radusch zu untersuchen, die seit den 1920er Jahren Beziehungen zu Frauen hatte und deren geschlechtlich nichtkonformes Auftreten zu ihrer Auffälligkeit beitrug. Zunächst werde ich ihre Situation in der KPD und dem Komitee Opfer des Faschismus (OdF) in den Jahren 1945–1948 rekonstruieren, dann der Frage nachgehen, wie sie als lesbisch-queere Frau in den Akten aufscheint. Meine These ist, dass die komplexen Prozesse von Diskriminierung, Verfolgung und Selbstbehauptung lesbisch-queerer Frauen nur dann erfasst werden können, wenn gleichgeschlechtliche Beziehungen *und* verkörpertes Geschlecht in Augenschein genommen werden. Wie ich zeigen werde, stellen schriftlich festgehaltene Eigen- und Fremdwahrnehmungen sowie Fotografien dafür höchst aufschlussreiche Quellen dar. Die Erörterung muss dabei aufgrund der Kürze des Beitrags skizzenhaft bleiben.

Hilde Radusch in der KPD, 1921–1946

Hilde Radusch, Jahrgang 1903, lebte seit 1921 bis zu ihrem Tod 1994 in Berlin.[7] Im Alter von 18 Jahren trat sie der Kommunistischen Jugend bei. Nach einer Ausbildung als Kinderhortnerin arbeitete sie ab 1925 als Telefonistin bei der Post, wo sie ihre erste Freundin kennenlernte.[8] Sie war Betriebsrätin, engagierte sich beim Roten Frauen- und Mädchenbund, hielt Vorträge und schrieb Artikel für verschiedene kommunistische Zeitungen. Von 1929 bis 1932 war sie Abgeordnete für die KPD in der Berliner Stadtverordnetenversammlung. Im April 1933 wurde sie wegen ihrer politischen Tätigkeit festgenommen und saß knapp sechs Monate im Frauengefängnis Barnimstraße. Nach ihrer Entlassung arbeitete sie noch kurzzeitig im Untergrund für die KPD, zog sich dann aber aus der politischen Arbeit zurück. Ab 1939 lebte sie in einer Beziehung mit der Arbeiterin Else „Eddy" Klopsch. Im August 1944 floh Radusch vor einer drohenden Verhaftung in ihre Gartenlaube in Prieros, einem kleinen Ort südöstlich von Berlin. Gemeinsam mit ihrer Freundin, die sich ihr anschloss, erlebte sie dort die letzten Kriegsmonate und schließlich die Ankunft der Roten Armee.

Am Tag der deutschen Kapitulation kehrten sie nach Berlin zurück. Als langjährige Kommunistin fand Radusch innerhalb weniger Wochen Arbeit als Abteilungsleiterin des Komitees Opfer des Faschismus (Komitee OdF) im Bezirk Schöneberg. Das Komitee wurde im Mai 1945 von KZ-Überlebenden gegründet. Es hatte vor allem zwei Aufgaben, eine soziale und eine politische. Einerseits stattete es die aus den Konzen-

---

7 Die biografische Skizze folgt weitgehend Claudia Schoppmann sowie Raduschs eigener Lebenserzählung im Dokumentarfilm „Muss es denn gleich beides sein?". Schoppmann, Zeit; Biermann/Haffter, „Muss es denn gleich beides sein?". Die Autorin hat Datierungen anhand von Dokumenten in Raduschs Nachlass im FFBIZ und in ihrer OdF-Akte im Landesarchiv Berlin gegengeprüft (FFBIZ Rep. 500, Acc. 300, LAB C Rep. 118-01 Nr. 6693).
8 Schoppmann, Zeit, S. 35.

trationslagern, Gefängnissen, Exil und Untergrund zurückkehrenden Verfolgten
Naziregimes mit den zum Überleben notwendigen Ressourcen aus, was in den an
Bezirksämter angegliederten Bezirksgruppen der Organisation geschah.[9] Als Al
lungsleiterin der Bezirksstelle Schöneberg war Radusch dafür verantwortlich, NS-
folgte mit Lebensmitteln, Kleidung, Wohnraum und Arbeit zu versorgen. Anderers
traf der Hauptausschuss Opfer des Faschismus (HA OdF) die Entscheidung darü
wer sich überhaupt Opfer des Faschismus (OdF) nennen konnte, und in welche K
gorie die Verfolgten einzuordnen seien. Diese Einstufung war mit unterschiedlic
Entschädigungen und Privilegien verknüpft, unter anderem bei der Stellenvergab
der Verwaltung.[10] War der HA zunächst mit Mitgliedern von KPD, SPD und der bür
lichen Parteien besetzt, so wurde die KPD innerhalb eines Jahres dominiere
Kraft.[11] Hilde Radusch war ab Oktober 1945 selbst als OdF anerkannt.[12] Bereits im
vember wurde sie jedoch zur „Rücksprache" vor eine Kontrollkommission der
geladen, es folgte die Bildung einer Untersuchungskommission, vor der Radusch a
Januar 1946 erscheinen musste.[13] Am Tag darauf trat sie aus der KPD aus, eine kna
Woche später kündigte sie ihre Stelle beim Bezirksamt Schöneberg.[14]

Geschlecht und Sexualität in den Quellen

Anhand von drei Quellen aus dem OdF-Kontext soll im Folgenden herausgearbe
werden, welche Rolle Raduschs Geschlecht und Sexualität in der Kette von Ereignis
spielten, die zu ihrem Bruch mit der KPD und zur späteren Aberkennung ihres Sta
als OdF führten. Bei dem ersten Quellenfund handelt es sich um zwei handschriftli
Briefe in Raduschs OdF-Akte. Sie bieten eine Perspektive darauf, warum sie mit
KPD in Konflikt kam und welcher Methoden sich ihre Parteigenossen bedienten,
sie loszuwerden. So schreibt ein Heinz S. in einem Brief an den Genossen S.: „Die F
Radusch musste ja auch deshalb gehen weil sie alle 4 Parteien gleich behandelt
und die Anordnung von Jure auf K.P.D. Ausweis alles zu geben zurückgewie
hat."[15] Heinz S. begründet Raduschs Stellenverlust als Bezirksleiterin OdF also da
dass sie sich weigerte, KPD-Mitglieder bei der Vergabe von Ressourcen zu bevorzug

---

9 Susanne zur Nieden, Unwürdige Opfer. Die Aberkennung von NS-Verfolgten in Berlin 1945 bis
Berlin 2003, S. 35–60.
10 Ebenda, S. 37.
11 Ebenda, S. 61–69.
12 Schreiben des HA OdF an Radusch, 29.9.1945, LAB C Rep. 118-01 Nr. 6693.
13 Schreiben der KPD an Radusch, 27.11.1945 und 1.1.1946, FFBIZ Rep. 500, Acc. 300, Kiste 39.
14 Kalendereinträge Radusch, FFBIZ Rep. 500, Acc. 300, Kiste 5.
15 Brief von Heinz S. an Genosse S., nicht datiert, LAB C Rep. 118-01 Nr. 6693. Fehlerhafte Orthog
und Grammatik wurden beibehalten.

und sich auch „Jure", dem KPD-Bezirksleiter Gerhard Jurr, widersetzte.[16] In einem zweiten Brief an einen anderen Genossen verrät Heinz S. noch mehr:

> „Genosse. Ich halte es nicht mehr länger aus in euren Augen als Lump da zu stehn ich mach deshalb dir ein Geständnis. [...] Vor Weihnachten sprach Jure, Binz, Krüger, Steinfort. wie kriegen wir die Radosch raus die ist uns als Weib zu klug und gefährlich ich gebe 100 Zigarren und 5 Jacken wenn uns einer hilft. Ich war gerade dabei und fragte was man da tun mus. Darauf wurde mir gesagt aus Zimmer I. ein paar Rechnungen und ein Päckchen aus den Schreibtisch gleich vor der Tür rechts raus holen. Sie sagten mir nach Weihnachten wird alles wieder reingelegt. Ich habe aber indessen festgestellt das es nicht gemacht wurde sondern sie und Fr. Radosch aus dem Amt flogen."[17]

Im zweiten Brief schreibt Heinz S., Radusch sei seinen Genossen „als Weib zu klug und gefährlich" geworden. Die Formulierung lässt keinen Zweifel daran, dass Raduschs Geschlecht als Gefahr wahrgenommen wurde: Sie bedrohte ganz konkret männliche Macht. Der von Heinz S. geschilderte Diebstahl aus dem Schreibtisch, der offensichtlich in Raduschs Büro stand, führte zu ihrer Entlassung. Dies hatte auch langfristige Folgen, denn Radusch fand nie mehr eine reguläre Beschäftigung.

Zwei Jahre später, im März 1948, verlor Radusch außerdem ihren Status als Opfer des Faschismus. Diese Aberkennung geschah im Rahmen einer breit angelegten Säuberung, in deren Lauf 700 bereits als OdF anerkannte Menschen ihren OdF-Ausweis wieder abgeben mussten. Das Komitee entzog ihn denjenigen NS-Verfolgten, die es der Unterstützung nicht mehr für würdig befand, entweder weil ihre Verfolgung nicht spezifisch politisch, religiös oder rassisch motiviert sei, oder weil sie sich während der Inhaftierung oder in der Nachkriegszeit „unwürdig" verhalten hätten, was u. a. an einer strafrechtlichen Verurteilung in der Nachkriegszeit festgemacht wurde.[18] Radusch hatte den Status wegen ihrer Inhaftierung von April bis September 1933, ihrer kurzzeitigen Untergrund-Arbeit für die KPD in den 1930er Jahren und ihres erzwungenen Abtauchens ab August 1944 und einer daraus resultierenden Nierenkrankheit beantragt.[19] Das Komitee befand nun nach der Überprüfung, der Grund der Verhaftung sei aus den Akten nicht ersichtlich, und sie habe nicht den Nachweis erbracht, dass sie aus politischen Gründen verhaftet worden sei. Eine Verurteilung oder ein Prozess hätten nicht stattgefunden.[20] Auch für Raduschs Abtauchen 1944 konnte das Komitee kei-

---

16 Jurr und Radusch hatten 1935 gemeinsam für die KPD in Moabit Untergrundarbeit geleistet. Jurr verbrachte neun Jahre in Zuchthaus- und KZ-Haft und baute dann bei Kriegsende die Schöneberger KPD wieder auf. 1946 wurde er im ersten politischen Prozess der Nachkriegszeit wegen „kommunistischer Verschwörung" angeklagt und zu einer hohen Gefängnisstrafe verurteilt, jedoch nach öffentlicher Kritik bald entlassen. Lebenslauf Hilde Radusch, 16.6.1945, LAB C Rep. 118-01 Nr. 6693; Karl Jürgen Krenn, Krenn's Berlin-Chronik, 1945–1950, Berlin 2009, S. 118 und 125.
17 Brief von Heinz S. an Genossen, nicht datiert, LAB C Rep. 118-01 Nr. 6693.
18 zur Nieden, Unwürdige Opfer, S. 115 f.
19 OdF-Antrag Radusch, 8.9.1945, LAB C Rep. 118-01 Nr. 6693.
20 Protokoll des Prüfungsausschusses Schöneberg, 17.2.1948, LAB C Rep. 118-01 Nr. 6693.

ne politischen Gründe sehen. Man vermutete stattdessen, „dass sie sich aufgrund immer stärker werdenden Luftangriffe dorthin in Sicherheit brachte".[21] Somit wu ihr der Verfolgtenstatus wieder entzogen.[22]

In den Akten scheint es also auf den ersten Blick so, als habe Hilde Raduschs xualität weder bei ihrem Parteiaustritt bzw. -ausschluss noch bei ihrer Kündigung OdF-Bezirksleiterin noch bei der Aberkennung ihres Opferstatus eine Rolle gesp Ihre lesbische Lebensweise wird aber durchaus auch thematisiert. So heißt es in e Aktennotiz zu ihrer Aberkennung, dass die Angaben ihrer Freundin Else Klopsch n glaubwürdig seien, weil diese „in einem sehr engen Freundschaftsverhältnis" mit h dusch lebe und die beiden eine Wohnung teilten.[23] In einem anderen Schreiben h es noch deutlicher: „Der Aussage der Bürgin Klopsch können wir wenig Wert beir sen, da uns bekannt ist, dass beide Frauen in einem engen Liebesverhältnis (lespis [!] Liebe) leben."[24] Dass lesbische Beziehungen vom Hauptausschuss Opfer des schismus als „unwürdiges" Verhalten angesehen wurden und zur Aberkennung ren konnten, hat die Historikerin Susanne zur Nieden gezeigt.[25] Auch wenn Radu Beziehung mit Klopsch nicht als Grund für ihre Aberkennung genannt wird, ist es her wahrscheinlich, dass das Wissen um ihre Sexualität den Entscheidungsprozess gativ beeinflusst hat.

Bei der zweiten Quelle handelt es sich um eine Selbstbeschreibung von Radu In ihrem Antrag auf Anerkennung als OdF erklärt sie, warum sie nach der nationa zialistischen Machtübernahme nur noch kurzzeitig für die KPD aktiv war.

> „Illegale Arbeit versuchte ich 2 mal. [Einmal 1934, einmal 1935, die Gruppe flog auf.] Da ich auffälliger Mensch bin, und für konspirative Arbeit ungeeignet, ferner dauernd beobachtet de, liess ich diese Arbeit im Intresse [sic!] der Anderen sein. Meine berufliche Arbeit war d meinen Gesundheitszustand (Kreislaufschwäche) sehr behindert. Auch konnte ich nirgends Mund halten, sodass ich dauernd wechseln musste."[26]

Radusch führt hier nicht aus, worin ihre Auffälligkeit bestand. Dass sie „nirgends Mund halten" konnte, also auch in der Diktatur ihre Meinung äußerte, trug sic dazu bei. Fotos aus den 1930er und 40er Jahren legen darüber hinaus nahe, dass duschs „Auffälligkeit" zumindest zum Teil ihrer maskulinen Selbstpräsentation schuldet war. Die Bilder zeigen sie mit kurzem, gescheitelten Haar, zum Teil str nach hinten gekämmt, dazu trug sie oft einen Anzug und Hut, manchmal auch e Krawatte oder Fliege. Waren Kurzhaarschnitt und androgynes Aussehen bei Fra

---

21 Aktennotiz HA OdF, 24.5.1948, LAB C Rep. 118-01 Nr. 6693.
22 Schreiben des HA OdF an Radusch, 12.3.1948, LAB C Rep. 118-01 Nr. 6693.
23 Aktennotiz HA OdF, 24.7.1948, LAB C Rep. 118-01 Nr. 6693.
24 Protokoll des Prüfungsausschusses Schöneberg, 17.2.1948, LAB C Rep. 118-01 Nr. 6693. Hier ta „lesbisch" also durchaus als Quellenbegriff auf. Die fehlerhafte Schreibweise in dem orthogra sonst einwandfreien Schreiben mag jedoch auf die damalige Seltenheit des Begriffs hindeuten.
25 zur Nieden, Susanne, Unwürdige Opfer, S. 126–130.
26 Lebenslauf Radusch zum ersten Antrag OdF, Juni 1945, LAB C Rep. 118-01 Nr. 6693.

in den 1920er Jahren in erster Linie Ausdruck von Modebewusstsein, so trifft das für die 1930er Jahre nicht mehr in gleichem Maße zu.[27] Auch wenn wir nicht wissen, ob ihr maskulines Äußeres in dieser Zeit als Zeichen von sexueller Devianz gelesen wurde, der geschlechtlichen Norm entsprach es definitiv nicht.[28]

Abb. 1: Hilde Radusch 1946 (Nachlass Hilde Radusch, Feministisches Archiv FFBIZ, Berlin, Signatur B Rep. 500 Acc. 300, 45–42)

Das dritte Quellenbeispiel führt zurück zu Raduschs Genossen Heinz S., dessen Diebstahl sie ihre Stelle bei der OdF gekostet hatte. Sein schlechtes Gewissen und seine Angst vor einer Verhaftung wogen so schwer, dass er auch Radusch selbst ein Geständnis schrieb, das in ihrem Nachlass erhalten ist. Wie in den anderen beiden zitierten Briefen schildert er die Unterschlagungen von SPD- und KPD-Leuten, Raduschs Weigerung, dabei mitzumachen, den Diebstahl aus ihrem Büro im Bezirksamt und seine Rolle dabei. Darüber hinaus führt er aus:

> „Man wollte sie ja längst umbringen aber ihre Freundin wich ja nicht von ihrer Seite und als sie mal jemand raus warf bemerkten sie an ihr ungeahnte Kräfte die Frau muss irgendeine Ausbildung haben denn ein schwerer Mann wie Papier in die Luft werfen könnte sie sonst nicht seitdem fürchtete man sich wenn sie dabei war"[29]

---

27 Siehe dazu z. B. Marhoefer, Lesbianism, in: American Historical Review 121 (2016), H. 4, S. 1174–1176.

28 Eine handschriftliche Widmung auf der Rückseite eines Fotos von Radusch im Wald, in der sie sich als „Kerlchen" und Klopsch als „Lieb" bezeichnet, gibt darüber hinaus einen Hinweis auf die geschlechtlich differenzierte Beziehungsdynamik der beiden. In diesem Beitrag kann nicht auf die Bedeutung solcher Beziehungsdynamiken eingegangen werden, die in der US-amerikanischen Forschung als „butch" und „fem" bezeichnet und theoretisiert wurden. Siehe z. B. Elizabeth Lapovsky Kennedy/Madeline D. Davis, Boots of Leather, Slippers of Gold. The History of a Lesbian Community, New York/London 1993.

29 Brief an Radusch, nicht datiert, FFBIZ Rep. 500, Acc. 300, 4, 400, 8–12.

Abb. 2: Hilde Radusch und Else „Eddy" Klopsch i Berliner Tiergarten 1939 (Feministisches Archiv F BIZ, Berlin, Nachlass Hilde Radusch, Signatur B N 500 Acc. 300, 42-4)

In diesem dritten Beispiel erscheint Raduschs Beziehung zu einer Frau nicht als N blem. Im Gegenteil, ihr Zusammen-Sein mit Eddy Klopsch beschützt sie, und deren gewöhnliche Körperlichkeit, deren unvermutete Stärke, flößt selbst schweren M nern Furcht ein, so heißt es. Die von Heinz S. beschriebene, fantastisch anmute Kraft von Eddy Klopsch überrascht insofern, als sie von kleiner Statur war. Auf eir Foto von 1939 erscheint sie einen ganzen Kopf kleiner als ihre selbst nur 1,62 m gr Freundin (Abb. 2).[30] Außerdem war sie Zeit ihres Lebens herzkrank und seit ih Zwanzigern schwer behindert.[31] Laut Radusch, die die einzige überlieferte Quelle Klopsch ist, hatte diese aber ihren Körper bereits 1939 gegen einen sie bedrohen SS-Mann eingesetzt, indem sie mit großer Wucht einen Telefonhörer an seine Sch schleuderte.[32] Auch wenn der Wahrheitsgehalt dieser Episode nicht mehr überprüf ist, handelte es sich bei Klopsch offensichtlich um eine furchtlose Frau, die nicht gerte, körperliche Gewalt gegen sie bedrohende, vermeintlich stärkere Männer eir setzen. Kein Wunder, dass die KPD Schöneberg die Trennung der beiden Frauen v langte. Radusch war der Selbstbereicherung der sozialistischen Männerclique in

---

30 In Raduschs Pass von 1986 wird ihre Größe als 1,62 m angegeben. FFBIZ Rep. 500, Acc. 300, Kis
31 Traueransprache für Else Klopsch von Hilde Radusch, 1960; Ausweis für Schwerbeschädigte Klopsch, 23.3.1948; beides in: FFBIZ Rep. 500, Acc. 300, Kiste 4. Ärztliche Bescheinigung für Else Klop 25.10.1946, OdF-Akte Else Klopsch, LAB C Rep. 118-01 Nr. 17964.
32 Zeugenaussage von Hilde Radusch für Else Klopsch an Eides statt, 23.10.1945, OdF-Akte Klopsch, LAB C Rep. 118-01 Nr. 17964.

Quere gekommen. Ihre offen gelebte Beziehung mit Eddy Klopsch verhinderte möglicherweise, dass man sie einfach aus dem Weg räumte.

Fazit

In diesem Beitrag habe ich anhand des Falls von Hilde Radusch erörtert, welche Rolle gleichgeschlechtliche Beziehungen zwischen Frauen und nicht-normativ verkörpertes Geschlecht im Berlin der unmittelbaren Nachkriegszeit spielten. Trotz der Kürze der Darstellung und eingeschränkter Quellenbasis lassen sich aus der Diskussion einige Schlussfolgerungen für die Erforschung der Geschichte lesbisch-queerer Frauen in Deutschland in der Mitte des 20. Jahrhunderts ziehen.

Erstens: Es ist sinnvoll, die Kategorien Sexualität *und* Geschlecht gemeinsam ins Auge zu fassen. Raduschs Schöneberger Genossen ist sie explizit „als Weib zu klug und gefährlich", die Parteikommission beanstandet ihre Beziehung mit einer Frau. In ihrem Fall verschränken sich merklich die Diskriminierungen aufgrund von Geschlecht und Begehren. Um Ausschlussmechanismen gegen lesbisch-queere Frauen zu verstehen, müssen wir untersuchen, wie unterschiedliche Zuschreibungen ineinanderwirken. Gerade anhand der Figur Eddy Klopsch deutet sich darüber hinaus an, dass Klassenzugehörigkeit und Behinderung weitere Faktoren sind, die die Handlungsmöglichkeiten lesbisch-queerer Frauen beeinflusst haben.

Zweitens: Es ist produktiv, die Quellen que(e)r zu lesen. Die Mechanismen von Diskriminierung springen selten gleich ins Auge. Ich plädiere dafür, Akten genau zu lesen, Irritationen zu folgen und Mehrdeutigkeiten auszuhalten. Wenn sich ein Mensch als „auffällig" bezeichnet, sollte das aufhorchen lassen, denn es ist ein Hinweis, dass sich diese Person als von der Norm abweichend wahrnimmt. Dahinter muss sich keine geschlechtliche oder sexuelle Devianz verbergen. Es lohnt sich aber, dieser Möglichkeit nachzugehen. Im Fall von Radusch kann der von ihr erinnerte Parteiausschluss aufgrund ihrer Beziehung zu Klopsch zwar in den Quellen nicht direkt nachgewiesen werden. Ihre lesbische Lebensweise hat sich aber vielfältig in den Akten niedergeschlagen.

Und drittens: Es empfiehlt sich, der Verkörperung von Geschlecht Aufmerksamkeit zu schenken. Die Körper von Radusch und Klopsch spielen in dieser Geschichte eine zentrale Rolle: Erstere ist „auffällig", und ob nun durch ihren Stil, ihren Körperbau, ihre Stimme, ihre Gestik – das Exponiertsein muss mit ihrem Körper zu tun haben. Klopschs starker Körper schützt Radusch, durch die Präsenz ihrer beiden Körper im öffentlichen Raum bleibt sie unversehrt. Die Aufmerksamkeit für die Verkörperung von Geschlecht und Sexualität macht also aus diesem Fall eine Geschichte, die nicht nur von Diskriminierung, sondern auch von Selbstbehauptung erzählt.

Werner Renz

Wider die Kriminalisierung von Sexualität

Fritz Bauers Kritik des repressiven Sexualstrafrechts

Fritz Bauer (1903–1968), Justizjurist, Sozialdemokrat und Deutscher jüdischer Herkunft und als solcher NS-Verfolgter und Exilant[1], hielt während seines Wirkens als Generalstaatsanwalt in der frühen Bundesrepublik nicht wenige Strafbestimmungen des damals geltenden Rechts für unangemessen. Die Strafgewalt des Staates wollte er beschränkt und nicht erweitert sehen. In dem vorliegenden Beitrag stelle ich Bauers Kritik am überkommenen Sexualstrafrecht dar und hebe seine Reformvorschläge hervor. Bauer war unter den bundesdeutschen Justizjuristen fraglos einer der progressivsten Streiter für ein liberales Strafrecht. Nicht wenige Anzeichen legen den Schluss nahe, dass Bauer auch pro domo für eine grundlegende Liberalisierung focht.

Die 1950er und 1960er Jahre waren noch stark durch eine nationalstaatlich beschränkte Sicht auf die Rechtsentwicklung bestimmt. Kriminalität war vorrangig ein innerstaatliches Problem, für den Strafrechtskritiker Bauer vor allem ein Problem menschenfreundlicher, humaner Sozialpolitik. Doch bereits 1962 meinte er, dass „die Schaffung eines europäischen Strafrechts [...] auf der Tagesordnung"[2] stehe. Rechtsvergleichend hielt Bauer das bundesdeutsche Strafrecht für weit konservativer und repressiver als das der Nachbarn West- und Südeuropas. Er meinte, insbesondere bei „der Behandlung" des Sexualstrafrechts, mithin bei dessen Reform, sei „das Auslandsrecht zu beachten".[3]

„In einem Zeitalter", so Bauer, „in dem Touristik, Handel und Wandel, Gastarbeit und europäische, ja globale Welteinigung zur Tagesordnung gehören, kann an der von der deutschen Regelung abweichenden Beurteilung durch die allermeisten Staaten nicht vorübergegangen werden. Deutschland ist keine moralische Provinz."[4]

Wenn Fritz Bauer für die Abschaffung des Vergeltungs- und Schuldstrafrechts eintrat und stattdessen ein auf den Erkenntnissen der Erfahrungswissenschaften basierendes, auf Besserung und Resozialisierung abzielendes Behandlungs- und Maßnahmenrecht forderte, wenn er den Ruf nach Leerung der Gefängnisse guthieß und als

---

1 Siehe zur Entwicklung des Sexualstrafrechts Friedrich-Christian Schroeder, Die Revolution des Sexualstrafrechts 1992–1998, in: Juristenzeitung 54 (1999), H. 17, S. 827–833, und ders., Reform des Sexualstrafrechts, in: Juristenzeitung 73 (2018), H. 7, S. 345–347.
2 Fritz Bauer, Die Bedeutung der Strafrechtsreform für die akademischen Heilberufe, in: Gesundheitspolitik. Unabhängige Zeitschrift für das gesamte Gesundheitswesen 4 (1962), H. 5, S. 294.
3 Fritz Bauer, Sexualität, Sitte und ein neues Recht. Reform ist keine Aufgabe für Juristen allein. Es wird zu viel kriminalisiert, in: Die Zeit vom 11.2.1966, S. 44.
4 Ebenda.

Vertreter der Bewegung der Sozialen Verteidigung[5] die Strafe als Rechtsfolge verw
dann sind wir heute geneigt, ihn einen wissenschaftsgläubigen Sozialromantike⟩
nennen.

War Fritz Bauer, der in seinem Denken einen Hang zum Dualismus hatte, ein ɛ
metaphysischer Idealist, ein utopischer Realist, ein dogmatischer Pluralist? Wer oḃ
dieser widersprüchlichen Bezeichnungen sich kein rechtes Bild von dem Juristen
machen vermag, ist auf dem geraden Weg, sich ihm anzunähern. Denn Bauer war,
Michael Stolleis zu zitieren, ein Mann „im Widerspruch".[6] Ganz und gar der Recht⟩
litik und dem Tagesgeschäft des Justizjuristen zugewandt, ging es ihm in seinen z
reichen Veröffentlichungen[7] – wiederum mit Stolleis gesprochen – nicht um Wis⟩
schaft. Auch Herbert Jäger meinte 1993 in einem durchaus verehrungsvollen Text,
Wissenschaftler sei der so früh Verstorbene nicht gewesen.[8] Zu ergänzen ist freiḃ
dass der Radikalreformer und Aufklärer, der Rechtspolitiker und Kriminologe Ba
nach Auffassung vieler ein guter Jurist gewesen war, ein Jurist allerdings, der frei
den „Berufskrankheiten der Juristen" war, die Bauer zufolge von Walter Otto V⟨

---

5 Siehe Filipo Gramatica, Grundlagen der défense sociale, Hamburg 1965; Marc Ancel, Die Neue ⟩
alverteidigung (La défense sociale nouvelle). Eine Bewegung humanistischer Kriminalpolitik, Stut⟨
1970, und Michael Melzer, Die Neue Sozialverteidigung und die deutsche Strafrechtsreformdiskus
Tübingen 1970. – Rudolf Wassermann nannte Bauer in seinem Nachruf den „profilierteste(n) Ver⟨
ter der Lehre von der ‚défence sociale' in der Bundesrepublik"; Rudolf Wassermann, Ein Streiter ⟨
Furcht und Tadel. Nachruf für Fritz Bauer, in: Recht und Politik 4 (1968), H. 2, S. 41. So auch Her
Jäger, Erinnerung an Fritz Bauer, in: Strafverteidiger 13 (1993), Nr. 7, S. 389.
6 „[...] alle, die ihn gekannt haben, berichten von seinem Pessimismus, von dem Gefühl, nicht ⟨
erreicht zu haben. Er war wohl eine Mischung aus Idealist und Pessimist, er war ein Humanist in
Glauben an die Universalität der Menschenrechte, und der Menschenwürde und er war in der Ta⟨
einsamer Mensch. Er lebte auch im Widerspruch: Bauer kämpfte für ein Strafrecht der Prävention
Resozialisierung. Doch diese Ziele passten nicht auf die NS-Täter. Da gab es keine Prävention, k
Warnung vor künftigen Taten, es gab nichts zu resozialisieren. Also blieb der alte Vergeltungsgedɑ
und das Rätsel der Gerechtigkeit." „Erschütternde Erinnerung" [Interview von Matthias Arning
Michael Stolleis], in: Frankfurter Rundschau vom 27.1.2009, S. F2. In seinem „Geleitwort" zu der ⟩
er-Biografie von Irmtrud Wojak schreibt Stolleis: „Bauer war weder Rechtstheoretiker noch Rechts
losoph oder Historiker." Irmtrud Wojak, Fritz Bauer 1903–1968. Eine Biographie, München 2009, S.
Progressive Strafrechtslehrer, die wie Bauer für eine radikale Reform des Strafrechts eintraten, sɑ
Bauers Konzept eines rein spezialpräventiven Strafrechts, gar eines reinen Maßnahmen- und Beh⟨
lungsrechts, als unvereinbar mit der von ihm befürworteten Praxis der NS-Prozesse. Jürgen Baum
meinte 1967: „Die Täter, die in [den] KZ-Prozessen [...] angeklagt sind, waren über 20 Jahre v⟨
unauffällig, waren also sicher sozial angepaßt. Wer ein reines Erziehungsstrafrecht vertritt, da⟩
diesen Fällen nicht strafen." Jürgen Baumann, Weitere Streitschriften zur Strafrechtsreform, Bieleḃ
1969, S. 23, ebenso S. 45.
7 Siehe hierzu neben Bauers Monografie: Das Verbrechen und die Gesellschaft, München/Basel ⟩
seine unselbstständigen Veröffentlichungen: Fritz Bauer, Kleine Schriften, hrsg. von Lena Foljanty
David Johst, Frankfurt a. M./New York 2018, 2 Bde.
8 Jäger, Erinnerung an Fritz Bauer, in: Strafverteidiger 13 (1993), Nr. 7, S. 389.

rauch[9] in seiner soziologischen Untersuchung der deutschen Juristen zutreffend diagnostiziert worden waren. Ihm mangelte es nicht an psychologischen und soziologischen Einsichten, nicht an humaner Nähe zum Gesetzesbrecher, den es wieder für das menschliche Miteinander in der Sozialgemeinschaft zu gewinnen galt.

Bauers nüchternen Blick auf Gesetzgebung und Rechtsanwendung hob Peter Noll treffend hervor: „Dem leidenschaftlich ums Recht bemühten Generalstaatsanwalt Fritz Bauer wurde mit großer Empörung der Vorwurf gemacht, daß er die Kriminalpolitik nicht mit anderen Augen betrachtete, also nicht mit metaphysischeren Augen, als Fragen der Gesetzgebung über Wohnungsbau oder Kanalisationswesen."[10]

Zweifellos sah sich Bauer vor allem als Justizpraktiker, der aus volkspädagogischem, aufklärerischem Impetus eine rege publizistische Aktivität entfaltete und zeitlebens auf der „Suche nach dem Recht" war. In der von Bauer gelegentlich bevorzugten, uns heute recht martialisch anmutenden Sprache des 19. Jahrhunderts, stand er im ständigen „Kampf ums Recht".

Durch und durch Kriminalpolitiker – Bauer war in den 1960er Jahren Vorsitzender des vom Rechtspolitischen Ausschuss der Bundestagsfraktion der SPD eingesetzten Unterausschusses für Fragen der Strafrechtsreform – ging es ihm um eine radikale Liberalisierung des Strafrechts, wohlwissend, dass bei den gegebenen Mehrheitsverhältnissen im Bundestag nur schrittweise Reformen möglich sein würden. Für Bauer war es ein aus dem Grundgesetz erwachsenes und längst nicht eingelöstes Erfordernis des sozialen und demokratischen Rechtsstaats, ein soziales, demokratisches und humanes Recht zu schaffen. Ein Recht zumal, das den, so Bauer, von der verantwortlichen Gesellschaft zu bessernden und von ihr zu resozialisierenden Täter und nicht die rechtswidrige Tat in den Mittelpunkt stellt. „[N]ur ein auf dem Täter, dem Menschen aufgebautes Recht" konnte Bauer zufolge „wahr, gerecht und human sein".[11]

---

9 Siehe Weyrauchs Studie: The Personality of Lawyers (New Haven 1964). Sie erschien 1970 unter dem Titel: Zum Gesellschaftsbild des Juristen. Eine vergleichende Studie über die subjektiven Faktoren im Recht, Neuwied. Weyrauch kam Bauer zufolge „zu dem Schluß, daß er" bei den untersuchten Juristen „eine Vorliebe für Regeln und Rituale angetroffen habe, unbeschwerte und kalte Rationalisierungen, eine Abneigung gegen Psychologie und Soziologie. Die Juristen legten Wert auf technische Fertigkeiten, ließen aber menschliche Wärme und affektive Bezüge vermissen. Ihre Charaktereigenschaften stünden einer Ausbreitung demokratischer Werte entgegen oder verzögerten sie doch. Sie identifizierten sich gerne mit dem Status quo und mit etablierten Machtstellungen." Fritz Bauer, Auf der Suche nach dem Recht, Stuttgart 1966, S. 249 f.

10 Peter Noll, Strafe ohne Metaphysik, in: Mißlingt die Strafrechtsreform? Der Bundestag zwischen Regierungsentwurf von 1962 und Alternativ-Entwurf der Strafrechtslehrer 1966, hrsg. von Jürgen Baumann, Neuwied/Berlin 1969, S. 51.

11 Fritz Bauer, Was an der Strafrechtsreform reformbedürftig ist, in: Deutschland ohne Konzeption? Am Beginn einer neuen Epoche. Zwanzig Beiträge internationaler Wissenschaftler, Schriftsteller und Publizisten (Modelle für eine neue Welt, hrsg. von Robert Jungk und Hans Josef Mundt), München/Wien/Basel 1964, S. 380.

Der Mensch, genauer gesagt: sein Bild, das allenthalben von ihm gemacht w
stand im Mittelpunkt seines Denkens.[12] Dem Deterministen Bauer zufolge lag
überkommenen, autoritären, exkludierenden und mithin antisozialen Vergeltu
und Schuldstrafrecht ein Menschenbild zugrunde, das mit dem 1949 in Kraft getr
nen Grundgesetz der Bundesrepublik Deutschland unvereinbar war. Der Mensch
ihm trotz aller Fortschritte der von ihm fortwährend herangezogenen, durchweg
empirisch qualifizierten Wissenschaften der Biologie, Soziologie, Psychologie, Psyc
trie und Psychoanalyse, „noch immer das unbekannte Wesen"[13], das es „menschl
zu studieren und bei abweichendem Verhalten – frei nach Goethe – schonend
menschlich zu behandeln galt.[14] Das von Bauer angestrebte moderne Kriminalre
das er mal „sozial", mal „soziologisch", mal schlicht „irdisch" nennt, hatte dem „Ge
realistischer und ‚physischer', nicht idealistischer und metaphysischer Betracht
und Behandlung"[15] des Menschen zu folgen. „Kriminalrecht", meinte er in sein
1966 erschienenen populärwissenschaftlichen Buch „Auf der Suche nach dem Rec
„ist Menschenbehandlung, und unsere Aufgabe ist, die geeigneten pädagogischen,
rapeutischen und gesellschaftsschützenden Institutionen zu schaffen."[16]

Bauers Auseinandersetzung mit dem geltenden Strafrecht war immer auch
fundamentale Kritik an dem „normativen Menschenbild"[17], das auf der Grund
überkommener theologischer und philosophischer Traditionen im autoritären Ob
keitsstaat geformt worden war. Statt sich an den sogenannten Erfahrungswissensc
ten zu orientieren, legte die Rechtspolitik und die Strafrechtspflege in den ersten
den Dezennien der Bonner Republik seiner Auffassung nach ein idealistisc
Menschenbild zugrunde. 1956, die Große Strafrechtskommission war zwei Jahre zu
von der Bundesregierung eingesetzt worden, meinte Bauer: „Das Menschenbild
Strafrechtskommission enthält keine wissenschaftliche Erkenntnis, sondern ist

---

12 Bauer, Auf der Suche nach dem Recht, S. 158–181.

13 Bauer, Das Verbrechen und die Gesellschaft, S. 247; ebenso ders., Forderungen der Gesellscha
die Strafrechtsreform, in: Sozialarbeit und Strafrechtsreform. AW-Sozialarbeitertreffen 1962, 30.
bis 3. Juni in Bad Godesberg. Referate und Arbeitsgruppenberichte, hrsg. vom Arbeiterwohlf
Hauptausschuß e. V., Bonn 1962, S. 6. Siehe auch Bauer, Auf der Suche nach dem Recht, S. 161
er schreibt: „Der menschliche Charakter, seine Fähigkeit, zu lieben und zu hassen, bestimmte I
schen oder Dinge vorzuziehen oder abzulehnen, bleibt das unbekannte X."

14 Anders als Bauer hegt z. B. Jürgen Baumann Zweifel an der „Wissenschaftlichkeit" der Psycho
lyse; Baumann, Weitere Streitschriften zur Strafrechtsreform, S. 4.

15 Bauer, Das Verbrechen und die Gesellschaft, S. 248.

16 Bauer, Auf der Suche nach dem Recht, S. 195.

17 Fritz Bauer, Das Menschenbild im Strafrecht, in: Die Neue Gesellschaft 3 (1956), H. 5, S. 335.
zehn Jahre später schreibt Bauer unverändert: „Der Mensch, den unsere Strafrechtsreform vor A
hat, ist frei in seiner Entscheidung; seine Anlage und Umwelt können von seinem Willen übers
werden. Aber das ist zumal im Bereich des Sexuellen unhaltbar. Den Sexualdelikten als einer T
funktion fehlt oft schon ein rationaler Motivationsprozeß; auch der Täter selbst findet dann k
andere Erklärung als den Hinweis auf einen kausalen Ablauf mit Zwangscharakter." Bauer, Sexua
Sitte und ein neues Recht, in: Die Zeit vom 11.2.1966, S. 44.

neukantianisches Bekenntnis.“[18] Will sagen: Ein Bekenntnis zum idealisierten Pflicht-wesen, dem das Sollen, dem das hehre, moralische Gebot streng zu befolgende Maxime seines Handelns ist. Für Bauer hingegen war der Mensch ein determiniertes We-sen, kein autonomes Subjekt, dem sein freier Wille alle Entscheidungsoptionen an die Hand gibt. Anlage und Umwelt, wie der Kritiker des Indeterminismus nicht müde wurde hervorzuheben, bestimmten das Verhalten des Menschen. Irrational und fern aller Wissenschaftlichkeit war ihm deshalb ein Strafrecht, das sanktionierte, was dem falliblen Menschen nicht vorwerfbar war. Im überkommenen Strafrecht sah Bauer so-mit ein Instrument der Repression, insonderheit der Gängelung und Unterdrückung des einfachen Mannes und der einfachen Frau. Seine an der modernen US-amerikani-schen Kriminologie orientierte Unterscheidung von Unterwelt- und Oberweltver-brechen, seine Hervorhebung der oftmals nicht verfolgten, jedoch überaus sozial-schädlichen Weißen-Kragen-Kriminalität, machen deutlich, dass Straffälligkeit bzw. Normabweichung für ihn priorität ein gesellschaftliches, ein soziales Phänomen war, das allein durch wissenschaftlich ausdifferenzierte Maßnahmen mit bzw. gegen den Rechtsbrecher zu behandeln war.

Entschieden stellte Bauer fest: „Es gibt [...] heute“, das heißt: im Zeitalter der em-pirischen Wissenschaften vom Menschen, „kein Zurück, wie verlockend auch das Pa-radies eines idealistischen Strafrechts ist, dessen Normen von empirischen Zweifeln nicht angefochten sind.“[19] Der stark szientistisch geprägte Bauer war überzeugt, dass Gesetzgebung und Rechtspflege nicht vernachlässigen dürfen, „was die Psychiatrie, die Psychologie des Bewußten und Unbewußten, die Medizin, die Pädagogik, Soziolo-gie und Sozialpolitik der vergangenen hundert Jahre gelehrt haben“.[20]

Schließlich war Fritz Bauer als Jude nicht zuletzt vom 3. Buch Mose und der Hand-habung des Falles Kain, aber auch von der neutestamentlichen Bergpredigt geprägt. Nicht müde wird er in seinen Schriften, diese Beispiele anzuführen. Kain wurde we-gen seines Brudermords nicht bestraft. Im 3. Buch Mose heißt es wie in der Bergpre-digt: „Du sollst nicht Rache üben, noch Groll behalten gegen die Kinder deines Volkes, sondern du sollst deinen Nächsten lieben wie dich selbst!“ Diese Erzählungen (ihnen widersprechende biblische Texte ließ Bauer nicht gelten) waren dem bibelfesten Juris-ten Richtschnur seiner Arbeit. Nächsten- und Menschenliebe begriff er nicht als wohl-feile Worte. Sie waren ihm – wie er mit Goethe zu sagen pflegte – Forderungen des Tages. In seinen Schriften zur Reform des Strafrechts kommen Vokabeln wie Mit-menschlichkeit, Solidarität, Fürsorge, Mitleid etc. fortwährend vor.[21] „Liebloses Rich-

---

18 Fritz Bauer, Das Menschenbild im Strafrecht, in: Die Neue Gesellschaft 3 (1956), H. 5, S. 336.
19 Fritz Bauer und Peter Lahnstein, Zu den Prozeßberichten von G. H. Mostar. Eine Diskussion, in: Stuttgarter Zeitung vom 30.11.1951, S. 3.
20 Ebenda.
21 „Aug' um Auge' macht die Outsider schlechter, Fürsorge im Geiste der Solidarität macht sie bes-ser.“ Bauer, Auf der Suche nach dem Recht, S. 167.

ten"[22] hielt er für vollkommen verfehlt. Wegsperren war ihm keine, insbesonder‹ nes Sozialdemokraten würdige Forderung. So schrieb er in der ihm eigenen Emph‹ „Dem Jammer unserer Tage müssen wir mit Tatkraft, Vernunft und Liebe begegr In den Gestrauchelten und Gefallenen müssen wir die Stimme des Gewissens wie erwecken; dann finden sie von selber wieder ins Recht; und diese Aufgabe umschl nicht nur Seelsorge, sondern auch Leibsorge."[23]

In seinem in der „Juristenzeitung" veröffentlichten Nachruf von 1968 nennt chard Schmid den Freund und Genossen *das* belebende, zur Modernität treibe‹ Element [...] innerhalb unserer Strafjustiz".[24] Bauers Rechtsutopie gipfelte in ‹ Satz: „Der ‚runde Tisch' mit dem gemeinsamen Gespräch wird an die Stelle von R‹ tersesseln und Angeklagtenbank treten müssen. Dies wird zur Wahrheitsfindung heblich beitragen."[25] Seine Rede vom „runden Tisch" findet sich mithin nicht nu Alexander Kluges Film „Abschied von gestern" (D 1966)[26] sondern auch ganz und ernst gemeint in Bauers letztem Buch „Auf der Suche nach dem Recht".[27]

Bauers Kritik des Sexualstrafrechts

Das Sexualstrafrecht nennt Bauer ein „unerquickliches Thema", würden wir doch seiner Erörterung „mit den Erdenresten konfrontiert, die zu tragen uns peinlich"[28] Heute sehen wir uns, die Freiheiten einer permissiven Gesellschaft genießend, in f‹ tere Zeiten versetzt, wenn wir die Debatten der 1950er/60er Jahre betrachten. In Regel rechtshistorisch unbewandert, will uns kaum möglich erscheinen, was geltenr

---

22 Fritz Bauer, Schuld im Strafrecht, in: Vorgänge. Eine kulturpolitische Korrespondenz 2 (1963), F S. 307; ebenso ders., Die Schuld im Strafrecht, in: Club Voltaire I. München 1963, S. 135.
23 Bauer/Lahnstein, Zu den Prozeßberichten von G. H. Mostar, in: Stuttgarter Zeitung vom 30.11.‹ S. 3.
24 Richard Schmid, Fritz Bauer †, in: Juristenzeitung 23 (1968), H. 15/16, S. 535 (Hervorhebung W. R.).
25 Bauer, Auf der Suche nach dem Recht, S. 204 f.
26 Siehe Alexander Kluge, Abschied von gestern. Protokoll, Frankfurt a. M., o. J., S. 74: Bauer: „S‹ Sie mal, können Sie sich denken, daß wir eines Tages einmal einen Round Table machen? Wo Staatsanwalt und der Verteidiger und der Angeklagte und das Gericht um den Tisch herumsi und gemeinschaftlich um die Wahrheit kämpfen und um das, was wir Recht nennen [...]."
27 Bauer war bei aller Radikalität offenbar auch kompromissbereit. Jürgen Baumann meint, einem engagierten Vertreter der défense sociale, dem leider zu früh verstorbenen hessischen G ralstaatsanwalt Fritz Bauer", habe man „durchaus zu übereinstimmenden Reformforderungen ge gen können"; Baumann, Weitere Streitschriften zur Strafrechtsreform, S. 122. Ebenso ders., Schuld Sühne als Grundproblem heutiger Strafrechtspflege?, in: Mißlingt die Strafrechtsreform?, S. 17.
28 Fritz Bauer, Sexualabus und Sexualethik im Spiegel des Strafgesetzes, in: Schuld und Sühne in Bundesrepublik. Information, hrsg. von der Humanistischen Union, [1967], H. 16, S. 21; ebenso d Zur strafrechtlichen Situation in Deutschland, in: Sexualität ist nicht pervers. Mit einem Vorwort Silvio Lehmann und einer Stellungnahme zum § 228 der Regierungsvorlage 1968 eines Strafgeset‹ ches von Herbert Leirer, Wien u. a. 1969, S. 113.

Recht gewesen war, wie die Rechtsprechung des Bundesgerichtshofs gelautet hat und was an gesetzgeberischen Vorhaben zur Diskussion gestellt worden ist.

„Verbrechen und Vergehen wider die Sittlichkeit" kannte das überkommene Strafrecht zuhauf – im Wesentlichen auf der Grundlage des preußischen Strafgesetzbuches von 1851 und des darauf überwiegend basierenden Reichsstrafgesetzbuches von 1871, das von der NS-Diktatur 1935 in einigen Punkten „reformiert", d. h. spezifisch radikalisiert worden war.[29] Anfang der 1960er Jahre bestand seitens der Adenauer-Regierung sogar die Tendenz, den Katalog an Strafbestimmungen im Zuge einer konservativ ausgerichteten Strafrechtsreform weiter auszudehnen. Angeführt sei der Entwurf 1962 (E 62).[30]

Bauer lehnte das geltende Sexualstrafrecht als lebensfeindlich ab und wandte sich gegen staatliche Eingriffe in die Intimsphäre. „Eros und Sexus" hätten frei zu sein und dürften keiner staatlichen Zweckbestimmung unterliegen.[31] Die sich in den sechziger Jahren abzeichnende, im Kontext katholischer Moraltheologie vorgebrachte Neukonfiguration war für Bauer und andere Reformer Anlass, publizistisch gegen den E 62 vorzugehen. In der Sicht vieler liberaler Juristen atmete er „einen Geist nicht der Reform, sondern des Rückschritts".[32] Ein wichtiger Beitrag Bauers und seiner Mitstreiter war der Sammelband „Sexualität und Verbrechen", der als Taschenbuch (Fischer Bücherei) 1963 große Resonanz und weite Verbreitung fand.[33]

Das Sexualstrafrecht hatte sich Bauer zufolge auf Handlungen zu beschränken, die Kinder und Jugendliche schädigten, die gewalttätig waren oder in der Öffentlichkeit vollzogen wurden. „Schutz der Jugend, Schutz der Öffentlichkeit und Schutz der Freiheit des einzelnen vor Gewalt oder Drohung"[34] waren ihm die alleinigen Rechtsgüter, die das Sexualstrafrecht zu wahren hatte.

Fortwährend argumentierte er gegen die Pönalisierung
– des homosexuellen Verkehrs einverständlich handelnder erwachsener Männer.[35] Lesbische Liebe wurde, nebenbei bemerkt, durch das deutsche Strafrecht seit Mitte des 19. Jahrhunderts nicht mehr kriminalisiert.

---

29 Siehe Christian Schäfer, „Widernatürliche Unzucht" (§§ 175, 175a, 175b, 182a a. F. StGB). Reformdiskussion und Gesetzgebung seit 1945, Berlin 2006.

30 Entwurf eines Strafgesetzbuches E 1962 mit Begründung, Bundesdrucksache 200/62, Bonn 1962. Siehe die bereits auf der Strafrechtslehrertagung 1965 vorgetragene Kritik am E 62 von Ernst-Walter Hanack, Die Straftaten gegen die Sittlichkeit im Entwurf 1962 (§§ 204–231 E 1962), in: Zeitschrift für die gesamte Strafrechtswissenschaft, Bd. 77, 1965, S. 398–468, und Heinz Leferenz, Die Sexualdelikte des E 62, in: ebenda, S. 379–397.

31 „Es ist [...] nicht Aufgabe des Staates, den Sinn von Eros und Sexus des einzelnen zu dekretieren." Bauer, Auf der Suche nach dem Recht, S. 216.

32 Richard Schmid, Der Strafgesetzentwurf 1962 – Reform oder Rückschritt?, in: Gewerkschaftliche Monatshefte 14 (1963), H. 11, S. 670.

33 Sexualität und Verbrechen. Beiträge zur Strafrechtsreform, hrsg. von Fritz Bauer, Hans Bürger-Prinz, Hans Giese, Herbert Jäger, Frankfurt a. M. 1963.

34 Bauer, Auf der Suche nach dem Recht, S. 224.

35 Ebenda, S. 223 f.

Er argumentierte für die Straflosigkeit
- des Ehebruchs[36]
- des unehelichen bzw. vorehelichen Geschlechtsverkehrs[37]
- der sogenannten Verlobten- und Ehegattenkuppelei[38]
- des Inzests[39]
- der heterologen Insemination, sprich: der künstlichen Übertragung des Sam
  von Dritten bei unverheirateten und auch verheirateten Frauen.[40]

Er wandte sich auch gegen die Kriminalisierung
- von sogenannten Striptease-Aufführungen.[41]

Der Bundesgerichtshof pflegte (in langer Rechtstradition stehend) unter Berufung
das Sittengesetz und die traditionell festgelegte Wertordnung die angeführten Ha
lungen als strafbare „Unzucht" zu denunzieren. Ehe und Familie, die selbstverstä
lich auch Bauer für schutzwürdig erachtete, waren ihm keine Institutionen, für
der Staat Vorschriften zu erlassen hatte. Gegen den um 1960 herrschenden Konse
tismus und gegen die verbreitete Bigotterie bestand er darauf, dass die verord
Zwecksetzung, ehelicher Geschlechtsverkehr dürfe einzig der Fortpflanzung die
unannehmbar sei.

Bauer sprach sich darüber hinaus entschieden für die Legalisierung
- der freiwilligen Sterilisierung von Mann oder Frau aus[42]
- des offenen Straßenverkaufs von Empfängnisverhütungsmitteln[43]
- des freien Zugangs zur Antibabypille und zur „Pille danach"[44]
- sowie der ethischen Indikation bei Schwangerschaftsabbrüchen.[45]

---

36 Ebenda, S. 214.
37 Fritz Bauer, Kritik an der Strafrechtsreform, in: DAG-Hefte für Wirtschafts-, Sozial- und Kult
litik 3 (1964), H. 3, S. 104; ebenso ders., Wertordnung und pluralistische Gesellschaft, in: Die deu
Strafrechtsreform. Zehn Beiträge von Fritz Bauer, Jürgen Baumann, Werner Maihofer und Arn
Mergen, hrsg. von Leonhard Reinisch, München 1967, S. 30 f.
38 Ebenda, S. 30; ebenso ders., Das Sexualstrafrecht, in: Erziehung und Sexualität, Beiträge von
Bauer, Tobias Brocher, Hans Giese, Anselm Hertz, Elisabeth Müller-Luckmann, Horst Scarbath (
sche Beiträge zur Bildungstheorie, hrsg. von Heinz-Joachim Heydorn, Bertholt Simonsohn, Fried
Hahn, Anselmus Hertz, Redaktion: Ilse Staff), Frankfurt a. M. u. a. 1968, S. 93.
39 Bauer, Sexualtabus und Sexualethik im Spiegel des Strafgesetzes, in: Schuld und Sühne in der
desrepublik. Information, [1967], H. 16, S. 8.
40 Bauer, Auf der Suche nach dem Recht, S. 219 ff. Siehe auch ders., Die Bedeutung der Strafre
reform für die akademischen Heilberufe, in: Gesundheitspolitik 4 (1962), H. 5, S. 295.
41 Bauer, Auf der Suche nach dem Recht, S. 225.
42 Ebenda, S. 217.
43 Fritz Bauer, Geburtenkontrolle nach dem Recht der Bundesrepublik, in: Bodo Manstein, Liebe
Hunger. Die Urtriebe im Licht der Zukunft, München u. a. 1967, S. 201–203.
44 Ebenda und Bauer, Das Sexualstrafrecht, in: Erziehung und Sexualität, S. 91.
45 Bauer, Auf der Suche nach dem Recht, S. 218 f.

In mehreren Texten wandte er sich auch gegen

– die seit 1953 gesetzlich mögliche Indexierung vorgeblicher „Schund- und Schmutz"-Literatur, sogenannter unzüchtiger Werke als „jugendgefährdende Schriften" und stellte vehement die behauptete „verbrechenfördernde Wirkung" dieser Erzeugnisse in Frage.[46]

Hierbei bestritt er nicht die Existenz von fragwürdigen Schrift- und Bilderzeugnissen, er betonte jedoch, sie erfüllten durchaus eine „soziale Aufgabe" und ihre gestrenge „puristische Verdrängung"[47] werde eher zu Verbrechen führen.

Angesichts der in den 1960er Jahren vielfach erörterten Bevölkerungsexplosion befürwortete er auch

– umfassende Maßnahmen der Geburtenkontrolle[48] und der Familienplanung, somit den uneingeschränkten Gebrauch von Empfängnisverhütungsmitteln.

Blinde Stellen in Fritz Bauers strafrechtlichem Denken sollen bei der Aufzählung seiner Auffassungen nicht unerwähnt bleiben. In seinem ungetrübten Szientismus hielt er auf freiwilliger Basis erfolgte chirurgische Eingriffe bei Sexualstraftätern für unproblematisch. So sprach er sich für die freiwillige Kastration aus[49] und setzte große Hoffnungen in die Entschlüsselung des biogenetischen Codes. In Bauers durchweg wissenschaftsoptimistischen Texten fällt auf, dass er die Formbarkeit des determinierten Menschen allzu unkritisch betrachtete. Konditionier- bzw. Programmierbarkeit des Menschen durch die Biochemie eröffneten Bauer zufolge begrüßenswerte Behandlungsoptionen.[50] Die Ergebnisse der neueren Hirnforschung[51] wären ihm wohl gelegen gekommen.

Wenig nachvollziehbar ist aber, dass der Humanist Bauer das Vorhandensein von Frauenhandel in Abrede stellte. Unter Berufung auf Feststellungen von Interpol, dass es Frauenhandel, sprich: Zwangsprostitution, gar nicht gebe, meinte Bauer forsch, alle Prostituierten übten ihren Beruf aus freien Stücken aus.[52]

---

46 Fritz Bauer, Schmutz, Schund und Kriminalität, in: Geist und Tat. Monatsschrift für Recht, Freiheit und Kultur 5 (1950), H. 6, S. 261; siehe auch ders., Schmutz und Schund?, in: Geist und Tat. Monatsschrift für Recht, Freiheit und Kultur 10 (1955), H. 4, S. 119–200; ders., Grundgesetz und „Schmutz- und Schundgesetz", in: Juristenzeitung 20 (15.1.1965), Nr. 2, S. 41–47.

47 Bauer, Schmutz, Schund und Kriminalität, in: Geist und Tat. Monatsschrift für Recht, Freiheit und Kultur 5 (1950), H. 6, S. 261.

48 Bauer, Auf der Suche nach dem Recht, S. 215.

49 Ebenda, S. 226. – Siehe hierzu den Artikel „Von der Fessel befreit", in: Der Spiegel vom 2.10.1963, S. 53–58. Bauer und sein Vorgesetzter, der hessische Justizminister Lauritz Lauritzen, waren sich in der Frage nicht einig.

50 „Der Mensch ist *sozial* programmierbar und auch weitgehend programmiert." Bauer, Auf der Suche nach dem Recht, S. 169.

51 Siehe hierzu Thomas Hillenkamp, Hirnforschung, Willensfreiheit und Strafrecht – Versuch einer Zwischenbilanz, in: Zeitschrift für die gesamte Strafrechtswissenschaft, Bd. 127, 2015, S. 10–96.

52 Bauer, Auf der Suche nach dem Recht, S. 206 f.

Der Justizjurist Bauer hat auf seiner Suche nach dem Recht immer auch hi⟩ risch-politisch gedacht. So meinte er 1967 spitz, die Bonner Große Koalition h⟩ rechtspolitisch noch nichts auf den Weg gebracht: „Kennzeichnend ist die Gleich⟨ lung von Sittlichkeit und Sexualethik im geltenden und [von der Regierung] pro⟩ tierten Recht, als ob ‚Sittlichkeit' sich allein in Sexualtabus erschöpfte. Sind wirk⟩ *nur* unzüchtige Schaustellungen oder Mittel zur Verhütung der Empfängnis – um ɛ ge der Paragraphenüberschriften zu nennen – Straftaten gegen die ‚Sittlichkeit', n⟩ aber Mord und Totschlag etwa in Auschwitz und Treblinka?"[53]

Das vielfach beschworene „Sittengesetz" war seiner Ansicht nach von der Re⟩ sprechung, insbesondere auch der höchstrichterlichen, „nicht im Sinne einer plur⟨ tischen Ethik [...] und nicht im Sinne der Sozialstaatlichkeit interpretiert" worde⟩ Bauer verstand das „Sittengesetz" des Grundgesetzes als „die Moral einer plural⟨ schen Gesellschaft", die „nur jenes ethische Minimum umfaßt, das von allen erns⟩ nehmenden Mitbürgern und Mitmenschen anerkannt werden kann".[55] Grundlege⟩ Auffassungen seines Denkens drückte er in seinen zahlreichen, sich thematisch⟩ überschneidenden Veröffentlichungen in mehr oder weniger gleichlautenden Wo⟩ aus. So heißt es anderswo: „Gewiss, das Grundgesetz der Bundesrepublik kennt⟩ Begriff des ‚Sittengesetzes'. Aber das ‚Sittengesetz' des Grundgesetzes ist nicht ic⟩ tisch mit dem einer bestimmten Religion oder Weltanschauung, weder des Kathol⟩ mus noch des Marxismus, es ist das Ethos des pluralistischen Staates."[56]

Wider den Schwulenparagrafen

In seiner im Oktober 1950 gehaltenen Antrittsrede als Generalstaatsanwalt in Bra⟩ schweig bezog sich Bauer auf das Grundgesetz (GG) und zitierte Art. 3 Abs. 3, dem⟩ folge niemand „wegen seines Geschlechtes, seiner Abstammung, seiner Rasse, sei⟩ Sprache, seiner Heimat und Herkunft, seines Glaubens, seiner religiösen oder po⟩

---

53 Bauer, Sexualtabus und Sexualethik im Spiegel des Strafgesetzes, in: Schuld und Sühne in der ▶ desrepublik. Information, [1967], H. 16, S. 1; ebenso ders., Sexualverbrechen – Sexualtabus. Zur Ref⟩ des Sexualstrafrechts, in: Die Berliner Ärztekammer. Offizielles Mitteilungsblatt der Ärztekammer⟩ lin, H. 4, 1967, S. 230.
54 Fritz Bauer, Staat und Sexus, in: littera. Dokumente, Berichte, Kommentare, hrsg. von Walter B⟩ mann, Bd. 3: Literatur unterm Fallbeil: Jugendgefährdend? Frankfurt a. M. 1964, S. 11, ebenso d⟩ Staat und Sexus. Bemerkungen zu J. C. Murray, in: Frankfurter Hefte. Zeitschrift für Kultur und Po⟩ 18 (1963), H. 1, S. 52.
55 Bauer, Geburtenkontrolle nach dem Recht der Bundesrepublik, in: Manstein, Liebe und Hur⟩ S. 203. Anderswo heißt es: „Der Pluralismus unserer Gesellschaft, der nicht nur besteht, sondern ɑ⟩ vom Grundgesetz anerkannt wird, gebietet eine Beschränkung der Normen auf das ‚ethische №⟩ mum'." Bauer, Sexualität, Sitte und ein neues Recht, in: Die Zeit vom 11.2.1966, S. 44.
56 Rundfunkvortrag, Erstausstrahlung: 9.8.1966, Sender: Hessischer Rundfunk, Programm: H▶ Abendstudio: Kulturelles Wort. Ebenso in: Bauer, Auf der Suche nach dem Recht, S. 209.

schen Anschauungen benachteiligt oder bevorzugt werden"[57] dürfe. Im Schwulenpara-
grafen 175 StGB sah er deshalb eine verfassungswidrige Strafnorm, einen Verstoß gegen Art. 3 GG.[58] Die von den Nazis 1935[59] verschärfte Strafbestimmung – nicht nur vor-
gebliche „widernatürliche Unzucht" wie „beischlafähnliche Handlungen", sondern
allgemein als „Unzucht treiben" qualifizierte Handlungen wurden nunmehr pönalisiert – galt bekanntlich bis 1969 uneingeschränkt. Erst mit den 1969 einsetzenden
Strafrechtsreformgesetzen, der Entkriminalisierung der homosexuellen Betätigung
unter Erwachsenen (der sogenannten einfachen Homosexualität), trat eine Liberalisierung ein.[60] 1994 wurde der westdeutsche Schwulenparagraf endgültig abgeschafft.[61]

In einer 1951 gefällten Entscheidung hatte der Bundesgerichtshof[62] zur Empörung
vieler festgestellt, dass gegen die „Fortgeltung des § 175 StGB in der Fassung" von 1935
„keine Bedenken" bestünden. Das nationalsozialistische Gesetz sei kein Unrecht, sondern „in ordnungsmäßiger Form zustande gekommen".[63]

Wie andere liberale Juristen auch, erinnert sei an den 39. Juristentag 1951 in Stuttgart und an das berühmte „Drei-Marks-Urteil" des Vorsitzenden Richters Fritz Valentin[64] in einer Entscheidung des Landgerichts Hamburg von 1951, wandte sich Bauer in
der Hoffnung auf Liberalisierung gegen diese höchstrichterliche Rechtsprechung. 1952
machte er in seiner Eigenschaft als Generalstaatsanwalt den Versuch, durch das Bun-

57 Fritz Bauer, Der Kampf ums Recht [Antrittsrede Bauers anlässlich seiner Amtseinführung als Generalstaatsanwalt in Braunschweig], in: Geist und Tat. Monatsschrift für Recht, Freiheit und Kultur, 5
(1950), H. 10, S. 429.

58 Siehe hierzu Monika Frommel, War das Verbot der „Unzucht unter Männern" (§ 175 StGB in der
Fassung der Jahre 1935 bis 1969) „gesetzliches Unrecht"?, in: Rechtsstaatliches Strafrecht. Festschrift für
Ulfrid Neumann zum 70. Geburtstag, hrsg. von Frank Saliger, Heidelberg 2017, S. 109–122.

59 „Gesetz zur Änderung des Strafgesetzbuchs" vom 28.6.1935, Artikel 6 (§§ 175 und 175a StGB), in:
Reichsgesetzblatt, 1935, Teil I, Nr. 70, S. 841.

60 Zum „sexualmoralischen Wandlungsprozeß" in Westdeutschland siehe Michael Kandora, Homosexualität und Sittengesetz, in: Wandlungsprozesse in Westdeutschland. Belastung, Integration, Liberalisierung 1945–1980, hrsg. von Ulrich Herbert, Göttingen 2002, S. 379–401.

61 Zur Kritik am § 175 StGB in den 1960er Jahren siehe: Plädoyer für die Abschaffung des § 175. Beiträge von Tobias Brocher, Armand Mergen, Hans Bolewski und Herbert Ernst Müller, Frankfurt a. M.
1966, und Homosexualität oder Politik mit dem § 175. Mit einem Vorwort von Hans Giese, Reinbek bei
Hamburg 1967.

62 Zum BGH in Sachen Sexualstrafrecht siehe Friedrich-Christian Schroeder, Die Rechtsprechung des
Bundesgerichtshofs auf dem Gebiet der Sexualstraftaten, in: 50 Jahre Bundesgerichtshof. Festgabe aus
der Wissenschaft, hrsg. von Claus-Wilhelm Canaris u. a., Bd. IV: Strafrecht, Strafprozeßrecht, München
2000, S. 485–501.

63 Entscheidungen des Bundesgerichtshofs in Strafsachen (BGHSt), Bd. 1, 1951, S. 81; siehe auch in:
Juristenzeitung 6 (1951), Nr. 17, S. 561–562, und die kritische Anmerkung von Richard Lange, ebenda,
S. 562–564.

64 Siehe Ursula Büttner, Fritz Valentin. Jüdischer Verfolgter, Richter und Christ. Eine Biografie, Göttingen 2017, S. 140 ff.

desverfassungsgericht die Verfassungsmäßigkeit des § 175 StGB prüfen zu lassen.[65]
dem Landgericht Braunschweig hatten sich ein „50jähriger Vertreter und ein viel
vorbestrafter 22jähriger Arbeiter"[66] zu verantworten. Bauer vertrat laut Presseber
ten die Anklage in der Absicht, keinen Strafantrag zu stellen. In einer Meldung
Deutschen Presseagentur heißt es: „Das Schöffengericht Braunschweig lehnte ei
Antrag des Generalstaatsanwaltes Bauer ab, nach dem das Verfahren ausgesetzt
und eine Entscheidung des Bundesverfassungsgerichts über die Rechtsgültigkeit"
§ 175 „herbeigeführt werden sollte".[67] Und weiter: „Der Generalstaatsanwalt begrü
te seinen Antrag damit, daß der Paragraph 175 in der Fassung vom 28. Juli [sic!] 19
nicht mit der Bundesverfassung zu vereinbaren sei, die gleiches Recht für Mär
und Frauen vor dem Gesetz fordere."[69] Das Schöffengericht Braunschweig lehnte I
ers Antrag mit dem Argument ab, „sämtliche Oberlandesgerichte hätten" den §
StGB „in letzter Zeit als geltendes Recht anerkannt".[70]

Aus London schrieb Kurt Hiller (1885–1972), schon seit der Weimarer Republik
streitbarer Kämpfer für die Straflosigkeit von Homosexualität, einen enthusiastisc
Brief an Bauer.[71] Er hatte im Berliner „Tagesspiegel" die dpa-Meldung gelesen. H
rief Bauer sein „leidenschaftliches Bravo" zu und schloss mit den Worten: „Das
recht, das statthat, überrascht mitnichten; überraschend vielmehr ist die Tatsa
dass es heute Generalstaatsanwälte I h r e r Haltung gibt. Dazu beglückwünsche
Sie, ehrlich verehrter Mann, und dazu beglückwünsche ich unser Deutschland."
lers Brief hebt die Wichtigkeit hervor, die Bauers Antrag Anfang der 1950er Jahre
zumessen ist. Der gelobte Generalstaatsanwalt antwortete umgehend dem ihm v
bekannten Autor: „Ich danke Ihnen herzlich für Ihren Brief und die Anerkennung,
Sie aussprechen. Sie hat mich sehr gefreut, zumal die deutsche Öffentlichkeit im a
meinen mit ihrem Lobe geizt. Ich habe übrigens erst Ihrem Briefe entnommen, c
der Antrag, das Bundesverfassungsgericht in Anspruch zu nehmen, überhaupt
Echo in der Presse gefunden hat."[72]

---

65 Auf Bauers Antrag bin ich durch den Aufsatz von Manfred Herzer, Fritz Bauer, der Staatsanw
in: Capri. Zeitschrift für schwule Geschichte, Nr. 50, 2016, S. 165–178, aufmerksam gemacht wor
Rüdiger Lautmann hat mich dankenswerterweise auf Herzer hingewiesen. Manfred Herzer vermit
mir auch den Kontakt zu Harald Lützenkirchen (Kurt Hiller Gesellschaft e. V.).
66 Grundgesetz und Strafgesetzbuch. Schöffengericht lehnt Antrag des Staatsanwalts ab, in: Br
schweiger Zeitung vom 31.3.1952 (Stadtblatt), S. 8.
67 Verfassung und Paragraph 175 [dpa-Meldung], in: Der Tagesspiegel vom 29.3.1952, S. 2.
68 Richtig: 28.6.1935.
69 Verfassung und Paragraph 175 [dpa-Meldung], in: Der Tagesspiegel vom 29.3.1952, S. 2.
70 Ebenda.
71 Ich danke Harald Lützenkirchen (Kurt Hiller Gesellschaft e. V.) herzlich für die Zurverfügung
lung von Hillers Brief vom 5.4.1952 und dreier Briefe von Bauer an Hiller. Zu Hiller siehe Daniel M
ner, Kurt Hiller. Der Intellektuelle als Außenseiter, Göttingen 2015.
72 Bauer an Hiller vom 18.4.1952, Nachlass Hiller, Kurt Hiller Gesellschaft e. V. – Bauer beendet se
Brief mit folgender Bemerkung: „Selbstverständlich sind Sie mir nicht unbekannt. Ihre alten Freu
in Deutschland haben Sie nicht vergessen. Vor einem halben Jahr hat mir Herr Feyen [Otto Fe

Bauer unternahm den Versuch trotz aller bekannten Widerstände. Der Bundesgerichtshof hatte bereits in einer Entscheidung vom 22. Juni 1951 festgestellt, dass „die verschiedene strafrechtliche Behandlung der gleichgeschlechtlichen Unzucht von Mann und Frau" nicht „gegen den Gleichheitsgrundsatz des Art. 3 Abs. 1 GG" verstoße, denn er verbiete „nur Gleiches ungleich, nicht aber, Verschiedenes seiner Eigenart entsprechend zu behandeln".[73] Auch mit Art. 2 Abs 2 GG hielt der BGH den § 175 vereinbar, denn „Unzucht unter Männern" verstoße „gegen das Sittengesetz" und werde „deshalb keineswegs durch das Recht auf freie Entfaltung der Persönlichkeit gerechtfertigt".[74]

Offenbar war der Fall nicht der einzige Versuch von Bauers Behörde bzw. der ihm nachgeordneten landgerichtlichen Braunschweiger Staatsanwaltschaft, den § 175 StGB zu Fall zu bringen. In der „Neuen Juristischen Wochenschrift" findet sich die Wiedergabe eines Urteils des OLG Braunschweig vom 2. Oktober 1953. In der Entscheidung wies das OLG die Revision der Staatsanwaltschaft in einem Fall ab, bei dem der Angeklagte verurteilt worden war.[75] Die langatmige Begründung lohnt, zitiert zu werden. Unter anderem führte das Oberlandesgericht an: „Die gleichgeschlechtliche Unzucht enthält [...] einen empfindlichen und groben Verstoß gegen die *allgemeine Sittlichkeit* (*BGH*, NJW 51, 810). Dieser Verstoß berechtigt den Gesetzgeber allein schon, ein solches Verhalten unter Strafe zu stellen, da das Volksbewußtsein die gleichgeschlechtliche Unzucht nicht nur als Laster, sondern als strafbare Handlung empfindet und der Staat diesem Bewußtsein Rechnung getragen hat [...]".[76] Weitere Gründe „für die Bestrafung der gleichgeschlechtlichen Unzucht zwischen Männern" waren dem OLG „die Beeinträchtigung der Volkskraft und die Verfälschung des öffentlichen Lebens", die „Gefährdung der Volksgesundheit und der Sauberkeit des öffentlichen Lebens", das „Allgemeinwohl des deutschen Volkes in seiner sittlichen und gesundheitlichen Kraft", die „Sicherung der Gesundheit und Reinheit des Volkslebens in sittlicher Beziehung".[77] Wohlgemerkt: Wir schreiben das Jahr 1953, nicht ein Jahr vor 1945.

Fünf Jahre nach Bauers vergeblichem Versuch, die Strafbestimmung zu Fall zu bringen, scheiterte in Karlsruhe die Verfassungsbeschwerde zweier Männer, die durch Urteile des Landgerichts Hamburg Opfer der repressiven Rechtspraxis gewor-

---

(1890–1980, bis 1956 Generalstaatsanwalt in Hamburg] anlässlich eines Spaziergangs in der Nähe (erschrecken Sie nicht!) des Niederwalddenkmals [bei Rüdesheim am Rhein] von Ihnen erzählt."

73 BGH-Urteil vom 22.6.1951 – 2 StR 185/51, in: Neue Juristische Wochenschrift 4 (1951), H. 20, S. 810.

74 Ebenda.

75 Siehe die Anmerkung zu Nr. 32 von „Amtsgerichtsrat Dr. Buse, Hattingen/Ruhr", in der es heißt: „Rein äußerlich überrascht es zunächst schon, daß nicht etwa der zu Strafe verurteilte Angekl., sondern zu seinen Gunsten die StA Revision eingelegt hatte, ein Beweis dafür, daß auch die Strafverfolgungsbehörden keineswegs allgemein den vom *BGH* und den obigen Gerichten vertretenen Standpunkt teilen." Neue Juristische Wochenschrift 6 (1953), H. 51/52, S. 1929.

76 OLG Braunschweig, Urteil vom 2.10.1953 – Ss 125/53, in: Neue Juristische Wochenschrift 6 (1953), H. 51/52, S. 1931.

77 Ebenda.

den waren.[78] Das Bundesverfassungsgericht gelangte in seiner umfänglichen Entsc
dung vom 10. Mai 1957[79] unter Aufbietung einer Phalanx von Sachverständigen zu
Auffassung, der § 175 StGB – wohlgemerkt in seiner verschärften NS-Fassung
1935 – entspreche der „verfassungsmäßigen Ordnung" der Bundesrepublik und ver
ße „nicht gegen den speziellen Gleichheitsgrundsatz des Abs. 2 und 3 des Art. 3 GG"

Heute ist es, wie Rüdiger Lautmann[81] darlegt, Konsens in der Rechtswissenscl
dass der Schwulenparagraf nicht verfassungskonform gewesen war.[82] Die Argume
tion beruht heute jedoch darauf, dass die freie Entfaltung der individuellen Orien
rung, das sexuelle Selbstbestimmungsrecht, vom allgemeinen Persönlichkeitsre
(Art. 2 Abs. I) in Verbindung mit Art. 1 Abs. II GG geschützt sei.[83]

Fritz Bauer, der meist Goethe und Schiller, Schopenhauer und Nietzsche, a
auch manch andere Geistesgröße zu zitieren wusste, meinte in seinem 1957 erschie
nen Werk „Das Verbrechen und die Gesellschaft", Reichskanzler Fürst Hohenl
(1894–1900)[84] habe „mit guter Psychologie [...] es einmal als ‚einen krankhaften 2
bezeichnet, ‚die Menschen durch Strafgesetze tugendhaft machen zu wollen'".[85]
der vorgeblich „sittenbildenden Kraft des Strafrechts", wie es im E 62 heißt, hielt E
er ganz und gar nichts.[86] Im Gegenteil: Viele Aspekte der strafrechtlichen Praxis
des Strafvollzugs erachtete er als sozialschädlich, machten sie doch Menschen,
normwidrig gehandelt haben mochten, in der Regel eher zu gemeinschaftsunfähi
denn zu gesellschaftskonformen Individuen. Bauer ging es im Strafrecht einzig
Rechtsgüterschutz, nicht um Gesinnungsbildung. Der Libertär Fritz Bauer meinte,
in der schönen, emphatischen Formulierung drückt sich sein humanes Menschen

---

78 Siehe hierzu: Die Eigenart des Mannes, in: Der Spiegel vom 19.6.1957, S. 23–25.

79 Entscheidungen des Bundesverfassungsgerichts, hrsg. von den Mitgliedern des Bundesverfassu
gerichts, Tübingen 1957, Bd. 6, 1 BvR 550/52, S. 390–443. Laut Spiegel-Bericht „Die Eigenart des Man
fand die mündliche Verhandlung im Januar 1956 statt. Nahezu eineinhalb Jahre brauchte das BV
für die Ausfertigung seiner empörenden Entscheidung.

80 Entscheidungen des Bundesverfassungsgerichts, S. 389 und 439.

81 Rüdiger Lautmann, Wie korrigiert der Rechtsstaat sein falsches Recht? Die Problematik des
fassungswidrigen Homosexuellenparagraphen, in: Recht und Politik 51 (2015), H. 1, S. 13.

82 2002 hob der Deutsche Bundestag die während der Zeit des Nationalsozialismus ergangenen
rechtsurteile gegen Homosexuelle auf, nicht aber die nach 1945 gefällten Urteile. Die Rehabilitier
der Verurteilten erfolgte erst durch das Rehabilitierungsgesetz von 2017.

83 Siehe auch Frommel, War das Verbot der „Unzucht unter Männern" (§ 175 StGB in der Fassung
Jahre 1935 bis 1969) „gesetzliches Unrecht"?, in: Rechtsstaatliches Strafrecht. Festschrift für Ulfrid :
mann zum 70. Geburtstag, S. 109–122.

84 Der liberale Katholik war süddeutsch geprägt. Bis zur Reichsgründung hatte es in Süddeutsch
keine Kriminalisierung einvernehmlicher Erwachsenen-Homosexualität gegeben.

85 Bauer, Das Verbrechen und die Gesellschaft, S. 144. Siehe auch ders., Kritische Bemerkungen
Strafrechtsreform, in: Kriminalistik. Zeitschrift für die gesamte kriminalistische Wissenschaft und
xis 17 (1963), H. 1, S. 2.

86 Zur Kritik am E 62 siehe auch Ernst-Walter Hanack, Die Straftaten gegen die Sittlichkeit, in:
schrift für die gesamte Strafrechtswissenschaft, Bd. 77.

ständnis aus, wir alle seien doch Adams und Evas, für die es immer Äpfel geben werde und die keines Schlangenrats bedürften, um die schönen Früchte köstlich zu finden.[87]

Zu „glauben, man könne Menschen durch Paragraphen tugendhaft machen und durch Freiheitsbeschränkungen zu Demokraten erziehen", hielt er für einen „prinzipielle[n] Irrtum".[88] „Unsere Demokratie", so hob er hervor, „soll stark sein". Stärke sei „aber nicht nur in Divisionen zu sehen, auch nicht in Verboten". Stärke stehe „gerade im umgekehrten Verhältnis zur Zahl der Verbote". Sie zeige „sich in der offenen Auseinandersetzung, im Ausmaß der Freiheit, die sie gewähr[e]".[89]

Studiert man Bauers Veröffentlichungen, dann will es einem als seltsam anmutende Koinzidenz erscheinen, dass er 18 Jahre lang das Amt eines Generalstaatsanwalts auszuüben hatte. Seinen Titel, so schrieb er der Freundin Birgitta Wolf, trage er nur mit „Abscheu".[90] Die Funktion eines Staatsanwalts deutete er im Sinne einer wohl antietatistisch zu nennenden Haltung: „Der Staat ist nicht von den Bürgern unabhängig, sondern identisch mit den Bürgern, und der ‚Staats'anwalt ist nicht Vertreter einer anonymen Autorität, sondern der Bürger und ihrer Grund- und Menschenrechte, die gegen alle ihre Feinde auch in Gesetzgebung und Verwaltung zu schützen sind."[91]

Homosexuellenverfolgung in Bauers Amtszeit

Trägt Fritz Bauer als oberster Strafverfolger der Oberlandesgerichtsbezirke Braunschweig (1950–1956) und Frankfurt am Main (1956–1968)[92] mit an der historischen Schuld, die die bundesdeutsche Strafjustiz durch die Verfolgung von Homosexuellen auf sich geladen hat?[93] Bauer wäre, so meine Einschätzung, der Letzte gewesen, die

---

87 Fritz Bauer, Was ist „unzüchtig"?, in: Vorgänge. Eine kulturpolitische Korrespondenz 1 (1962), H. 4–5, S. 11.

88 Fritz Bauer, Die Stärke der Demokratie, in: Geist und Tat. Monatsschrift für Recht, Freiheit und Kultur 9 (1954), H. 2, S. 45.

89 Ebenda.

90 Bauer an Wolf, Schreiben vom 20.1.1966, Datierung der Briefempfängerin, Hamburger Institut für Sozialforschung, NBW = Nothilfe Birgitta Wolf, Signatur NBW 001.

91 Fritz Bauer, Strafrecht, Wertordnung und pluralistische Gesellschaft, in: Bildung, Kultur, Existenz, hrsg. von Richard Schwarz. Bd. 2. Menschliche Existenz und moderne Welt. Ein internationales Symposion zum Selbstverständnis des heutigen Menschen, hrsg. und mitverfasst von Richard Schwarz, Teil I, Berlin 1967, S. 608; ebenso ders., Wertordnung und pluralistische Gesellschaft, in: Die deutsche Strafrechtsreform, S. 29.

92 Angemerkt sei, dass die beiden OLG-Bezirke recht unterschiedlich waren: In Braunschweig unterstand Bauer nur die Staatsanwaltschaft beim LG Braunschweig, in Hessen hingegen neun landgerichtliche Staatsanwaltschaften. Seine eigene Behörde hatte in Braunschweig laut „Handbuch der Justiz" von 1954 zwei Planstellen, in Frankfurt a. M. hingegen 22.

93 Erhellend hierzu allgemein: Rüdiger Lautmann, Historische Schuld. Der Homosexuellenparagraf in der frühen Bundesrepublik, in: Invertito. Jahrbuch für die Geschichte der Homosexualitäten 13 (2011), S. 173–184.

ihm in seinem Amt auferlegte Mitverantwortung an der schändlichen Justizpraxi
bestreiten.[94] Mit Blick auf die NS-Verbrechen sprach er, der glücklich davongekom
ne Sozialdemokrat und Jude, von einem „Wir", das heißt, von sich selbst und
Deutschen, die Gerichtstag über sich selbst halten müssten. Er schloss sich mithin
in die Verantwortungs- und Haftungsgemeinschaft, die die Vergangenheit zu bew
gen habe. Wie viel mehr gilt diese ihm von Amts wegen zugewachsene Verantwort
für die homophobe Verfolgungspraxis der bundesdeutschen Justiz. Gewiss: Staat
wälte und Richter sind an Recht und Gesetz gebunden. Muss man wie Bauer mi
nem Recht hantieren, das als unangemessen erachtet wird, kommt man unweiger
in Gewissensnöte und Zweifel. Bauer wurde, nach dem wenigen, was wir von ihm
sen, von derartigen Gewissensnöten und Zweifeln heimgesucht.

Ob Bauer auch die Hände gebunden waren, weil er sich nicht dem Verdacht
Begünstigung im Amt aussetzen wollte, muss Vermutung bleiben. Unter welch
Druck er gestanden hat, ist unerforscht. Rüdiger Lautmann stellte jüngst die Fr
„ob das Homosexuellsein Fritz Bauers als Druckmittel eingesetzt worden ist", um
Strafverfolgung von NS-Tätern zu behindern.[95] Eine bloße Annahme muss bleiben
dasselbe Faktum[96] missbraucht worden ist, um die Nichtverfolgung von Homosex
len durch die ihm nachgeordneten Staatsanwaltschaften zu hintertreiben.

---

94 Die Verfolgung von Homosexuellen in Hessen während Bauers Amtszeit (1956–1968) ist weger
schwierigen Quellenlage nur teilweise erforscht. Eine regelrechte Hexenjagd wie im Jahr 1950 hat
Hessen zu Zeiten Bauers nicht mehr gegeben; siehe Dieter Schiefelbein, Wiederbeginn der juristise
Verfolgung homosexueller Männer in der Bundesrepublik. Die Homosexuellen-Prozesse in Frank
am Main 1950/51, in: Zeitschrift für Sexualforschung 5 (1992), H. 1, S. 59–73, und Elmar Kraush
Unzucht vor Gericht. Die „Frankfurter Prozesse" und die Kontinuität des § 175 in den fünfziger Jah
in: Hundert Jahre schwul. Eine Revue, hrsg. von Elmar Kraushaar, Berlin 1997, S. 60–69, sowie
Artikel „Eine Million Delikte", in: Der Spiegel vom 29.11.1950, S. 7–10.
95 Lautmann, Wie korrigiert der Rechtsstaat sein falsches Recht? Die Problematik des verfassu
widrigen Homosexuellenparagraphen, in: Recht und Politik 51 (2015), H. 1, S. 19, Anm. 33.
96 Siehe hierzu Werner Renz, Wider die Sittenwächter. Fritz Bauers Kritik am überkommenen S
alstrafrecht der 1950er und 1960er Jahre, in: Jahrbuch Sexualitäten 2017, hrsg. im Auftrag der Initia
Queer Nations von Maria Borowski, Jan Feddersen, Benno Gammerl, Rainer Nicolaysen und Chris
Schmelzer, Göttingen 2017, S. 70–93. – Raphael Gross und Sybille Steinbacher schreiben in ihrem
wort zur Edition von Bauers Schriften, er sei „aller Wahrscheinlichkeit nach homosexuell" gewe
Die Herausgeber Lena Foljanty und David Johst meinen, dass „angesichts der jüngeren Forschung
Monika Boll und Ronen Steinke davon ausgegangen werden kann, dass [Bauers] Engagement" auf
Gebiet der Reform des Sexualstrafrechts „auch mit seiner eigenen Erfahrung als Homosexuelle
Zusammenhang" gestanden habe; Bauer, Kleine Schriften, Bd. 1, S. 16 und 39. Siehe auch Bolls Au
„Als politischer Flüchtling anerkannt, als Homosexueller observiert – das dänische Exil", in: Fritz B
haus/Monika Boll/Raphael Gross (Hrsg.), Fritz Bauer. Der Staatsanwalt. NS-Verbrechen vor Ger
[Katalog zur Fritz-Bauer-Ausstellung], Frankfurt a. M./New York 2014, S. 51–73, sowie Ronen Stei
Fritz Bauer oder Auschwitz vor Gericht, München 2013.

Abb. 1: Fritz Bauer im Club Voltaire, ca. 1965–1968
(Fotograf: Siegfried Träger, Fritz Bauer Institut, Frankfurt am Main)

Der vom hessischen Ministerium für Soziales und Integration veröffentlichte Bericht über „Aufarbeitung von Verfolgung und Repression lesbischer und schwuler Lebensweisen in Hessen 1945–1985" kommt zu dem Ergebnis, dass „sich Bauers Wirken nicht unbedingt in der Kriminalitätsstatistik" widerspiegele, denn die „strafrechtliche Verfolgung der Homosexualität"[97] habe auch er nicht verhindern können. Während Bauers zwölfjähriger Amtszeit in Hessen gab es im Jahr im Schnitt 600 bis 700 polizeilich bzw. staatsanwaltschaftlich erfasste Fälle wegen „Unzucht zwischen Männern".[98] Wie viele dieser Fälle zu Verurteilungen führten, ist wegen der lückenhaften Überlieferung nicht genau festzustellen. Angenommen werden muss jedoch, dass rund ein Drittel Verurteilungen zur Rechtsfolge hatten.[99]

Der unvollendete Reformer Bauer

1945 erhoffte sich Fritz Bauer von einem „neuen Deutschland" (der Begriff war Ende der 1940er Jahre für Exilanten selbstverständlich noch nicht diskreditiert) ein „neues

---

[97] Aufarbeitung von Verfolgung und Repression lesbischer und schwuler Lebensweisen in Hessen 1945–1985. Bericht [verfasst von Kirsten Plötz und Marcus Velke] im Auftrag des Hessischen Ministeriums für Soziales und Integration zum Projekt „Aufarbeitung der Schicksale der Opfer des ehemaligen § 175 StGB in Hessen im Zeitraum 1945 bis 1985", Wiesbaden 2018, S. 207.
[98] Ebenda, S. 144 f.
[99] Ebenda, S. 152.

Recht aus dem Geiste unserer Zeit"[100], soll heißen: ein freiheitliches Recht nach Jahren des totalitären Ungeistes. Daraus ist unter Konrad Adenauer und Ludwig hard nichts geworden.

Die kriminalpolitische Wende, die sich bereits mit der Strafrechtslehrertag 1965 in Freiburg[101], dem Alternativ-Entwurf von Baumann, Roxin u. a.[102] und c 47. Juristentag September 1968 in Nürnberg[103] abzeichnete, hat Bauer nur noch weise erlebt. Die Strafrechtsreformgesetze der Jahre 1969 und 1973 haben jedoch g tenteils umgesetzt, was Bauer und andere angestrebt hatten.[104] Ihm blieb es le nicht vergönnt, die Früchte auch seines Wirkens zu ernten. Der längst überfä Schritt der Entkriminalisierung der Lebensformen, der Entmoralisierung des Sex strafrechts, ist aber fraglos auch von Bauer in die Wege geleitet worden.

Fritz Bauer war, abermals mit Michael Stolleis gesprochen, ein idealistischer zialist[105], der an das Gute im Menschen und an seine Erziehbarkeit glaubte. Der „p tisch tätige Mensch" – so meinte er zweifelsfrei pro domo in seinem Vortrag ü „Schopenhauer und die Strafrechtsproblematik" – halte es „mit dem Prinzip H nung", mochte er auch angesichts einer änderungsresistenten Wirklichkeit „selbst

---

100 Bauer, Kritische Bemerkungen zur Strafrechtsreform, in: Kriminalistik 17 (1963), H. 1, S. 1. S auch Carl Nedelmann/Peter Thoss/Hubert Bacia/Walther Ammann, Kritik der Strafrechtsreform. wort von Richard Schmid, Frankfurt a. M. 1968.

101 Siehe Herbert Fiedler, Eindrücke zur Diskussion im Anschluß an die Referate auf der Strafree lehrertagung 1965 in Freiburg, in: Zeitschrift für die gesamte Strafrechtswissenschaft, Bd. 77, 1 S. 506–511.

102 Alternativ-Entwurf eines Strafgesetzbuches. Allgemeiner Teil, vorgelegt von Jürgen Baum u. a., Tübingen 1966, Alternativ-Entwurf eines Strafgesetzbuches. Besonderer Teil. Straftaten g die Person. Erster Halbband, vorgelegt von Jürgen Baumann u. a. Tübingen 1970, und Alternativ-wurf eines Strafgesetzbuches. Besonderer Teil. Straftaten gegen die Person. Zweiter Halbband, v legt von Jürgen Baumann u. a. Tübingen 1971, sowie Mißlingt die Strafrechtsreform?, hrsg. von Jü Baumann, Neuwied/Berlin 1969. – Petra Gödecke zufolge ging die Initiative, einen Gegenentwurf E 62 vorzulegen, von Peter Noll aus; Petra Gödecke, Die Strafrechtsreform zwischen Vergeltung Resozialisierung, rigider ‚Sittlichkeit' und vorsichtiger Toleranz, in: Jörg Requate (Hrsg.), Recht Justiz im gesellschaftlichen Aufbruch (1960–1975). Bundesrepublik Deutschland, Italien und Frankr im Vergleich, Baden-Baden 2003, S. 268.

103 Siehe das Gutachten von Ernst-Walter Hanack, Zur Revision des Sexualstrafrechts in der Bun republik. Ein Rechtsgutachten unter Mitarbeit von E. Wahle und J. von Gerlach. Mit einem Vorw von Hans Giese, Reinbek bei Hamburg 1969, sowie die Referate und die Diskussion in: Empfieh sich, die Grenzen des Sexualstrafrechts neu zu bestimmen?, in: Verhandlungen des 47. Deutschen J tentages, Nürnberg 1968, hrsg. von der Ständigen Deputation des deutschen Juristentages, Bd. II zungsberichte) Teil K, S. K8–K189. Ebenso Horst Woesner, Erneuerung des Sexualstrafrechts, in: N Juristische Wochenschrift 21 (1968), H. 15, S. 673–679, und das Interview mit dem CDU-Rechtspolit Max Güde, seinerzeit Vorsitzender des „Sonderausschusses für die Strafrechtsreform": Man darf Souverän nicht reizen, in: Der Spiegel vom 16.9.1968, S. 59–64.

104 Siehe hierzu Tim Busch, Die deutsche Strafrechtsreform. Ein Rückblick auf die sechs Refor des Deutschen Strafrechts (1969–1998), Baden-Baden 2005.

105 So Michael Stolleis in seinem „Geleitwort" zur Bauer-Biografie von Irmtrud Wojak, Fritz Ba 1903–1968. Eine Biographie, München 2009, S. 7.

tisch sich mitunter des Gefühls nicht erwehren können, es könnte eine Lebenslüge sein".[106]

In der Leserbrief-Kontroverse mit Paul Bockelmann, Richard Lange und anderen Anfang 1964 in der „Frankfurter Allgemeinen Zeitung" meinte Bauer, „ohne wissenschaftlichen Optimismus" gebe es keinen Fortschritt gegen die Übel dieser Welt. An seinen Freund Thomas Harlan[107] schrieb er ein Jahr später unter Verwendung der für ihn charakteristischen 1. Person Plural: „Was *wir* gestalten müssen, ist das Prinzip Hoffnung, das das Erbe der alten Propheten ist, die ein messianisches Utopia bringen wollten, wo Wolf und Schaf etc. etc. etc."[108]

So ironisch die Briefstelle zur utopischen Friedlichkeit zwischen Wölfen und Schafen auch klingen mag, bei allem in seinen Verlautbarungen gelegentlich aufscheinenden Pessimismus blieb Bauer ein wissenschaftsgläubiger Optimist. Am Ende seines Vortrags über den Pessimisten Schopenhauer stellte er fest: „Die Wissenschaften vom Menschen und von der Gesellschaft weiten sich, sie liefern Arzneien"[109] – Arzneien, so der gläubige Humanist Bauer, zur Heilung der Welt. Fritz Bauer konnte – auch auf rechtspolitischem Gebiet – ohne das Prinzip Hoffnung weder leben noch arbeiten. Ob er dabei einer selbsttherapeutisch verordneten Lebenslüge anhing, hat er nicht weiter erörtern mögen.

---

106 Fritz Bauer, Schopenhauer und die Strafrechtsproblematik, in: XXXXIX. Schopenhauer-Jahrbuch für das Jahr 1968, hrsg. von Arthur Hübscher, Frankfurt a. M. 1968, S. 29.

107 Thomas Harlan (1929–2010), Sohn des Nazi-Regisseurs Veit Harlan, hat in den 1960er Jahren den Versuch gemacht, die postnationalsozialistische Bundesrepublik als Hort gutintegrierter, unbehelligter und wohlsituierter einstiger NS-Täter darzustellen. Sein geplantes Werk „Das Vierte Reich" ist unvollendet geblieben. Zu Harlan siehe z. B.: „So etwas Ähnliches wie die Wahrheit". Zugänge zu Thomas Harlan, hrsg. von Jesko Jockenhövel und Michael Wedel, München 2017.

108 Werner Renz (Hrsg.), „Von Gott und der Welt verlassen". Fritz Bauers Briefe an Thomas Harlan, Frankfurt a. M./New York, 2016, S. 117 (Hervorhebung von W. R.).

109 Bauer, Schopenhauer und die Strafrechtsproblematik, in: XXXXIX. Schopenhauer-Jahrbuch für das Jahr 1968, S. 29.

Julia Noah Munier
Zwischen Aufbruch und Repression

Lebensweltliche Gefüge und Verfolgung homosexueller Männer im Südwesten der jungen Bundesrepublik

Für die junge Bundesrepublik bis Mitte der 1950er Jahre kann – wie die Historikerin Dagmar Herzog zeigt – gerade nicht von jener sexuell repressiven Phase ausgegangen werden, die unsere heutige Vorstellung einer konservativen Adenauer-Ära prägt.[1] Herzog beschreibt die frühen 1950er Jahre auch als Phase relativer „erotischer Freizügigkeit".[2] Aber galt diese auch für homo- und bisexuelle Männer? Handelte es sich ausschließlich um eine Phase relativer heterosexueller Freizügigkeit? Und wie gestaltete sich homosexuelles Leben in der südwestdeutschen Provinz jener Jahre? Schließlich stellte der Bundesgerichtshof (BGH) im Jahr 1951 die uneingeschränkte Fortgeltung der §§ 175, 175a StGB in der Fassung des Gesetzes vom 28. Juni 1935 fest.[3] Homosexuelle Handlungen unter Männern – selbst einfachste einvernehmliche Zuneigungsbekundungen – konnten für diese damit auch nach 1945 weitreichende biografische Konsequenzen nach sich ziehen, wie eine Verurteilung, eine Gefängnisstrafe und/oder den Verlust des Arbeits- oder Studienplatzes.[4]

---

1 Vgl. Dagmar Herzog, Die Politisierung der Lust. Sexualität in der deutschen Geschichte des zwanzigsten Jahrhunderts, München 2005, S. 83 ff.

2 Herzog, Politisierung, S. 88.

3 Vgl. Christian Schäfer, „Widernatürliche Unzucht" (§§ 175, 175a, 175b, 182 a. F. StGB). Reformdiskussion und Gesetzgebung seit 1945, Berlin 2006, S. 93. Vgl. auch Ralf Dose, Der § 175 in der Bundesrepublik Deutschland (1949 bis heute), in: Manfred Herzer (Hrsg.), Die Geschichte des § 175. Strafrecht gegen Homosexuelle. Katalog zur Ausstellung in Berlin und Frankfurt am Main 1990, Berlin 1990, S. 122–143, hier, S. 123–125.

4 Vgl. zum Verlust des Studienplatzes durch Disziplinarverfahren auch Karl-Heinz Steinle/Arthur Reinhard, Der Student P. Im Geflecht von Begehren, Bestrafung, Begutachtung und Disziplinierung, in: Evamarie Blattner/Wiebke Razeburg/Udo Rauch (Hrsg.), Queer durch Tübingen. Geschichten vom Leben, Lieben und Kämpfen, Tübingen, 2022, S. 161–167. Vgl. auch Karl-Heinz Steinle, Peter Leibße gegen die Bundesrepublik Deutschland. Der juristische Kampf eines Homosexuellen, in: Blattner/Razeburg/Rauch (Hrsg.), Queer durch Tübingen, S. 168–175. Eine bundesweite Untersuchung von Universitätsrelegationen in Folge von Verurteilungen nach § 175 und § 175a Ziff. 3 und 4 StGB steht aus. Mitunter kamen die Betroffenen den möglichen universitären Disziplinarverfahren und einem angedrohten Verweis zuvor und verließen die Universitäten oder Ausbildungsstellen auf eigene Initiative. Der Auszubildende Helmut Kress und dessen Ausbildungsstelle, das Stadtplanungsamt Tübingen, trennten sich nach dessen Verurteilung aufgrund von § 175 StGB und § 3 JGG „im gegenseitigen Einvernehmen". Vgl. Christiane Hoyer, Helmut Kress wurde einst in Handschellen aus dem Tübinger Stadtplanungsamt abgeführt, in: Schwäbisches Tagblatt (tagblatt.de), https://www.tagblatt.de/Nachrichten/Helmut-Kress-wurde-einst-in-Handschellen-aus-dem-Tuebinger-Stadtplanungsamt-abgefuehrt-320453.html (14.4.2022).

Dennoch bildeten sich in der Region des heutigen Baden-Württembergs – Bundesland wurde 1952 gegründet – spätestens Anfang der 1950er Jahre wie and‹ orts in der jungen Bundesrepublik neue lebensweltliche Gefüge homosexueller M ner.[5] Diese Entwicklung begründet sich aus der Situation des demokratischen Neu fangs und der Umbruchssituation der unmittelbaren Nachkriegszeit. Bereits k nach der Befreiung vom NS-Regime entstanden für homo- und bisexuelle Män durch eine eingeschränktere Verfolgungssituation neue Freiheiten. Nicht nur gal die ordentliche Gerichtsbarkeit im demokratischen Sinne erst wiederherzuste sondern die Fortgeltung der NS-verschärften §§ 175 und 175a StGB stand im Rahn der Debatte um Bereinigung des Strafrechts von NS-Bestimmungen selbst zur Deba Erinnert sei beispielsweise an die Empfehlung des Juristischen Prüfungsausschus für Gesetzgebung und Gesetzanwendung in Berlin, der dem Alliierten Kontrollrat ‹ Streichung des § 175 StGB nahelegte und als eines der ersten juristischen Organe n 1945 für eine Streichung des § 175 RStGB eintrat.[6] Auch aus Baden, angeregt durch Chef der südbadischen Justizverwaltung Paul Zürcher, wurde der Vorschlag des St rechtlers Adolf Schönke an den Kontrollrat herangetragen, die Bestimmung des § auf den Stand der Weimarer Republik zurückzustellen.[7] Schönkes Überlegunger (Süd-)Baden hatten überdies unmittelbare Auswirkung auf die Strafverfolgung, da Zuständigkeitsbereich des 1945 berufenen Karlsruher Oberstaatsanwalts Alfred We Handlungen betreffend § 175 StGB auf der Grundlage von Schönkes Entwurf zeitwe wohl weniger verfolgt wurden.[8] Hinzu kam, dass Delikte, die den § 175 StGB betra‹ nicht im Fokus der Besatzungsbehörden standen. So äußerte sich der badische Ge ralstaatsanwalt Karl Siegfried Bader in Bezug auf die Abnahme der Verurteilungs fern nach 1945:

> „Wenn [...] überall seit 1945 eine rapide Abnahme der Verurteilungsziffern festzustellen ist, h dies natürlich nicht mit einem Rückgang des Delikts zusammen, sondern mit dem geschwu‹ nen politischen Interesse an einer übertriebenen Verfolgung. [...] Diese Entwicklung ist u. E begrüßen.“[9]

---

5 Dieser Artikel bezieht sich auf lebensweltliche Gefüge homosexueller Männer, wohlwissend, sich diese verschränkten mit denen lesbisch liebender Frauen, bisexueller Menschen und damals » nicht so bezeichneten transsexuellen Personen und Transgendern oder Genderqueers. Der Begriff Gefüges hebt ab auf kontingente, situative Strukturen, die unterschiedliche Elemente des Sozialen schließen, wie Diskurse, Affekte, Artefakte und Praktiken.
6 Vgl. Matthias Etzel, Die Aufhebung von nationalsozialistischen Gesetzen durch den Alliierten] trollrat (1945–1948), Tübingen 1992, S. 75–78 und 183 f.
7 Vgl. Generallandesarchiv Karlsruhe (GLAK) 240 Zug. 1987-53 Nr. 654. Darin enthalten u. a.: Schör Gutachten zur Fortgeltung von Vorschriften des StGB und anderer Gesetze (1945). Der sogenannte] burger Entwurf befindet sich im Staatsarchiv Freiburg (StAF) unter der Signatur C 20/1 Nr. 524.
8 Vgl. StAF C 20/1 Nr. 521, Bild 23, Bl. 84 f., Verfügung des OStA [Oberstaatsanwalt] Weiler ‹ 25.9.1945.
9 Karl S. Bader, Soziologie der deutschen Nachkriegskriminalität, Tübingen 1949, S. 69.

Nach den Jahren der NS-Verfolgung und der weitgehenden Zerstörung der Lebenswelten homosexueller Männer durch das NS-Regime etablierten sich vor dem Hintergrund dieser Entwicklungen auch im deutschen Südwesten wieder (semi-)öffentliche Treffpunkte neu. Freundeskreise kamen erneut zusammen, und homosexuelle Männer oder – wie sie sich selbst zu dieser Zeit oft bezeichneten – homophile Männer begannen sich auch politisch zu organisieren, sich mit Gleichgesinnten zu vernetzen, um strategisch auf eine Liberalisierung des § 175 StGB hinzuwirken. Gleichzeitig zu dieser Re-Etablierung lebensweltlicher Gefüge im deutschen Südwesten avancierte jedoch das Bundesland Baden-Württemberg unter dem liberalen Landesjustizminister Wolfgang Haußmann (1953–1966) zum „Vorreiter" der Verfolgung homosexueller Männer in der Bundesrepublik.[10]

Offene und verdeckt gehaltene lebensweltliche Gefüge

In den urbanen Zentren Baden-Württembergs, insbesondere in Stuttgart und in der Region Mannheim-Ludwigshafen-Heidelberg, etablierten sich erneut lebensweltliche Gefüge homosexueller Männer. Dies geschah zunächst auch vor dem Hintergrund einiger liberalisierender Tendenzen. So waren die mit Beginn der 1950er Jahre vertrie-

---

10 Vgl. zu Haußmann: Jan Havlik, Der Fürsprech. Politische Biographie einer liberalen Persönlichkeit in Baden-Württemberg, Ostfildern 2012. Haußmann bezog nach heutiger Kenntnis an keiner Stelle Position zur Problematik des in der NS-Fassung weiterbestehenden § 175 StGB. Das Thema galt im Justizministerium als „heißes Eisen" und so wurde von diesbezüglichen Äußerungen abgesehen. Vgl. Hauptstaatsarchiv (HStA) Stuttgart EA 4/105 Bü 1, Aktenvermerk des Justizministeriums vom 18.3.1958 zum Schreiben des Vereins für humanitäre Lebensgestaltung vom 11.3.1958. Bereits in den 1950er Jahren setzte sich Haußmann für einen modernen, „humaneren" Strafvollzug ein. Auch stand er psychotherapeutischen Verfahren im Kontext des Strafvollzugs offen gegenüber und ließ in den 1950er Jahren Gutachten u. a. von Wilhelm Bitter und Alexander Mitscherlich zu der Thematik der psychotherapeutischen Behandlung bestimmter Delinquentengruppen, darunter auch homosexuelle Männer, einholen. Haußmann beschritt damit eine Entwicklung im hegemonialen Blick auf homosexuelle Männer, die Martin Dannecker und Reimut Reiche 1974 als eine Wende in der gesellschaftlichen Wahrnehmung homosexueller Männer beschrieben haben: Aus Kriminellen wurden Kranke. Auch wenn die Verfolgungszahlen in Haußmanns Amtszeit stark anstiegen, dürfte der Ursprung dieser Entwicklung wohl nicht auf seine Initiative zurückzuführen sein. Als vermutlich unbeabsichtigter Nebeneffekt der von Haußmann beauftragten Gutachten erschienen homosexuelle Männer, trotz des sich vollziehenden Paradigmenwechsels vom Kriminellen zum Kranken, in der Perspektive offizieller Sachverständiger im Wesentlichen als nicht therapierbar. Die von Haußmann beauftragten Gutachten bilden damit einen Ausgangspunkt für eine spätere Abkehr von einem pathologisierenden und damit auf „Heilbarkeit" angelegten Verständnis von mann-männlicher Homosexualität. Vgl. HStA Stuttgart Q 1/22 Bü 75, Schreiben des Justizministeriums an Dr. Wilhelm Bitter vom 16.2.1955 und ebenda, Gutachten von Prof. A. Mitscherlich für Justizminister Haußmann vom 12.10.1954. Vgl. auch Martin Dannecker/ Reimut Reiche, Der gewöhnliche Homosexuelle. Eine soziologische Untersuchung über männliche Homosexualität in der Bundesrepublik, Frankfurt a. M. 1974, S. 24.

benen Homophilenhefte und -zeitschriften auch im deutschen Südwesten erhält
allen vorweg die Hefte des Züricher Kreises.[11]

Der 1942 aus dem Schweizerischen Freundschafts-Verband und der Liga für M
schenrechte hervorgegangenen Schweizer Homophilenorganisation „Der Kreis"
ihrer gleichnamigen dreisprachigen Zeitschrift ist für die Homophilenbewegung
deutschen Südwesten eine besondere Bedeutung beizumessen. Die Mitglieder:
schrift wurde von den politischen Akteuren in der Bundesrepublik als Forum
nutzt[12], aber sie fungierte auch als privates Vernetzungsmedium. Nicht zuletzt du
diese Zeitschrift mit den dort publizierten Inseraten und Annoncen und durch die
sondere geografische Nähe zu Ländern mit deutlich liberaleren Gesetzgebungen,
zur Schweiz, aber auch zu Frankreich, suchten homo- und bisexuelle Männer der
folgung in der Bundesrepublik zu entgehen, indem sie beispielsweise Veranstaltur
des Kreises in Zürich oder Lokalitäten in Basel besuchten.[13]

Außerdem sprach sich auf dem 39. Deutschen Juristentag, der vom 13. bis 15.
tember 1951 in Stuttgart stattfand, eine knappe Mehrheit der auf dem Kongress stir
berechtigten Juristen in Gegenwart vieler Behördenvertreter für eine Straflosig
der bislang nach § 175 StGB kriminalisierten Sachverhalte und für eine Neufass
des § 175a StGB aus.[14] Im publizistisch-literarischen Feld stellte der in Karlsruhe
Ingeborg Stahlberg auf Initiative der US-amerikanischen Militärregierung gegrün
Stahlberg-Verlag so umstrittene Romane wie Curzio Malapartes „Die Haut" (19
John Horne Burns „Die Galerie" (1951) und Roger Peyrefittes „Heimliche Freundsc
ten" (1950) in deutscher Sprache zur Diskussion und brachte mit diesen ganz ur
schiedliche homosexuelle Figuren auf die literarische Bühne. Die Romane, auch M
partes, dessen homophobe Repräsentation von Homosexualität besonders
erwähnen ist[15], wurden in homophilen Magazinen der Zeit beworben und insbeso

---

11 Vgl. z. B. in: Der Ring 1 (1955), H. 4, S. 140.

12 Vgl. z. B. Otto Hug, Deutsche Kameraden antworten, in: Der Kreis 17 (1949), H. 3, S. 6 f. und 23, s
M. M., Stuttgart, Stationen der homosexuellen Entwicklung, in: Der Kreis, 19 (1950), H. 4, S. 2–6. B
hardt Riechers, Freundschaft und Anständigkeit. Leitbilder im Selbstverständnis männlicher Hom
xueller in der frühen Bundesrepublik, in: Invertito 1 (1999), S. 12–46, hier S. 20.

13 Vgl. zum Kreis auch Hubert Kennedy, Der Kreis. Eine Zeitschrift und ihr Programm, Berlin
und Kurt von Hammerstein/Björn Koll (Hrsg.), Der Kreis. Eine Sammlung, Berlin 2014, sowie
Heinz Steinle, „Der Kreis": Mitglieder, Künstler, Autoren, Berlin 1999. Vgl. zu den Besuchen in E
auch StAF F 176/19 Nr. 5807, Bl. 158. Zur Bedeutung der Grenznähe auch: Julia Noah Munier, Leb
welten und Verfolgungsschicksale homosexueller Männer in Baden und Württemberg im 20. Jahr:
dert, Stuttgart 2021, S. 327 f.

14 Vgl. Andreas Pretzel, Homosexuellenpolitik in der frühen Bundesrepublik, in: Queer Lectu
(2010), S. 5–44, hier S. 21. Vgl. auch Schäfer, „Widernatürliche Unzucht", S. 85–88.

15 Vgl. kritisch zu Malaparte auch Michael Schwartz, Homosexuelle, Seilschaften, Verrat. Ein tr
nationales Stereotyp im 20. Jahrhundert, Berlin/Boston 2019, S. 237–243.

re Peyrefittes „Heimliche Freundschaften" erlangte unter homosexuellen Lesern teilweise Kultstatus.[16]

In Stuttgart kamen homosexuelle Männer Anfang der 1950er Jahre beispielsweise im Lokal „Zum Weißen Rössel" in der Schwabstraße 32 zusammen, oder sie trafen sich im Café „Atlantis", dem „Hohenstaufen" oder der „Bachstelze".[17] Mitte der 1950er Jahre war das heute legendäre „Café Weiß" ein beliebter Anziehungspunkt.[18] Es befand sich in der Stuttgarter Innenstadt in einem Gebiet, das sich bald als Amüsier- und Rotlichtviertel etablierte und in den Ruinen der Stuttgarter Altstadt aus einer Reihe von Holzbuden und Verschlägen entstanden war.[19] Im „Café Weiß" durchmischten sich die lebensweltlichen Gefüge homosexueller Männer auch mit denen lesbisch liebender Frauen.[20] Viele dieser Treffpunkte standen nachweislich unter kriminalpolizeilicher Beobachtung.[21] So galten der Kriminalpolizei auch das Café „Baßgeige"[22] in der Stuttgarter Innenstadt nahe Charlottenplatz, eine Lokalität in Stuttgart-Degerloch sowie die neueröffnete Gaststätte „Wörz"[23] als „Verkehrslokale" für homosexuelle Männer.[24]

Lebensweltliche Gefüge homosexueller Männer entfalteten sich darüber hinaus verdeckt in einem Netz von zur Kontaktaufnahme genutzten Orten anonymer Lust: den manchmal im Schwäbischen auch liebevoll „Tempele" genannten Bedürfnisanstalten und in Parkanlagen.[25] In einer Zeit, in der homosexuelle Männer in Baden-Württemberg spätestens ab 1954/55 wieder massiv strafverfolgt wurden, suchten zahlreiche Männer die Möglichkeit anonymer sexueller Begegnungen und damit das Gefühl relativer Sicherheit in den flüchtigen Kontaktzonen des (semi-)öffentlichen Raumes und damit in einer klassischen Gefahrenzone der Verfolgung.[26] Neben dem Bezug

---

16 Vgl. Bernhard Rosenkranz/Gottfried Lorenz, Hamburg auf anderen Wegen. Die Geschichte des schwulen Lebens in der Hansestadt, Hamburg 2006, S. 251, und Volker Janssen (Hrsg.), Der Weg zu Freundschaft und Toleranz. Männliche Homosexualität in den 50er Jahren, Berlin 1984, S. 48.

17 Vgl. Karl-Heinz Steinle, Die Geschichte der „Kameradschaft die runde" 1950 bis 1969, Berlin 1998, S. 5. Vgl. auch Stadtarchiv Stuttgart (StAS) 15/1, Nr. 100, Lagebericht der Kripo-Stuttgart „Bekämpfung des Strichjungen-Unwesens" vom 25.5.1956.

18 Vgl. StAS 15/1, Nr. 100, Lagebericht der Kripo-Stuttgart vom 25.5.1956.

19 Vgl. Schwulst e. V./Weissenburg e. V. (Hrsg.), Ausgrenzung aus der Volksgemeinschaft. Homosexuellenverfolgung in der NS-Zeit. Sonderheft zur Ausstellung im Rathaus Stuttgart, 21.4.–14.5.2010, unter Mitarbeit von Ralf Bogen, Dieter Salwik, Mathias Strohbach u. a., Aalen 2010, S. 36. Das Café Weiß wurde von Alois Weiß geführt.

20 StAS 15/1, Nr. 100, Lagebericht der Kripo-Stuttgart vom 25.5.1956.

21 Vgl. ebenda.

22 Hauptstätterstraße 16b, Inhaber H. Erb.

23 Hohenheimer Straße 30.

24 StAS 15/1, Nr. 100, Lagebericht der Kripo-Stuttgart vom 25.5.1956. Vgl. zu den Lebenswelten in Baden-Württemberg auch Munier, Lebenswelten, S. 318–327.

25 Vgl. hierzu auch das Interview mit Richard Moosdorf, Archiv der anderen Erinnerungen, (BMH/0029), Bundesstiftung Magnus Hirschfeld vom 19.9.2016.

26 Vgl. Munier, Lebenswelten, S. 450 und 301–303.

von einschlägigen Zeitschriften und Romanen war es möglich, unter der Hand a[ ]
homoerotisches, teilweise sogar pornografisches Material zu erstehen. Zwar unte[ ]
gen die Hefte der Schweizer Homophilenorganisation „Der Kreis" einer strengen st[ ]
lichen Prüfung, sodass dortige Abbildungen nicht selten von den Herausgebern[ ]
entsprechenden Stellen retuschiert wurden.[27] Aber es war möglich, über den Bil[ ]
dienst des Kreises privat auch homoerotische Abbildungen zu beziehen. Zudem[ ]
es Hinweise auf einen auch im deutschen Südwesten verdeckt gehaltenen Markt,[ ]
unter der Hand semiprofessionelles pornografisches Material vertrieben wurde,[ ]
von einer im Verborgenen durchaus vorhandenen relativen homoerotischen Fre[ ]
gigkeit vor dem Hintergrund eines repressiven gesellschaftlichen Settings kündet.[28]

Organisierungsversuche der homophilen Bewegung

Spätestens ab 1953 war es mit den liberalen Positionen der unmittelbaren Nachkri[ ]
zeit vorbei.[29] „Stattdessen wurde von nun an eine rekonstruierte und redomestizi[ ]
heterosexuelle Norm gepredigt".[30] Der ultranationalistische Katholik Franz-J[ ]
Wuermeling (CDU) wurde unter Konrad Adenauer im Jahr 1953 zum Familienmini[ ]
berufen, und die Idee der Kernfamilie sollte als Leitbild der neuen demokratisc[ ]
Gesellschaft dienen. Dagmar Herzog konstatiert für die Bundesrepublik Deutschl[ ]
zu Beginn der 1950er Jahre einen in beiden christlichen Kirchen herrschenden K[ ]
sens, dass eine „Rückkehr zu sexueller Zurückhaltung in Deutschland geboten se[ ]
Hintergrund bildete die Überzeugung, dass „[...] zwischen der Verlockung zu Ver[ ]
chen und der Verlockung zum sexuellen Vergnügen in der NS-Zeit ein Zusammenh[ ]
bestanden hatte".[32] Der Themenkomplex „Sittlichkeit" geriet in dieser Zeit wieder[ ]
in den Fokus öffentlicher Debatten und ihm kann die „Funktion eines Ersatzfeldes[ ]
Umgang mit der NS-Vergangenheit" attestiert werden.[33] Zudem diente der Rekurs[ ]
die Sittlichkeit im Kontext der Bemühungen, Bürgerlichkeit zu rekonstruieren: „[ ]
fungierte als normative Zieldebatte im Sinne nationaler Wiederfindung und Selbs[ ]
hauptung."[34]

---

27 Vgl. Ernst Ostertag, zitiert nach: Der Kreis – The Circle, 2014, Regie: Stefan Haupt, 12.–13. Mi[ ]
28 Vgl. hierzu Julia Noah Munier/Karl-Heinz Steinle, Die Polizeiordner der Kripo Stuttgart: ein Re[ ]
sionsapparat der frühen Nachkriegszeit, in Martin Cüppers/Norman Domeier (Hrsg.), Späte Aufa[ ]
tung. LSBTTIQ-Lebenswelten im deutschen Südwesten, Stuttgart, 2018, S. 165–179, und Staatsar[ ]
Ludwigsburg 2017_066, 643, Ordner der Kriminalpolizei Stuttgart Bd. IV, Abschnitt Homosexualit[ ]
29 Herzog, Politisierung, S. 92.
30 Ebenda.
31 Ebenda, S. 95.
32 Ebenda.
33 Sybille Steinbacher, Wie der Sex nach Deutschland kam. Der Kampf um Sittlichkeit und Anstan[ ]
der frühen Bundesrepublik, München 2011, S. 115.
34 Ebenda, S. 82.

Anfang der 1950er Jahre wurden die §§ 175 und 175a StGB in der NS-Fassung in einer Reihe juristischer Ereignisse bestätigt und in bundesdeutsches Recht übergeführt.[35] Eine mögliche Rechtsunsicherheit der unmittelbaren Nachkriegszeit war hiermit beendet und schlug sich in einer zunehmend verschärften Verfolgung nieder. Die Grenzlinien des gesellschaftlich Akzeptierten und politisch Durchsetzbaren verschoben „sich ab 1953 stark zuungunsten einer Entkriminalisierung".[36]

Auch Forderungen nach einem neuen Schmutz- und Schund-Gesetz wurden bereits Ende der 1940er Jahre lauter, etwa von Seiten des katholischen *Volkswartbundes*, der überdies massiv gegen mann-männliche Homosexualität agitierte.[37] Die konservativen Verfechter konnten sich schließlich 1953 durchsetzen, indem das bundesweite „Gesetz über die Verbreitung jugendgefährdender Schriften" in Kraft trat und die „Bundesprüfstelle für jugendgefährdende Schriften" ihre Arbeit aufnahm, womit auch die Homophilen-Zeitschriften und -Periodika einer verstärkten Indizierung ausgesetzt waren.[38] Das Gesetz ermöglichte es entsprechend eingestufte Publikationen zu indizieren und ihren Verkauf zu verbieten.[39] „Kioske und Buchhandlungen durften fortan für anstößig befundene und auf die Liste gesetzte Publikationen nicht mehr öffentlich anpreisen und nicht an junge Leute unter 18 Jahren verkaufen."[40]

Vor dem Hintergrund einer deutlich wahrnehmbaren staatlichen Repression gegen homosexuelle Männer ab spätestens Mitte der 1950er Jahre entwickelte sich innerhalb der lebensweltlichen Gefüge die zweite deutsche Homosexuellenbewegung, die Homophilenbewegung. Auch im deutschen Südwesten entstanden Netzwerke politisch engagierter Personen und kleinerer Gruppen, die strategisch auf eine Liberalisierung des Strafrechtsparagrafen hinzuwirken suchten.[41]

Bereits zu Beginn der 1950er Jahre kam die retrospektiv sicherlich bekannteste baden-württembergische Homophilengruppe, die „Kameradschaft die runde [sic]", im schwäbischen Reutlingen in einer Privatwohnung und ab 1956 auch im Stuttgarter „Katharinen-Eck" zusammen.[42] Die Gruppe begann sich ab Mitte der 1950er Jahre auch publizistisch zu engagieren und brachte unregelmäßig die Zeitschrift „die runde [sic]" heraus. Tochterlogen der „Internationalen Freundschafts-Loge" gründeten sich

---

35 Vgl. BGHSt 1,80 vom 13.3.1951; BGBl. Nr. 44 vom 6.8.1953, Drittes Strafrechtsänderungsgesetz vom 4.8.1953; BGBl. Nr. 55 vom 1.9.1953, und Herzog, Politisierung, S. 117.

36 Nadine Drönner, Das „Homosexuellen-Urteil" des Bundesverfassungsgerichts aus rechtshistorischer Perspektive, Tübingen 2020, S. 231.

37 Vgl. Steinbacher, Wie der Sex nach Deutschland kam, S. 50–80.

38 Riechers, Freundschaft und Anständigkeit, in: Invertito 1 (1999), S. 20.

39 Vgl. auch Michael Schwartz, Homosexualität, Sexualstrafrecht und Sittlichkeit. Gesellschaftliche Kontroversen und Reformdebatten in der frühen Bundesrepublik, in: Katharina Rauschenberger/Sybille Steinbacher (Hrsg.), Fritz Bauer und „Achtundsechzig". Positionen zu den Umbrüchen in Justiz, Politik und Gesellschaft, Göttingen 2020, S. 166–188, hier S. 178.

40 Steinbacher, Wie der Sex nach Deutschland kam, S. 80. Zum genauen Verfahren vgl. BGBl. Nr. 27 vom 16.6.1953, S. 377–379.

41 Vgl. Der Ring 3 (1957), Nr. 3–4, S. 54.

42 Vgl. Karl-Heinz Steinle, Die Geschichte der „Kameradschaft die runde", S. 8. Katharinenplatz 4.

seit dem Frühjahr 1952 auch in Stuttgart und Freiburg.[43] Andere Vereinigungen
ten.[44] So gab es ab 1955 einen sich über das Bundesland Baden-Württemberg ers
ckenden Interessentenkreis, der sich zum Ziel gesetzt hatte, auf „Bestrebungen e
Reform des Deutschen Strafgesetzbuches heutiger Fassung" hinzuwirken.[45] Die G
pe, die u. a. in Stuttgart, Bad Boll, Friedrichshafen und Heidelberg zusammenk
strebte an, dem Schutz, der Förderung und der Weiterentwicklung der „Mensch
rechte im Sinne der angeborenen, unveräußerlichen und unantastbaren Rechte
Freiheiten des Einzelnen gegenüber staatlichem Eingriff" zu dienen.[46] Sie beabsic
te auch, Verfassungsbeschwerden im Sinne einer Vereinbarkeit des §175 mit
Grundgesetz zu erarbeiten.[47]

Diese Gruppierungen zielten in ihren politischen Bemühungen auf Strategien
gerlich-homophiler Anerkennung, für die insbesondere der Züricher Kreis um
Autor und Aktivisten Karl Maier (Rolf) stand. Maier warb für ein solches politis
Vorgehen auch etwa bei der „Kameradschaft die runde".[48] Als Leitbilder im Selbst
ständnis homosexueller Männer in der frühen Bundesrepublik gelten die T
„Freundschaft" und „Anständigkeit".[49] Der von den homophilen Gruppierungen
dem wiederholt bemühte Rekurs auf Menschen- und Freiheitsrechte entsprach e
bürgerlichen Strategie von Emanzipation und knüpfte an die Emanzipationsbes
bungen der Weimarer Republik an. Zudem wurden bestimmte Anteile der Lebens
ten wie promiskuitives Verhalten, anonyme Sexualität oder Prostitution vor dem
tergrund der Anerkennungsbemühungen vielfach verleugnet.[50] Eine solche Strate
die auch als „dezent" zu beschreiben ist und die sich vor allem als eine bewährte
vate Überlebensstrategie unter der NS-Diktatur erwiesen hatte, entsprach einem
gerlichen Privatheitsideal und damit einem Bürgerlichkeitsdiskurs der 1950er
1960er Jahre. Ihr wurden womöglich die größten Chancen auf gesellschaftliche Ak
tanz zugerechnet.[51]

---

43 Vgl. Raimund Wolfert, Zwischen den Stühlen – die deutsche Homophilenbewegung der 19
Jahre, in: Bundesstiftung Magnus Hirschfeld (Hrsg.), Forschung im Queerformat. Aktuelle Beit
der LSBTI*-, Queer- und Geschlechterforschung, Bielefeld 2014, S. 87–104, hier S. 94 f.
44 Sehr spät folgte u. a. der Verein für humanitäre Lebensgestaltung in Karlsruhe, Hauptstaatsa
Stuttgart EA 2/303 Bü 824. Vgl. auch Der Ring 3 (1957), Nr. 3–4, S. 54 f.
45 Vgl. Der Ring 3 (1957), Nr. 3–4, S. 54.
46 Ebenda, S. 55.
47 Ebenda.
48 Vgl. auch Steinle, Geschichte, S. 5 f.
49 Vgl. Riechers, Freundschaft, in: Invertito 1 (1999), S. 12–46. Allein die Selbstbezeichnung des H
philen camouflierte homosexuelles Begehren.
50 Vgl. exemplarisch M. M. (Stuttgart), Notizen zur homosexuellen Situation, in: Der Kreis 20 (1
H. 5, S. 10 f. und 28.
51 Zum Bürgerlichkeitsdiskurs weiterführend: Wolfram Pyta/Carsten Kretschmann, Bürgerlich
Spurensuche in Vergangenheit und Gegenwart, Stuttgart 2016. Vgl. im Kontext der Homophilenb
gung auch Munier, Lebenswelten, S. 339.

Gerade die Gründung eines größeren Netzwerks mit eindeutig definierten politischen Handlungsstrategien zeigt ab Mitte der 1950er Jahre die empfundene Dringlichkeit politischen Handelns.

Repression und Verfolgung: „Kesseltreiben" der Kriminalpolizei gegen homosexuelle Männer

Von den in der Bundesrepublik Deutschland zwischen 1949 und 1969 ergangenen 50 000 Verurteilungen nach § 175 und § 175a StGB erfolgten in den Jahren 1952–1968 über 9700 in Baden-Württemberg. Etwa 20 000 Personen wurden hier zwischen 1953 bis zur Liberalisierung im Jahre 1969 polizeilich erfasst.[52] Damals erlangte Baden-Württemberg den zweifelhaften Ruf, „Vorreiter" bei der strafrechtlichen Verfolgung homosexueller Männer in der Bundesrepublik zu sein.[53] Nach einer Phase „gemäßigter Verfolgung" stieg die Verfolgung im deutschen Südwesten ab Mitte der 1950er Jahre erneut deutlich an und erreichte, dem Bundestrend entsprechend, 1959 ihren Höhepunkt.

> „Im Jahr 1959 stieg hier die Zahl der von der Kriminalpolizei erfassten ‚Vergehen nach §§ 175 und 175a' auf 1.933, die mit entsprechend hohen Verurteilungszahlen korrelierte. Die Zahl der allein nach § 175 verurteilten Personen betrug in diesem Jahr bundesweit (ohne Saarland und Berlin West) 2.395, von denen 696 auf Baden-Württemberg entfielen."[54]

Auffällig ist insbesondere ein sprunghafter Anstieg der zur Anzeige gebrachten „Unzuchtsfälle" zwischen Männern in Stuttgart von 1956 auf 1957. Diese schnellten von 218 kriminalstatistisch erfassten Fällen im Jahr 1957 auf 402, wodurch sie sich beinahe verdoppelten.[55] Im Mai 1956, als die Verurteilungszahlen durch die Akteure der staatli-

---

52 Vgl. Jürgen Baumann, Paragraph 175. Über die Möglichkeit, die einfache, nichtjugendgefährdende und nichtöffentliche Homosexualität unter Erwachsenen straffrei zu lassen, Berlin u. a. 1968, S. 63 ff. Vgl. zur Region Baden-Württembergs Ralf Bogen, Vorkämpfer im Kampfe um die Ausrottung der Homosexualität, in: Ingrid Bauz/Sigrid Brüggemann/Roland Maier (Hrsg.), Die Geheime Staatspolizei in Württemberg und Hohenzollern, Stuttgart 2013, S. 305–320, hier S. 317, und ders., Zum Schrecken der Homosexuellen Stuttgarts …. Ausgrenzung und Verfolgung homosexueller Männer in Württemberg, in: Der Bürger im Staat 65 (2015), H. 1, S. 36–43, hier S. 36. Sowie LKA Baden-Württemberg (Hrsg.), Polizeiliche Kriminalstatistik des Landes Baden-Württemberg für die Jahre 1953–1968, Stuttgart 1953–1968.
53 Bogen, Vorkämpfer, in: Bauz/Brüggemann/Maier (Hrsg.), Die Geheime Staatspolizei, S. 317.
54 Ebenda. Bogen konstatiert, dass es 1959 mit 902 nach § 175 und § 175a Verurteilten doppelt so viele Verurteilte gab wie im Bundesdurchschnitt. Vgl. Bogen, Schrecken, in: Der Bürger im Staat 65 (2015), H. 1, S. 36. Vgl. auch Rainer Hoffschildt, Statistik der Verfolgung homosexueller Männer durch Gesetzgeber, Justiz und Polizei in der Region des heutigen Baden-Württemberg, https://www.der-liebe-wegen.org/verfolgung_in_zahlen/ (1.1.2020).
55 Vgl. Polizeipräsidium Stuttgart (Hrsg.), Aus der Arbeit der Stuttgarter Polizei im Jahr 1959, Stuttgart, S. 26; vgl. auch Polizeipräsidium der Stadt Stuttgart (Hrsg.), Aus der Tätigkeit der Stuttgarter Polizei im Jahr 1958, Stuttgart 1958, S. 28.

chen Verfolgungsinstitutionen bereits erheblich gesteigert wurden, betonte die St
garter Kriminalpolizei in ihrem Lagebericht ihr erfolgreiches Vorgehen gegen s
nannte Strichjungen und deren homosexuelle Klientel in den Bereichen der öffe
chen Bedürfnisanstalten. Dort hieß es: „Meist konnten die homosexuellen Partner
Grund umfassender Geständnisse der Strichjungen ermittelt werden."[56] In dieser
zeichnung wird deutlich, dass die Polizeibeamten mit einigem Stolz auf ihre geleis
Ermittlungsarbeit blickten: „In homosexuellen Kreisen wird heute noch von ei
Kesseltreiben der Kriminalpolizei gegen die Homosexuellen gesprochen."[57]

In Stuttgart bestand seit dem 1. November 1956 nach Frankfurter Vorbild das s
nannte Sonderkommando P. Die Spezialeinheit der Stuttgarter Polizei war – hie
verwies das „P" – maßgeblich zuständig für die Überwachung und Kontrolle der
stitution.[58] Zudem war die Einheit zuständig für die Überwachung homosexue
Lebenswelten und der nach § 175 und § 175a StGB verfolgten Männer sowie des s
nannten Strichjungenwesens, d. h. der Kontrolle der meist heterosexuellen, mär
chen damals noch nicht so genannten Sexarbeiter.[59] Damit war diese Spezialein
der Stuttgarter Polizei auch für die Kontrolle von Bedürfnisanstalten und Klappen
ständig. Allerdings kam das Sonderkommando P auch bei der Kontrolle von Gasts
ten zum Einsatz, wobei die Beamten oft in Zivil auftraten. Die Spezialeinheit best
auf Anordnung des Stuttgarter Oberbürgermeisters Arnulf Klett seit ihrer Installa
am 1. November 1956 bis ins Jahr 1957 aus einer Stärke von 1/6 Beamten. Das he
neben der Leitung bestand die Einheit aus sechs weiteren Beamten. 1958 wurde
Einheit personell aufgestockt auf 1/12 Beamte.[60] Auch auf ihre Gründung, auf die
rige Führung durch den Leiter der Einheit, Rudolf Langenbacher, und ihre Auf
ckung dürfte ein starker Anstieg der Verfolgung zurückzuführen sein.

In den kommenden Jahren legten die Stuttgarter Ermittlungsbehörden ih
Schwerpunkt insbesondere auf den Bereich der öffentlichen Bedürfnisanstalten.[61]
Zeitzeuge Johann W. berichtet: „In einer solchen ‚Klappe' hinter der Rotebühlkase
bin ich 1958 in eine Polizeifalle geraten. Sie bot vermeintliche Sicherheit, denn du
die lose sitzenden Metallplatten der Treppen hörte man sofort, wenn jemand kam,
dass man auseinanderhuschen konnte. Neben diesem Toilettenraum gab es einen
benraum, der als Beobachtungsraum für die Polizei diente."[62]

---

56 StAS 151, Nr. 100, Lagebericht der Kripo-Stuttgart vom 25.5.1956.
57 Ebenda.
58 Vgl. Horst Neukirchner, Polizei und Prostitution (Großstadt), in: Bundeskriminalamt Wiesba
(Hrsg.), Sittlichkeitsdelikte. Arbeitstagung im Bundeskriminalamt Wiesbaden vom 20. April bis 25. A
1959 über Bekämpfung der Sittlichkeitsdelikte, Wiesbaden 1959, S. 81–87 hier S. 86.
59 Vgl. hierzu auch Munier, Lebenswelten, S. 313 f.
60 Vgl. StA Ludwigsburg EL 51/1 I Bü 4274.
61 Vgl. Polizeipräsidium der Stadt Stuttgart (Hrsg.), Tätigkeit, S. 28.
62 Johann W., Zeitzeuge im Nachkriegsstuttgart, in: Schwulst e. V./Weissenburg e. V., Ausgrenz
hier S. 39. Das Prozedere eines Verhörs konnte äußerst brutal sein. Vgl. Bericht von Eduard Kru
in Steinle, Geschichte, S. 6.

Gründe für den deutlichen Anstieg der Verfolgung homosexueller Männer sind zudem auf verschiedenen gesellschaftlichen Ebenen zu suchen: etwa in der Bestätigung der §§ 175, 175a StGB durch das Bundesverfassungsgericht im Jahr 1957, die in Baden-Württemberg auch durch den räumlichen Bezug eine besondere Bedeutung gehabt haben dürfte. Das gesellschaftliche Klima in Baden-Württemberg war wie im Rest der jungen Bundesrepublik in den 1950er und frühen 1960er Jahren im Hinblick auf Homosexualität äußerst repressiv.[63] Dass die besondere Verfolgungssituation in Baden-Württemberg mitunter auf die regional in Württemberg sehr starke protestantisch-pietistische mentale Prägung zurückzuführen ist, kann angenommen werden. Dies wäre jedoch weiter zu erforschen. Der Heimatfilm rückte baden-württembergische Naturschauplätze wie Schwarzwald und Bodensee Mitte der 1950er Jahre in den Mittelpunkt seiner Familienerzählungen. Diese trugen zur Rehabilitierung überkommener Geschlechterverhältnisse ebenso bei wie zur „Vergangenheitsflucht" des bundesdeutschen Publikums. Ebenfalls im Jahr 1957 feierte der – ausgerechnet vom NS-Starregisseur Veit Harlan verfilmte – erste bundesrepublikanische „Homosexuellenfilm" „Anders als du und ich" im Stuttgarter Gloria Palast Deutschlandpremiere.[64] Es handelte sich um einen Film, der zwar ursprünglich auch eine liberale Teil-Botschaft durch Mitarbeit des Sexualwissenschaftlers Hans Giese transportieren wollte, der aber durch die Zensurbemühungen der Freiwilligen Selbstkontrolle der Filmwirtschaft (FSK) schlussendlich nur noch überkommene Stereotype homosexueller Männer, z. B. das des Jugendverführers, reproduzierte.

Noch im E 1962, im amtlichen Entwurf der Großen Strafrechtskommission, den die Bundesregierung im Oktober 1962 vorlegte und der sich zu einem der „umstrittensten strafrechtlichen Kodifikationsentwürfe der juristischen Zeitgeschichte" entwickelte[65], beabsichtigte die Große Strafrechtskommission an der Kriminalisierung einvernehmlicher homosexueller Handlungen unter erwachsenen Männern festzuhalten.[66] Deutlich erkennbar ist in den Bestimmungen über die „Straftaten gegen die Sittlichkeit" die Wirkung der katholischen Moral-, Familien- und Sittlichkeitslehre. Der Entwurf hielt an der Bestrafung der Kuppelei ebenso fest wie an der der „Prostitution" bzw. Sexarbeit. Neben der Beibehaltung der Bestrafung einvernehmlicher sexueller Handlungen unter erwachsenen Männern beabsichtigte der E 1962, „Ehebruch" nicht nur weiter, sondern zudem schärfer zu bestrafen und dergleichen mehr.[67] Begründet wurde dies mit reaktionär anmutenden, der NS-Ideologie deutlich nahestehenden Formulierungen.[68]

---

63 Vgl. z. B. Pretzel, Homosexuellenpolitik, in: Queer Lectures 3 (2010), S. 20–35.

64 Vgl. Munier, Lebenswelten, S. 306–309.

65 Alexander Timm, Der Entwurf eines Strafgesetzbuches von 1962, Berlin 2016, S. 17.

66 Vgl. Schäfer, „Widernatürliche Unzucht", S. 174 ff.

67 Vgl. zum E 1962: Entwurf eines Strafgesetzbuches (StGB). E 1962. Mit Begründung. Vom 4. Oktober 1962, Bundestagsdrucksache IV/650.

68 Vgl. Herzog, Politisierung, S. 158 f.

Erst die öffentliche Gegenrede und das politische Wirken gegen den E 1962 l\
ten seither einen weitreichenden gesellschaftlichen Wandel zugunsten einer Libe\
sierung ein. Grundlage hierfür bildeten nicht nur die einflussreichen Studien des\
amerikanischen Sexualforschers Alfred C. Kinsey, sondern zudem die daran ank\
fenden Reporte der englischen Kirchen sowie des Berichts der britischen Regier\
des Wolfenden Reports (1957), die einvernehmliche, im Privaten gehaltene sexu\
Handlungen unter erwachsenen Männern nicht mehr für strafwürdig befanden. D\
Publikationen hatten einen grundlegenden Einfluss auf eine dortige strafrechtlich\
beralisierung. Erst die Übersetzung des Wolfenden Reports durch den Hambu\
Rechtsanwalt und Barrister-at-Law Albrecht von Dieckhoff erreichte eine deutschs\
chige interessierte Leserschaft. Sie wirkte sowohl in die Homophilenbewegung\
auch in die bundesdeutsche Debatte zur Rechtsprechung hinein.

An dieser öffentlichen Diskussion waren zahlreiche liberale Persönlichkeiten\
dem deutschen Südwesten beteiligt, wie u. a. der gebürtige Stuttgarter Fritz Bauer\
sich in der Position des hessischen Generalstaatsanwalts mit der Herausgabe des\
flussreichen Sammelbandes „Sexualität und Verbrechen" (1963) in die Debatte um\
Strafrechtsreform kritisch einbrachte. Zu nennen ist auch der Freiburger Gene\
staatsanwalt Karl Siegfried Bader, der gemeinsam mit Fritz Bauer bereits Ende\
1940er/Anfang der 1950er Jahre für eine Streichung des § 175 StGB votiert hatte.[69]

Hingewiesen sei überdies auf den Tübinger Strafrechtslehrer Jürgen Baum\
der sich maßgeblich für eine öffentliche kritische Auseinandersetzung mit dem E\
einsetzte. Angeregt durch die Strafrechtslehrertagungen seit Mitte der 1950er Ja\
entwickelte Baumann ein starkes Problembewusstsein für die Ausrichtung eines n\
lichen neuen Strafgesetzbuches und forderte früh, dass die Grundkonzeption d\
1962 deutlich moderner und säkularer ausgerichtet werden müsse, da sie eine Tra\
rung überlieferter Rechtsnormen bewirke.[70] Hervorzuheben ist überdies das Eng\
ment des Heidelberger Strafprozessexperten Ernst-Walter Hanack[71], der gemein\
mit der Mannheimer Ersten Staatsanwältin Barbara Just-Dahlmann mit eingäng\
Referaten und Plädoyers auf dem 47. Deutschen Juristentag in Nürnberg, wo sich

---

69 Vgl. Schwartz, Homosexualität, in: Rauschenberger/Steinbacher (Hrsg.), Fritz Bauer und „Acht
sechzig", S. 170, und Karl S. Bader, Soziologie der deutschen Nachkriegskriminalität, Tübingen
S. 68. Bader verfasste eine in der Zeitschrift für Sexualforschung publizierte „Gutachterliche Äuße
zur Reform der §§ 175, 175a StGB": ders., Gutachterliche Äußerung zur Reform der §§ 175, 175a StG\
Zeitschrift für Sexualforschung, 1 (1950), Nr. 3/4, S. 327–332. Kritisch zu Bader auch Schwartz, Ho
sexualität, S. 169 f.
70 Vgl. Rudolf Wassermann, Rudolf, Vorwort, in: Jürgen Baumann, Strafrecht im Umbruch von
Dr. jur. Jürgen Baumann, Senator für Justiz in Berlin. Neuwied/Darmstadt 1977, S. 7–11, hier S. 8
71 Vgl. Baumann, § 175. Vgl. auch Ernst-Walter Hanack, Die Straftaten gegen die Sittlichkeit im
wurf 1962 (§§ 204–231 E 1962), in: Zeitschrift für die gesamte Strafrechtswissenschaft 77 (1965), S.
469, und ders., Empfiehlt es sich, die Grenzen des Sexualstrafrechts neu zu bestimmen? Gutachte\
den 47. Deutschen Juristentag unter Mitwirkung der wissenschaftlichen Assistenten Dr. Eberl\
Wahle und Dr. Jürgen von Gerlach, München 1968.

Strafrechtliche Abteilung mit der Reformbedürftigkeit des damals geltenden Sexualstrafrechts befasste, auf eine Liberalisierung des Strafrechts und insbesondere des § 175 StGB hinwirkte.[72] Dieses Engagement mündete schließlich in den bekannten Alternativentwurf[73] zum E 1962 und leitete die Liberalisierung des § 175 im Jahr 1969 ein.[74]

---

72 Vgl. Barbara Just-Dahlmann, Referat der Ersten Staatsanwältin Dr. Barbara Just-Dahlmann, in: Deutscher Juristentag 1968 – Empfiehlt es sich die Grenzen des Sexualstrafrechts neu zu bestimmen? Band II, Sitzungsbericht K zum 47. Deutschen Juristentag, München 1968, S. K. 7–28.

73 Gegen den Regierungsentwurf E 1962 formierte sich ein 16-köpfiger Kreis progressiver StrafrechtswissenschaftlerInnen, der den Alternativentwurf (AE) eines StGB in zwei Teilen vorlegte. 1966 wurde der AE zum Allgemeinen Teil fertiggestellt, 1968 folgte schließlich der Alternativentwurf eines Strafgesetzbuches zum Besonderen Teil, der sich mit den Sexualdelikten befasste.

74 Vgl. Michael Schwartz, „Warum machen Sie sich für die Homos stark?". Homosexualität und Medienöffentlichkeit in der westdeutschen Reformzeit der 1960er und 1970er Jahre, in: Jahrbuch der Sexualitäten 2016, Göttingen, S. 51–93, hier S. 64.

Kirsten Plötz

Antilesbischer Zwang

Langfristige Weichenstellungen der Nachkriegszeit im westdeutschen
Ehe- und Familienrecht

Eine lesbische Beziehung war rechtlich in Deutschland seit der Mitte des 19. Jahrhunderts zwar an sich nicht mehr von Strafe bedroht – anders als etwa in Österreich. Doch das Ehe- und Familienrecht sowie dessen Auslegungen engten die Möglichkeiten, eine lesbische Beziehung einzugehen, im 20. Jahrhundert entscheidend ein. Diesem bisher im Zusammenhang queerer Geschichtsschreibung kaum beachteten Rechtsbereich widmet sich der vorliegende Beitrag.[1]

Verheiratete Frauen fanden in den Westzonen und der frühen Bundesrepublik eine zivilrechtliche Lage vor, die ihnen kaum Möglichkeiten ließ, gleichgeschlechtlich zu lieben. Das im Jahre 1900 in Kraft gesetzte Bürgerliche Gesetzbuch (BGB) bedeute für Ehefrauen „Rechtlosigkeit, Willkür und sklavische Unterwerfung".[2] So beschrieb es 1904 eine Frau, die sich selbst als homosexuell ansah. Eine Juristin nannte den im BGB fixierten Rechtszustand eine „völlige Rechtlosigkeit der Mütter".[3] Mit dem Ehegesetz von 1946, das in allen vier Besatzungszonen galt, wurde das Ehe- und Familienrecht in dieser Hinsicht kaum verändert.[4]

Als Sinn und Ziel weiblichen Lebens galt jahrzehntelang die lebenslange Ehe mit einem Ehemann als Oberhaupt sowie mehrfache (ungeplante) Mutterschaft. Während der NS-Zeit galten Ehen der „Volksgemeinschaft" als deren Urzellen; sie wurden ohne

---

1 Bei der Tagung in Tutzing hielt die Autorin einen Vortrag, der die anfänglichen Überlegungen des Forschungsprojekts zum Sorgerecht enthielt. Für die vorliegende Veröffentlichung scheint ein Ergebnisbericht sinnvoller. Ausführlicher sind die Ergebnisse dargestellt in einem Beitrag, der im Heft 24 des Jahrbuches Invertito erscheinen wird, sowie in: Ministerium für Familie, Frauen, Jugend, Integration und Verbraucherschutz Rheinland-Pfalz (Hrsg.), „... in ständiger Angst ...". Eine historische Studie über rechtliche Folgen einer Scheidung für Mütter mit lesbischen Beziehungen und ihre Kinder in Westdeutschland unter besonderer Berücksichtigung von Rheinland-Pfalz (1946 bis 2000). Forschungsbericht im Auftrag des Instituts für Zeitgeschichte München–Berlin und der Bundesstiftung Magnus Hirschfeld (2021; erstellt von Kirsten Plötz; https://mffki.rlp.de/de/themen/vielfalt/rheinland-pfalz-unterm-regenbogen/queere-geschichte/). Anzumerken ist, dass es für die Perspektive dieser Forschung unerheblich ist, wie die Mütter sich definierten. Der Fokus richtet sich allgemein auf staatliche Perspektiven und Handlungen gegen Mütter, die Frauen liebten. Trans*Mütter sind nicht einbezogen, da ein Geschlechtsrollenwechsel für staatliche Handlungen einen erheblichen Unterschied gemacht zu haben scheint; dies sollte gesondert untersucht werden.
2 So Anna Rühling, zitiert nach: Ministerium 2021, S. 24.
3 Sibylla Flügge, Ambivalenzen im Kampf um das Sorgerecht. Die Geschichte der elterlichen Gewalt und die aktuelle Diskussion um die „gemeinsame Sorge", in: Streit 9 (1991), Nr. 1, S. 4–15, hier S. 12.
4 Vgl. Ministerium 2021, S. 22–25. Für die DDR schuf das Gesetz über den Schutz von Mutter und Kind 1950 sowie das Familiengesetzbuch 1965/66 neue Rechtslagen.

Rücksicht auf die persönliche Lage der Eheleute beendet oder gefördert. Mit mör[d]
schen Konsequenzen wurden nur Geburten „arischer" Kinder gefördert. Als r[...]
Grundlage 1945 galten in den Westzonen das katholisch-konservative „Sittenges[etz]
das z. B. für geschlechtlichen Verkehr ausschließlich die Ehe vorsah, und die Rück[kehr]
zu Prinzipien des BGB von 1900.

Lesbische Liebe war von 1933 bis in die frühen 1970er Jahre im öffentlichen R[aum]
Westdeutschlands weitgehend unsichtbar; hier sind verschiedene Varianten des [Un]
sichtbarmachens und Unsichtbarhaltens festzustellen, unter anderem gezielte Zen[sur]
mit der Begründung sittlich motivierten „Jugendschutzes".[5] Eine ungezählte An[zahl]
Frauen wurde dementsprechend, wie es eine von ihnen rückblickend ausdrüc[kte]
„Lesbe auf dem zweiten Bildungsweg".[6]

Die staatlich gewollte und erzwungene Unsichtbarkeit lesbischer Liebes- und [Le]
bensweisen war keineswegs harmlos. Noch für die 1970er und 1980er Jahre erin[nert]
sich eine Ende der 1950er Jahre geborene Frau: „Von meiner Sehnsucht durfte [nie]
mand wissen. Es musste alles heimlich sein. Es gab keine Vorbilder. Ich kann m[ich]
nicht erinnern, dass ich irgendwelche positiven Berichte, Geschichten, Bilder ge[habt]
hätte, in denen es einfach eine von mehreren Möglichkeiten war. Gab es nicht." [Die]
Frau heiratete, wurde Mutter und fürchtete ums Sorgerecht, als sie sich von ih[rem]
Mann trennen und Frauen zuwenden wollte. Noch jahrelang blieb sie in der Ehe;
mit Mitte 50 erlebte sie ihre „erste große Liebe", mit einer Frau.[7]

Wie die Frau sich zu fügen hatte

So ließe sich die zivilrechtliche Lage einer Ehefrau der Nachkriegszeit an einem [Bei]
spiel zusammenfassen: Verliebte sich eine Ehefrau in ihre Kollegin, konnte ihr [Ehe]
mann vollkommen rechtskonform nicht nur ohne ihre Zustimmung ihren Arbeits[ver]
trag kündigen, ihr den Lohn bzw. das Gehalt aus ihrer Erwerbsarbeit sowie [den]
Zugang zum Konto vorenthalten und sie sexuell züchtigen, sondern auch die Kin[der]

---

5 Kirsten Plötz, „Echte" Frauenleben? „Lesbierinnen" im Spiegel öffentlicher Äußerungen in den [An]
fängen der Bundesrepublik, in: Invertito 1 (1999), S. 47–69. Als Maßnahme des Jugendschutzes s[etzte]
sich z. B. das Bundesland Rheinland-Pfalz dafür ein, dass Schriften der Öffentlichkeit entzogen wur[den]
die dem „Sittengesetz" nicht entsprachen. Das betraf auch Schriften, in denen lesbische Frauen po[sitiv]
beschrieben wurden. Vgl. Ministerium für Familie, Frauen, Jugend, Integration und Verbraucherso[rge]
Rheinland-Pfalz (Hrsg.), Bericht der Landesregierung zum Beschluss des Landtags vom 13. Dezem[ber]
2012 zur Drucksache 16/1849: Aufarbeitung der strafrechtlichen Verfolgung und Rehabilitierung h[omo]
sexueller Menschen (2017, Teil 1 erstellt von Günter Grau, Teil 2 und Teil 3 von Kirsten Plötz; htt[ps://]
mffki.rlp.de/de/themen/vielfalt/rheinland-pfalz-unterm-regenbogen/queere-geschichte/).
6 Zitiert nach: Kirsten Plötz, Lesbische ALTERnativen. Alltagsleben, Erwartungen, Wünsche, Kö[nig]
stein/Taunus 2006. Vgl. auch Kirsten Plötz, Als fehle die bessere Hälfte. „Alleinstehende" Fraue[n in]
der frühen BRD 1949–1969, Königstein/Taunus 2005.
7 Interview vom 8.1.2020, geführt von der Verfasserin, zitiert nach: Ministerium 2021, S. 111.

bei Großeltern aufwachsen lassen und einen Umzug des Paares an einen anderen Ort veranlassen. Wehrte sich die Ehefrau gegen diese Maßnahmen ihres Mannes oder ging trotzdem ein lesbisches Verhältnis mit ihrer Kollegin ein, riskierte sie eine „schuldige" Scheidung und damit den Verlust ihres Unterhalts und das Sorgerecht für ihre Kinder.

Solche Auswirkungen des Zivilrechts auf lesbische Liebe wurden in der Regel nicht öffentlich besprochen. Als 1988 die Kölner Rechtsanwältin Michaela Verweyen zusammen mit einer Kollegin einen Vortrag beim „Feministischen Juristinnentag" über „Lesben im Recht" hielt, war dies dort, wie sie sich erinnert, der erste Vortrag zum Thema überhaupt. Entsprechend war darin von einer „Nichtexistenz von Lesben in juristischen Fachzeitschriften" die Rede – obwohl solche Zeitschriften für juristische Informationen und Debatten grundlegend waren.[8] Doch nur gelegentlich finden sich darin Beiträge zur juristischen Debatte, bei denen es explizit um Liebe unter Frauen ging. So war nach Darstellung jenes einflussreichen Gesetzeskommentars zum BGB, der zwischen 1938 und 2020 in 80 Auflagen unter dem Namen „Palandt" erschien, der gleichgeschlechtliche Verkehr der Ehefrau erklärtermaßen ein Grund für einen Schuldspruch bei einer Scheidung.[9]

Öffentlich wurden leidenschaftliche Debatten über das angemessene Maß der Autorität von Ehemännern und Vätern über ihre Ehefrauen und Kinder geführt.[10] In der Absicht, Frauen im Ehe- und Familienrecht gleichzustellen, setzten sich 1948/49 mit der sozialdemokratischen Juristin Elisabeth Selbert viele Personen erfolgreich dafür ein, dass Frauen und Männer per Grundgesetz der Bundesrepublik gleichberechtigt wurden.[11] Trotz dieser 1949 gesetzten Verfassungsnorm aber meinte kein Geringerer als Bundeskanzler Konrad Adenauer (CDU) 1952: „Wie letzten Endes die Mutter sich grundsätzlich dem Vater zu fügen hat, so soll auch die Frau gehalten sein, dasselbe im Verhältnis zum Mann zu tun."[12] Ähnliche Ansichten vertrat der von 1953 bis 1962 amtierende erste Bundesminister für Familienfragen Franz-Josef Wuermeling (CDU), der sein Amt als „Abwehrstellung" gegen die Gleichberechtigung von Frauen verstand.[13]

Wer „schuldig" geschieden wurde, sollte die elterliche Sorge nur in Ausnahmefällen erhalten, urteilte 1951 und 1952 der Bundesgerichtshof. Insgesamt orientierte sich der Bundesgerichtshof in den 1950er Jahren eng am „Sittengesetz".[14] Manche Sorge-

---

8 Vgl. Michaela Verweyen, Lesben im Recht (unveröffentlichtes Manuskript, 1988).

9 Diese Darstellung findet sich im Palandt in sämtlichen Auflagen von 1949 bis 1976. Vgl. Ministerium 2021, S. 26; erst mit der 81. Auflage wurde die Namensgebung durch den Erstherausgeber, den 1951 verstorbenen Juristen Otto Palandt, wegen kritischer Sicht auf dessen NS-Belastung geändert.

10 Vgl. Heike Vaupel, Die Familienrechtsreform in den fünfziger Jahren im Zeichen widerstreitender Weltanschauungen, Baden-Baden 1999

11 Ministerium 2021, S. 29–33.

12 Zitiert nach: Robert G. Moeller, Geschützte Mütter. Frauen und Familien in der westdeutschen Nachkriegspolitik, München 1997 [Berkeley 1993], S. 157.

13 Vgl. Ministerium 2021, S. 35.

14 Vgl. Ministerium 2021, S. 36.

rechtsentscheidungen gingen im Namen des Kindeswohls aus heutiger Sicht bis an
Grenzen der Kindeswohlgefährdung, um gesellschaftliche Normen gegenüber der
tern durchzusetzen.[15]

1958 schränkte das Bundesverfassungsgericht die Autorität der Ehemänner
Väter über Ehefrauen und Kinder ein. Die „Schuld" an einer Scheidung blieb a
dings für Sorgerecht und Unterhalt wesentlich, das Leitbild der „Hausfrauenehe"
die Verfügbarkeit über den weiblichen Körper infolge der sogenannten ehelic
Pflichten blieben bestehen, sodass die Unterordnung der Ehefrauen nur begrenzt
geschränkt wurde.[16]

Bedeutend blieb auch die wirtschaftliche Ungleichheit. Mit einer „schuldig
Scheidung riskierte eine Ehefrau, so der Familienrechtsexperte Dieter Schwab rück
ckend, eine „finanzielle Katastrophe, gleich, wie ihre Leistungen und Opfer für die
milie gewesen waren".[17] Der Ehemann behielt bei einer „schuldigen" Scheidung in
Regel seine wirtschaftliche Basis, nur gegebenenfalls belastet durch Unterhaltszah
gen.[18] Frauen sollten – so das Leitbild dieses Familienrechts und der Geschlechter
tik der frühen Bundesrepublik – sozial lebenslang über eine Ehe abgesichert s
nicht aber über eigene Erwerbsarbeit.[19] In der frühen Bundesrepublik waren Fra
daher deutlich schlechter oder gar nicht ausgebildet als Männer, wurden weniger
vorzugt eingestellt, hatten kaum Aufstiegschancen und erhielten für die gleiche c
ähnliche Arbeit deutlich geringere Löhne und Gehälter.[20]

Mit dem von Wuermeling durchgesetzten „Familienrechtsänderungsgesetz"
1961 war eine Ehescheidung gegen den Widerstand des „nichtschuldigen" Ehepartn
kaum noch möglich.[21] Offensichtlich hatte das Gesetz zum Ziel, vor allem weibli
Scheidungswünsche zu begrenzen: 1948 war noch weniger als der Hälfte der
Scheidung Klagenden weiblich, 1950 bereits über die Hälfte, 1959 machten Fra
mehr als zwei Drittel aus.[22] Die persönliche Abhängigkeit der Ehefrauen von ih
Gatten wurde 1961 mit diesem Gesetz deutlich verstärkt, sodass es im konkreten

---

15 Vgl. Jan-Robert Schmidt, Von der Scheidungsschuld zum Kindeswohl? Die Bedeutung der
rechtsreform von 1977 für die Sorgerechtszuteilung nach Trennung und Scheidung, in: Martin Lö
(Hrsg.), Scheidung ohne Schuld? Genese und Auswirkungen der Eherechtsreform 1977, Tübingen 2
S. 175–192, hier S. 180–183.

16 Zur Reform vgl. Vaupel, Familienrechtsreform; vgl. auch Ministerium 2021, S. 39 f.

17 Dieter Schwab, Gleichberechtigung und Familienrecht im 20. Jahrhundert, in: Ute Gerhard, (H
Frauen in der Geschichte des Rechts. Von der Frühen Neuzeit bis zur Gegenwart, München 1
S. 790–827, hier 813.

18 Vgl. ebenda.

19 Vgl. Moeller, Geschützte Mütter. In Plötz, Lesbische ALTERnativen, S. 111–122, finden sich Sch
rungen, wie sich dies auf lesbisches Leben auswirkte.

20 Vgl. Klaus-Jörg Ruhl, Verordnete Unterordnung. Berufstätige Frauen zwischen Wirtschaftswa
tum und konservativer Ideologie in der Nachkriegszeit (1945–1963), München 1994. Vgl. auch Bun
tagsdrucksache V/909 (1966), S. 78 und 82 f.

21 Ministerium 2021, S. 46 f.

22 Vgl. Plötz, „Alleinstehende" Frauen, S. 173–175.

darauf ankam, in welchem Maße Ehemänner ihre rechtlich festgeschriebene Macht nutzten.

Bis in die frühen 1970er Jahre wurden entsprechende Auswirkungen auf Frauen mit lesbischem Begehren kaum öffentlich bekannt. Aus der Lesbenbewegung, die sich ab 1974 deutlich formierte, kam der Eindruck, viele Lesbierinnen hätten sich bis 1977 – bis zum Zeitpunkt einer sozialliberalen Reform dieses Scheidungsrechts – nicht scheiden lassen können. Auch hieß es ausdrücklich: „Um die Angst verheirateter Lesben zu reduzieren, müßte gewährleistet sein, daß sie bei einer Scheidung nicht mehr automatisch die Kinder verlieren."[23]

Mehr Gleichberechtigung

Als am 1. Juli 1977 die sozialliberale Reform des Ehe- und Familienrechts in Kraft trat, wurde es Frauen möglich, ihre Ehe auch gegen den Widerstand des Ehemannes zu beenden – und gegebenenfalls eine lesbische Beziehung einzugehen. Nun verhandelten die neu geschaffenen Familiengerichte zusammen mit einer Ehescheidung auch über die elterliche Gewalt, wobei sie sich hinsichtlich des Kindeswohls nicht wie zuvor an gesellschaftlichen Sittlichkeitsnormen, sondern am konkreten Wohl des jeweiligen Kindes zu orientieren hatten.[24]

Das neue Gesetz regelte sowohl das Scheidungsrecht als auch das Scheidungsfolgenrecht unabhängig von einer „Schuld". Der nacheheliche Unterhalt war nun als soziale Absicherung des schwächeren Teils und damit ganz überwiegend der Frauen gedacht. Ab 1986 führte das „Unterhaltsänderungsgesetz" der christdemokratisch-liberalen Regierung Helmut Kohls die Frage der „Schuld" bei der Regelung des nachehelichen Unterhalts wieder ein. Es ist unbekannt, wie viele Frauen seither in einer Ehe verblieben, weil sie das Risiko nicht eingehen wollten, sich und ihre Kinder ohne bzw. mit deutlich verringertem Unterhaltsanspruch zu ernähren.[25]

Auch die neue Ausrichtung des Kindeswohls seit 1977 verhinderte den Einfluss vorherrschender Geschlechternormen auf konkrete juristische Entscheidungen nicht. Das Oberlandesgericht Düsseldorf etwa übertrug die elterliche Gewalt bei einer Scheidung dem Vater der Kinder, da das Verbleiben bei der Mutter und deren neuer Partnerin laut Gericht „dazu führen" könnte, dass die Kinder „nach und nach die Lebensgemeinschaft zweier homosexuell empfindender Menschen als normal im Sinne von

---

23 Ina Kuckuc [Ilse Kokula], Gesellschaftspolitische Arbeit und Emanzipation von Lesbierinnen, in: Rüdiger Lautmann, Seminar: Gesellschaft und Homosexualität, Frankfurt a. M. 1977, S. 465–473, hier S. 467 f. Vgl. auch Ministerium 2021, S. 56. Zur Formierung der Lesbenbewegung siehe z. B. Ilse Lenz (Hrsg.), Die Neue Frauenbewegung in Deutschland. Abschied vom kleinen Unterschied. Ausgewählte Quellen, Wiesbaden 2009.
24 Ministerium 2021, S. 84–86. Die elterliche Gewalt wurde 1980 zur elterlichen Sorge; vgl. Ministerium 2021, S. 88 f.
25 Vgl. Ministerium 2021, S. 119–121.

üblich oder sogar erstrebenswert ansehen". Aus Sicht des Gerichts wäre damit „
Entwicklung in der Tat in falsche, weil der sozialen Wirklichkeit nicht entspreche
Bahnen gelenkt und hätte zur Folge, daß sie es von vorneherein schwerer hätter
andere[,] sich in der Welt ihrer Mitmenschen zurechtzufinden".[26]

Solche Argumentationen, die gesellschaftliche Diskriminierung gleichgeschlec
cher Liebe feststellten und dies als Grund nahmen, sie selbst weiterhin auszuü
betrachtete noch der erste „Rechtsratgeber für Lesben" von 1991 als üblich.[27] Das
deswohl wurde in diesen Fällen vermutlich eher entlang von Geschlechternormer
vom konkreten Wohl der einzelnen Kinder ausgelegt.

Das legt auch ein Urteil des Amtsgerichts Mainz von 1981 nahe, in dem es he
„Bei dem seelisch vorgeschädigten Kind würde die Außenseiterrolle der Mutter ke
noch schadlos verarbeitet oder verkraftet werden, zumal die Mutter dem Kind i
weit keine adäquate Hilfe geben könnte. [...] Die anfänglichen Rückfälle des Kinde
infantile Verhaltensformen [...] sind normale Reaktionen auf den Verlust der Mu
ein Verlust, der nach Überzeugung des Gerichts primär nicht in der Trennung von
Mutter zu sehen ist, als in der von diesem Kind mehr oder weniger bewußt erfa
nen Persönlichkeitsveränderung der Mutter, die die von dem Kind erfahrenen Fa
enzusammengehörigkeit und Geborgenheit verlassen und zerschlagen hat."[28]

Die hiervon betroffene Mutter schildert rückblickend im Interview keinesw
„Geborgenheit der Familie", sondern Dominanz und Gewalttätigkeit ihres damal
Ehemannes. Das Gericht, so die Mutter, habe sich aber nicht für diese Gewalt „inte
siert; der konnte einen schlagen und mehr – wichtig war, dass ich lesbisch war
Auch erging es dem älteren Kind, das nach der Trennung der Eltern beim Vater le
offenbar schlecht. Es sei keine Frage, so das Gericht, „daß die Antragstellerin für be
Kinder infolge der von ihr erfahrenen Betreuung und ständigen Nähe engste Bez
person der Kinder gewesen ist und die Trennung von der Mutter eine schwere Bet
fenheit und Verletzung des Kindes bedeutet hat und weiterhin bedeutet, wie der S.
verständige sie als große Not des Kindes festgestellt und eindringlich beschrie
hat". Obwohl also die Trennung des Kindes von der Mutter das Kind in große
stürzte, schlussfolgerte das Gericht: „Eine Rückführung des Kindes zur Antragsge
rin ist jedoch unter keinem Gesichtspunkt im Interesse der Kinder. Die Antragsge
rin, nach der das Kind Heimweh hat, gibt es so nicht mehr, wie das Kind die Mu
vor deren Ausbruch aus der Ehe erfahren hat."[30] Entscheidend für diese Wertung

---

26 OLG Düsseldorf, 7.10.1977, zitiert nach: Verweyen, Lesben.
27 Vgl. Karin Behrmann/Bea Trampenau, Mit der Doppelaxt durch den Paragraphen-Dschu
Rechtsratgeberin für Lesben (und Schwule und andere Unverheiratete), Hamburg 1991, S. 49. S
zu einem ähnlichen Fall in München 1983 auch Ministerium 2021, S. 108 f.
28 Beschluß des Amtsgericht-Familiengerichts Mainz von 1981, zitiert nach: Ministerium 2021, S.
Das jüngere Kind durfte vorläufig bei der Mutter bleiben.
29 Interview, geführt von der Verfasserin des vorliegenden Forschungsberichts am 28.4.2015 für
nisterium 2017. Zitiert nach: Ministerium 2021, S. 104–108.
30 Amtsgericht Mainz 1981, zitiert nach: Ministerium 2021, S. 105.

Gerichts scheint der Ausbruch der Mutter aus der Ehe gewesen zu sein, doch keineswegs, dass die Mutter ihre Kinder schlechter umsorgte, seitdem sie lesbisch liebte.

1984 urteilte ein westdeutsches Gericht erstmals, dass die Homosexualität der Mutter an sich kein Grund sei, ihr das Sorgerecht zu verweigern. Das Amtsgericht Mettmann beurteilte die Bindung des Kindes an seine Mutter und deren Partnerin insgesamt positiv. Auch hob das Urteil hervor: „Aufgrund der Normalität, in der die Mutter und ihre Lebensgefährtin ihre Lebensgemeinschaft unterhalten und dem Kind vorleben, steht nicht zu befürchten, daß das Kind in eine soziale Außenseiterrolle gedrängt wird."[31]

Der Kommentar zu diesem Urteil in der führenden Fachzeitschrift „Zeitschrift für das gesamte Familienrecht" (FamRZ) wertete vor allem die sichtbare „Normalität" ganz anders. Er legte nahe, dass von Müttern mit erkennbar lesbischen Beziehungen eine sittliche Gefährdung für die Kinder ausgehe. Ohne dass der besprochene Fall Anlass dazu gab, war in der FamRZ dazu zu lesen, das Zusammenleben der Mutter mit einer Lebensgefährtin könnte „zu einer Gefährdung des Kindes führen, wenn die Mutter mit ihrer Partnerin sexuellen Praktiken in für das Kind wahrnehmbarer Weise nachgeht". Nur wenn dies nicht geschehe, könnte das Kind die Lebensgefährtinnen wie Schwestern empfinden, „woran wohl niemand Anstoß nähme".[32] Die Bedeutung dieser einschränkenden Warnung ist als hoch einzuschätzen, da die FamRZ für die Urteilsfindung von Gerichten oft richtungsweisend werden konnte. Auch der Großkommentar „Staudinger", der für viele Gerichtsentscheidungen maßgebliche älteste und ausführlichste Kommentar zum BGB, führte Homosexualität 1992 als grundsätzlich negativen Faktor an, der das Sorgerecht tendenziell in Frage stellte.[33]

Eine Fachanwältin für Familienrecht, Irene Schmitt aus München, erinnert sich denn auch an ein hohes Angstpotenzial, „die elterliche Sorge aufgrund der sexuellen Identität zu verlieren. Viele Frauen haben aus diesem Grund entweder die Scheidung hinausgezögert, von sich aus, um ein unangenehmes Verfahren zu vermeiden, auf die elterliche Sorge verzichtet oder versucht, die Lebensweise vollständig zu verheimlichen."[34]

Eine Mutter aus Nordrhein-Westfalen, die sich im Interview daran erinnert, wie sie sich Ende der 1980er Jahre dem Druck ihres Mannes beugte und auf nachteilige Unterhaltsregelungen einging, um sowohl mit ihrer lesbischen Beziehung als auch mit

---

31 Amtsgericht Mettmann, Urteil vom 16.11.1984, zitiert nach: Ministerium 2021, S. 91.
32 FamRZ 1985, S. 530, zitiert nach: Ministerium 2021, S. 92 f.
33 Vgl. zum Kommentar Staudinger Ministerium 2021, S. 122.
34 Auskunft der Rechtsanwältin für Familienrecht per E-Mail vom 20.8.2019.

ihren Kindern leben zu können, betonte: „Dass Mütter um ihre Kinder fürchten, glaube ich, das Schlimmste, was man Frauen antun kann.“[35]

Im Jugendamt blieb nach Einschätzung einer früheren Mitarbeiterin eines gendamts am Mittelrhein in den 1980er und 1990er Jahren eine lesbische Bezieh der Mutter eher verdeckt. Dass beide Eltern nach der Trennung das Kind beha wollten, auch die Frau, obwohl diese „klar sage“, sie führe in Zukunft eine „lesbi Lebensverbindung“, „habe ich definitiv nicht gehabt. Aber nicht, weil es das nicht sondern weil es, glaube ich, anders gehandhabt wurde.“ Das kann durchaus als Sc der Mütter und Kinder verstanden werden. Die ehemalige Jugendamtsmitarbeit meint: „Wenn die es ganz bewusst thematisiert hätten, glaube ich, hätten sie Sch rigkeiten gekriegt. Und ich als Behördenvertreterin oder auch alle meine anderen legen hätten da auch Schwierigkeiten gekriegt zu argumentieren, es ist zum Wohl Kindes, dass die Kinder da bleiben“.[36]

Auch Regelungen des Besuchsrechts konnten auf ein Verbergen lesbischer Be hungen hinauslaufen. Einige Gerichte erteilten Müttern die Auflage, ihr Besuchsr so wahrzunehmen, dass die Kinder die lesbische Beziehung ihrer Mütter nicht ber ken konnten. Dies wurde aus Niedersachsen 1978 und Nordrhein-Westfalen 1993 kannt.[37]

Noch 1983 war laut Tageszeitung „taz“ über Sorgerechtsverfahren von lesbisc Müttern „eigentlich viel zu wenig bekannt. [...] Alle Beteiligten sind auf äußerste schwiegenheit bedacht. Die betroffenen Mütter werden von Rechtsanwälten Rechtsanwältinnen ebenso wie von Sozialarbeiterinnen eher dahingehend bera ihre gleichgeschlechtliche Veranlagung zu verleugnen.“[38]

Anlass für diese Einschätzung war ein Prozess in München, durch den eine N ter das Sorgerecht für ihre 7-jährige Tochter verlor. Der Mutter, die bei Gericht Unterschriftenliste mit der Forderung einreichte, „lesbischen Müttern nicht aufgr ihrer lesbischen Lebensweise das Sorgerecht [zu] entziehen“, lastete das Gericht „die Politisierung und das Engagement im Umfeld der Mutter [bewirke] die Gefah ner Verunsicherung des Kindes, das in eine Außenseiterrolle gedrängt wer kann“.[39] Das Gericht sanktionierte damit, dass die Mutter nicht über drohende Dis minierung schwieg. Dieses Urteil dürfte dazu geführt haben, dass andere Mütter ü einen drohenden Sorgerechtsentzug in Scheidungsverfahren öffentlich eher schv gen, als diese zu skandalisieren.

Eine lesbische Beziehung zu verbergen und sich insgesamt unauffällig zu ver ten, war – darin sind sich verschiedene zeitgenössische Stimmen einig – bis in

---

35 Zitiert nach: Ministerium 2021, S. 150.
36 Interview am 21.8.2019, geführt von der Verfasserin, zitiert nach: Ministerium 2021, S. 134 f.
37 Vgl. Ministerium 2021, S. 101 und 148 f.
38 Stigmatisiert, politisiert – lesbische Mutter verliert ihr Kind. Frauen richten Frauen, in: taz 5.10.1984, S. 13.
39 Zitiert nach: Ministerium 2021, S. 108.

1990er Jahre hinein in Scheidungsverfahren ein sinnvolles Vorgehen von Müttern, wenn sie weiterhin mit ihren Kindern leben wollten.

Die Bedeutung der Angst, als lesbische Mutter erkannt zu werden, wird aufgrund des vorliegenden Materials als sehr hoch eingeschätzt. „Die Angst davor", so Jutta Oesterle-Schwerin (Bündnis 90/Grüne), selbst Mutter zweier Kinder und die erste offen lesbisch lebende Bundestagsabgeordnete, im Jahre 1989, „durch offen-lesbisches Leben Kinder zu verlieren, ist sicher eine der massivsten Bedrohungen, durch die Frauen von ihrem *Coming Out* abgehalten werden."[40]

Die Bundesregierung unter Helmut Kohl sah 1989 und erneut 1996 – in Antworten auf parlamentarische Anfragen der Fraktion „Die Grünen" bzw. der Gruppe der PDS – keinen Anlass, das Kindeswohl so zu definieren, dass eine gleichgeschlechtliche Beziehung eines Elternteils kein negativer Faktor blieb. Vielmehr könne eine Berücksichtigung von Homosexualität bei Sorgerechtsentscheidungen eine „sachgerechte, weil konkret auf das Kindeswohl ausgerichtete Differenzierung" sein, so der Bundesjustizminister namens der Bundesregierung.[41] Keinen Einfluss scheint auf diese kontinuierlich beibehaltene Regierungsposition die Empfehlung des Europäischen Parlaments von 1994 gehabt zu haben, „mindestens auf die Beseitigung folgender Mißstände" hinzuwirken, von denen einer lautete: „Beschneidung des Rechts von Schwulen und Lesben auf Elternschaft oder Adoption und Erziehung von Kindern".[42]

Nachdem Mitte 1998 – in der Endphase der Regierung Kohl – das Kindschaftsrechtsreformgesetz in Kraft trat, wurde bei Ehescheidungen nicht mehr generell das Sorgerecht verhandelt.[43] Wie sich dies auf scheidungswillige Mütter mit lesbischen Beziehungen auswirkte, ist unbekannt. Erst eine Entscheidung des „Europäischen Gerichtshofs für Menschenrechte" vom Dezember 1999 beendete die offene Diskriminierung gleichgeschlechtlich liebender Eltern im Scheidungsfolgenrecht.[44]

Abschließende Bemerkungen

Viele Frauen, die Frauen liebten, waren (zunächst) verheiratet und damit bis 1977 in einer untergeordneten Position, die sie entweder überhaupt nicht oder nur unter Verlust der Kinder bzw. der finanziellen Basis wieder verlassen konnten. Lesbische Beziehungen zu führen, war verheirateten Frauen in diesen Jahren nur möglich, wenn sie verheimlicht werden konnten oder wenn die Gatten ihre rechtliche Machtstellung

---

40 Jutta Oesterle-Schwerin, Zwei Jahre Lesben-Politik im Bundestag – Wie alles anfing und wie es weitergehen könnte, in: beiträge zur feministischen theorie und praxis, Nr. 25/26 (1989/90), S. 201–208, hier S. 207.

41 Drucksache 11/5412 vom 19.10.1989, zitiert nach: Ministerium 2021, S. 116 und 118.

42 Drucksache 12/7069 vom 10.3.1994, zitiert nach: Ministerium 2021, S. 117.

43 Ministerium 2021, S. 125–128.

44 Nur das Europäische Parlament ist eindeutig, in: taz vom 22.12.1999, S. 2.

nicht nutzten. Ab 1977 waren Scheidungen sehr viel leichter erreichbar geworden doch blieb das Sorgerecht für Kinder aus diesen geschiedenen Ehen im Falle von M tern mit offen lesbischen Beziehungen bis weit in die 1990er Jahre unwahrschein oder zumindest hochgradig strittig. Das Ehe- und Familienrecht ist insofern Zwangsinstrument zugunsten einer heteronormativen Ordnung anzusehen.

Die öffentliche Unsichtbarkeit lesbischer Liebe und besonders von Müttern lesbischem Begehren zieht sich als mutmaßliches Ziel von Politik und Gerichten auch als strukturelles Problem durch den gesamten Untersuchungszeitraum von : bis 2000. Zwar wurden lesbische Beziehungen in entsprechenden Urteilen vor a ab 1977 und in Kommentaren zum Zivilrecht thematisiert, doch blieb dies über gend fachintern; eine kontinuierliche juristische Debatte oder auch nur eine int€ Dokumentation ist nicht zu erkennen.

Die öffentliche Unsichtbarkeit lesbischer Lebensentwürfe führte dazu, dass F en heirateten, obwohl sie Frauen liebten, und dass die Praxis des Sorgerechtsentz von Müttern mit lesbischen Beziehungen öffentlich weitgehend unbekannt blieb relevant war diese öffentliche Unsichtbarkeit also keineswegs; sie führte zudem d dass Mütter den Entzug des Sorgerechts nicht als Unrecht deuteten, sondern als sönliches Versagen. Für das Unrecht des Sorgerechtsentzugs entschuldigte sich : die rheinland-pfälzische Familienministerin: Es sei „bedrückend und beschäm« dass lesbischen Müttern jahrzehntelang das Sorgerecht entzogen wurde".[45]

Das quantitative Ausmaß dieses Entzugs von elterlicher Gewalt bzw. Sorger« ist unbekannt; in der Überlieferung der Justiz sind solche Urteile formal nicht von deren Entscheidungen über das Sorgerecht im Rahmen einer Ehescheidung zu ur scheiden, und entsprechende Urteile gingen kaum in die juristische Dokumenta und Debatte ein. Dennoch ergibt sich durch die Heranziehung diverser Quellen – der juristischen Kommentar- und Fachliteratur, aus einzelnen Gerichtsurteilen sc Berichten in Medien, aus zeitgenössischen und retrospektiven Feststellungen betrc ner Frauen, ihres Umfeldes wie auch von Fachjuristinnen – ein Gesamtbild, wor es jahrzehntelang üblich war, Müttern mit ersichtlich lesbischen Beziehungen im I men des Scheidungsfolgenrechts das Sorgerecht für die Kinder zu entziehen. Das f te auch dazu, dass Mütter aus Angst in der Ehe verblieben oder lesbische Beziehur verbargen sowie auf ihre Rechte im Scheidungsverfahren verzichteten, um weiter ihren Kindern leben zu können. Zukünftige Erforschungen queerer Geschichte sol daher die Entwicklungen des Ehe- und Familienrechts – sowohl in öffentlichen De ten als auch in konkreten juristischen Anwendungen und in ihren Auswirkunge unbedingt einbeziehen. Auch wäre es notwendig, die Forschung über den Sorgerec

---

45 https://mffki.rlp.de/de/service/presse/detail/news/News/detail/ministerin-anne-spiegel-es-ist-be eckend-und-beschaemend-dass-lesbischen-muettern-jahrzehntelang-d-1/ (24.6.2022). Das Land Rl land-Pfalz finanzierte das Forschungsprojekt, die Projektleitung hatten das Institut für Zeitgeschi München–Berlin und die Bundesstiftung Magnus Hirschfeld.

entzug zu vertiefen, indem die bisherigen Ergebnisse mit der Konzentration auf Rheinland-Pfalz zu einer Erforschung der Lage in der gesamten Bundesrepublik ausgeweitet werden.

Teil III: **Kirchen in der Bundesrepublik und der DDR**

Katharina Ebner

Religion und Homosexualität in der Bundesrepublik Deutschland und im Vereinigten Königreich

Gesellschaftspolitische Aushandlungsprozesse zwischen Reformimpulsen, Polemik und Sprachlosigkeit

„I'm a Catholic, I take the teaching of the Catholic church seriously."[1] So begründete der britische Tory-Parlamentarier Jacob Rees-Mogg seine Ablehnung der Gleichstellung homosexueller Partnerschaften vor wenigen Jahren mit einem Verweis auf seinen katholischen Glauben. Der damalige Fraktionsvorsitzende der CDU/CSU im Deutschen Bundestag, Volker Kauder, hielt seinerseits die Ablehnung des Gesetzesentwurfs zur „Ehe für alle" im Juni 2016 für Respekt gebietend, wenn sie aufgrund einer „christlichen oder persönlichen Überzeugung" vorgenommen wurde.[2] In den politischen Debatten Westeuropas basiert die Ablehnung der Gleichstellung von homosexuellen und heterosexuellen Partnerschaften also noch bis in die jüngste Vergangenheit häufig auf religiösen Einstellungen.

Das galt aber insbesondere für die zweite Hälfte des 20. Jahrhunderts, in der homosexuelle Handlungen zwischen Männern in beiden Ländern – in Großbritannien wie in Westdeutschland – noch längere Zeit unter Strafe standen. Im Vereinigten Königreich wurden einvernehmliche homosexuelle Handlungen zwischen erwachsenen Männern in England und Wales erst 1967, in Schottland und Nordirland sogar erst 1981/82 entkriminalisiert[3], in der Bundesrepublik Deutschland entfiel die entsprechende Strafrechts-Bestimmung im Jahre 1969.

Als eine mögliche Erklärung für den diesem Entkriminalisierungsprozess vorausgehenden Einstellungswandel bei Fragen der Sexualität und Lebensführung sowie für die sich anschließenden politischen und rechtlichen Veränderungen wird oft die ab-

---

1 http://www.businessinsider.de/jacob-rees-mogg-is-against-gay-marriage-and-abortion-in-any-circumstances-2017-9?r=UK&IR=T (23.2.2018).

2 Plenarprotokoll der 244. Sitzung des Deutschen Bundestags (18/244), 30.6.2016, Spalte 25108.

3 Vgl. Jeffrey Weeks, Sex, Politics and Society. The Regulation of Sexuality since 1800, Harlow, UK/New York ³2012; Christian Schäfer, „Widernatürliche Unzucht" (§§ 175, 175a, 175b, 182 a. F. StGB). Reformdiskussion und Gesetzgebung seit 1945, Berlin 2006.

Notiz: Der Beitrag nimmt *einen* Aspekt der Rolle christlicher Religionen in den gesellschaftlichen und politischen Auseinandersetzungen um Homosexualität in den Blick, denen die Verfasserin im Rahmen ihrer Dissertation nachgegangen ist. Diese Studie bildet die Grundlage für den vorliegenden Beitrag. Vgl. Katharina Ebner, Religion im Parlament. Homosexualität als Gegenstand parlamentarischer Debatten im Vereinigten Königreich und in der Bundesrepublik Deutschland (1945–1990), Göttingen 2018.

nehmende Religiosität in der Bundesrepublik angeführt.[4] Die christlichen Kircher
einflussreiche Akteure in der bundesdeutschen Gesellschaft hätten – so häufig die
nahme – religiös legitimiert die Ablehnung aller nicht-heterosexuellen Sexualität
treten, und erst der schwindende Einfluss der Kirchen, insbesondere der katholisc
Kirche, habe liberale Reformen ermöglicht, zunächst auf der Ebene des Sexual-St
rechts sowie in der Folge mit dem Ergebnis des schrittweisen Abbaus jeglicher F
gesellschaftlicher Diskriminierung. Betrachtet man die gesellschaftspolitischen De
ten, so ergibt sich im Hinblick auf Einfluss und Rollen religiöser Bezüge aber ein d
renziertes Bild. Religiöse Bezüge und Argumentationsmodelle spielten in den
formdebatten der Bundesrepublik Deutschland und des Vereinigten Königreiches s
unterschiedliche und dabei keinesfalls nur reformfeindliche Rollen.

Die Affirmation des Naturrechts als Bewältigungsstrategie

Der Zeitraum von 1949 bis 1969 war sowohl in Großbritannien als auch in der Bun
republik Deutschland einerseits geprägt von Verständigungsprozessen über das *i*
maß der rechtlichen Regelung moralischer Normen und über deren Inhalt selbst.
dererseits stellte sich die Frage, inwiefern es sich bei Homosexualität ausschließ
um einen Gegenstand der Moral handelt. Während männliche Homosexualität z
als von gesellschaftlichen Normen abweichend und damit als *Frage der Sittlich*
verhandelt wurde, rückte ein sexualwissenschaftlich informiertes Verständnis vor
xueller *Orientierung* als Teil der Persönlichkeit langsam in den Blick, das in di*
Phase freilich noch eher mit dem Begriff des Pathologischen zu umschreiben ist. A
wenn die 1950er Jahre in beiden Staaten und Gesellschaften eine Phase der gegens
gen Affirmation von Staat und christlicher Religion erlebten, verhinderten gleich
tige Modernitätserfahrungen eine bruchlose Anknüpfung an Sittlichkeitsvorstellun
früherer Zeiten. Mediale Berichterstattung über Gerichtsverfahren, die Rezeption
sexualwissenschaftlicher Forschung im populärwissenschaftlichen Bereich sowie]
minente Einzelfälle sorgten in beiden Staaten dafür, dass das Thema Sexualität grí
ren Raum einnahm und bisher tabuisierte Fragen nunmehr verhandelt wurden.
den Staaten war jedoch gemeinsam, dass sie sich auf *eine* Moral beriefen – christ
fundiert und als einigendes Band beschworen. Sie sollte überkonfessionell verbind

---

4 Studien aus dem Bereich der quantitativen Politikwissenschaft versuchen diesem Zusammenł
nachzugehen, vgl. etwa Isabelle Engeli/Christoffer Green-Pedersen/Lars Thorup Larsen, The Puzz
Permissiveness. Understanding Policy Processes Concerning Morality Issues, in: Journal of Europ
Public Policy 20 (2013), H. 3, S. 335–352, oder Stephan Heichel/Christoph Knill/Caroline Preidel, M*
politik in Deutschland. Analytische Besonderheiten und Implikationen für die weitere Forschung
Christoph Knill u. a. (Hrsg.), Moralpolitik in Deutschland. Staatliche Regulierung gesellschaftli
Wertekonflikte im historischen und internationalen Vergleich, Wiesbaden 2015, S. 242–262.

sein und verstand die Kirchen als relevante gesellschaftliche Akteure.[5] Auch wenn individuelles Verhalten in bestimmten Grenzen abweichen konnte, war der Rekurs auf *public morality* bzw. Sittlichkeit entscheidend und hatte in der Abgrenzung vom sowjetischen Machtbereich zudem eine weltpolitische Komponente im Kontext des Kalten Krieges.

Anglikanische Reformimpulse im Vereinigten Königreich

Die Fokussierung der frühen Bundesrepublik auf eine starke, an das (christliche) Sittengesetz rückgebundene Normierung ließ Reformbestrebungen hinsichtlich des § 175 StGB – wie es sie in den 1920er Jahren bereits ernsthaft gegeben hatte, bevor diese durch die NS-Diktatur und deren massive Verschärfung des Homosexuellen-Strafrechts 1935 verschüttet worden waren – deutlich in den Hintergrund rücken. Ein Reformimpuls des anglikanischen Theologen Derrick Sherwin Bailey hingegen beschleunigte die britischen Entkriminalisierungsbemühungen der 1950er Jahre maßgeblich.

Bailey – damals Dozent (Central Lecturer) des *Moral Welfare Council* der Kirche von England – berücksichtigte im Jahre 1952 als einer der ersten Vertreter einer christlichen Kirche die zeitgenössischen Erkenntnisse der Sexualwissenschaften.[6] Bailey reagierte mit einem Beitrag auf die Anfrage eines Lesers der Zeitschrift *Theology*, um zu erläutern, welche Rolle die *Church of England* in der Debatte über Homosexualität einnehmen könne. Unter Berufung auf aktuelle Untersuchungen des amerikanischen Sexualwissenschaftlers Alfred Kinsey konstatierte Bailey, dass etwa ein Drittel aller Männer homosexuelle Erfahrungen gemacht hätten. Ausgehend davon differenzierte er zwischen „inverts", also Männern, deren homosexuelle Neigung angeboren oder im frühen Kindesalter erworben sei, und „bisexuals and perverts", die trotz anderer sexueller Anlagen homosexuelle Handlungen pflegten. Anhand dieser Unterscheidung urteilte Bailey: „It is clear that the innate invert ought not to be penalized on account of his condition."[7] Deshalb, so betonte er 1955 in einer ausführlicheren Monographie zum Verhältnis zwischen Homosexualität und westlich-christlicher Tradition, sei die „genuine homosexual condition, or *inversion*, [...] something for which the subject can in no way be held responsible; in itself, it is morally neutral".[8]

---

5 Vgl. Callum Brown, The Death of Christian Britain. Understanding Secularisation 1800–2000, London/New York [2]2009, S. 6.

6 Vgl. Jonathan S. Carey, D. S. Bailey and „the Name Forbidden among Christians", in: Anglican Theological Review 70/2 (1988), S. 152–173, hier insb. S. 154. Carey nimmt sogar an, dass Bailey der erste christliche Theologe überhaupt gewesen sei, der diese Sichtweise vertreten habe.

7 Derrick S. Bailey, The Problem of Sexual Inversion, in: Theology (1952), S. 47–52, hier S. 49.

8 Derrick S. Bailey, Homosexuality and the Western Christian Tradition, London u. a. 1955, S. XI.

Baileys Position war innerhalb der *Church of England* so radikal neu wie ums
ten, wurde aber sehr einflussreich. Aus den neuesten sexualwissenschaftlichen
kenntnissen leitete der Theologe die ethische Bewertung – Straffreiheit – ab. In ei
zweiten Schritt wandte er sich den klassischen religiösen Schriftquellen für eine
urteilung homosexueller Handlungen zu und setzte sie in Beziehung zum zuvor F
rierten. Bailey argumentierte dort, dass die bislang als maßgeblich betrachteten b
schen Aussagen für eine Verurteilung homosexueller Handlungen das von
beschriebene sexualwissenschaftliche Phänomen der sexuellen Orientierung gar n
beträfen, sondern vielmehr die bewusste Verkehrung sexueller Veranlagung im Si
einer Perversion meinten. Darüber hinaus müssten für eine angemessene gegenw
tige Beurteilung aktuelle medizinische und psychologische Erkenntnisse berücks
tigt werden. Die Reaktionen auf Baileys Artikel waren so zahlreich, dass er pasto
Hilfestellungen wie auch ein Überdenken der geltenden Gesetze als notwendig er
tete.[9] Er überzeugte deshalb das *Moral Welfare Council*, das damals maßgebliche
pertengremium innerhalb der *Church of England* für Fragen von Sexualität, Ehe
Familie, sich ebenfalls mit der Problematik zu beschäftigen.

Baileys Argumentation folgte dann auch der im Jahr 1954 veröffentlichte Ber
ebenjenes *Moral Welfare Council*. In dessen Einleitung wird dies deutlich: „The sub
of homosexuality is one that must be examined as a whole. It has legal, medical,
chological, theological and sociological references, and exclusive attention to one
pect, e. g. the legal, must result in unsound policies which in the end aggravate
problem they seek to relieve. [...] Attitudes to homosexual practices to be found in
Bible and Christian history will be the subject of a separate publication.“[10] Kurz
auf, im Jahr 1956, erschienen weitere Stellungnahmen mit derselben Intention.
nach dem Kardinal von Westminster, Bernard Griffin (1899–1956), benannte *Griffir
port* markierte eine zu diesem Zeitpunkt einzigartige Meinungsäußerung von Se
der katholischen Kirchenhierarchie, indem er ebenfalls für eine Entkriminalisier
plädierte, auch wenn zugleich die moralische Dimension und eine bleibende Ab
nung deutlich wurden. Homosexualität sei eine Frage, die seelsorgliche Begleitung
fordere, nicht strafrechtliche Verfolgung.[11]

An diesem Punkt wurde eine geänderte Perspektive auf Homosexualität sicht
die nicht kasuistisch allein die jeweilige Handlung bewertete. Bailey und das *M
Welfare Council* unternahmen an dieser Stelle den Versuch, eine moralische Bew
tung, die sich aus der christlichen Tradition ergab, mit neuen Erkenntnissen der Se
alwissenschaften zu vereinen. Der zunächst nur für den kirchen-internen Gebra

---

9 Vgl. Timothy Jones, The Stained Glass Closet. Celibacy and Homosexuality in the Church of Eng
to 1955, in: Journal of the History of Sexuality 20 (2011), H. 1, S. 132–152, hier insb. S. 145 f.
10 The Church Information Board, The Problem of Homosexuality. An Interim Report by a grou
Anglican clergy and doctors (For private circulation), o. O. 1954, S. 5.
11 Vgl. Report of the Roman Catholic Advisory Committee on Prostitution and Homosexual Offe
and the Existing Law, in: The Dublin Review 471 (1956), S. 60–65.

verfasste Bericht zirkulierte bald verschiedentlich[12] und fand Eingang in die parlamentarischen Debatten. Dort führte er dazu, dass sowohl Argumente für als auch gegen die Entkriminalisierung religiös fundiert wurden. Zahlreiche anglikanische Bischöfe und Parlamentarier verschiedener Konfession warben für eine Reform. Allen voran agierte der Erzbischof von Canterbury. Michael Ramsey zeigte sich nicht nur zustimmend, wenn die Entkriminalisierung homosexueller Handlungen verhandelt wurde, sondern er propagierte eine entsprechende Reform proaktiv.[13] Die Zusammenarbeit mit den Vertretern der Reform erfolgte dabei in enger Abstimmung.[14] Ihre Argumente basierten zum Teil auf den referierten Unterscheidungen zwischen Recht und Moral, waren aber auch stark von der pastoralen Praxis geprägt.[15] Was die moralische Bewertung männlicher Homosexualität anging, so hielt Ramsey die Überlegungen des *Wolfenden Committee* für moralisch richtige und gerechte Empfehlungen. Auch konkrete persönliche Erfahrungen aus der Seelsorge wurden als Motivation für eine veränderte Gesetzeslage genannt.[16] Argumentativ lässt sich damit eine Linie von den ersten Überlegungen rund um Derrick Sherwin Bailey bis zum *Wolfenden Report* und den Reformdebatten der 1960er ziehen.[17] Die anglikanischen Bischöfe hielten dabei aber an der Annahme fest, dass homosexuelle Handlungen moralisch falsch seien. Ihrer Auffassung nach sollte jedoch allein die moralische Verurteilung, nicht aber die parallele juristische Sanktionierung aufrechterhalten werden.

Die Bundesrepublik zwischen katholischen Polemiken und theologischer Sprachlosigkeit

Anders verlief die Debatte in der Bundesrepublik. Hier gab es zwar ebenfalls Reformimpulse durch Juristen, Mediziner und Sexualwissenschaftler, jedoch fehlten solche von theologischer oder kirchenoffizieller Seite. Nur einzelne polemische Stimmen wie der katholische *Volkswartbund*, eine Laienorganisation im Erzbistum Köln in der Tradition der Sittlichkeitsvereine des frühen 20. Jahrhunderts, unterstützten aktiv den *status quo* oder forderten sogar eine Ausweitung des seit 1871 in ganz Deutschland geltenden Verbots auf weibliche Homosexualität. Gegründet im Jahr 1898 als bundeswei-

---

12 Vgl. Matthew Grimley, Morality and Secularisation. The Church of England and the Wolfenden Report, 1954–1967, in: The Journal of Ecclesiastical History Volume 60 (2009), H. 4, S. 725–741, hier insb. S. 728.

13 Vgl. House of Lords, Parliamentary Debate (HL Deb) 21 June 1965 vol 267 c290.

14 Vgl. HL Deb 28 June 1965 vol 267 c685.

15 Vgl. HL Deb 12 May 1965 vol 266 c134.

16 Vgl. HL Deb 12 May 1965 vol 266 c134 sowie House of Commons Debate (HC Deb) 26 November 1968 vol 596 c389.

17 Vgl. dazu: „The proposals made by this independent group of clergymen and doctors for the reform of the law with respect to homosexual offences were accepted, in substance, by the Wolfenden Committee." (HL Deb 28 June 1965 vol 267 c684)

ter *Katholischer Verband zur Bekämpfung der öffentlichen Unsittlichkeit*, nannte
die Organisation seit dem Jahr 1929 *Volkswartbund*. Im Kampf gegen „Schmutz
Schund", wie pornographische Presseerzeugnisse in Anlehnung an ein Reichsge
der 1920er Jahre populär genannt wurde, kontrollierte der *Volkswartbund* Maga.
und Zeitschriften, die ihm anrüchig erschienen.[18] Dieser Zusammenhang wurde n
1945 erneut virulent. Während des „Dritten Reiches" hatte der *Volkswartbund* eng
den NS-Behörden zusammengearbeitet. Sein Generalsekretär in den Jahren 1927
1958, Michael Calmes, hatte sich dabei besonders den Kampf für „die richtige Sex
moral" auf die Fahnen geschrieben und diesen eng mit der NS-Ideologie verbun
Er hatte beispielsweise seine Mitglieder über die „positiven Aspekte" des Erbgesu
heits- und Sterilisationsgesetzes informiert. Nach 1945 stilisierte Calmes den *Vc
wartbund* zur verfolgten Institution und konnte mit Zustimmung der Besatzungsmä
te bald wieder seine Arbeit aufnehmen.[19]

Für das Thema Homosexualität war der Einfluss des *Volkswartbunds* auch
halb so groß, weil seine Mitglieder politisch sehr gut vernetzt waren und als gern g
hene Gesprächspartner christlich-konservativer Politik auftraten.[20] Die kirchli
Presse berichtete zudem ausführlich über die Veranstaltungen des *Volkswartbun
Erst Ende der 1960er Jahre ließ dessen Bedeutung nach. Calmes war es denn auch,
in den Nachkriegsjahren als gefragter Experte im Deutschen Bundestag auftrat, e
als im Jahr 1952 eine Neuregelung für die „Verbreitung jugendgefährdender Schrif
diskutiert wurde.[22] Er sprach dabei als Praxisvertreter, der die Stimmen besor
Bürger ins Parlament trug. Eine parlamentarische Mehrheit konnte er dabei hi
sich wissen.[23]

Zum Thema Homosexualität gab der *Volkswartbund* insgesamt fünf Schriften
aus, deren Autor jeweils der Amtsgerichtsrat Richard Gatzweiler war. Dabei war
nächst bemerkenswert, dass selbst diese Schriften einer katholischen Organisa
von einem Juristen geschrieben und verantwortet wurden. Auch wenn dort teilw
auf verschiedene Disziplinen rekurriert wurde, so war der Argumentationsrahr
ein rechtlicher. Gatzweilers erster Text erschien im Jahr 1951 unter dem Titel *Das L

---

18 Vgl. Christoph Kösters, Stellungnahme zum Thema „Homosexualität und die Haltung der kat
schen Kirche im Dritten Reich", unveröff. Manuskript 2001, S. 1.
19 Sybille Steinbacher, Wie der Sex nach Deutschland kam. Der Kampf um Sittlichkeit und Anstar
der frühen Bundesrepublik, München 2011, S. 31–36 und 39–42.
20 Vgl. Michael Schwartz, Homosexuelle im modernen Deutschland. Eine Langzeitperspektive auf
torische Transformationen, in: Vierteljahrshefte für Zeitgeschichte 69 (2021), H. 3, S. 377–414,
S. 394 f., sowie Ebner, Parlament, S. 112–117.
21 Vgl. Johanna Gotzmann, Der Volkswartbund. Die bischöfliche Arbeitsstelle für Fragen der V
sittlichkeit im Kampf gegen Homosexuelle, in: Kristof Balser (Hrsg.), Himmel und Hölle. Das Leben
Kölner Homosexuellen 1945–1969, Köln 1995, S. 169–183, hier insb. S. 171.
22 Vgl. Plenarprotokoll 230. Sitzung des Deutschen Bundestags, 1. Wahlperiode, 17. September 1952
10532.
23 Vgl. ebenda, Sp. 10533.

te Geschlecht.[24] Er reagierte damit auf eine Eingabe der *Deutschen Gesellschaft für Sexualforschung* vom Oktober 1949, die eine Reform des § 175 StGB forderte.[25] Gatzweilers Schrift war eine verzerrende, polemisch-parteiische Darstellung zeitgenössischer Wissenschaft. In einer Vermengung von selektiv präsentiertem religiösen und historischen Wissen postulierte er, dass männliche Homosexualität seit jeher zurecht verurteilt worden sei. Dem Geist des Christentums wie auch dem aller Kulturstaaten entspreche die Verurteilung von Homosexualität.[26] Auch wenn der Autor die zeitgenössische Literatur zu Homosexualität erwähnte, setzte er sich nur oberflächlich und polemisch mit ihr auseinander. Erkenntnisse der Sexualwissenschaften kennzeichnete er als widersprüchlich und versuchte sie zu diskreditieren: Wer der Ansicht anhänge, es handele sich bei Homosexualität um eine „angeborene natürliche Erscheinung", der sei häufig selbst homosexuell oder gehöre zu „sensationslüsterne[n] Journalisten, denen es wesentlich darauf ankommt, Geld zu verdienen".[27] Weiter behauptete Gatzweiler, einerseits sei bisher nicht klar, ob es angeborene Homosexualität überhaupt gebe, andererseits seien mit deren Heilung gute Erfahrungen gemacht worden.[28] Damit erweckte er letztlich den Eindruck, aus den angeblich widersprüchlichen Ergebnissen der Sexualwissenschaftler könne man folgern: „Die Homosexualität ist nur selten eine Krankheit. Meistens ist sie eine Perversion und damit ein Verbrechen gegen die Natur."[29] Zugleich insinuierte Gatzweiler, dass es eine ideologische Instrumentalisierung im Ost-West-Konflikt gebe: Homosexuelle Männer seien *„Moskaus neue Garde"*[30], die im Westen subversiv tätig würden: „Offenbar braucht man in der Ostzone Homosexuelle. Wozu wohl?".[31] Gatzweilers Pamphlet gipfelte in der folgenden Aussage: „Wir wollen in diesem Zusammenhang nicht näher auf die bevölkerungspolitischen Folgen dieser Seuche eingehen, obwohl es den Einsichtigen klar sein dürfte, daß die Natur die Homosexualität nicht wollte; denn sie hat ihr die Fruchtbarkeit versagt. *Was soll man aber mit einem Baume tun, dem die Fruchtbarkeit versagt ist?"*[32] Letztlich forderte Gatzweiler eine Verschärfung des § 175 StGB, damit Treffen und

---

24 Richard Gatzweiler, Das Dritte Geschlecht. Um die Strafbarkeit der Homosexualität, Köln-Klettenberg 1951.

25 Vgl. ebenda, S. 2. Vgl. zur Rolle des *Volkswartbundes* und der einfluss- und folgenreichen Schirmherrschaft durch Kardinal Frings jüngst Schwartz, Homosexuelle im modernen Deutschland, in: Vierteljahrshefte für Zeitgeschichte 69 (2021), H. 3, S. 397.

26 Vgl. Gatzweiler, Das Dritte Geschlecht, S. 3 f.

27 Ebenda, S. 13.

28 Vgl. ebenda, S. 16 f.

29 Ebenda, S. 19.

30 Ebenda, S. 29 (Hervorhebung i. O.).

31 Ebenda, S. 20. Vermutlich spielt er hier auf Verführung als politische Waffe und den Zusammenhang von „richtiger", d. h. heteronormativer Sexualität und Wehrhaftigkeit an, vgl. hierzu Ebner, Parlament, S. 39–41.

32 Gatzweiler, Das Dritte Geschlecht, S. 31 (Hervorhebung i. O.).

Clubs ebenso verboten würden wie auch weibliche Homosexualität – obwohl er l̲
tere kaum thematisierte.[33]

Gatzweilers zweite Schrift aus dem Jahr 1957 war angesichts dieser vorangega̲
nen Polemik in vielerlei Hinsicht bemerkenswert. Sie rezipierte als eine der wen̲
in der Bundesrepublik die britische Debatte um die Entkriminalisierung von Hom̲
xualität.[34] Gatzweiler musste nun berücksichtigen, dass gerade aus christlicher S̲
anderslautende Deutungen hinzugekommen waren. Besonders problematisch war̲
bei der Bericht der katholischen Arbeitsgruppe, beauftragt durch den katholisc̲
Kardinal Bernard Griffin.[35] Aus diesem Bericht zitierte Gatzweiler nun und erwe̲
dabei den Anschein, dieser Bericht sei der Vorläufer des *Wolfenden Report* im Auf̲
der britischen Regierung und damit innovativ und eine Gesetzesreform anstoße̲
Zugleich versuchte er, sich inhaltlich von den Aussagen entweder zu distanzie̲
oder sie infrage zu stellen, ohne die Autorität des Kardinals und die Legitimität se̲
Anliegens zu diskreditieren. Gatzweiler erweckte den Eindruck, allein das katholi̲
Papier sei gefestigt in Moral und Sitte und spreche sich nur in sehr überschauba̲
Rahmen für strafrechtliche Schritte der Legalisierung aus, während die anderen̲
ßerungen aus dem Vereinigten Königreich allein praktischer Natur seien und die̲
giös-moralische Ebene nicht reflektierten[37] – eine Behauptung, die bei genauer Le̲
re der Dokumente unhaltbar ist. „Der Ausgangspunkt für die Beurteilung ist somit̲
beiden Reporten ein völlig verschiedener. Der Wolfenden-Report will lediglich pra̲
sche Gesetzesvorschläge zum Schutz der öffentlichen Ordnung und Sitte machen, v̲
rend die katholische Untersuchungskommission zwischen Sünde der homosexue̲
Betätigung und der Frage unterscheidet, inwieweit der Staat hier das Recht oder s̲
die Pflicht habe, einzugreifen."[38] Der katholische Bericht erschien in Gatzweilers ̲
stellung damit als der letzte Versuch, Anstand und Sittlichkeit gegen Angriffe zu sc̲
zen. Trotz dieser neuen Veröffentlichungen von katholischer Seite kam Gatzweile̲
dem Schluss, eine Übertragung auf die deutschen Verhältnisse sei verfehlt. Der Ma̲
an vergleichbaren deutschsprachigen Studien erleichterte ihm sein Urteil.

In der deutschsprachigen katholischen Moraltheologie wurden die wissenscha̲
chen Erkenntnisse des 19. und 20. Jahrhunderts zunächst entweder abwehrend-ab̲
tend berücksichtigt oder komplett ignoriert.[39] Erst in den späten 1960er Jahren̲

---

33 Vgl. ebenda, S. 31 f.

34 Vgl. Richard Gatzweiler, Der Kampf um den § 175 StGB geht weiter. Ein Situationsbericht, ̲
Klettenberg 1957, S. 1 [o. P.].

35 Vgl. Report of the Roman Catholic Advisory Committee on Prostitution and Homosexual Offe̲
and the Existing Law, in: The Dublin Review 471 (1956), S. 60–65.

36 Vgl. Gatzweiler, Der Kampf um den § 175, S. 5–10. Tatsächlich war der Beginn der Debatte̲
Bericht aus einer Arbeitsgruppe der *Church of England.*

37 Vgl. ebenda, S. 7.

38 Ebenda, S. 6 f.

39 Vgl. Stephan Goertz, Zwischen „himmelschreiender Sünde" und „Geschenk der Liebe". Konz̲
und Bewertungen von Homosexualität in der Moraltheologie und im römischen Lehramt, in: Ste̲

dierte der katholische Moraltheologe Franz Böckle dafür, „Homosexualität als Anders-sein der Person nicht einfach mit Sünde oder Laster" zu identifizieren. Stattdessen hielt er die Einordnung als „Krankheit" oder „Gebrechen" für angemessen.[40] Der Blick auf die protestantische theologische Ethik ergibt zunächst einen ähnlichen Befund. Ei-nen eklatanten Missstand konstatierte zeitgenössisch der evangelische Theologe Hel-mut Thielicke: „Man wird in der theologischen Ethik des deutschsprachigen Protestan-tismus einfach deshalb keine einhellige Stellungnahme zur Homosexualität erwarten können, weil von den bisherigen Ethikern bereits das pure Faktum kaum oder gar nicht zur Kenntnis genommen wurde und darum auch eine Meinungsbildung – ge-schweige eine Einhelligkeit des Bewertens – nahezu gegenstandslos ist."[41] Wenn eine Beschäftigung mit Homosexualität erfolgte – so seine Kritik –, dann zum einen, ohne die medizinische und psychologische Forschung zu berücksichtigen, und zum ande-ren, indem seelsorgerische Überlegungen unberücksichtigt blieben.[42] Der theologische Diskurs war nach Thielicke geprägt von „Hilflosigkeit gegenüber einem Phänomen, das als religiöses Tabu empfunden"[43] wurde.

Der evangelische Kirchenhistoriker Klaus Fitschen hat allerdings gezeigt, dass sich die Haltung innerhalb der evangelischen Theologie und der Evangelischen Kirche in Deutschland (EKD) im Laufe der 1960er Jahre veränderte – hin zu einem pathologi-sierenden Verständnis von Homosexualität als Krankheit oder Störung.[44] Damit unter-schied sich diese Position zwar von der mehrheitlichen katholischen, jedoch empfahl der Rat der EKD noch im Januar 1963, als es um eine Reform des Strafrechts ging, eine Enthaltung bei der Frage der Streichung des § 175 StGB, weil man sozialschädliche, i. e. die Sittlichkeit schädigende Folgen befürchtete.[45]

Die erste offizielle Stellungnahme der EKD zum Thema Homosexualität erfolgte schließlich in der Form einer *Denkschrift zu Fragen der Sexualethik* im Jahre 1971. Ho-mosexualität wurde dort – anders als bisher – nicht mehr moralisch verurteilt, aber als sexuelle Fehlform charakterisiert, der mittels Seelsorge und Therapie zu begegnen sei.[46] Die erste lehramtliche Äußerung von katholischer Seite war die Erklärung *Per-*

Goertz (Hrsg.), „Wer bin ich, ihn zu verurteilen?". Homosexualität und katholische Kirche, Freiburg im Breisgau 2015, S. 175–236, hier insb. S. 190–193.

40 Vgl. Franz Böckle, Sittengesetz und Strafgesetz in katholischer Sicht, in: Hans Giese (Hrsg.), Zur Strafrechtsreform. Symposion der Deutschen Gesellschaft für Sexualforschung vom 13. bis 14. Novem-ber in Bonn, Stuttgart 1968, S. 5–24, hier insb. S. 20–22.

41 Helmut Thielicke, Theologische Ethik. III. Band Entfaltung, 3. Teil: Ethik der Gesellschaft, des Rech-tes, der Sexualität und der Kunst, Tübingen 1964, S. 788.

42 Vgl. ebenda, S. 789.

43 Vgl. ebenda, S. 788 f.

44 Vgl. Klaus Fitschen, Homosexualität und evangelische Kirche in den 1960er Jahren, in: Claudia Lepp/Harry Oelke/Detlef Pollack (Hrsg.), Religion und Lebensführung im Umbruch der langen 1960er Jahre 2016, S. 335–343, hier insb. S. 342.

45 Vgl. ebenda, S. 341 f.

46 Vgl. Fitschen, Homosexualität und evangelische Kirche, in: Lepp/Oelke/Pollack (Hrsg.), Religion, S. 335.

sona Humana im Jahre 1975.[47] Dort wurde gerade in Abgrenzung zu sexualwis
schaftlicher Forschung betont, die katholische Kirche habe auch immer allgeme
Normen vertreten, egal „wie sehr auch die Meinungen und Sitten in der Welt zu ih
im Gegensatz gestanden haben mögen"[48], und bekräftigte damit ihre moralische ^
urteilung homosexueller Handlungen. Homosexualität im Sinne umfassender sex
ler Identität, wie sie seit dem ausgehenden 19. Jahrhundert diskutiert wurde, rü
erst gegen Ende des 20. Jahrhunderts in den Fokus des Vatikans.[49] Das, was die Sex
wissenschaft seit Mitte des 19. Jahrhunderts unter Homosexualität verstand, fan
moraltheologischen Handbüchern entweder keinen Widerhall oder wurde explizit
gelehnt.[50] So blieb der Verweis auf gleichgeschlechtliche sexuelle Handlungen als S
de *contra naturam*[51] oder „himmelschreiende Sünde", wie sie im Katechismus des
trus Canisius (1521–1597) bezeichnet wurde.[52]

Die pathologisierende Sicht auf Homosexualität zog Forderungen nach seelsor
licher Begleitung und Beratung nach sich, wie sie etwa erstmalig durch den Schwe
rischen christlichen Eheberater Theodor Bovet (1900–1976) schon im Jahr 1959 pro
giert wurden.[53] Sowohl bei Bovet – mit einem Verweis auf Derrick Sherwin Baile
als auch durch den *Hamburger Protestantenverein*, einer Gruppe von Hambur
Christen, die den *Wolfenden Report* ins Deutsche übersetzt hatte, wurde das Refo
anliegen der *Church of England* in der deutschsprachigen Literatur wiedergegel
ohne dass dies allerdings unmittelbare politische Auswirkungen gehabt hätte.[54]

Die Entkriminalisierung männlicher Homosexualität als Ergebni
politischen Ringens

Die Wahrnehmung der Zeitgenossen, dass fundamentale gesellschaftliche Verär
rungen geboten waren, führte in den späten 1950er und frühen 1960er Jahren zu
nem Modernisierungsdruck, auf den umfassende Reformen des Sexualstrafrechts 1
ten. Im Gegensatz zur britischen Reformdebatte war der §175 StGB jedoch nur

---

47 Vgl. Goertz, Zwischen „himmelschreiender Sünde", in: Goertz (Hrsg.), „Wer bin ich, ihn zu ve
teilen?", S. 204–208.
48 Persona humana. Erklärung der Kongregation für die Glaubenslehre zu einigen Fragen der S
alethik. 29. Dezember 1975 (Verlautbarungen des Apostolischen Stuhls 1), S. 7.
49 Vgl. Goertz, Zwischen „himmelschreiender Sünde", in: Goertz (Hrsg.), „Wer bin ich, ihn zu ve
teilen?", S. 175–236.
50 Vgl. ebenda, S. 192 f.
51 Vgl. ebenda, 193.
52 Vgl. ebenda, 188 f.
53 Vgl. Theodor Bovet, Sinnerfülltes Anders-Sein. Seelsorgerliche Gespräche mit Homophilen, Tü
gen 1959.
54 Vgl. ebenda, S. 86–88, sowie Fitschen, Homosexualität und evangelische Kirche, in: Lepp/Oelke/
ack (Hrsg.), Religion, S. 337.

Fragestellung unter vielen innerhalb des Sexualstrafrechts und stand keineswegs zentral im Fokus. Auch unter christlich-konservativen Parlamentariern entwickelte sich ein Bewusstsein für die Grenzen des Sittengesetzes angesichts einer als zunehmend plural erfahrenen Gesellschaft. Die Position des *Katholischen Arbeitskreises Strafrechtsreform,* der sich im Zeitraum 1957–1961 mit Fragen der Sittlichkeit im Strafrecht beschäftigt und für eine Strafbarkeit männlicher Homosexualität plädiert hatte, sollte in der Folge teilweise revidiert werden.[55] Zentraler Freiheitsraum wurde die *Privatsphäre*; innerhalb dieser Grenzen war Raum für individuell gestaltete Lebensführung. Innerkirchliche Veränderungsprozesse und der Wunsch nach einer Ausdifferenzierung der Sphären von Politik und Religion ließ auch unter christlichen Politikern eine Reform möglich werden, an deren Ende die Entkriminalisierung homosexueller Handlungen zwischen Männern stand. Eine große Rolle spielte im bundesdeutschen Kontext dabei die zunehmend selbstbewusste Positionierung liberaler katholischer Parlamentarier, die im Anschluss an das Zweite Vatikanische Konzil kirchenunabhängige Gestaltungsmacht für den Bereich des Politischen einforderten und wahrnahmen, sich damit innerparteilich abgrenzten und zur maßgeblichen Strömung wurden.

In beiden Fällen darf allerdings nicht übersehen werden, dass mit den veränderten strafrechtlichen Beurteilungen, die durch den *Sexual Offences Act 1967* und die *Strafrechtsreform von 1969* realisiert wurden, der Bezugspunkt auf allgemeine Sittlichkeit keinesfalls aufgegeben wurde. In der Unterscheidung von Recht und Moral wurde auf die moralische Bewertung eben gerade *nicht* ausdrücklich verzichtet, sondern lediglich die Strafbarkeit aufgegeben. Die Mehrheitsposition der Parlamentarier blieb die, dass es sich bei der Frage der Homosexualität um eine Frage der Moral handelte.

Tatsächlich hatte sich im Verlauf der 1960er Jahre aber auch das, was unter Moral verstanden wurde, deutlich verändert. Eine positive Bewertung von Homosexualität aus theologischer Sicht blieb zwar die absolute Ausnahme, aber im britischen Fall wurde angesichts der unterschiedlichen christlichen Positionen stärker darum gerungen, wie eine christliche Moral in Bezug auf Homosexualität auszusehen hatte. Die Stärkung individueller Gewissensentscheidungen durch Reformansätze innerhalb christlicher Morallehren, wie in der *New Morality* oder durch die Pastoralkonstitution *Gaudium et Spes* des Zweiten Vatikanums, war darüber hinaus anschlussfähig an liberale Impulse. Nicht mehr die objektive Sittlichkeit sollte ins Zentrum gestellt werden, sondern die Selbstbestimmung, auch in Fragen der Sexualität. Das bedeutete: *Wie* ein christlicher Diskurs aussehen sollte, war in beiden Parlamenten eine hoch brisante Frage mit kontroversen Beiträgen. *Dass* der Diskurs mehrheitlich christlich fundiert war, wurde zunächst nicht in Frage gestellt, sodass bis zum Ende der 1960er Jahre von *discursive Christianity* im Sinne Callum Browns gesprochen werden kann.[56]

---

55 Archiv für Christlich-Soziale Politik (ACSP), Nachlass Jaeger P 133, Abschrift von Dr. Richard Sturm zum Fortgang der Arbeiten an der Strafrechtsreform, 2.11.1967, S. 13; vgl. auch Ebner, Parlament, S. 124–127.
56 Vgl. Brown, The Death of Christian Britain, S. 12.

Fazit

Der Anteil religiöser Bezugnahmen in den parlamentarischen Debatten über Hom
xualität sowohl in der Bundesrepublik als auch in Großbritannien nahm mit der
zweifellos deutlich ab. Ein Grund für diese Entwicklung besteht darin, dass es sich
Homosexualität um einen Themenkomplex handelt, der im Parlament, aber auc
der Gesellschaft ganz allgemein unter verschiedenen Prämissen verhandelt wu
Der parlamentarische Diskurs in der Phase bis zum Ende der 1960er Jahre war
zwei Perspektiven geprägt – einer moralisierenden und einer pathologisierenden.
moralisierende mit ihrem starken Fokus auf eine objektive Sittenordnung ber
meist auf einer christlich-religiösen Rückbindung. Die pathologisierende Perspek
war aus sexualwissenschaftlichen, medizinischen und psychologischen Erkenntni:
entstanden und wurde in unterschiedlichem Maß mit religiösen Argumenten
knüpft.

Schließlich lässt sich auf der Ebene des Verhältnisses von Staat und Religion :
halten, dass eine lineare Liberalisierungstendenz in keinem der beiden Staaten fes
stellt werden kann. Wohl aber gab es mehrere Ausdifferenzierungsschritte, die
auch im Sinne säkularisierungstheoretischer Analysen lesen kann. Dabei wur
christlich-religiöse Argumente sowohl von Befürwortern als auch von Gegnern e
Trennung von Staat und Religion verwendet. Die Meinungsverschiedenheiten ve
fen dabei nicht wie teilweise angenommen entlang der Konfessionen, sondern entl
der Frage, inwiefern Religion und speziell christliche Lehren mit einem Konzept
Moderne im Sinne einer Ausdifferenzierung gesellschaftlicher Sphären kompat
waren.

Die zwei dargestellten Perspektiven, mit denen Homosexualität untersucht
den ist, lassen sich gleichfalls nicht linear aufeinander beziehen, denn es sind selb:
der gegenwärtigen Diskussion, je nach eingenommener Position, moralisierende
pathologisierende Argumentationsstrukturen erkennbar. Beginnend mit den 19
Jahren gewinnen dann Argumente an Bedeutung, die sich gegen eine Diskriminier
aufgrund der sexuellen Orientierung richten und sich dabei auf Kodifizierungen
Menschenrechte berufen.

Klaus Fitschen

Homosexualität als Thema kirchlicher Öffentlichkeit

Diskursive Entwicklungen im deutschen Protestantismus in der zweiten Hälfte des 20. Jahrhunderts

Um zu verstehen, welche Position der Protestantismus zum Thema Homosexualität in der zweiten Hälfte des 20. Jahrhunderts einnahm, ist es notwendig, einen Blick in die Vorgeschichte des Themas zu werfen und sich zugleich darüber klar zu werden, was mit „Protestantismus" gemeint sein kann. Hier wird vom deutschen Protestantismus zu reden sein und von jenem, der in Gestalt der evangelischen Landeskirchen den größten Teil der evangelischen Bevölkerung in Deutschland als Mitglieder hatte. Die Stellung von Freikirchen wie Baptisten oder Methodisten zum Thema Homosexualität war ähnlich, da es sich aber um kleine Minderheiten handelte, spielten sie für die öffentliche Debatte keine Rolle.[1]

1 Der deutsche Protestantismus und das Thema Homosexualität bis 1945

Da der Protestantismus noch bis in die 1980er Jahre, zuletzt mit Blick auf die Friedensthematik, auf öffentliche Debatten spürbar einwirken konnte, war seine Öffentlichkeitswirkung nicht auf den innerkirchlichen Raum beschränkt, sondern strahlte auf gesamtgesellschaftliche Debatten aus, wovon im 20. Jahrhundert die Zeit der beiden deutschen Diktaturen auszunehmen ist.

Von „dem Protestantismus" zu sprechen ist kaum möglich. Versteht man darunter kirchenoffizielle Positionen, wie sie von kirchenleitenden Personen (z. B. Bischöfen) oder kirchenleitenden Behörden (Konsistorien, Landeskirchenräten etc.) vertreten wurden, erfasst man zwar das Segment, das die evangelischen Landeskirchen geprägt hat, vernachlässigt aber die große Masse der Kirchenmitglieder, die der Arbeiterschaft angehörten, SPD wählten und zumeist kirchlich distanziert waren. Der kirchenoffizielle Protestantismus lässt sich bis 1945 als konservativ und auf die Bewahrung scheinbar selbstverständlicher Normen im Bereich der Moral ausgerichtet beschreiben. Nicht nur das Thema Homosexualität, sondern auch alle anderen Themen, die mit Sexualität zu tun haben – also nicht nur der § 175 StGB, sondern etwa auch der § 218 – sollten gegen liberale Reformen verteidigt werden. Sexualität überhaupt konnte nur

---

1 Vgl. zum Thema Klaus Fitschen, Liebe zwischen Männern? Die evangelische Kirche und das Thema Homosexualität, Leipzig 2018.

insofern ein Thema sein, als sie in die Ehe verlagert und der Zeugung von Nachwu
zugeordnet wurde – dies ist nicht nur ein katholisches, sondern auch ein protesta
sches Thema gewesen.

Beschreibt man den Protestantismus von der Mehrzahl der Kirchenmitglie
her, entsteht ein ganz anderes Bild: Der gesellschaftliche Wandel – eben auch der
1950 – war in der evangelischen Kirche längst angekommen. Viele Kirchenmitglie
hatten sich von kirchenoffiziellen Moralvorstellungen längst emanzipiert, und das
der Zeit der Weimarer Republik fast drei Millionen Menschen aus der evangelisc
Kirche ausgetreten waren, hatte seinen Grund wahrscheinlich auch darin. Umso
ter war die Klage über den sittlichen Verfall, die in der Zeit der Weimarer Repu
von kirchenoffizieller Seite immer lauter wurde. Solche Äußerungen, mit denen d
auch Gesetzgebungsverfahren beeinflusst wurden, sind als Stimmen „des Protesta
mus“ zu werten, obwohl sie kaum die Mehrheit der Kirchenmitglieder repräsen
ten. Bei Äußerungen zum Thema Homosexualität ist zu beobachten, dass der mo
sierende Ton noch mit Abscheu und Ekel angereichert wurde, sodass nicht nur
Handeln von Menschen, sondern Menschen selbst verunglimpft wurden. Sie wur
nicht mehr als Teil des „Volkes“ angesehen, das sittlich rein, national orientiert
christlich (vorzugsweise evangelisch) sein sollte. Dass die meisten homosexue
Männer getauft und konfirmiert waren und womöglich bewusst evangelisch, spi
dabei wie in den folgenden Jahrzehnten überhaupt keine Rolle.

Die treibende Kraft bei der Abwehr jeder Anerkenntnis eines gesellschaftlic
Wandels war innerhalb der evangelischen Kirche die „Innere Mission“. Diese seit c
19. Jahrhundert bestehende vereinsbasierte Bewegung war schon im Kaiserreich,
gültig aber in der Weimarer Republik, zu einem staatlich anerkannten sozialen Trä
geworden. Sie war bis 1933 mit ihren vielfältigen Hilfsangeboten das eigentliche
sicht des Protestantismus und ist noch heute, wenn auch in ganz anderer Form
mit einer zeitgemäßen Weltsicht, in Form der Diakonie existent. Im Kaiserreich
in der Weimarer Republik hatten die Vertreter (und wenigen Vertreterinnen) der
neren Mission großen Einfluss auf das Sozialwesen und auf Debatten um die Anerl
nung eines gesellschaftlichen Wertewandels, wobei sie ebenso wie die katholische
che und nationalkonservative politische Kräfte eine restriktive Position vertraten.[2]
dauernde Beschwörung sittlicher Gefährdungen, vor allem für Kinder und Jugen
che, war Teil einer umfassenden Krisenrhetorik, die das Heil einer angeblich vom
derben bedrohten Gesellschaft in einer Rechristianisierung und einer rigiden Sex
moral sah. Immer wieder kamen aus den Kreisen der Inneren Mission entspreche
Äußerungen, und programmatisch hieß es auch in der „Sozialen Kundgebung“
Kirchentages (zu dieser Zeit handelte es sich um eine Versammlung kirchlicher Fu
tionäre), der 1924 in Bethel abgehalten wurde: „Die Erneuerung des Volkslebens

---

2 Claudia Lepp, Gesellschaftliche Herausforderungen, in: Siegfried Hermle/Harry Oelke (Hrsg.),
testantismus und Weimarer Republik (1918–1932), Leipzig 2019, S. 50–73.

bei seiner Urzelle, der Familie beginnen. Denn schwer gefährdet ist der christliche Charakter und die Heiligkeit des ehelichen und des Familienlebens."[3]

Diese Programmatik passte auch gut zu dem im 19. Jahrhundert erfundenen Ideal des evangelischen Pfarrhauses, in dem moralische Reinheit vorgelebt wurde (oder werden sollte). Die von Sozialdemokraten, Kommunisten und einem Teil der Liberalen vertretenen Reformanliegen, auch im Blick auf eine Strafrechtsreform, konnten sich in der Weimarer Republik nicht durchsetzen, und daran hatte auch die evangelische Kirche Anteil. Dies geschah erst 40 Jahre später durch die Große Strafrechtsreform. Eine Ausnahme stellte allerdings Wilhelm Kahl dar, ein kirchlicher engagierter Jurist, der sich als Abgeordneter der rechtsliberalen Deutschen Volkspartei (DVP) für die Straflosigkeit der „einfachen", also einvernehmlichen Homosexualität aussprach und im Strafrechtsausschuss des Reichstags 1929 dafür auch seine Zustimmung gab. Dies war aber nur eine Momentaufnahme: Schon vor 1933 ging der Trend hin zu einer Verschärfung der Rechtslage.[4] Kahl starb 1932. Der Protestantismus in der Zeit der nationalsozialistischen Diktatur war weitgehend mit sich selbst beschäftigt; Schwule und Lesben kamen in der Wahrnehmung seiner offiziellen Vertreter nicht vor. Eine Ausnahme bildete der Leiter der diakonischen Einrichtung Lobetal, Paul Gerhard Braune. Allerdings war auch seine Haltung nicht durch Akzeptanz geprägt. Vielmehr sollten die schwulen Männer ihre „Triebe" beherrschen und von ihrem „sündigen" Verhalten loskommen. Immerhin übernahm Braune die Verantwortung für diese Männer und schützte sie, so gut er konnte, so wie er auch grundsätzlich die Bewohner von Lobetal vor der nationalsozialistischen „Euthanasie"-Politik zu bewahren versuchte.[5] Nach 1945 spielte die Haltung dieser Personen zur Homosexualität (und man müsste sagen: zu Homosexuellen) keine Rolle. Das Thema blieb lange ein Tabu.

2 Vorsichtige Annäherung an den Wertewandel: Die Große Strafrechtsreform

Die traditionelle Staatsnähe der evangelischen Kirche in Westdeutschland, zumal in einer Zeit, in der sie sich noch als „Volkskirche" verstehen konnte, stellte sie vor die Frage, wie sie sich zum gesellschaftlichen Wandel, der ja nicht zuletzt ein Wertewandel war, stellen sollte. Dabei zeigte sich, dass evangelikale Gruppen, die in der Regel mehr öffentliche Aufmerksamkeit beanspruchten, als es ihrer Größe entsprach, das Thema Homosexualität nutzten, um ihre grundsätzliche Ablehnung eines solchen Wandels und einer kirchenoffiziellen Annäherung an ihn, wie er in den 1980er Jahren

---

3 Verhandlungen des ersten Deutschen Evangelischen Kirchentages 1924, Berlin 1924, S. 213.

4 Julia Noah Munier, Lebenswelten und Verfolgungsschicksale homosexueller Männer in Baden und Württemberg im 20. Jahrhundert, Stuttgart 2021, S. 72 f.

5 Andreas Pretzel, Homosexuelle in Lobetal, in: Jan Cantow/Jochen-Christoph Kaiser, Paul Gerhard Braune (1887–1954). Ein Mann der Kirche und Diakonie in schwieriger Zeit, Stuttgart 2005, S. 170–183.

deutlich wurde (s. u. 4.), zur Darstellung zu bringen: Eine solche Annäherung
(und ist) aus dieser Sicht nur Anpassung an den Zeitgeist.[6] Solche Positionierun
vollzogen sich allerdings vor allem im Raum der Kirche, weniger in der gesamtge
schaftlichen Öffentlichkeit der Bundesrepublik.

In den 1960er Jahren gewann das Thema Homosexualität im Raum der Ki
erstmals eine gewisse, wenn auch sehr randständige Öffentlichkeitswirkung: In e
Zeit, in der schwule Männer weithin negative Empfindungen auf sich zogen und v
Strafrecht kriminalisiert wurden, wurde ihnen im Raum der Kirche zugeschrie
sie benötigten Seelsorge oder gar eine Therapie. Dies hing auch mit dem massi
Ausbau kirchlicher Familienberatungsstellen zusammen, die dann faktisch aber w
ger mit dem Thema Homosexualität und mehr mit dem Thema Trennung und Sc
dung zu tun hatten.[7] Da Sexualität aus kirchlicher Sicht nach wie vor einzig in e
heterosexuellen Ehe ihren Platz hatte, machte sich der „Zerfall" der Familie scho
dieser Zeit durch steigende Scheidungsraten scheinbar bedrohlich bemerkbar. Ne
der Zuschreibung, schwule Männer benötigten Seelsorge, trat darum auch ihre Dä
nisierung als Gefährdung für den Bestand der Ehe. Dass ein „Dammbruch" dr
würde man Homosexualität legalisieren oder gar akzeptieren, wurde in manc
kirchlichen Kreisen zu einem scheinbar plausiblen Argument.

Von einer offiziellen Stellungnahme war die evangelische Kirche noch weit
fernt. Die Kirchen konnten sich zu dieser Zeit auch noch im Einklang mit Recht
Politik sehen, denn der 1962 vom Bundesjustizministerium vorgelegte Entwurf e
neuen Strafgesetzbuches war das Gegenteil einer Reform: Der § 175 StGB (der in
sem Entwurf als § 216 gezählt wurde) wurde im Wesentlichen beibehalten. Dokun
tiert wurden immerhin die Diskussionen, die es innerhalb der Kommission gab,
den Entwurf erarbeitet hatte: Nicht nur „unmittelbar interessierte Kreise", sond
auch Juristen und Mediziner würden die Strafbarkeit von Homosexualität in Fr
stellen, da der „Trieb" der homosexuellen Männer nicht zu beherrschen sei. Das
aber für die Gegner der Reform, denen die Mehrheitsmeinung zu dieser Zeit zu
gar keine Frage. Auffällig war die Prognose, dass es auch im Falle einer Streich
des § 175 bei einer gesellschaftlichen Ächtung der Homosexualität bleiben würde.
sah sich hier in „Übereinstimmung mit der weitaus überwiegenden Ansicht der Be
kerung", dass Homosexualität eben keine Anlage, sondern Folge einer „abartigen
sönlichkeitsstruktur" oder einer „geschlechtlichen Fehlhaltung" sei. Die „sittenbil

---

6 Vgl. dazu das Beispiel der evangelikalen „Offensive Junger Christen": Gisa Bauer, Evangelikale
wegung und evangelische Kirche in der Bundesrepublik Deutschland. Geschichte eines Grundsatz
flikts, Göttingen 2012, S. 589 f.
7 Klaus Fitschen, Homosexualität und evangelische Kirche in den 1960er Jahren, in: Claudia L
Harry Oelke/Detlef Pollack (Hrsg.), Religion und Lebensführung im Umbruch der langen 1960er Ja
Göttingen 2016, S. 335–345.

de Kraft des Strafgesetzbuches" müsse darum „einen Damm gegen die Ausbreitung eines [also dieses] lasterhaften Treibens" errichten.[8]

Die EKD hielt sich aus den Debatten um diese Reform einstweilen heraus, womöglich weil sie ähnliche innere Zwistigkeiten fürchtete, wie es sie in den 1950er Jahren zur Frage der Wiederbewaffnung und der Atomrüstung gab. Von evangelischer Seite interessierte man sich vor allem für die Tatbestände, die mit Sexualität und Lebensführung (also dem „Sittenstrafrecht") zu tun hatten, und hier gab es durchaus kontroverse Auffassungen, was etwa die Strafbarkeit des Ehebruchs anging. Im Blick auf die Themen Schwangerschaftsabbruch und Homosexualität nahm man aber grundsätzlich eine konservative Haltung ein.[9]

Befasst mit den Vorgängen um die Große Strafrechtsform war die Strafrechtskommission der Evangelischen Studiengemeinschaft, einer von der evangelischen Kirche getragenen Forschungseinrichtung mit Sitz in Heidelberg. Diese Kommission war aus dem Bundesjustizministerium über die aktuellen Entwicklungen auf dem Laufenden gehalten worden, um die Kirche frühzeitig einzubeziehen.[10] In seiner Sitzung vom 17./18. Januar 1963 nahm der Rat der EKD einen Bericht dieser Strafrechtskommission entgegen, den der Jurist Hans Dombois verantwortete. Darin hatte auch ein Abschnitt zur Reform des § 175 StGB seinen Platz, der zwiespältig ausfiel. Zum einen wurde als Maßstab „sexueller Betätigung" ihre sozialethische Funktion angeführt, die nur in der Ehe verwirklicht werden könne. Darum sei Homosexualität „sozialethisch als Unrecht zu beurteilen" und könne nicht prinzipiell straflos gestellt werden. Abgemildert wurde diese Aussage freilich durch den Satz: „Dieses Urteil schließt nicht aus, daß der homosexuelle Mensch auch als Mensch Gottes geachtet und in der Rechtsgemeinschaft belassen werden muß." Noch weiter ging dann die Forderung von Teilen der Kommission, die Strafbarkeit der Homosexualität aufzuheben bzw. auf bestimmte Tatbestände einzuschränken, weil die Strafbarkeit „den Effekt einer allgemeinen sozialen Ächtung des Homosexuellen haben kann". Das Grundproblem wurde von der Kommission in der Gefahr einer Art Dammbruch gesehen, der sich bei einer Entschärfung des § 175 StGB in Form einer Flut homosexueller Propaganda einstellen könnte.[11] Hier war man also mit dem Entwurf des Bundesjustizministeriums auf einer Linie.

Freilich mehrten sich schon zu Beginn der 1960er die vereinzelten Stimmen, die aus protestantischer Sicht für eine Liberalisierung des Strafrechts plädierten. Unter ihnen ist die des weithin als Prediger und Autor bekannten Hamburger Theologieprofessors Helmut Thielicke hervorzuheben, der eher zu den Konservativen gehörte, an

---

8 Deutscher Bundestag. 4. Wahlperiode. Drucksache IV/650, S. 377, https://dserver.bundestag.de/btd/04/006/0400650.pdf (2.2.2022).

9 Alexander Timm, Der Entwurf eines Strafgesetzbuches von 1962, Berlin 2016, S. 173–175.

10 Kirchliches Jahrbuch 89 (1962), S. 103 f.

11 Hans Dombois, Der Stand der Strafrechtsreform und die einschlägigen Arbeiten der Strafrechtskommission der Evangelischen Studiengemeinschaft (Zum Thema Homosexualität): Kirchliches Jahrbuch 89 (1962), S. 111 f.

diesem Punkt aber progressiver war. Freilich empfahl er einen Weg, der sich zu di
Zeit schon anbahnte, nämlich die Entkriminalisierung durch Beratungsangebote
zufangen. Es blieb also letztlich bei der Pathologisierung von Homosexualität.[12]

Die von dem in Gremien der EKD lange engagiert mitwirkenden Gustav He
mann als Bundesjustizminister zwischen 1966 und 1969 maßgeblich initiierte Gr
Strafrechtsreform stellte für die evangelische Kirche eine massive Herausforder
dar, weil in ihr der gesellschaftliche Wertewandel gewissermaßen rechtsförmige
zeptanz fand. Konnte der offizielle Protestantismus bis dahin seine Haltung als l
form zur Rechtsordnung, aber auch zur Auffassung von Ärzten und Psychologen
hen, musste er nun im Wandel dieser Rahmenbedingungen seinen Standort
bestimmen. Das Thema Homosexualität wurde zu dieser Zeit innerkirchlich eher
Rande mitverhandelt und fand im Raum der Kirche auch noch keine große Reson.
Eine offizielle Stellungnahme zum Thema Sexualität, die durch die Debatten um
Große Strafrechtsreform motiviert war, gab die EKD 1971 in ihrer „Denkschrift zu
gen der Sexualethik" ab.[13] Dies erfolgte somit deutlich später als die Mitte 1969 ve
schiedete liberale Reform des § 175 StGB, die zur Entkriminalisierung einvernehm
cher homosexueller Handlungen zwischen erwachsenen Männern geführt hatte.
EKD-Text thematisierte in einem Punkt auch die Homosexualität, ohne eindeutig ?
lung zu beziehen; er war insofern eben auch ein typisches kirchliches Produkt, in •
Spannungen überdeckt werden mussten. Zwar kam auch die Erkenntnis darin
dass Homosexualität sich nicht therapieren ließ und auch nicht mehr strafbar :
sollte, doch war das wichtigste Anliegen aus kirchlicher Sicht immer noch das Ang€
seelsorgerlicher und therapeutischer Hilfe, das es ja auch schon gab, aber offensi•
lich nur wenig nachgefragt wurde. Das Festhalten an dieser praxisfernen Präfer
hatte vermutlich auch damit zu tun, dass in der Kommission, die den Text seit 1
vorbereitet hatte, auch viele Mitarbeiter kirchlicher Beratungsstellen mitgewirkt
ten. Letztlich aber deckten die parallelen heftigen innerkirchlichen Debatten um
Reform des § 218 StGB dieses Thema und die sich daran entzündenden innerkirc
chen Gegensätze zu.

Während aus kirchenoffizieller Sicht Homosexualität kein Thema war, war es
die „Betroffenen" in der Kirche eben doch von Relevanz. Der gesellschaftliche War
machte sich auch in der evangelischen Kirche auf vielen Feldern bemerkbar, was :
insbesondere auf den Kirchentagen zeigte, die alle zwei Jahre durch die Selbstorg
sation von Laien, also Nichttheologen, organisiert wurden. Hier diskutierte man,
die kirchenoffizielle Seite mit großer Vorsicht behandelte. So wurde der 1977 in Be
veranstaltete Kirchentag zur Geburtsstunde einer innerkirchlichen Initiative, die
dem Dunkelfeld der Verachtung und Pathologisierung ausbrach: Der Arbeitskreis „.

---

12 Helmut Thielicke, Erwägungen der evangelisch-theologischen Ethik zum Problem der Homose
lität und ihrer strafrechtlichen Relevanz, in: Zeitschrift für Evangelische Ethik 6 (1962), S. 150–16
13 Denkschrift zu Fragen der Sexualethik. Erarbeitet von einer Kommission der Evangelischen Ki
in Deutschland, Gütersloh 1971.

mosexuelle und Kirche" suchte nach einem Weg, in der kirchlichen Öffentlichkeit für Verständnis und Toleranz zu werben.[14] Nur zu vermuten ist, das das durch persönliche Kontakte auch auf kirchliche Kreise im Ostteil Berlins ausstrahlte. Schon das aber zog Abwehrreaktionen auf sich, sowohl auf dem Kirchentag in Berlin als auch auf dem 1979 in Nürnberg ausgerichteten, an dem die Initiative aufgrund kirchenamtlicher Interventionen fast nicht hätte teilnehmen dürfen. Der Konflikt darum erzeugte erhebliches Aufsehen, da die Kirchentage öffentlichkeitswirksame Ereignisse waren.

Immerhin war der Bann jetzt gebrochen, auch wenn es für die Initiative schwer war, selbstbewusst aufzutreten und es zudem interne Spannungen zwischen Schwulen und Lesben gab (die letztlich aus der Initiative auswanderten). Zu dieser Zeit kam die Frage der Homosexualität immerhin auf kirchlichen Tagungen und in kirchlichen Arbeitsgruppen vor, sodass das Thema und somit vor allem schwule Männer zum ersten Mal als Kirchenmitglieder oder Pfarrer sichtbar wurden. Freilich war das innerkirchliche Meinungsklima immer noch überwiegend von Ablehnung oder durch die Aufforderung zur Verleugnung der eigenen Sexualität geprägt. „Verantwortlicher Umgang mit der Homosexualität" war ein Stichwort unter vielen, und Partnerschaften waren unter diesen Bedingungen im Raum der Kirche überhaupt nicht möglich. Da in den 1970er Jahren die Scheidungsraten weiter stiegen, lag die kirchliche Aufmerksamkeit vor allem auf einer diagnostizierten Krise der Ehe, die weiterhin als ausschließlicher Raum für Sexualität galt. Dass auch viele Ehen evangelischer Pfarrer (und zunehmend Pfarrerinnen) scheiterten, wurde weithin verschwiegen und somit auch die Tatsache geleugnet, dass die gesellschaftliche Wirklichkeit eben auch die Wirklichkeit der Kirche war.

3 Der Weg an die Öffentlichkeit: Klaus Brinker und Eduard Stapel

Stand die Initiative „Homosexuelle und Kirche" schon für einen erheblichen Mut im Raum der Kirche, waren es dann vor allem zwei Protagonisten, die das Thema in die kirchliche und teils (im Blick auf Westdeutschland) auch in die außerkirchliche Öffentlichkeit brachten. In kirchlicher Hinsicht gab es also eine deutsch-deutsche Synchronität, was angesichts der engen Verbundenheit der Landeskirchen in der Bundesrepublik und der DDR – trotz aller Versuche der SED-Diktatur, das zu unterbinden – nicht verwundert. Eine wechselseitige Wahrnehmung innerkirchlicher Entwicklungen beim Thema Homosexualität gab es stark in Ost-West-Richtung (dies dokumentiert das Mitteilungsblatt der Initiative „Homosexuelle und Kirche"[15]). Vorgänge im westdeutschen Protestantismus wurden in kirchlichen Kreisen der DDR durchaus regis-

---

14 Klaus Fitschen, Die Anfänge der HuK [Homosexuelle und Kirche], in: Michael Brinkschröder u. a. (Hrsg.), Aufgehende Saat. 40 Jahre Ökumenische Arbeitsgruppe Homosexuelle und Kirche, Stuttgart 2017, S. 14–23.
15 Einsichtnahme durch den Autor in einem Privatarchiv.

triert, sie strahlten dort aber angesichts der kirchenpolitischen Realitäten nicht
die nichtkirchliche Öffentlichkeit aus.

Klaus Brinker verwaltete seit 1978 als Hilfsgeistlicher (also nicht in einem vo
Dienstverhältnis als Pfarrer) die 1. Pfarrstelle einer Kirchengemeinde in Hannove
bewarb sich auf die Stelle, als sie 1979 ausgeschrieben wurde, aber der Kirchen
stand wollte ihn nicht wählen – nicht nur, weil er schwul war, sondern auch, we
in einer mann-männlichen Partnerschaft lebte. 1981 wurde er genau aus die
Grund aus dem kirchlichen Dienst entlassen, eben weil sein „Lebenszeugnis" im
derspruch zur gottgewollten Gemeinschaft von Mann und Frau stehe, die auf N
kommenschaft angelegt sei. Brinker ließ sich dies nicht gefallen, und so wurde
kirchliche Umgang mit ihm auch außerhalb der Kirche wahrgenommen, was erh
che Kirchenkritik nach sich zog. Die kircheneigene Gerichtsbarkeit musste sich
dem Fall befassen. Sein Anwalt, der spätere Bundeskanzler Gerhard Schröder,
zeichnete dabei das kirchliche Vorgehen als Heuchelei. Innerhalb der Kirche kar
zu vielen Solidarisierungen mit Brinker. Andererseits war der „Fall Brinker" für
servative und evangelikale Kreise ein Anlass, noch einmal auf die (angebliche) Gef
dung hinzuweisen, die von Homosexuellen für die Ehe ausgehe. Als es den näch
„Fall" in der Hannoverschen Landeskirche gab – diesmal ging es um den Pfa
Hans-Jürgen Meyer – war das öffentliche Unverständnis deutlich zu spüren, un
titelte die links-alternative West-Berliner „tageszeitung" (taz) am 16. März 1985:
evangelische Kirche auf dem Weg ins Mittelalter". Auch weitere „Fälle" dieser Art
den ihren Weg in die mediale Öffentlichkeit. Beispielsweise machte der 1987 aus
Dienst der Badischen Landeskirche entlassene Pfarrer Herbert Engel seine Erfah
gen 1991 im ZDF publik – der Titel des Beitrags lautete: „Solange sie es heimlich t
Heimlichkeit und Verdrängung waren kirchenoffiziell erlaubt, gelebte Liebe nicht.

Da die Frage des Umgangs mit dem Thema Homosexualität nun zur Frage r
dem Umgang mit homosexuellen Männern in der Kirche und gar als kirchlichen A
trägern geworden war, sah man sich kirchlicherseits zu Gutachten und Stellung
men genötigt. Da Klaus Brinker Pfarrer einer Landeskirche war, die der Vereini
Evangelisch-Lutherischen Kirche in Deutschland (VELKD) angehörte, sah sich
VELKD hier besonders herausgefordert. Das Ergebnis waren zwei Texte, die 1979
1980 unmittelbar auf den Fall Brinker reagierten und innerhalb der Kirche große
merksamkeit auslösten: Es handelte sich dabei um eine „Vorläufige Stellungnah
des Theologischen Ausschusses der VELKD, die die Bischofskonferenz der VELKD „
gegebener Veranlassung" angefordert hatte, und um die „Orientierungshilfe" des
therischen Kirchenamtes der VELKD „Gedanken und Maßstäbe zum Dienst von Ho
philen in der Kirche".[16] Als Leitlinien dienen sollten die dort zu findenden Vorga
aber in der ganzen EKD, also in allen evangelischen Landeskirchen in Deutschland

---

16 Gedanken und Maßstäbe zum Dienst von Homophilen in der Kirche – Eine Orientierungsl
(Texte aus der VELKD), Hannover 1980.

Ganz in der Tradition des Konstrukts des evangelischen Pfarrhauses, das als sittliches Vorbild für die Gemeinde gelten sollte, wurde der Lebensführung der Pfarrerschaft eine Leitbildfunktion zugeschrieben: Sie sollte verkörpern, wie sämtliche Gemeindemitglieder zu leben hatten. Dabei war das Fundament des Pfarrhausideals durch steigende Scheidungsraten längst brüchig geworden, und es gab Debatten, ob nicht auch unverheiratete (heterosexuelle) Paare im Pfarrhaus leben dürften – ganz im Sinne der „Ehe ohne Trauschein", die gesamtgesellschaftlich zunehmend akzeptiert wurde. Dadurch und eben auch durch Männer, die eine gleichgeschlechtliche Partnerschaft eingehen wollten, schien das Idealbild der (heterosexuellen) Ehe bedroht, und das nicht zuletzt durch Pfarrer, die ihre Liebe leben wollten. Die Texte der VELKD setzten ganz auf theologische und biblische Begründungen, wobei die Schöpfungsgeschichte mit ihrer scheinbar klaren polaren Zuordnung von Mann und Frau eine wichtige Rolle spielte – ein Zeichen dafür, dass man nicht mehr wie bisher auf einen konservativen Konsens in den Humanwissenschaften setzen konnte. Klar war die Grundaussage: Homosexualität durfte nicht offen gelebt werden, schon gar nicht in einer Partnerschaft. Der „Homophile" (dieser Sprachgebrauch war nicht nur in der Kirche noch üblich) wurde zwar nicht mehr als zu diskriminierendes Objekt angesehen, es blieb aber dabei, dass Schwule ein Problem haben mussten, das nur durch das „Annehmen des Leidens" zu lösen war oder auch durch eine Beratung oder Therapie.

Innerkirchlich wie außerkirchlich stieß die „Orientierungshilfe" auf Kritik. Autoren wie der Theologe und Psychologe Hans-Georg Wiedemann und der Pädagoge und Psychologe Helmut Kentler – später als pädokrimineller Täter enttarnt[17] – kritisierten die dort vertretenen Auffassungen und waren auch sonst als sachverständige Autoren zum Thema gefragt.[18] Wiedemann segnete 1987 als Pfarrer in Düsseldorf auch ein lesbisches Paar. Zugleich fassten immer mehr Pfarrer und Mitarbeiter in der evangelischen Kirche Mut, sich gegen Diskriminierungen zu wehren, und unter den Kirchenmitgliedern änderte sich das Klima. Die Initiative „Homosexuelle und Kirche" war klein, sie machte aber deutlich, dass Schwule nicht einfach mehr in ein Dunkelfeld abzudrängen waren. Auch der Umgang mit Bibeltexten und scheinbar selbstverständlichen theologischen Erkenntnissen wandelte sich. Die innerkirchlichen Debatten wurden kontroverser, wobei es einerseits um dienstrechtliche Fragen ging, andererseits um das Thema Homosexualität überhaupt. In den 1980er Jahren meldeten sich im Raum der Kirche auch vermehrt lesbische Frauen zu Wort, die in der Kirche weniger diskriminiert wurden als schwule Männer, aber Beziehungen auch nicht offen leben konnten, wenn sie kirchliche Mitarbeiterinnen waren. Immer wieder kam es zu Segnungen von schwulen und lesbischen Paaren durch Pfarrerinnen oder Pfar-

---

17 Zu Kentler vgl. Teresa Nentwig, Im Fahrwasser der Emanzipation? Die Wege und Irrwege des Helmut Kentler, Göttingen 2021.

18 Helmut Kentler (Hrsg.), Die Menschlichkeit der Sexualität. Berichte – Analysen – Kommentare ausgelöst durch die Frage: Wie homosexuell dürfen Pfarrer sein?, München 1983; Hans-Georg Wiedemann, Homosexuelle Liebe. Für eine Neuorientierung in der christlichen Ethik, Stuttgart 1982.

rer, was die offizielle kirchliche Nichtanerkennung nach sich zog. Dies schlug sic̄
Presseberichten nieder, die auch die nichtkirchliche Öffentlichkeit von den Vorgär
in Kenntnis setzten. Der wohl folgenreichste Fall war der des Kölner Pfarrers F
Mörtter, der mitten in den Debatten um die Segnung homosexueller Paare in der R
nischen Landeskirche 1994 ein schwules Paar segnete, was ihm ein Disziplinarver
ren der Rheinischen Landeskirche eintrug. Mörtter hatte diesen Gottesdienst aber
vorbereitet und sich der Zustimmung seiner Gemeinde und seines Superintender
versichert.[19]

Unterdessen war das Thema ein gesamtdeutsch-kirchliches geworden, denn ;
„Fall Brinker" gab es in den ostdeutschen evangelischen Landeskirchen eine Paral
Als Vikar in Magdeburg bekannte sich Eduard Stapel 1983 (der sich in der Frage a
dings auch schon innerkirchlich engagiert hatte) zu seiner Homosexualität und lel
es ab, zölibatär zu leben. Das wurde, nicht zuletzt über die Initiative „Homosexu
und Kirche", auch in der Bundesrepublik bekannt. Die Kirchenleitung in Magdel
(also die der Kirchenprovinz Sachsen, wie die Landeskirche hieß) stand wie di
Hannover vor der Frage, wie darauf zu reagieren sei. Das Ergebnis waren abwäge
Texte, in denen sich unterschiedliche Meinungen spiegelten, ohne dass offiziell •
Öffnung erfolgte. Auch hier fürchtete man, dass das Ideal der heterosexuellen Ehe
terminiert würde.

Für die kirchliche Öffentlichkeit der DDR war der „Fall Stapel" ebenfalls ein
stoß für kontroverse Debatten. Dazu trug bei, dass das Thema auf der Ebene des E
des Evangelischer Kirchen in der DDR, also des Dachverbandes der ostdeutsc
Landeskirchen, verhandelt wurde. Zum Kirchenbund gehörte eine Theologische St
enabteilung, die 1984 eine Studie zu dieser Frage vorlegte. Der Verfasser dieses •
achtens war Manfred Punge, der zuvor schon an der Evangelischen Akademie Bei
Brandenburg reformorientiert an dem Thema gearbeitet hatte. Teilweise auch dι
ihn angestoßen, gab es seit 1982 Gesprächs- und Arbeitskreise in der Kirche, in de
schwule Männer offen reden konnten. Solche Gruppen vertraten nicht primär
christliches Anliegen, aber die Kirche (besser gesagt: einzelne Gemeinden) bot ih
ein Dach. Zu dieser Zeit war Homosexualität staatlicherseits zwar nicht mehr krim
lisiert (in der DDR war 1968 – kurz vor der westdeutschen Reform – die Entkrimir
sierung einvernehmlicher Erwachsenenhomosexualität erfolgt), aber Schwule
Lesben wurden weiterhin diskriminiert, weil sie das Bild gesellschaftlicher Homog
tät störten.

In der Studie des Kirchenbundes „Homosexuelle in der Kirche", die in den
deutschen Landeskirchen intern blieb, aber in Westdeutschland veröffentlicht wu
kam Punge zu dem Ergebnis, Homosexualität sei irreversibel.[20] Das stieß vor aller
der konservativen Sächsischen Landeskirche auf massive Ablehnung. Eine norma

---

19 Klaus Schmidt, Aufstieg einer Minderheit. 500 Jahre Protestanten in Köln, Berlin 2016, S. 134
20 Homosexuelle in der Kirche? Ein Text der Theologischen Studienabteilung beim Bund der E
gelischen Kirchen in der DDR, hrsg. von Aktion Sühnezeichen/Friedensdienste, Berlin (West) 198

Bedeutung hatte die Studie freilich nicht, sie hatte als Einzelmeinung nicht den Stellenwert der Orientierungshilfe der VELKD.

4 Die Kirche versucht mit der Rechtsentwicklung Schritt zu halten

Die Versuche innerhalb der evangelischen Kirche in Westdeutschland, die Orientierungshilfe der VELKD von 1980 weiterzuentwickeln, verliefen letztlich im Sande. Eine Arbeitsgruppe der EKD legte 1994 eine weitere „Orientierungshilfe" vor, die den Titel „Mit Spannungen leben" trug und dabei auch die Spannungen innerhalb der Arbeitsgruppe abbildete.[21] Unterschiedliche Positionen standen nebeneinander: War Homosexualität nun unveränderlich oder veränderlich? Auch hier arbeitete man sich an isolierten Bibelstellen ab, die man ebenso als unhinterfragbare Normen ansehen wie auch als zeitbedingt relativieren konnte. Die (heterosexuelle) Ehe blieb das Leitbild, und so wurden gleichgeschlechtliche Partnerschaften abgelehnt. Verschiedene Positionen innerhalb der evangelischen Kirche zur Darstellung zu bringen, gehörte zwar zur Anerkennung eines innerkirchlichen Pluralismus, zugleich aber blockierte dieses Vorgehen einen Aufbruch in Richtung Akzeptanz und Normalisierung. Immerhin war der Umgang mit dem Thema Homosexualität jetzt zunehmend nicht mehr von Peinlichkeit und Abwehr bestimmt, sondern durch Offenheit, nicht nur im Blick auf das Thema, sondern auch im Blick auf die „Betroffenen", von denen es im Raum der Kirche mehr gab, als man hatte glauben wollen.

Während in der EKD eher eine Blockade herrschte, waren in einzelnen Landeskirchen durchaus Aufbrüche zu verzeichnen. In der stark dezentral organisierten Evangelischen Kirche im Rheinland begann 1992 ein jahrelanger Diskussionsprozess zum Thema „Homosexuelle Liebe", aus dem sich zwei Schwerpunkte entwickelten: „Sexualität und Lebensformen" und „Trauung und Segnung". Die Frage der Segnung (noch nicht der kirchlichen Trauung) gleichgeschlechtlicher Paare wurde somit zu einem wesentlichen Thema. Das Stichwort „Liebe" war dabei durchaus von Bedeutung, denn damit wurden homosexuelle Beziehungen nicht mehr auf den Bereich der körperlichen Sexualität reduziert. Zwar beteiligten sich nicht alle Kirchengemeinden im Rheinland an dem Diskussionsprozess, doch erreichte das Thema damit die kirchliche Basis und war nicht mehr nur Sache der Kirchenleitungen. Veranstaltungen im Raum der Kirche dienten dem Austausch und wurden auch dokumentiert.[22] Die Kontroversen in Kirchenvorständen und Synoden waren heftig, und im Ergebnis kam man im Jahre 2000 nur so weit, dass die Landessynode eine „gottesdienstliche Begleitung" zu-

---

21 Mit Spannungen leben. Eine Orientierungshilfe des Rates der Evangelischen Kirche in Deutschland zum Thema „Homosexualität und Kirche", Hannover 1996.

22 Vgl. etwa: Der Liebe Formen suchen. Eine Vortragsreihe zum Diskussionspapier „Sexualität und Lebensformen" sowie „Trauung und Segnung" der Evangelischen Kirche im Rheinland, Waltrop 1997.

gestehen wollte, also noch nicht einmal eine Segenshandlung oder gar eine Trau[
Faktisch aber setzte sich in vielen Gemeinden die Segnung durch, da sie von gleic[
schlechtlichen Paaren nachgefragt wurde. In der Hannoverschen Landeskirche, in[
Klaus Brinker und Hans-Jürgen Meyer nur wenige Jahre zuvor noch gemaßregelt v[
den waren, beschloss die Landessynode 1992 mit knapper Mehrheit, schwule Pfa[
dürften im Dienst bleiben, auch wenn sie in einer Partnerschaft lebten. Durch[
Veto des Landesbischofs Horst Hirschler kam dieser Beschluss aber vorläufig n[
zur Umsetzung.

Öffnungen waren auch in der Evangelischen Kirche von Hessen und Na[
(EKHN) zu beobachten, die ihr Zentrum in Frankfurt in Main hat. Auf der Grund[
der Diskussionen in der Rheinischen Landeskirche fand auch hier ein Prozess s[
der in den Gemeinden zu Rückäußerungen führte – befassen sollten sich damit[
Kirchenvorstände. Allerdings war der Gesprächsbedarf in den Kirchengemeinde[
fensichtlich doch nicht so groß wie erwartet. Die eingegangenen Rückmeldungen e[
ben dann das gewohnte Bild einer großen Bandbreite von Meinungen. Homosexu[
Pfarrer konnten von den einen als gefährlich für Jugendliche angesehen werden, v[
rend die anderen ihr Verbleiben im Amt befürworteten. Doch gab es aber auch[
Befürwortern einer Öffnung Angst vor einer „exzessiv gelebten" Sexualität im Si[
häufiger Partnerwechsel.

1996 wurde von der Kirchenleitung der EKHN nach der Auswertung der Umf[
eine Dokumentation vorgelegt. Sie arbeitete in typischer Weise das Thema ab: ex[
tisch und systematisch-theologisch, aber auch – anders als andere Stellungnahme[
Raume der Kirche – psychologisch und medizinisch. Von der Kirchenleitung wu[
das Diskussionspapier aus dem Rheinland als positiver Impuls aufgenommen und '[
terentwickelt: Die menschliche Sexualität wurde als ein in vielerlei Gestalt auftre[
des Phänomen angesehen, wozu eben auch die Homosexualität gehöre, und der h[
rosexuellen Ehe wurde keine Exklusivität mehr beigemessen. Dass dabei[
staatlicherseits erfolgte vollständige Abschaffung des §175 StGB im Jahre 1994 n[
ohne Einfluss blieb, wurde offen anerkannt.

Unterdessen war die Kirche nämlich von der Rechtsentwicklung überholt wor[
1988/89 hatte die DDR – kurz vor ihrem Ende – ein besonderes Homosexuellens[
recht vollständig abgeschafft, 1994 wurde auch für den westdeutschen Teil des ur[
dessen vereinigten Deutschlands der §175 StGB gestrichen, der zwar in den in[
kirchlichen Debatten keine Rolle spielte, der aber doch dafür stand, dass[
Diskriminierung von schwulen Männern ihre Berechtigung haben konnte. Hier sp[
der Aspekt des Jugendschutzes eine Rolle. Geradezu überrollt wurde die evangeli[
Kirche sodann 2001 durch das von einer rot-grünen Bundesregierung auf den Weg[
brachte Gesetz über die eingetragene Lebenspartnerschaft (für homosexuelle Paa[
obwohl sie den Gesetzgebungsprozess durch Stellungnahmen begleitet hatte.[
kirchlicher Sicht war die (heterosexuelle) Ehe der Normalfall und die Norm, und[
anderen Beziehungen hatten deshalb unterhalb dieser zu rangieren. Den Gesetz[
wurf für die eingetragene Lebenspartnerschaft lehnte die EKD darum ab, weil er[

Abstandsgebot zur Ehe aus ihrer Sicht nicht beachtete. Eine rechtliche Absicherung homosexueller Lebensgemeinschaften aber wurde durchaus akzeptiert, wenn dadurch Benachteiligungen verringert würden.

Für die evangelische Kirche stellte das Lebenspartnerschaftsgesetz auch deshalb eine besondere Herausforderung dar, weil sich nicht nur die Frage stellte, ob und in welcher Form gleichgeschlechtliche Paare gesegnet werden konnten, sondern weil auch die Frage des Dienstrechts berührt war. Dies wurde in einem Text der EKD aus dem Jahre 2002 deutlich, in dem es auch um die Frage ging, ob gleichgeschlechtliche Paare im Pfarrhaus zusammenleben durften. Man gab die Empfehlung, hier solle jeder Einzelfall geprüft werden. Die Frage der Segnung war insofern uneindeutig, als gar nicht klar war, wie eine solche Segnung ablaufen sollte. Während manche Pfarrerinnen und Pfarrer anscheinend doch eine Art Traugottesdienst feierten, vollzogen andere nur einen kargen Segnungsakt. Die kirchliche Praxis lief mancherorts nun der umständlichen innerkirchlichen Meinungsbildung voraus.

2017 wurde die „Ehe für alle" Gesetz – als „Gesetz zur Einführung des Rechts auf Eheschließung für Personen gleichen Geschlechts". Statt einer nachgeordneten eingetragenen Lebenspartnerschaft gewährte der Staat fortan auch homosexuellen Menschen eine gleichberechtigte Ziviltrauung. Die Evangelische Kirche im Rheinland war hier der Gesetzgebung sogar vorausgeeilt, denn ihre Landessynode hatte schon 2016 beschlossen, die Trauung für gleichgeschlechtliche Paare zu ermöglichen. Innerkirchlich flackerten durch die Ermöglichung der „Ehe für alle" die Debatten um das Leitbild der heterosexuellen Ehe wieder auf. Außerhalb der Kirche hatte das keine Bedeutung mehr. In den einzelnen Landeskirchen wurden unterschiedliche Regelungen im Blick auf gleichgeschlechtliche Ehen von Pfarrern und Pfarrerinnen beschlossen. Aus der Segnung gleichgeschlechtlicher Paare wurde nun zunehmend – wenn auch nicht überall – eine kirchliche Trauung. In der immer säkularer werdenden deutschen Öffentlichkeit konnte das nur noch Menschen mit einer intensiven Kirchenbindung interessieren, die das Bedürfnis nach einer kirchlichen Trauung verspürten. Freilich ist davon auszugehen, dass die innerkirchlichen Debatten in Westdeutschland in die außerkirchliche Öffentlichkeit hineinwirkten, da viele engagierte Protestanten auch politisch aktiv waren, und das in den beiden damaligen „Volksparteien" SPD und CDU. Dies dürfte allerdings vor allem in dem Sinne gelten, dass dem Trend zur Liberalisierung nicht einfach mehr mit dem Verweis auf eine unanfechtbare christliche Position widersprochen werden konnte, wie sie auf katholischer Seite vertreten wurde.

Christian Neuhierl

Homosexualität und Christentum

Das „Dach" der evangelischen Kirchen und die „Arbeitskreise
Homosexualität" in der DDR in den 1980er Jahren

I Einleitung

Homosexualität und Christentum. Diese zwei Begriffe verbindet die bundesdeutsche
Medienöffentlichkeit gemeinhin schwerlich positiv miteinander. Im Gegenteil, am ra-
schesten fällt einem wohl die Formel „Homosexualität ist Sünde" ein und die daran
anknüpfende Verfolgung gleichgeschlechtlich Liebender als „Sodomiten" seit dem Mittelalter.[1] Vielleicht kommen einem auch noch die vermeintlich seelsorgerisch begründeten Heilungsseminare evangelikaler Freikirchen für Homosexuelle in den Sinn.[2]

Solche Assoziationen sollten aber nicht dazu verleiten, blind zu sein für die Wi-
dersprüchlichkeiten, die sich darbieten, wenn man sich dem Begriffspaar Homosexualität und Christentum in spezifischen historischen Kontexten und Konstellationen nähert. Denn gerade in der Zeitgeschichte gab es immer wieder Situationen, in denen
die Auseinandersetzungen um das Begriffspaar Homosexualität und Christentum be-
merkenswerte Folgen zeitigten. Der folgende Beitrag nimmt diese Widersprüchlichkei-
ten ernst und nähert sich ihnen in einem historisch geradezu einmaligen Kontext: Mit
Blick auf die enge institutionelle wie ideelle Verbindung von homosexuellem Aktivismus mit dem Umfeld der evangelischen Kirchen in den 1980er Jahren in der DDR.

1982 wurden „unter dem Dach der evangelischen Kirche" – wie es im damaligen
Sprachjargon hieß – in Leipzig und Ostberlin zwei kirchliche Arbeitskreise gegründet,
die das Thema Homosexualität in den Mittelpunkt ihrer Arbeit stellten. Bis zur Wiedervereinigung 1990 folgten diesen zwei ersten Arbeitskreisen weitere 20 solcher
Gruppen in der DDR nach, die institutionell mit der evangelischen Kirche verbunden
blieben. Und auch untereinander standen die Arbeitskreise in regem Austausch. Die
insgesamt 22 homosexuellen Arbeitskreise stellten damit ein Netzwerk von Schwulen-

---

[1] Vgl. exemplarisch Bernd-Ulrich Hergemöller, Sodom und Gomorrha. Zur Alltagswirklichkeit und
Verfolgung Homosexueller im Mittelalter, Hamburg 1998; Helmut Puff, Localizing Sodomy. The „Priest
and Sodomite" in Prereformation Germany and Switzerland, in: Journal of History of Sexuality 8
(1997), S. 165–195; Klaus Fitschen, Homosexualität und Religion. Der deutsche Protestantismus und
der gesellschaftliche Wandel, in: Georg Teichert (Hrsg.), L(i)eben im Verborgenen. Homosexualität zwischen Stonewall und der Ehe für alle, Leipzig 2019, S. 57–68.
[2] Vgl. exemplarisch Christian Deker, Wie mich zwei Ärzte von meinem Schwulsein heilen wollten, in:
Die Zeit vom 8.5.2014, https://www.zeit.de/2014/20/homosexualitaet-heilung-evangelikale-christen
(26.12.2018).

gruppen[3] in der DDR dar, das es verstand, auf Teile der Politik, der evangelischen chen und der (Sexual-)Wissenschaft im Land gleichermaßen einzuwirken.

Der nachstehende Beitrag würdigt diesen Umstand und stellt sich der Frage, sich diese Möglichkeitsräume im Spannungsfeld zur evangelischen Kirche als „Da der Arbeitskreise entwickelten und welche Rolle das Umfeld Kirche für die Arb kreise[4] in ihrem Selbstverständnis und Wirken spielte.

Zunächst steht dabei die Entstehung der Arbeitskreise in der Kirche im Mi punkt. In einem zweiten Schritt widme ich mich dem Wechselverhältnis zwischen Arbeitskreisen und der innerkirchlichen Diskussion zum Thema Homosexual Anschließend zeige ich am Beispiel des Diskursstranges „Promiskuität und Part schaft" den Einfluss kirchlicher Positionen auf den Identitätsdiskurs innerhalb der beitskreise auf. Zum Schluss werden die Ergebnisse in einer umfassenderen Gesch te der bundesdeutschen Schwulenbewegung der 1990er Jahre verortet.

II Die Evangelische Kirche als organisatorische Basis und Rekrutierungsfeld

Die kirchlichen Arbeitskreise Homosexualität entstanden ab 1982 in der DDR. Sie ren angegliedert an einzelne Gemeinden und Institutionen der evangelischen Kir Den Auftakt für diese Gründungswelle bildete eine Tagung an der Evangelischen A demie in Ostberlin im Januar 1982. Kirchliche Mitarbeiter*innen an den entscheid den Stellen hatten es ermöglicht, dass hier zum ersten Mal in der DDR (halb-)öffent über das Thema Homosexualität gesprochen werden konnte. Zuvor hatte es im wieder Anfragen homosexueller Akademieteilnehmer gegeben, ob man dieses Th nicht einmal auf einer Tagung behandeln könne. Bei der Akademieleitung, Elisal Adler und Manfred Punge, stießen diese Anfragen grundsätzlich auf Interesse

---

3 Der Großteil der Mitglieder dieser 22 Arbeitskreise identifizierte sich als homosexuelle Männe stehen daher im Zentrum dieses Aufsatzes. Lesbische Frauen dagegen gründeten wenige unabhän Arbeitskreise in der Kirche und waren vor allem ab Mitte der 1980er Jahre außerhalb der Ki organisiert. Vgl. Christine Schmidt, Lesben und Schwule in der Kirche, in: Sonntagsclub (Hrsg.), zaubert in Nord-Ost. Die Geschichte der Berliner Lesben und Schwulen in Prenzlauer Berg, Pan und Weißensee, Berlin 2009, S. 198–220, hier insb. S. 211 f.; Franziska Rauchut, Lesben in Beweg Der Werdegang der DDR- und BRD-Lesbenbewegungen nach 1989, in: „Das Übersehenwerden ha schichte". Lesben in der DDR und in der friedlichen Revolution, Halle (Saale) 2016, S. 70–83.
4 Der Aufsatz konzentriert sich dabei besonders auf den Leipziger, Magdeburger und die zwei E ner Arbeitskreise „Schwule in der Kirche" (Berlin-Treptow) und „Gesprächskreis Homosexual (Prenzlauer Berg).

Wohlwollen.[5] Schließlich reisten rund 200 Personen aus der ganzen DDR nach Berlin, um an der Tagung teilzunehmen.[6]

Auf die zwei wissenschaftlichen Vorträge zum Thema aus Sicht der evangelischen Theologie und der Neurologie folgte schließlich der Bruch anwesender homosexueller Männer mit dem bis dahin vorherrschenden öffentlichen Stillschweigen.[7] Wiederholt sprachen Teilnehmer ihre individuellen Ängste, Probleme und Interessen an und klagten über die mangelnden Möglichkeiten, sich darüber austauschen und auf Lösungen hinarbeiten zu können.[8] Eine kleine Gruppe aus Leipzig, die an der Tagung teilnahm, war allerdings schon einen Schritt weiter: Seit 1981 bestand sie als private Selbsthilfegruppe und ging unter Anleitung eines Medizin- und eines Theologiestudenten die Ängste, Sorgen und Probleme ihrer Mitglieder praktisch an. Aber auch ihr fehlte es an einer institutionellen Anbindung. Auf der Tagung äußerten ihre Mitglieder den Wunsch, in der evangelischen Kirche eine solche Partnerin zu finden. Diese Idee stieß auch bei vielen anderen Tagungsteilnehmern sowie der Tagungsleitung auf Sympathie.[9] Mit ihrer Unterstützung kam es daher wenige Monate später zur Gründung der ersten beiden kirchlichen Arbeitskreise Homosexualität in Berlin und Leipzig.

Die Akademie-Tagung vom Januar 1982 war damit in dreierlei Hinsicht sehr wichtig für die kirchlichen Arbeitskreise: Auf ihr fiel für die anwesenden homosexuellen Männer zumindest symbolisch der Startschuss für eine öffentliche Selbstartikulation ihrer Interessen, Probleme und Ängste. Außerdem blieben homosexuelle Christen durch die Anbindung an Gemeinden und kirchliche Institutionen ein wichtiges Rekrutierungsfeld für Mitglieder. Potenzielle Aktivisten mussten kirchlich gebunden sein oder zumindest Offenheit zeigen für eine institutionelle Bindung an die Kirche – trotz der antihomosexuellen Tendenzen, die dort weiterhin vorhanden waren.[10] Ein näherer Blick in die Quellen ergibt allerdings, dass ein Großteil der Mitglieder der Arbeits-

---

5 Lothar Dönitz, 31 Jahre Schwulen-Urania in (Ost-)Berlin? Zur Geschichte des Gesprächskreises Homosexualität der Evangelischen Advent-Zachäus-Kirchengemeinde Berlin-Prenzlauer Berg, in: Rainer Marbach/Volker Weiß, Konformitäten und Konfrontationen. Homosexuelle in der DDR, Hamburg 2017, S. 109–142, hier S. 109 f.

6 Man sollte darüber sprechen, in: Die Kirche vom 21.2.1982, S. 3; Lothar Dönitz, Schwulen-Urania, S. 110.

7 Eine Ausnahme bildeten – insbesondere seit der ohne öffentliche Diskussion in der DDR erfolgten Entkriminalisierung einvernehmlicher homosexueller Kontakte zwischen Erwachsenen im Jahre 1968 – die sexualwissenschaftlichen Fachdiskurse mitsamt ihrer massenwirksamen Literatur zur Sexualberatung.

8 Man sollte darüber sprechen, in: Die Kirche vom 21.2.1982, S. 3; Walter Leo, Schwule in der DDR. Walter Leo über das erste Schwulen- und Lesbentreffen in der DDR, in: Du & Ich, Nr. 5, 1982, S. 76 f., hier insb. S. 77.

9 Interview des Verfassers mit Volker Gasser und Lothar Dönitz vom Gesprächskreis Berlin am 17.8.2016; ferner: Leo, Schwule in der DDR, in: Du & Ich, Nr. 5, 1982, S. 77.

10 Für kritische bis homophobe zeitgenössische Töne in der Evangelischen Kirche der DDR vgl. exemplarisch: Evangelisches Zentralarchiv Berlin (EZA) 528/172, Landesbruderrat der Bekennenden Evangelisch-Lutherischen Kirche Sachsens, Kirche und Homosexualität. 32 Thesen, 7.6.1983, S. 2 f.; Karl-

kreise eher neutral gegenüber der Kirche eingestellt war.[11] Doch führte die Entsteh
der Arbeitskreise im Anschluss an die Akademie-Tagung vom Januar 1982 drit
dazu, dass christlich geprägte Aktivisten in den ersten Arbeitskreisen trotz ihres ℕ
derheitenstatus entscheidende Leitungspositionen einnahmen – so etwa Eduard
pel in Leipzig bzw. ab 1983 in Magdeburg. Stapel war ein evangelischer Theologie
dent, der Anfang der 1980er Jahre als erster offen Homosexueller in der DDR um s
Ordination kämpfte. Ein anderer Protagonist war Peter Birmele als „verhinde
Priester" im Gesprächskreis Berlin.[12]

III Die Evangelische Kirche als diskursives Wirkungsfeld

Die Arbeitskreise Homosexualität wurden von Anfang an von einer Handvoll kir
cher Mitarbeiter*innen ideell und institutionell stark unterstützt. Im Besonderer
dabei der Theologe Manfred Punge zu nennen. Für ihn war es mit der Entstehung
kirchlichen Arbeitskreise nicht getan. Punge suchte darüber hinaus die generelle ∠
einandersetzung mit dem Thema Homosexualität in der evangelischen Kirche:
wiederholten Beiträgen in kirchlichen Zeitungen – also einer (freilich eng begrenz
halbwegs eigenständigen Teil-Öffentlichkeit innerhalb der Presselandschaft der DⅮ
machte er ab 1982 auf das Problemfeld „Homosexualität und Kirche" aufmerksa
Punge erarbeitete streitbare theologische Thesen zum Thema[14] und trat so eine br
innerkirchliche Diskussion los, die bis Ende der 1980er Jahre in der DDR von L
und Theolog*innen geführt wurde.[15]

Die kirchlichen Arbeitskreise beteiligten sich unterschiedlich stark an diesen ∠
einandersetzungen. Der Gesprächskreis Berlin beließ es etwa bei einer einmal

---

Heinz Blaschke, Homosexualität als sozial-kulturelles Problem in biblischer Sicht, in: Die Kirche
24.3.1985, S. 2 f.

11 Vgl. Evangelisches Landesarchiv Berlin-Brandenburg (ELAB) 88/333, Werkstattbericht des Leip
Arbeitskreises [1983], S. 8 f.; Schwules Museum, Berlin, Archiv, DDR/Kirchliche Arbeitskreise Hon
xualität, Nr. 5 (Arbeitskreis [AK] Leipzig), Matthias Kittlitz/Andreas Dümmel/Eyne Richter, Zur Entw
lung der Konzeption des Arbeitskreises [1984], S. 17.

12 Interview des Verfassers mit Volker Gasser und Lothar Dönitz vom Gesprächskreis Berlin
17.8.2016.

13 Vgl.: Man sollte darüber sprechen, in: Die Kirche vom 21.2.1982, S. 3; Manfred Punge, Homosex
in der Kirche? Noch einmal: Man sollte darüber sprechen, in: Die Kirche vom 6.3.1983, S. 3.

14 Manfred Punge, Homosexuelle in der Kirche? Ein Text der theologischen Studienabteilung ℕ
Bund der Evangelischen Kirchen in der DDR, Berlin (West) 1985.

15 Für eine systematische kirchenhistorische Analyse dieser Auseinandersetzungen vgl. Markus ∠
ler, Das Thema „Homosexualität" in der Evangelisch-Lutherischen Landeskirche Sachsens in
1980er Jahren, unveröffentlichte Hausarbeit für die erste Theologische Prüfung, Leipzig 2015.

Vorstellung der Gruppe auf einem regionalen Kirchentag 1983.[16] Eduard Stapel dagegen plante im selben Jahr mit dem Leipziger Arbeitskreis und örtlichen Mitstreiter*innen eine zentralistisch organisierte Vorstellung der Arbeitskreisarbeit auf insgesamt fünf regionalen Kirchentagen, zum Teil sogar gegen den Widerstand der Veranstalter*innen. Das Darstellungskonzept orientierte sich dabei stark am laufenden Diskurs um Homosexualität in der Kirche.[17] Außerdem hielt Stapel persönlich Briefkontakt zu innerkirchlichen Gegner*innen der Arbeitskreise, trat wiederholt auf Diskussionsveranstaltungen auf und verfasste Artikel sowie offene Briefe in Kirchenzeitschriften.[18] Er wurde damit schnell zum bekanntesten Vertreter der kirchlichen Arbeitskreise in der DDR und auch in Westdeutschland.[19] Das stärkte wiederum seine Autorität innerhalb der Gruppen. Für sie stellte Stapel eine wichtige Gründungsfigur sowie den zentralen Organisator und Mittelsmann zur Kirche und zu anderen Arbeitskreisen dar.

IV Die Evangelische Kirche als Stichwortgeberin im Identitätsdiskurs

Die kirchlichen Arbeitskreise standen somit in unterschiedlich starkem Kontakt zur jeweiligen örtlichen und regionalen evangelischen Kirche. Die in den Quellen allgegenwärtige Metapher des „Dachs" Kirche konnte vieles meinen: pragmatisch-organisatorische Anbindung, Schutz vor drohender staatlicher Verfolgung, Alternative zur sogenannten Subkultur, öffentliches Diskussionsforum oder auch ideelle Heimat. Abgesehen von diesen Mehrdeutigkeiten war die evangelische Kirche aber zudem eine Stichwortgeberin für einen multithematischen Identitätsdiskurs in den Arbeitskreisen selbst: Denn die innerkirchliche Debatte über Homosexualität befeuerte ständig neue Fremdzuschreibungen an Homosexuelle in der DDR und ihre vermeintliche Vertretung durch die kirchlichen Arbeitskreise. Und eben jene bezogen sich in ihren

---

16 Chronik des Gesprächskreises Homosexualität Berlin, S. 1, https://www.kirchengemeinde-am-friedrichshain.de/file/1313798 (8.4.2023).
17 Schwules Museum, Berlin, Archiv, DDR/Kirchliche Arbeitskreise Homosexualität, Nr. 5 (AK Leipzig), Protokoll der 1. Sitzung der „Arbeitsgruppe Kirchentage" des Arbeitskreises vom 17.2.1983, S. 1.
18 Vgl. exemplarisch EZA 528/173, Eduard Stapel, Offener Brief an die Mitglieder der Synode der Evangelischen Kirche der Kirchenprovinz Sachsen, 29.6.1984; ELAB 88/333, Bernhard Ritter, Offener Brief an Eduard Stapel vom 19.12.1985; ELAB 55.2/194, Eduard Stapel, Für gleiche Chancen. Tagung kirchlicher Arbeitskreise für Homosexualität, in: Mecklenburgische Kirchenzeitung vom 2.8.1987, S. 1.
19 Vgl. Kurt Starke, Vom Arbeitskreis „Homosexualität" der Evangelischen Studentengemeinde in Leipzig zum Schwulenverband in Deutschland. Interview von Kurt Starke mit Eduard Stapel (SVD) am 19. April 1994, in: ders., Schwuler Osten. Homosexuelle Männer in der DDR, Berlin 1994, S. 91–110, hier insb. S. 91; Thomas Gerlach, Schweigende Heimat. Sachsen-Anhalt im politischen Umbruch, in: Die Tageszeitung vom 12.4.2016, http://www.taz.de/!5290324/ (26.12.2019).

Auseinandersetzungen um ein Selbstverständnis in vielen Fragen positiv wie neg
auf diese Zuschreibungen.

Dies war auch bei der Frage nach Partnerschaft und Promiskuität der Fall, di
Kirchendiskurs eingehend diskutiert wurde. Sie sollte darüber entscheiden, wie hc
sexuelle Liebe moralisch zu beurteilen war, welche Beziehungsform sie sich ge
musste und wo ihr Platz in der Gesellschaft sein konnte.[20] Für die Arbeitskreise st
sich die Frage, ob sie durch die Nähe zur Kirche die Form einer monogamen Part
schaft als identitätspolitisches Modell nutzen oder diese als heterosexuelle Norm
lehnen wollten. Beim Vergleich der Antworten der einzelnen Arbeitskreise wird d
lich, dass die Gruppen auf diese Frage sehr unterschiedlich reagierten. Hierauf wi
sich insbesondere die Kontextualisierung dieser Frage durch den Arbeitskreis und
ne Mitglieder aus.

Kirchennahe Aktivisten wie Eduard Stapel ordneten die Frage nach homosex
ler Partnerschaft im Spannungsfeld zwischen einer gesamtgesellschaftlichen un
ner innerkirchlichen Integration von Homosexuellen ein: So identifizierte Stape
„homosexuelle Ehe" bereits 1985 auf einer öffentlichen Veranstaltung als ein wicht
Ziel des Arbeitskreises.[21] Er begründete dies damit, dass er die Entwicklung von hc
sexuellen Partnerschaften im Arbeitskreis Magdeburg als Möglichkeit für kirchen
tische Veränderungen von theologischen Sichtweisen und Urteilen begriff. Die
geschlossenen Partnerschaften sollten der Kirchenleitung deutlich machen, dass
mosexuelle Beziehungen nicht anders zu beurteilen waren als heterosexuelle. P
tisch und moralisch sollte daraus folgen, dass die Beschränkung der kirchlichen
schließung auf heterosexuelle Paare aufgegeben wurde. Was Stapel damit anstre
war eine ethisch-moralische Kehrtwende in der Kirche. Dies sollte zugleich aber a
für Homosexuelle gelten: Denn für sie mahnte Stapel 1987 eine „größere Verbindl
keit bei Partnerschaften" an und betrachtete dies gar als „ethische Norm".[22]

Ein solches Verständnis von Integration über die mehrheitsgesellschaftlich ak
tierte eheähnliche Partnerschaftsform bewerteten andere Aktivisten allerdings
negativ. Hier profilierte sich besonders Christian Pulz, der im zweiten Berliner
beitskreis „Schwule in der Kirche" die Leitung innehatte. Er versuchte die Frage r
homosexuellen Partnerschaften in das Konzept eines „schwulen Lebensstils" einzu
ziehen. Promiskuität war für Pulz Ausdruck einer zuvor unterdrückten Sexualität

---

20 Vgl. EZA 528/172, Jürgen Ziemer, Tabu Homosexualität. Homosexualität in Theologie, Kirche
Gesellschaft, Vortrag am 25.4.1982 in der Evangelischen Studentengemeinde Leipzig, S. 6 f.
21 Diskussion „Zur Heilung von Homosexuellen", in: Lyke Aresin/Kurt Bach/Erwin Günther (H
Psychosoziale Aspekte der Homosexualität. Gemeinschaftstagung der Sektion Andrologie der Ge
schaft für Dermatologie der DDR und der Sektion Ehe und Familie der Gesellschaft für Sozialhyg
der DDR am 28. Juni 1985, Jena 1986, S. 79–81, hier insb. S. 80.
22 Forderungskatalog der Tagung Homosexuelle 1987 – Integration? Aber wie? Der Evangelis
Akademie Sachsen-Anhalt in Magdeburg. Ergebnisse der Gruppenarbeit vom 26.9.1987, abgedr
in: Eduard Stapel, Warme Brüder gegen kalte Krieger. Schwulenbewegung in der DDR im Visier
Staatssicherheit, Magdeburg 1999, S. 46–48, hier insb. S. 48.

damit ein wesentlicher Teil der sexuellen Emanzipation. Daher stand Pulz monogamen Beziehungen sehr kritisch gegenüber und lehnte diese als Kopie heterosexueller Paarbeziehungen ab.[23]

Ähnlich wie Pulz sahen dies auch andere Arbeitskreis-Aktivisten. So sprach sich eine „Arbeitsgruppe Ethik" auf dem V. Mitarbeitertreffen aller kirchlichen Arbeitskreise in Jena vom 7. bis 9. November 1986 dafür aus, „daß es unmöglich und unzulässig ist, heterosexuelle Lebensmodelle kritiklos auf die homosexuelle Minderheit zu übertragen, da diese nicht mit den Besonderheiten der nach wie vor kritischen Situation Homosexueller vereinbar sind".[24] Die kirchliche Berichterstattung über das Mitarbeitertreffen verdeutlicht allerdings, dass diese Entscheidung unter den Tagungsteilnehmern weit stärker umstritten war, als es der Ergebnistext zum Ausdruck bringt.[25] Dennoch zeigt die Gründung der Arbeitsgruppe, dass ein Teil der Aktivisten versuchte, über zentralistisch gestaltete Organe seine Position in sexualpolitischen und ethischmoralischen Fragen durchzusetzen. Wegen der mangelnden zentralistischen Organisationsmöglichkeiten für die Arbeitskreise bis zum Ende der Ära Honecker im Herbst 1989 scheiterten sie damit allerdings.

V Zusammenfassung und Ausblick auf die 1990er Jahre

Das Umfeld der evangelischen Kirche(n) hat die Arbeitskreise Homosexualität in der DDR somit entscheidend geprägt, gestützt, aber auch eingeschränkt. Die Kirche gab als organisatorische Basis und Rekrutierungsfeld den Gruppen Freiheiten, die im Staatssozialismus sowjetischer Prägung ebenso selten wie kostbar waren. Dazu gehörten die Publikation von Positionspapieren und Programmen als „innerkirchliche Arbeitspapiere", die Abhaltung von Veranstaltungen im kirchlichen Raum sowie ein öffentliches Forum in der Kirchenpresse. Um diese Basis allerdings nutzen zu können, mussten bestimmte Positionen berücksichtigt, kirchliche Themen zumindest formell angesprochen sowie Struktur und Selbstverständnis der Gruppen damit abgeglichen werden.

Zusätzlich war die evangelische Kirche ein diskursives Wirkungsfeld. Schon einige Jahre bevor dies die Staatsmedien oder die DDR-Wissenschaft in einem größeren Umfang taten, wurde in der Kirche offen und reformorientiert über Homosexualität diskutiert. Im kirchlichen Diskursraum gab es in der DDR zum ersten Mal eine Möglichkeit für Homosexuelle, (halb-)öffentlich über ihr Selbstverständnis zu streiten.

---

23 Interview des Verfassers mit Volker Gasser und Lothar Dönitz vom Gesprächskreis Berlin am 17.8.2016.
24 Martin Merten, Die kirchliche Homosexuellen-Arbeit gewinnt an Bedeutung, in: Die Kirche vom 7.12.1986, S. 2. Ganz ähnlich argumentierte der Arbeitskreis „Schwule in der Kirche" in einem theoretischen Text (vgl. Schwules Museum, Berlin, Archiv, DDR/Kirchliche Arbeitskreise Homosexualität, Nr. 3a [AK „Schwule in der Kirche"], Thesen zur Emanzipation, Partizipation und Integration schwuler Männer in Gesellschaft und Kirche der DDR [1984], S. 1).
25 Gottfried Müller, Drängende Probleme, in: Glaube und Heimat vom 23.11.1986, S. 2.

Und die Autorität einzelner Aktivisten wie Eduard Stapel stieg mit ihrem Engagem in diesem Diskurs auch innerhalb der Arbeitskreise stark an.

Durch ihre permanenten Fremdzuschreibungen wurde die Kirche zuletzt a auch zu einer Stichwortgeberin für den Identitätsdiskurs in den Gruppen, ger auch beim Thema Partnerschaft und Promiskuität. Eine gemeinsame Position aller beitskreise sucht man in den Quellen bis 1990 zwar vergeblich, die Aktivisten blie in dieser Frage offensichtlich uneins. Beeinflusst waren Themenwahl und Argume tionsfiguren von der Nähe zur Kirche aber allemal. Doch nicht nur das: Diese Aus andersetzung um Partnerschaft und Promiskuität ist nur auf den ersten Blick ein genloser Diskurs. Denn diejenige Position, die homosexuelle Partnerschaften in Po und Kirche für förderungswürdig erachtete, sollte nach dem Ende der DDR in der einigten bundesdeutschen Schwulenbewegung der 1990er Jahre noch eine entsc dende Rolle spielen. Sie traf nach der Wiedervereinigung vom Oktober 1990 auf ähnliche, vor allem rechtspolitisch argumentierende Position in der westdeutsc Schwulenbewegung. Diese wurde 1989 zum ersten Mal ausführlich von Volker I und Günter Dworek in einem Artikel in der „tageszeitung" medienwirksam pr giert.[26]

Ein Großteil der ostdeutschen Gründungsväter des „Schwulenverbandes in DDR" (SVD), der 1990 in den letzten Monaten der DDR von Arbeitskreis-Aktivisten Eduard Stapel gegründet wurde, teilte die umstrittene Ansicht dieser westdeutsc Bewegungs-Akteure zum Thema Partnerschaft. Ein Teil ost- wie westdeutscher Akt ten glaubte an das evolutionäre und integrative Potenzial homosexueller Part schaften für die Gesamtgesellschaft.[27] Nach der schnellen Expansion des SVD r Westdeutschland hinein und der damit einhergehenden Inklusion ebenjener pro nenten westdeutschen Aktivisten war daher von der ostdeutschen Leitung kein derspruch in dieser Frage zu erwarten.[28]

Erst dieser Umstand ermöglichte es, dass ein Thema ab Anfang der 1990er Ja die Politik des SVD (und des daraus hervorgehenden späteren LSVD) bestimmen kc te wie kein zweites. Ein Thema, das schließlich in Deutschland ein völlig neues von Schwulenpolitik, Emanzipation und Integration hervorbrachte – bis hin zur len gesetzlichen Realisierung im Oktober 2017: die gleichgeschlechtliche Ehe.

---

26 Volker Beck/Günter Dworek, Die Rechte des Arsches erkämpfen, in: Die Tageszeitung 24.6.1989, S. 12.
27 Vgl. Michael Schwartz, Homosexuelle, Seilschaften, Verrat. Ein transnationales Stereoty 20. Jahrhundert, Berlin 2019, S. 323–332.
28 Dörthe Schimke, L(i)eben im Verborgenen – Homosexualität zwischen Stonewall und der Eh alle. Eine Einführung in die Ausstellung, in: Georg Teichert (Hrsg.), L(i)eben im Verborgenen. H sexualität zwischen Stonewall und der Ehe für alle, Leipzig 2019, S. 15–34, hier S. 27–29.

Teil IV: **Transformationszeiten:
Die 1970er bis 1990er Jahre**

Klaus Storkmann

Unter Verdacht

Die Bewertung der Homosexualität als Sicherheitsrisiko in der deutschen Bundeswehr (1955 bis 2000)

Homosexualität war lange Zeit das große Tabu in nahezu allen modernen Streitkräften. Die Tabuisierung in der Bundeswehr, der erst 1955 geschaffenen Armee der sechs Jahre zuvor gegründeten Bundesrepublik Deutschland, war so groß, dass im Heer sogar die allgemein geltende Nummerierung der Bataillone für die in Hamburg stationierte Panzergrenadierbrigade 17 eigens geändert wurde. Denn deren Panzerartilleriebataillon trug statt der eigentlich zu erwartenden Nummer 175 die Nummer 177. Die Nummer 175 wurde nicht vergeben; zu sehr erinnerte sie an den Paragraphen 175 des Strafgesetzbuches, der seit 1871 mann-männliche Sexualhandlungen als „widernatürliche Unzucht" unter Strafe stellte, und galt, besonders an Stammtischen, als Synonym für Homosexuelle schlechthin: „Hundertfünfundsiebziger". Auf diese abweichende Nummerierung wies „Der Spiegel" im Jahre 1984 – zum Zeitpunkt der um Homosexualitätsvorwürfe kreisenden Wörner-Kießling-Affäre – süffisant hin: „Selbst in simplen Fragen verkrampften die Bundeswehr-Oberen", wenn es um Homosexualität gehe.[1] Auch „Die Zeit" (hinter)fragte im Januar 1984 im Zuge ihrer Berichte über die spektakuläre Entlassung General Günter Kießlings: „Homosexualität – ein Sicherheitsrisiko?".[2]

Der Historiker Alexander Zinn plädiert seit einiger Zeit für einen „Paradigmenwechsel in der schwulen und lesbischen Geschichtsschreibung" weg von der „Opferperspektive".[3] Dieser an sich beachtenswerte Ansatz lässt sich für das hier untersuchte Thema der Betrachtung und Behandlung homosexueller Soldaten als Sicherheitsrisiko allerdings nicht umsetzen. Denn die unter Sicherheitsüberprüfung durch einen Geheimdienst Stehenden konnten nur sehr schwer oder gar nicht als selbstbestimmte Akteure agieren, sondern waren denkbar fremdbestimmt. Sie wurden überwiegend zu Objekten des Handelns geheim agierender Strukturen gemacht, denen nur im Nachhinein die Entscheidungen Dritter, oft unbekannt Bleibender, eröffnet wurden. Diesen Entscheidungen über ihr Schicksal konnten die Betroffenen, auch wenn sie sich mit rechtsstaatlichen Mitteln zu wehren suchten, nur wenig entgegensetzen.

---

1 Soldaten als potentielle Sexualpartner, in: Der Spiegel vom 16.1.1984, S. 22.

2 Homosexualität – ein Sicherheitsrisiko?, in: Die Zeit vom 20.1.1984.

3 Alexander Zinn, Abschied von der Opferperspektive. Plädoyer für einen Paradigmenwechsel in der schwulen und lesbischen Geschichtsschreibung, in: Zeitschrift für Geschichtswissenschaft 67 (2019), H. 11, S. 934–955; ders., Wider die ‚Überidentifikation' mit den Opfern. Streitschrift für einen Paradigmenwechsel in der schwulen und lesbischen Geschichtsschreibung, in: Invertito. Jahrbuch für die Geschichte der Homosexualitäten, 21. Jahrgang, Hamburg 2019, S. 124–161.

Dieser Beitrag[4] knüpft an die 2019 von Michael Schwartz[5] publizierte umfang che Studie über den Umgang mit dem „transnationalen Stereotyp" Homosexualitä Form von „Seilschaften und Verrat" in Politik, Armeen und Geheimdiensten an vertieft diese für die Institution Bundeswehr. Die bisherige Forschung zum Umg der Bundeswehr mit Homosexualität fokussierte sich nahezu ausschließlich auf mit dem Namen Kießling verbundenen „größten Skandal der Bundeswehr" (He Möllers).[6] Schwartz weitete seinen Blick zumindest beiläufig von der Affäre hin zeitgenössischen und späteren Perzeption der Haltung der Bundeswehr zu Homos ellen in ihren Reihen und zitierte unter anderem die „Frankfurter Allgemeine Zeitu (FAZ), die 1998 „verblüfft" daran erinnert habe, dass die „Hetzjagd auf General K ling" erst ganze fünfzehn Jahre zurückliege: „Eben wegen dieses rapiden Wandels cine ‚Zeitgeschichte der Homosexualität' sehr wichtig."[7] Die vorliegende Studie mö dazu einen kleinen Beitrag leisten.

„Der homosexuelle Staatsfeind"?

Sicherheitsrelevante Vorkommnisse im Nachrichtendienst seien sehr komplex. M gebe es kein einzelnes isoliertes Tatmotiv, sondern ein „Motivbündel". „Sexuelle versionen spielten aber schwerpunktartig eine bevorzugte Rolle".[8] Auf einer Arbei gung im Bundesministerium der Verteidigung (BMVg) ging mit solchen Feststellun 1966 ein referierender Psychologe im Dienste eines Geheimdienstes von einer „po ven Korrelation zwischen Homosexualität und Kriminalität" aus – auch wenn gleichzeitig einräumen musste, dass es keine ausreichend belastbaren Untersuch gen über einen Zusammenhang zwischen Homosexualität und Kriminalität gebe.

---

4 Dieser Beitrag basiert auf einer im Auftrag des BMVg verfassten Studie, die erstmals den Um des BMVg und der Bundeswehr mit homosexuellen Soldaten in der Vergangenheit erforscht sprünglich als Vorabveröffentlichung ausgewählter Forschungsergebnisse gedacht, erscheint er leider später als die im Juni 2021 publizierte Gesamtstudie; vgl. Klaus Storkmann, Tabu und Toler Der Umgang mit Homosexualität in der Bundeswehr 1955 bis 2000, Berlin 2021. Die Publikation e Übersetzung ins Englische ist für 2023 vorgesehen. Die Studie stützt sich neben schriftlichen, r archivalischen Überlieferungen auf Gespräche mit mehr als 60 Zeitzeugen und folgt damit der me dischen Pluralität jener „Emotionsgeschichte" von Homosexuellen in der Bundesrepublik, die gleich 2021 publiziert worden ist; vgl. Benno Gammerl, anders fühlen. Schwules und lesbisches L in der Bundesrepublik. Eine Emotionsgeschichte, München 2021.
5 Michael Schwartz, Homosexuelle, Seilschaften, Verrat. Ein transnationales Stereotyp im 20. Jahr dert, Berlin/Boston 2019.
6 Heiner Möllers, Die Affäre Kießling. Der größte Skandal der Bundeswehr, Berlin 2019.
7 Michael Allmeier, Schwul zu sein bedarf es wenig, in: Frankfurter Allgemeine Zeitung vom 1.8.. zitiert nach: Schwartz, Homosexuelle, Seilschaften, Verrat, S. 323.
8 Bundesarchiv (BArch) BW24/3736, Sexuelle Perversionen als sicherheitsgefährdende Faktoren BMVg, InSan: Beurteilung der Wehrdiensttauglichkeit und Dienstfähigkeit Homosexueller, : S. 78–81, hier S. 79.

sicherheitsrelevant wertete dieser Experte konkret die fälschlich als Erpressung bezeichnete Nötigung von Homosexuellen. Deren Basis seien die soziale Ächtung, das eigene Schamgefühl und die Furcht vor möglicher Bestrafung. Gegnerische Nachrichtendienste würden derlei Faktoren „rücksichtslos" ausnutzen. Zudem neige „der Homosexuelle" grundsätzlich „zu Unaufrichtigkeit, Aggression gegenüber Andersgearteten [und] Hassgefühlen".[9] Bei Homosexuellen sei „der Hang zur pervertierten Neigung" stärker ausgeprägt als „das Verantwortungsgefühl gegenüber staatsethischer Verpflichtung".[10]

In die gleiche Richtung, wenn auch weniger drastisch, argumentierte ein Psychiater im Dienste der Bundeswehr im Jahre 1969 – kurz vor jener liberalen Reform des Sexualstrafrechts, mit der die damals regierende Große Koalition aus CDU/CSU und SPD der Kriminalisierung einvernehmlicher homosexueller Handlungen zwischen erwachsenen Männern nach fast einhundert Jahren ein Ende setzte. Der Bundeswehr-Psychiater brachte seine Argumente diesmal nicht hinter verschlossenen Türen vor, sondern in einer Fachzeitschrift: Homosexuelle Verhaltensweisen von Soldaten böten „Agenten anderer Mächte Gelegenheit, sie zum Verrat zu nötigen, indem sie ihnen drohen, ihre homosexuellen Betätigungen bekannt zu machen".[11] Oberfeldarzt Dr. Brickenstein führte dies näher aus: „Zu Verrätern werden Homosexuelle also nicht, weil sie von Haus aus asozial oder kriminell sind, sondern weil diese oft selbstunsicheren und ängstlichen Männer bei der Wahl zwischen Schande und Strafe oder Verrat sich eher für diesen entscheiden."[12] Der Bundeswehrpsychiater hatte damit das oben angesprochene, von Michael Schwartz ausführlich analysierte bekannte Stereotyp des Homosexuellen als Verräters aufgefrischt.

Geheimdienste hegten prinzipiell ein tiefes Misstrauen gegen den „homosexuellen Staatsfeind".[13] Konkrete Vorfälle schienen das Misstrauen zu bestätigen. Auch der Militärische Abschirmdienst der Bundeswehr (MAD) hatte seinen dem Stereotyp entsprechenden „homosexuellen Verräter": Obermaat Walter Gant. Gegen den in der Mainzer MAD-Gruppe IV dienenden Marineangehörigen wurde 1967 polizeilich wegen Vergehen gegen den § 175 StGB ermittelt. Einer Vorladung zur Vernehmung durch die Mainzer Kriminalpolizei entzog sich Gant im Dezember 1967 durch Flucht in die DDR.[14]

Der sich in den frühen 1950er Jahren als „Kommunistenjäger" inszenierende US-Senator Joseph McCarthy nahm auch Homosexuelle ins Visier. Für ihn und seine Er-

---

9 Ebenda, S. 80.

10 Ebenda.

11 Oberfeldarzt Dr. Rudolph Brickenstein, Problem der Homosexualität im Wehrdienst, in: Wehrmedizinische Monatszeitschrift 5 (1969), Kopie in BArch BW24/7180.

12 Ebenda.

13 Susanne zur Nieden, Der homosexuelle Staatsfeind – zur Geschichte einer Idee, in: Lutz Raphael/ Heinz-Elmar Tenorth (Hrsg.), Ideen als gesellschaftliche Gestaltungskraft im Europa der Neuzeit. Beiträge für eine erneuerte Geistesgeschichte, München 2006, S. 397–427.

14 Hierzu ausführlich Helmut Hammerich, „Stets am Feind!". Der Militärische Abschirmdienst (MAD) 1956–1990, Göttingen 2019, S. 352–354.

mittler „unamerikanischer" Umtriebe in Regierung, Streitkräften und Gesellsc
standen homosexuell Orientierte gleich neben angeblichen oder tatsächlichen K
munisten als Sicherheitsrisiko. Der gleichgeschlechtlichen Orientierung Verdäch
vor allem im Außenministerium waren den Umtrieben McCarthys und seines Che
mittlers Roy Cohn ausgesetzt.[15] Das Pikante: Der für sein Amt erstaunlich junge Ju
Cohn war selbst heimlich homosexuell. Er holte seinen erst 25-jährigen engen Fre
G. David Schine, obwohl ohne jede Qualifikation, in sein Büro und somit an die S
McCarthys. Als Schine zum Wehrdienst einberufen wurde, versuchte Cohn se
Freund aus der Armee wieder herauszuholen. Er setzte die U. S. Army und deren
ze kraft seiner Ermittlungen unter Druck. Dies löste jene scharfe Konfrontation
der US-Armeeführung aus, die letztlich zum Niedergang und zum baldigen politis
Ende McCarthys führte. Über den populistischen Senator und die beiden gutausse
den jungen Männer an seiner Seite („all bachelors at the time")[16] gab es bereits ze
nössische Gerüchte über deren angebliche Homosexualität. Zumindest für Roy C
kann dies als gesichert angenommen werden.

Um historische Beispiele für die Wertung homosexuell orientierter Offiziere
Sicherheitsrisiko zu finden, braucht es freilich keines Blicks über den Atlantik. Es
chen Blicke in das preußische Kriegsministerium in Berlin und den k. u. k. General
in Wien zu Beginn des 20. Jahrhunderts. Der preußische Kriegsminister General
von Einem trat als Verfechter einer besonders harten Linie gegen homosexuelle
ziere in der preußischen Armee hervor. Im Reichstag meldete er sich in der Deb
am 29. November 1907 zu Wort: „Mir sind diese Leute ekelhaft und ich verachte
[...] Wo ein solcher Mann mit solchen Gefühlen in der Armee weilen sollte, da mö
ich ihm zurufen: Nimm Deinen Abschied, entferne Dich, denn Du gehörst nicht in
sere Reihen! Wird er aber gefasst, meine Herren [...] so muss er vernichtet werde
Nach des Kriegsministers Brandrede drehte sich der Wind in der preußischen Arm
Der Mediziner und Sexualwissenschaftler Magnus Hirschfeld verwies in seinen P
kationen zum damals vielbeachteten Skandal der Harden-Eulenburg-Prozesse[18]

---

15 Ausführlich dazu Hugo Marquez, Persecution of Homosexuals in the McCarthy Hearings. A Hi
of Homosexuality in Postwar America and McCarthyism, in: Fairmount Folio: Journal of History
S. 52–76, sowie thematisch weiter ausgreifend: David K. Johnson, The Lavender Scare. The Cold
Persecution of Gays and Lesbians in the Federal Government, Chicago 2004.
16 „Mr. Cohn, Mr. Schine and Senator McCarthy [...] were snickering suggestions that the three
were homosexuals, and attacks such as that by the playwright Lillian Hellman who called them
nie, Bonnie and Clyde'." Albin Krebs, Roy Cohn, Aide to McCarthy and Fiery Lawyer, Dies at 59, in
New York Times vom 3.8.1986, zitiert nach: Roy Cohn, Aide to McCarthy and Fiery Lawyer, Dies
(nytimes.com) (zuletzt aufgerufen am 6.5.2021).
17 Protokoll der 61. Sitzung des Deutschen Reichstags am 29.11.1907, www.reichstagsprotokoll
Blatt_k12_bsb00002839_00213.html.
18 Ausgelöst durch Beleidigungsklagen des sich als enger Freund des Kaisers wohl unantastbar
nenden Fürsten Philipp zu Eulenburg-Hertefeld und des Berliner Stadtkommandanten Generaln
Kuno von Moltke gegen den Journalisten Maximilian Harden drehte sich der Skandal auch um
Ehre des preußischen Militärs und um dieser – nach damaliger Bewertung – entgegenstehende

die gesteigerte Verunsicherung unter homosexuell empfindenden preußischen Offizieren: „Nach der Rede des Kriegsministers von Einem, welcher die homosexuellen Offiziere aufforderte, ihren Abschied aus der Armee zu nehmen, suchten mich einige dieser Herren […] auf, um mich zu fragen, ob man ihnen wohl ihre Eigenart anmerke; beiläufig bemerkt war keiner darunter, der mit Untergebenen verkehrt hatte. Sie hingen an ihrem Beruf mit Leib und Seele, durften eine glanzvolle Karriere erhoffen und setzten auseinander, dass, wenn ihre homosexuelle Anlage publik würde, ihnen nur der Revolver bliebe."[19]

Einen Einblick in die sich damals drastisch verschärfende Praxis des Umgangs mit homosexuell auffällig gewordenen Offizieren bietet auch der weltweit bekannt gewordene Skandal um den österreichischen Oberst Alfred Redl. Der als russischer Agent enttarnte vormalige Vizechef des österreichischen Nachrichtendienstes und spätere Generalstabschef eines Korps in Prag nahm sich 1913 das Leben. Redls erst posthum aufgedeckte Homosexualität wurde zur Grundlage für allgemeine homophobe Äußerungen des österreichischen Landesverteidigungsministers General Friedrich von Georgi vor dem Wiener Parlament, die denen seines früheren preußischen Amtskollegen von Einem in nichts nachstanden.[20]

Der homosexuelle ehemalige Offizier Karl Franz von Leexow führte demgegenüber schon in seiner 1908 publizierten Abhandlung über „Armee und Homosexualität" an, „auch aus Kreisen der Militärgerichtsbarkeit" mache sich „ein Bestreben für die Aufhebung des § 175 geltend". Die Militärgerichte „[kämen] mit den Bestimmungen über den Missbrauch der Dienstgewalt bei Fällen von Vergehen homosexueller Offiziere gegen Untergebene aus" und benötigten den § 175 StGB – bei dem es um einvernehmliche „widernatürliche Unzucht" ging – daher gar nicht.[21] Es sollten aber noch mehr als 60 Jahre ins deutsche Land gehen, bevor diese Forderung erhört wurde. Noch im Vorfeld der Strafrechtsreform von 1969, welche einvernehmliche homosexuelle Handlungen zwischen erwachsenen Männern entkriminalisieren sollte, wurde hinter den verschlossenen Türen des zuständigen Ausschusses heftig über eine Sonderregelung für potenzielle Wehrpflichtigen-Jahrgänge gestritten – damals von Kriti-

---

richten über Homosexualität unter Soldaten, Unteroffizieren und Offizieren bis in höchste Ränge. Öffentlich bekannt wurden so gleichgeschlechtliche Praktiken in den Garderegimentern und sich für käuflichen Sex im Berliner Tiergarten und den Potsdamer Parks anbietenden Soldaten. Dazu ausführlich: Norman Domeier, Der Eulenburg-Skandal. Eine politische Kulturgeschichte des Kaiserreichs, Frankfurt a. M. 2010; ders., „Moltke als Schimpfwort!". Der Eulenburg-Skandal, der Moltke-Mythos und die moralische Rechtfertigung eines „großen Krieges", in: Militärgeschichte 2/2015, S. 14–17.

19 Magnus Hirschfeld, Sexualpsychologie und Volkspsychologie, zitiert in: Karl Franz von Leexow, Armee und Homosexualität. Schadet Homosexualität der militärischen Tüchtigkeit einer Rasse?, Leipzig 1908, S. 106 f.

20 Schwartz, Homosexuelle, Seilschaften, Verrat, S. 120, 122 und 127.

21 Vgl. Storkmann, Tabu und Toleranz, S. 18, sowie Karl Franz von Leexow, Armee und Homosexualität. Schadet Homosexualität der militärischen Tüchtigkeit einer Rasse?, Leipzig 1908.

kern explizit als „Lex Bundeswehr" bezeichnet.[22] Zu einem solchen Sonderstrafr
für Soldaten kam es letztlich nicht. Die 1969 mit ähnlicher, aber nicht explizit au
Bundeswehr bezogener Zielsetzung implementierte Kriminalisierung gleic
schlechtlicher Handlungen von 18- bis 21-Jährigen hatte nur bis 1973 Bestand. Son
regelungen für Soldaten gab es aber dennoch; zwar nicht im Strafrecht, sehr v
aber im Disziplinarrecht und in den Richtlinien zur Sicherheitsüberprüfung im öf
lichen Dienst.

„Personelle Sicherheitsrisiken". Die Richtlinien zur Sicherheitsüberprüfung

Die eingangs zitierten Bewertungen von Psychologen und Psychiatern über die Sic
heitsrelevanz von Homosexualität für das Militär spiegelten sich in ihrer Konsequ
in den 1971 in Kraft gesetzten Richtlinien für die Sicherheitsüberprüfung von Bun
bediensteten wider. Diese Richtlinien lagen nicht in der Verantwortung des B
oder des MAD, sondern unterlagen der Federführung des Bundesinnenministeri
und galten für alle Ressorts der Bundesregierung. Unter Punkt 7.3. fanden sich „Sic
heitsrisiken, die in der Person des Bediensteten liegen" u. a. auf: „a) ernste, geis
und seelische Störungen, b) abnorme Veranlagung auf sexuellem Gebiet, c) Tru
oder Rauschgiftsucht".[23] Das Sicherheitsrisiko einer „abnormen Veranlagung auf s
ellem Gebiet" fand für den Geschäftsbereich des BMVg wortgleich Eingang in den
talog besonderer Sicherheitsrisiken in Anlage C 1 Nr. 3 der Zentralen Dienstvorsch
(ZDv) 2/30.

Wie wurden diese äußerst knapp gehaltenen Vorgaben in die Praxis umgese
Das Prüfverfahren der Nachrichtendienste erläuterte ein damit befasster Regieru
direktor 1980 auf einer Arbeitstagung im BMVg. Bei der Prüfung, ob im konkreten
zelfall ein Sicherheitsrisiko vorliege, müsse sich der Bearbeiter von drei Fragen le
lassen: Besteht die Möglichkeit eines „Kompromats"[24]? Könne ein Abhängigkeits
hältnis auf homosexueller Basis ausgeschlossen werden? Sei bei unbefugter „We
gabe des Wissens über die homosexuelle Veranlagung eine Geringschätzung oder ◢
tung in der Gesellschaft, im Dienstbereich oder im Kameradenkreis" r
auszuschließen, „auch wenn und obwohl die Veranlagung dem MAD und dem un

---

22 Dazu ausführlich Storkmann, Tabu und Toleranz, S. 136–140.

23 BArch BW1/378197, BMVg, Abt. KS, an Staatssekretär Dr. Rühl, 25.1.1984, nebst Kopie als An
Bundesministerium des Innern (BMI), Richtlinien für die Sicherheitsüberprüfung von Bundesbed
teten vom 15.1.1971, Punkt 7.

24 Der Begriff *Kompromat* stammt aus dem Vokabular der sowjetischen Nachrichtendienste. Er is
Akronym bzw. ein Silbenkurzwort aus den russischen Wörtern für *kompromittierendes Materia*

telbaren Vorgesetzten bekannt ist?"[25] Ein weiterer MAD-Angehöriger ergänzte später, die Anwerbung mittels Kompromaten setze „die Furcht des Kandidaten vor Enthüllung, Offenbarung und Diskriminierung voraus".[26] Die Juristen der Abteilung Verwaltung und Recht des BMVg ergänzten 1970, also ein Jahr nach der Reform des Homosexuellenstrafrechts: „Die Liberalisierung des Sittenstrafrechts [dürfe] nicht darüber hinwegtäuschen, dass die Mehrheit der Bevölkerung die homosexuelle Betätigung nach wie vor moralisch missbillige und der Homosexuelle in Kenntnis dieser Tatsache das Bekanntwerden seiner Neigung [scheue]."[27] Hier lägen „Ansatzpunkte für eine nachrichtendienstliche Ausspähung der Bundeswehr".[28]

Zehn Jahre später stellte der MAD hingegen fest, durch die Liberalisierung des Strafrechts habe sich die Gefährdung Homosexueller durch „Kompromate" erheblich verringert. Dennoch lägen „gesicherte nachrichtendienstliche Erkenntnisse" vor, dass „gegnerische Nachrichtendienste Verbindungen zu homosexuell veranlagten Angehörigen der Bundeswehr suchen".[29] Der Agent sei in aller Regel ebenfalls homosexuell. Sein Ziel sei es, ein „Abhängigkeitsverhältnis auf homosexueller Basis"[30] zu schaffen.

Bislang habe der MAD „in fast allen Fällen" homosexueller Soldaten, die bekannt und überprüft worden seien, den Sicherheitsbescheid[31] versagen oder aufheben müssen. Die Konsequenz war der Ausschluss von Homosexuellen von nahezu allen gehobenen und höheren Dienstposten. Noch gravierender: Auch eine Verlängerung der Dienstzeit oder die Übernahme zum Berufssoldaten waren infolgedessen nicht mehr möglich, da hierfür ein gültiger Sicherheitsbescheid verlangt wurde.

Die Vorschriften für die Sicherheitsüberprüfung oder vielmehr deren praktische Anwendung ignorierten somit nach 1969 systematisch die Entkriminalisierung der Homosexualität unter Erwachsenen. „Stutzt da keiner?"[32], überlegten die „Nürnberger Nachrichten" im Januar 1984 – im Zuge des Wörner-Kießling-Skandals. Und fragten weiter: „Hält sich diese Gesellschaft nicht längst einiges darauf zugute, Homosexualität zwar als ,anders', aber doch nicht mehr als abnorm einzuordnen?"[33] Die Nürnberger Journalisten stellten diese Vorschrift in den Kontext des Umgangs der Streitkräfte

---

25 BArch BW24/5553, Sachverständigenreferat aus sicherheitsmäßiger Sicht, in: Sitzung des Ausschusses Gesundheitsvor- und -fürsorge, Militärische Untersuchungen des Wehrmedizinischen Beirats beim BMVg, 18.4.1980; auch in BW2/31225.
26 Ebenda.
27 BArch BW24/7180, BMVg VR IV 1, 29.9.1970.
28 Ebenda.
29 Sachverständigenreferat 18.4.1980 (s. Anm. 15).
30 Ebenda.
31 Ein Sicherheitsbescheid bestätigt das Ergebnis einer Sicherheitsüberprüfung und ist je nach Stufe die Grundlage für den Zugang zu geheimen oder streng geheimen Dokumenten und damit zwingende Voraussetzung für viele wichtige Dienstposten.
32 Fh, Das Tabu. Bundeswehr und Homosexualität, in: Nürnberger Nachrichten vom 26.1.1984, zitiert nach: Schwartz, Homosexuelle, Seilschaften, Verrat, S. 302 f.
33 Ebenda.

mit Homosexualität und forderten, die Bundeswehr werde „das Tabu Homosexua
endlich aufzubrechen haben".[34]

Erst mit der im Jahre 1983 vorbereiteten Überarbeitung der Sicherheitsrichtli
vollzogen die Dienste die strafrechtliche Liberalisierung von 1969 zumindest teilw
nach – mit 14 Jahren Verspätung. Unter § 5 Absatz 2 führten die überarbeiteten R
linien als „personelle Sicherheitsrisiken" unter anderem nach „Straftaten" sc
„Trunk- oder Drogensucht" auf: „sexuelles Verhalten, das zu einer Erpressung füh
kann".[35] Die damit beabsichtigte Änderung in der Formulierung war mehr als
Formalie. Sie bedeutete, dass die offen bekannte Homosexualität eines Soldaten
den MAD für sich genommen nicht mehr sicherheitsrelevant war. In einer Erlä
rung für den zuständigen Staatssekretär Lothar Rühl vom Januar 1984 (also auf
Höhepunkt des Skandals um General Kießling) wies das für die Dienstaufsicht
den MAD zuständige Referat des BMVg explizit auf die Neubewertung hin: Die Neu
sung dürfte dazu führen, dass bei der Beurteilung homosexueller Verhaltensweise
weniger Fällen Sicherheitsbedenken geltend gemacht würden.[36] Staatssekretär R
umfangreiche handschriftliche Anmerkungen zeigen dessen Skepsis gegenüber de
planten Neufassung: „Im Prinzip soll die Neufassung nur eine Diskriminierung der
mosexuellen Veranlagung beseitigen." Der neu formulierte Punkt des „sexuellen
haltens, das zu einer Erpressung führen kann", werde nun auch heterosexue
Verhalten betreffen. Die Last dieser Neufassung werde in der Bundesverwaltung
überwiegend bei Bundeswehr und BMVg liegen: „Wir haben rund 700.000 Bediens
die in der Masse als sexuell normal anzusehen sind." Die „Erpressbarkeit' bei nor
lem sexuellen Verhalten" stehe in Zusammenhang mit außerehelichem Verk
Staatssekretär Rühl sah hier eine „Büchse der Pandora" geöffnet und „ein reales
blem im Verhältnis der Sicherheitsbestimmungen zu dem Wesen und zum Begriff
persönlichen Freiheit und zum Schutz der Privatsphäre in unserem freiheitlic
Rechtsstaat".[37] Da hatte der Staatssekretär zweifelsohne Recht. Doch genau dieses
ihm problematisierte Spannungsverhältnis zwischen den Sicherheitsinteressen
der einen Seite und der persönlichen Freiheit und der Privatsphäre auf der ande
Seite war ja der Arbeit von Geheimdiensten inhärent – und ist es unverändert bis
te. Und genau jenen Eingriff in Privat- und Intimsphäre hatten homosexuelle Sold
längst zu ertragen und zu erleiden. Nur mit Blick auf die als „normal sexuell" beze
neten Heterosexuellen fiel dieses Spannungsverhältnis nun der Leitung des B
wohl erstmals überhaupt als Problem auf.

---

34 Ebenda.
35 BArch BW1/378197, BMVg, Abt. KS, an Staatssekretär Dr. Rühl, 25.1.1984, nebst Anlage als K
BMI, Richtlinien für die Sicherheitsüberprüfung bei den Bundesbehörden, Entwurf Stand 10.11.1
36 Ebenda.
37 Ebenda, mit handschriftlichen Bemerkungen von BMVg-Staatssekretär Dr. Rühl.

I B   5000 Köln,

Abteilungsleiter I

im H a u s e

Betr.: General Dr. KIESSLING

   1. Sachverhalt

   Unter Quellenschutz erklärte am 27.07.83 MinRat KURRASCH
   BMVg - HPR - daß Gen. Dr. K. wegen seiner angeblichen homosexuellen Veranlagung von dem NATO-Oberbefehlshaber
   General ROGERS nicht mehr persönlich empfangen werde.
   Er sei "händchenhaltend" mit einem Obersten gesehen
   worden. Der Versuch ihn wegen seiner homosexuellen Veranlagung dienstunfähig zu schreiben, sei an der Weigerung
   des zuständigen San-Amtes gescheitert.

   2. Beurteilung

   Homosexualität ist tatbestandsmäßig ein Sicherheitsrisiko.

   In Anbetracht der Person muß sehr sorgfältig und umsichtig
   vorgegangen werden.
   Es geht hier nicht nur um den Nachweis sondern auch um die
   Ausräumung des Verdachts. Die erforderlichen Überprüfungs-
   maßnahmen müssen eigentlich vom BMVg selbst genehmigt werden.

   3. Vorschlag:

   Vortrag AC beim Stellv. GenInsp.mit der Bitte eine Entscheidung des BMVg herbeizuführen.

Abb. 1: Erster interner MAD-Aktenvermerk im Kontext der „Kießling-Affäre", Regierungsdirektor Artur Waldmann, Paraphe vom 5.8.1983, Kopie aus Privatbesitz von Oberst a.D. Heinz Kluss, 1983 Leiter der MAD-Stelle III in Düsseldorf, als Kopie bislang unveröffentlicht, aber Wortlaut bereits zitiert in: Diskussionen und Feststellungen des Deutschen Bundestages in Sachen Kießling, hrsg. vom Deutschen Bundestag, Presse- und Informationszentrum, Bonn 1984 (Zur Sache, 2/849), S. 89, und in: Möllers, Affäre Kießling, S. 67.

Quellenschutz!

Düsseldorf, 09.09.83

Durch geeignete Ermittlungen in der
Kölner Homo-Szene konnte festgestellt
werden:

1. Cafe Wüsten, Hohe Pforte, Köln,
   Tel 21 42 94

   einschlägig bekannt als Lokal für
   "Schwule und Lesben". Hier wurde der
   z.B., aus einer Serie von Fotos, eindeutig
   als "Günter" von der Bundeswehr erkannt.
   "Günter" sei bereits vor 12 Jahren ein
   guter Gast gewesen. In den letzten
   Jahren sei er kaum noch erschienen.

2. Disco TOM TOM, Alter Markt 4, Köln,
   Tel 21 69 66

   einschlägig bekannt als Disco für
   jugendliche Stricher und Straftäter.
   Auch hier wurde der z.B. eindeutig
   als "Günter von der Bundeswehr"
   identifiziert. Günter verkehre dort
   auch heute noch monatlich, und
   pflege Kontakte zu jugendlichen
   Strichern gegen Bezahlung.

   Da die ersten Anlaufstellen positiv
   waren, werden um Unruhe in der
   Szene zu vermeiden, weitere Ermittlungen nicht vor Ablauf von drei
   Wochen geführt.

Abb 2: MAD-Meldung vom 9.9.1983, Kopie aus Privatbesitz von Oberst a.D. Heinz Kluss, Kopie erstmals veröffentlicht in: Gewalt und Geschlecht. Männlicher Krieg – Weiblicher Frieden? Katalog, hrsg. von Gorch Pieken, Militärhistorisches Museum der Bundeswehr, Dresden 2018, S. 590. Vgl. zum Inhalt: Klaus Storkmann, Der Generalverdacht. Wie das Bundesverteidigungsministerium 1983/84 einen General verfolgte, dem Homosexualität nachgesagt worden war, in: Gewalt und Geschlecht. Männlicher Krieg – Weiblicher Frieden? Essays, hrsg. von Gorch Pieken, Militärhistorisches Museum der Bundeswehr, Dresden 2018, S. 302-315, hier S. 304; Publikation der Meldung auch in: Möllers, Affäre Kießling, S. 75.

Die Neufassung der Sicherheitsrichtlinien wurde ungeachtet der Vorbehalte
Staatssekretärs in Kraft gesetzt – allerdings noch nicht im Jahre 1984, obwohl sich
mals im Zuge des Wörner-Kießling-Skandals ein reformorientiertes Bündnis aus
regierender FDP und den Oppositionsparteien SPD und Grüne formiert hatte, um
meinsam eine Änderung der homophoben Sicherheitsrichtlinien zu fordern.[38]
schon im November 1983 entworfene Neufassung sollte erst volle vier Jahre sp
von der Bundesregierung beschlossen werden und im Mai 1988 dann in Kraft trete

Nach Auskunft des Geheimschutzbeauftragten des BMVg von 1985 soll das ·
Bundesverfassungsgericht in der strittigen Frage der Volkszählung im Dezember
gefällte Grundsatzurteil neben anderen datenschutzrechtlich relevanten Vorschri
auch die Novellierung der Richtlinien zur Sicherheitsüberprüfung verzögert hab
Doch wie gezeigt war dieser Reformvorschlag seitens der christdemokratischen Sp
des BMVg von Anbeginn an alles andere als enthusiastisch befürwortet worden.

Die Praxis der Sicherheitsüberprüfungen

Einen ungewöhnlichen, weil seltenen Einblick hinter die Vorhänge der Sicherh
überprüfungen durch den MAD verdanken wir der Beschwerde eines Oberleutn
gegen die Nichtzuerkennung des Sicherheitsbescheids 1977, die er bis vor das Bun
verwaltungsgericht brachte. Der Antragsteller machte gegenüber dem Gericht
nächst geltend, es sei „unzutreffend, dass bei ihm eine abnorme Veranlagung au
xuellem Gebiet vorliege".[41] Eine solche „Beurteilung durch Nichtfachleute" könn
nicht hinnehmen. Er habe „seine Veranlagung nie in den dienstlichen Bereich g
gen, sie sei seine Privatsache; Belange der Bundeswehr seien nicht berührt wor
Einer nachrichtendienstlichen Anbahnung oder Kompromittierung könne er mit
lassenheit entgegensehen. Er werde jeden Anbahnungsversuch melden."[42] Das B
entgegnete, der Antragsteller stelle dessen ungeachtet weiterhin ein Sicherheitsri
dar: „Der notwendigerweise durch eine homosexuelle Veranlagung bedingte Ma
an vertrauensvollem und kameradschaftlichem Kontakt führe dazu, dass ents
chend veranlagte Offiziere in der Bundeswehr fernstehende Kreise gedrängt wür
Solchen Offizieren würde von den Kameraden nicht das nötige Vertrauen entgege
bracht. Es würde als unangebracht empfunden werden, wenn diese Offiziere wie

---

38 Schwartz, Homosexuelle, Seilschaften, Verrat, S. 314.
39 Hammerich, „Stets am Feind!", S. 244.
40 BMVg, Geheimschutzbeauftragter, Org 6, an Hauptmann P., 4.10.1985 (Kopie beim Verfasser d
Beitrags).
41 BVerwG 2 WB 60/79, Bundesverwaltungsgericht, Erster Wehrdienstsenat, Urteil vom 12.1.198.
42 Ebenda.

anderen die Sicherheitsstufen zuerkannt erhielten und ihnen der Zugang zu Verschlusssachen eröffnet würde."[43]

Die Argumentation des BMVg hieß im Klartext nichts anderes, als dass es selbst offen schwul lebende Soldaten weiterhin als Sicherheitsrisiko bewertete, obwohl das sonst üblicherweise als Argument ins Feld geführte Risiko der Erpressbarkeit in diesem Fall nicht relevant sein konnte. Stattdessen erklärte das BMVg vor dem Bundesverwaltungsgericht alle homosexuellen Offiziere zu gesellschaftlichen Außenseitern und als quasi unwürdig, mit anderen, „normalsexuellen" Soldaten in sicherheitsrelevanten Belangen gleichbehandelt zu werden. Diese aufschlussreiche Argumentation fand sich in den sonstigen öffentlich zugängigen Quellen nicht.

Die Bundesverwaltungsrichter reagierten auf ungewöhnliche Weise. Sie stellten den Fall wieder auf den Boden der Tatsachen und beauftragten den MAD, den Antragsteller einer erneuten Sicherheitsüberprüfung zu unterziehen, selbstredend ohne jenen darüber vorab zu informieren. MAD-Mitarbeiter ermittelten im homosexuellen Milieu der nahegelegenen Großstadt und wurden fündig: Durch die „umfangreiche sexuelle Aktivitäten [des Offiziers]" („fast jeden Abend") sei es wahrscheinlich, dass „einem großen Kreis der einschlägigen Szene seine Zugehörigkeit zur Bundeswehr und sein Status als Berufsoffizier bekannt seien".[44] Das war ein klarer Punktsieg für den MAD, hatte doch der Offizier in seinen Beschwerden und vor dem Bundesverwaltungsgericht mehrfach erklärt, sich seit 1976 aller homosexueller Beziehungen enthalten und alle früheren Kontakte abgebrochen zu haben.

Der Oberleutnant versuchte, die argumentative Deutungshoheit zurückzuerlangen. Er verwies auf die als homosexuell erkannten Offizieren drohenden Nachteile in Karriere- und Verwendungsfragen und verknüpfte dies mit seiner unabänderlichen homosexuellen Veranlagung. Daraus ein unabänderliches Fortbestehen eines Sicherheitsrisikos zu folgern, komme einer für ihn unabwendbaren lebenslänglichen Diskriminierung gleich: „Wie rechtfertigt man es, für immer ein Sicherheitsrisiko zu haben, da ich doch wohl kaum bis zum Ende meiner Dienstzeit meine homosexuelle Veranlagung verlieren oder ablegen könnte? [...] Durch all dies fühle ich mich diskriminiert. Ich fühle mich in meiner Würde verletzt (Art. 1 GG) und vermisse die Achtung des Artikels 3 des Grundgesetzes."[45]

Derlei Argumente überzeugten die höchsten Verwaltungsrichter nicht. Der Antrag sei unbegründet, der Antragsteller habe keinen Anspruch auf Erteilung eines Sicherheitsbescheids. Den Dienststellen der Bundeswehr stehe wie in allen Eignungsfragen auch bei der Beurteilung eines Sicherheitsrisikos ein „gerichtlich nur beschränkt nachprüfbarer Beurteilungsspielraum" zu. Der Antragsteller werde durch die Verweigerung der Sicherheitsbescheide nicht unzumutbar oder willkürlich betroffen. Die ne-

---

43 Ebenda, Schriftliche Erklärung des BMVg vom 15.3.1979.
44 Ebenda, Entscheid des Amtes für Sicherheit der Bundeswehr (ASBw) vom 16.7.1982.
45 Ebenda, Schriftliche Erklärung des Antragstellers vom 30.8.1982.

gative Entscheidung orientiere sich an objektiven Gegebenheiten und stelle keine zielte Diskriminierung des Antragstellers und seiner Veranlagung dar.[46]

Den als Zeitzeugen interviewten ehemaligen oder aktiven Soldaten hat der Ver ser dieses Beitrags jeweils die Frage gestellt, ob sie Probleme mit dem MAD ge haben. Die große Mehrheit verneinte die Frage, teils schlicht deshalb, weil sie dar mangels festem Partner diesen nicht in den Fragebögen angeben und sich da „outen" mussten, teils weil ihre Sicherheitsüberprüfungen erst nach dem Jahr 2 erfolgt waren – zu einem Zeitpunkt also, als auch in der Bundeswehr Homosexua nicht mehr als Sicherheitsrisiko eingestuft und behandelt wurde. Dies deckt sich Erinnerungen befragter früherer MAD-Mitarbeiter. Der Dienst habe, nachdem er in der Kießling-Affäre 1984 massiv „die Finger verbrannt" hatte, das Thema Hom xualität nur noch „mit ganz spitzen Fingern" angefasst – und wenn „irgendwie tretbar", am besten gar nicht mehr berührt.

Einige Soldaten hatten aber durchaus erhebliche Schwierigkeiten und dienstl Nachteile. Einer dieser Fälle erreichte 1999 die Presse – und auch das Bundesver sungsgericht.

Ein Leutnant wurde 1998 von seinem Dienstposten als Zugführer in einem Ob schutzbataillon der Luftwaffe abgelöst, „nachdem der Militärische Abschirmdi von seiner homosexuellen Neigung erfahren hatte".[47] Es gelang, die sich hinter die knappen Halbsatz verbergenden Abläufe zu rekonstruieren. Bereits 1997 habe e der Staffel Gerüchte über die Homosexualität des Leutnants gegeben. Dies wurde MAD mitgeteilt. Dessen Ermittler sprachen daraufhin mit dem (nebenamtlich) fü cherheitsfragen zuständigen Soldaten der Einheit und dem Staffelchef. Man ver barte, künftige neue Erkenntnisse über den Leutnant dem Dienst zu melden. Eig Ermittlungen nahmen die MAD-Mitarbeiter ausdrücklich nicht auf. Das Gespräch dem zuständigen Disziplinarvorgesetzten sei die „zulässige, erforderliche und geb ne Maßnahme" gewesen, „um mit dem geringstmöglichen Eingriff in die Rechte Betroffenen die möglichen sicherheitserheblichen Informationen zu verifiziere betonte das den MAD beaufsichtigende BMVg-Referat später. Der jeweilige Diszipli vorgesetzte sei in der Regel in seiner Vertrauensposition der erste (und einzige) sprechpartner des MAD in der Einheit. Die Informierung des Vorgesetzten über mutmaßliche homosexuelle Veranlagung seines Untergebenen sei nur zur vertr chen Verifikation der sensiblen persönlichen Informationen und keineswegs mit Ziel oder gar der Vorgabe geschehen, die Personalführung des Betroffenen einzuse ten. Genau dies tat aber der Staffelchef. Er meldete den ihm nun bekannten Verd gegen seinen Zugführer an den Bataillonskommandeur. Dieser meldete es an nächsthöhere Stelle und diese dann an das Personalamt. Die Personalführer ha damit einen offiziellen Vorgang auf dem Tisch, den sie nach damals geltender Er

---

46 Ebenda.
47 Homosexueller darf nicht ausbilden, in: FAZ vom 1.9.1999, S. 7.
48 BArch BW1/502107, o. Pag., BMVg, PSZ III 1 an Minister über Staatssekretär, 29.11.1999.

lage behandelten und entschieden. Das BMVg sprach bekannt homosexuellen Offizieren noch bis zum Jahr 2000 die Eignung zum direkten Vorgesetzten und zum Ausbilder ab. Der Leutnant war in seiner Funktion beides. Nun wurde er in einen Stab versetzt. Der Betroffene klagte gegen die Ablösung als Zugführer durch alle Instanzen bis nach Karlsruhe.

Der durch diese Verfassungsbeschwerde des Leutnants ausgelöste mediale und politische Druck auf das BMVg und dessen Minister Rudolf Scharping brachte im Jahr 2000 auch ohne Karlsruher Entscheidung in der Sache das längst morsch gewordene Gebäude der Restriktionen gegen homosexuelle Soldaten zum Einsturz. Will man einen „Schuldigen" identifizieren, so träfe dies zuerst wohl den Staffelchef. Durch ihn wurde eine Meldekette losgetreten, die im Personalamt die diskriminierenden Vorschriften greifen ließ. Dem Staffelchef aber die alleinige „Schuld" anzulasten, ginge fehl. Der ganze Umgang der Bundeswehr, des BMVg, des MAD und der Personalführung mit Homosexuellen war so aufgestellt, dass es früher oder später zu einer schweren Konfliktsituation wie jener um diesen Leutnant kommen musste. Einen Ausweg aus diesem Dilemma konnte es nur durch eine Änderung der Haltung der Bundeswehr zur Homosexualität geben.

Diesen von den Betroffenen lange geforderten Schritt ging der Dienstherr im Jahr 2000. Erst unter dem starken, auch zeitlichen Druck einer unmittelbar bevorstehenden Entscheidung des Bundesverfassungsgerichts drehte das BMVg damals das Segel und steuerte in die Gegenrichtung. Gegen den erbitterten Widerstand der militärischen Führung setzte sich bei diesem Kurswechsel die politische Leitung des Ressorts durch. Eine Karlsruher Entscheidung, die womöglich die Verfassungswidrigkeit der bisherigen Position der Bundeswehr gegenüber ihren homosexuellen Soldaten festgestellt hätte, konnte das BMVg somit vermeiden. Die Inspekteure der Teilstreitkräfte, der Generalinspekteur und ihre Stäbe wollten dagegen – um eine Analogie zur Haltung der kaiserlichen Marineleitung vom November 1918 zu wagen – lieber vor dem Verfassungsgericht kämpfend untergehen. Verteidigungsminister Rudolf Scharping (SPD) hatte jedoch kein Interesse daran, in Karlsruhe öffentlichkeitswirksam „versenkt" zu werden. Er war Politiker. Und er entschied politisch, wenn auch in letzter Minute. Die getroffene Entscheidung bedeutete eine historische Zäsur: die – versuchte – möglichst geräuschlose Aufgabe einer 45 Jahre lang gehaltenen homophoben Grundposition der Bundeswehr im Umgang mit homosexuellen Männern in ihren Reihen.[49]

---

49 Dazu ausführlich: Storkmann, Tabu und Toleranz, S. 330–361.

Michael Schwartz

Zwischen Ausgrenzung und Aufwertung

Homosexuelle Männer, Mehrheits-Gesellschaft und AIDS in der
Bundesrepublik Deutschland 1981–1990

1 AIDS als Zäsur

Im Rückblick kann „die Bedeutung von Aids für homosexuelle Männer [...] zumindest
für die achtziger Jahre kaum überschätzt werden", so die Historikerin Magdalena Beljan. Denn „homosexuelle Männer stellten nicht nur die erste, sondern auch die größte
Betroffenengruppe". Viele starben an der Immunschwächekrankheit oder mussten
mit dem Tod von Partnern oder engen Freunden umgehen. Außerdem löste AIDS „ein
verstärktes politisches, medizinisches, soziologisches und öffentliches Interesse an
den Lebensweisen und an der Sexualität homosexueller Männer" aus. Indem diese
Gruppe „so schnell und nachhaltig ins Licht der Öffentlichkeit" gerückt wurde wie nie
zuvor, war „tragischerweise [...] ausgerechnet mit Aids eine Normalisierung von
männlicher Homosexualität verbunden".[1]

   In den letzten zwei Jahrzehnten des 20. Jahrhunderts verstarben in Westdeutschland rund 20 000 Menschen an AIDS, wobei homosexuelle Männer nicht die einzige,
aber „die mit Abstand größte Gruppe der Erkrankten" stellten.[2] Doch beim Aufkom-
men von AIDS waren noch weit schlimmere Szenarien heraufbeschworen worden.
Viele Medien erzeugten eine Bedrohungshysterie, die AIDS unter die sprichwörtlichen
„deutschen Ängste" einreihte.[3] Mann-männliche Sexualität, die seit 1969 eine Phase gesellschaftlicher Entkriminalisierung und Liberalisierung erlebt hatte, wurde aufs
Neue als „bedrohlich" stigmatisiert: „Das Bild des triebgesteuerten [...] schwulen Mannes wurde wieder aufgegriffen. Während zuvor vor allem der Topos des schwulen
Mannes als Verführer [von Minderjährigen] kursierte, brachte der schwule Mann nun
mit seiner Sexualität andere Menschen in (Lebens-)Gefahr."[4]

1 Magdalena Beljan, Rosa Zeiten. Eine diskursanalytische Untersuchung zur Homosexualität in der
BRD unter besonderer Berücksichtigung der 1970er und 1980er Jahre, Bielefeld 2014, S. 174 f.
2 Sebastian Haunss, Identität in Bewegung. Prozesse kollektiver Identität bei den Autonomen und in
der Schwulenbewegung, Wiesbaden 2004, S. 205.
3 Erich Wiedemann, Die deutschen Ängste. Ein Volk in Moll, Frankfurt a. M./Berlin 1990, S. 228.
4 Adrian Lehne/Veronika Springmann, Promiske Sexualität oder monogame Beziehung? Freiheit, Moral und Verantwortung in der westdeutschen Homosexuellenbewegung, in: WerkstattGeschichte Jg.
2021/2, Nr. 84, Themenheft „Monogamie", S. 67–82, hier insb. S. 76 f.

2 AIDS als Medienhype

Ende 1981 berichtete das massenwirksame Boulevardblatt „Bild" über eine „r
Krankheit unter Homosexuellen", die in den USA bereits Tote gefordert habe
durch „Sexspiele" verbreitet werde.[5] Dadurch gerieten mit Blick auf individuelle
per Formen der „‚Grenzüberschreitung' bei Praktiken der Penetration sowie der Ir
tion und Inkorporation (von ‚Fremdkörpern') verstärkt in den Blick", während
kollektive „Körper" der Nation als von den (sozialen) Rändern her bedroht imagir
wurde. Der heikle Begriff der „Risikogruppen" bezeichnete sowohl besonders *Gef*
dete als auch besonders *Gefährliche*. Bezeichnet bzw. stigmatisiert wurden damit
ziale Randgruppen: homosexuelle Männer, Verwender intravenöser Drogen, Pros
icrte, Gefängnisinsassen, Immigranten".[6] Eine Meinungsumfrage ergab 1989, «
Homosexuelle (neben Alkoholikern, Prostituierten oder Drogenabhängigen) deu₁
niedrigere Sympathiewerte erhielten als geistig behinderte Menschen oder türki-
Migranten. Die Gefühlslage der Bevölkerungsmehrheit war widersprüchlich: 93 %
fürworteten staatliche Aufklärung über AIDS in Schulen, 84 % Werbekampagnen
Kondome, 55 % aber auch das Verbot des Kontakts zwischen Infizierten und Nicht
zierten (mit 27 % Nein-Stimmen), 54 % eine Zwangsregistrierung und gesundheitl
Überprüfung aller Risikogruppen (bei 28 % Nein-Stimmen). Und 31 % forderten
Wiedereinführung des 1969 abgeschafften strafrechtlichen Verbots homosexuellen
schlechtsverkehrs zwischen erwachsenen Männern – bei allerdings 45 % Nein-S
men.[7] Nach einer Phase sexueller Liberalisierung zeigte sich die Gesellschaft a
sichts von AIDS im Umgang mit homosexuellen Männern tief gespalten. Homosex₁
(lesbische) Frauen tauchten in diesen Diskursen so gut wie nicht auf.

Zunächst galt AIDS als „Krankheit der Anderen", als „Homosexuellen-Seuc
erst allmählich bildete sich ein Bewusstsein dafür heraus, dass die Bevölkerung in
samt bedroht war: „AIDS geht jeden an."[8] Die Reaktionen wurden alarmistisch: „₁
lieferte Schlagzeilen wie „AIDS: Jeder kann der nächste sein" (Oktober 1986) «
„AIDS in Deutschland: Die neue Pest greift jeden an" (Februar 1987). Im Spitzen
dieses Medienhypes der Angst 1987 erschienen im Boulevard-Blatt 69 Artikel ₁
AIDS. Bezeichnenderweise nahmen nach dem Ende dieser „Bild"-Kampagne die Ä
te der Bevölkerung rasch wieder ab.[9]

---

5 Neue Krankheit unter Homosexuellen, in: Bild vom 12.12.1981.
6 Brigitte Weingart, Ansteckende Wörter. Repräsentationen von AIDS, Frankfurt a. M. 2002, S. 4
7 Albrecht Köhl/Roland Schürhoff, AIDS im gesellschaftlichen Bewußtsein. Aspekte der Stigma
rung von HIV-Infizierten und Risikogruppen, Gießen (Diss.) 2001, S. 60, 127 und 152.
8 Sebastian Haus-Rybicki, Eine Seuche regieren. AIDS-Prävention in der Bundesrepublik 1981–
Bielefeld 2021, S. 35 und 118.
9 Petra Eiden/Klaus Schönbach, 1987: AIDS erreicht Deutschland. Die „Bild"-Zeitung und die F₁
vor einer neuen Seuche – eine Fallstudie, in: Publizistik 52 (2007), S. 524–538, hier insb. S. 5
532 f. und 537.

Neben dem „Sensationalismus der Boulevardpresse" gab es betont sachliche Berichterstattung, etwa im linksliberalen Magazin „Stern".[10] Dort erklärte Marlies Prigge
im Februar 1987 kritisch, die „Angst vor Aids" werde medial zur „Hysterie" gesteigert,
und fragte: „Wie kann man dem begegnen, wenn nicht durch Offenheit?"[11] Doch nicht
alle tonangebenden Medien agierten derart sachlich und selbstkritisch. Das Magazin
„Der Spiegel" setzte jahrelang auf Panikmache vor der „Seuche" und nutzte „Meta-
phern der Kriegführung".[12] Das war umso irritierender, als der „Spiegel" um 1970 zu
den avantgardistischen Wortführern gesellschaftlicher Integration von Homosexuellen gezählt hatte.[13] Noch im Wörner-Kießling-Skandal des Jahres 1984 nahm „Spiegel"-
Herausgeber Rudolf Augstein eine progressive Position ein, die Verteidigungsminister
Manfred Wörner scharf dafür rügte, mit der unehrenhaften Entlassung des der Homosexualität bezichtigten Bundeswehrgenerals Günter Kießling „die Schwulen und damit
uns alle zivilisatorisch um viele Jahre zurückgeworfen" zu haben.[14] Nur wenig später
aber wurde Augsteins Zeitschrift 1987 von Kritikern die folgenschwere „Inszenierung
einer Krankheit" attestiert: „Schwer zu ertragen sind die ‚Spiegel'-Berichte, wenn es
um die Homosexuellen geht." In zahllosen Berichten der Jahre 1983 bis 1985 über pro-
miskuitiven schwulen Sex komme nicht nur unterschwellige „Geilheit von Autoren
und Lesern" zum Ausdruck, es werde auch „ein Sexualverhalten in einer Weise präsentiert, als ginge es nicht um Menschen, schon gar nicht um ‚*Mitbürger*', sondern um
das Paarungsverhalten von Pavianhorden". Die exotisch-abstoßende Bilderauswahl
präsentiere Randerscheinungen wie Berliner Lederbars als schwule Normalität. „Das
alles sind journalistische Ausgrenzungsbemühungen, in denen die Lebensformen von
Minderheiten nicht als Varianten der alltäglichen Lebensformen, sondern als Jenseiti-
gkeiten dargestellt werden, denen gegenüber die Grenzen aufzurichten näher liegt,
als sie einzureißen."[15] Der linke Sexualwissenschaftler Günter Amendt erblickte 1984
in der „zynischen Aids-Berichterstattung" des „Spiegel" ein deutliches Indiz für „rück-
wärtsgewandte Einstellungsveränderung zur Homosexualität". Das Magazin „Stern"
stellte dies in den Kontext einer breiteren Trendwende: „Nach den befreienden öffentlichen Bekenntnissen und der zunehmenden Toleranz in den siebziger Jahren kamen

---

10 Günter Frankenberg, Deutschland: Der verlegene Triumph des Pragmatismus, in: David Kirp/Ro-
nald Bayer (Hrsg.), Strategien gegen Aids. Ein internationaler Politikvergleich, Berlin 1994, S. 134–172,
hier insb. S. 148.
11 Marlies Prigge, „Wir haben uns angesteckt". Die Angst vor Aids, in: Stern vom 19.2.1987.
12 Frankenberg, Deutschland, in: Kirp/Bayer (Hrsg.), Strategien gegen Aids, S. 148.
13 Vgl. Michael Schwartz, „Warum machen Sie sich für die Homos stark?". Homosexualität und Medienöffentlichkeit in der Reformzeit der 1960er und 1970er Jahre, in: Jahrbuch Sexualitäten 1 (2016),
S. 51–93.
14 Zitiert nach: Michael Schwartz, Homosexuelle, Seilschaften, Verrat. Ein transnationales Stereotyp
im 20. Jahrhundert, Berlin 2019, S. 295.
15 Eberhard Hübner, Inszenierung einer Krankheit. Die Aids-Berichterstattung im „Spiegel", in: Volkmar Sigusch (Hrsg.), Aids als Risiko. Über den gesellschaftlichen Umgang mit einer Krankheit, Hamburg 1987, S. 218–233, hier insb. S. 222 f., 225 und 227 f.

die Rückschläge: die Krankheit ‚Aids', eine konservative Wende im Land [seit der
gierungsübernahme Helmut Kohls 1982] und jetzt die Affäre um den Bundesweh
neral Kießling".[16]

Vor allem „Spiegel"-Redakteur Hans Halter, ein Mediziner, zeichnete für die
nikkampagne um die „Todesseuche AIDS" verantwortlich.[17] Im „Spiegel"-Diskurs v
den bestimmte Bevölkerungsgruppen – namentlich homosexuelle Männer – als
chenherde identifiziert, die die Gesamtbevölkerung mit Ansteckung bedrohten. Z
ist es historisch unangemessen, davon zu sprechen, homosexuelle Menschen seien
neut mit Verfolgung [...] konfrontiert" worden[18]; denn das war – verglichen mit
NS-Verfolgung oder mit der Strafverfolgung der frühen Bundesrepublik – nicht
Fall. Doch Begriffe wie „Stigmatisierung" und „Ausgrenzung"[19] bezeichnen treff
das Diskriminierungspotenzial medialer AIDS-Diskurse. Erst als immer mehr N
schen erkrankten, die den anfänglich identifizierten „Risikogruppen" nicht zuzur
nen waren, wandelte sich die Perspektive: Statt um gefährliche *Gruppen* ging es fo
um gefährliche *Verhaltensweisen*, die alle betrafen. Doch dieser Übergang zum „
ko-Management" darf nicht darüber hinwegtäuschen, dass „vor allem schwuler
[...] auch weiterhin massenhaft als gefährlicher bzw. als ‚besonders risikoreicher S
gedeutet wurde. Noch Jahrzehnte später wurden offen lebende Schwule als Bluts
der im deutschen Gesundheitswesen diskriminiert.[20]

Das Leitmedium „Spiegel" brachte in den 1980er Jahren neun große Titelgesch
ten zum Thema AIDS, neben unzähligen kleineren Meldungen. Das Magazin warf :
nicht nur der Sexualwissenschaft, die ihm als „elitärer Zirkel meist homosexu
Ärzte" erschien, sondern pauschal allen Homosexuellen vor, die Gefährlichkeit
AIDS zu ignorieren oder gar zu bagatellisieren.[21] Statt der in den 1970er Jahren
Sachverständige anerkannten Sexualwissenschaftler führten nun Mediziner und V
logen das Wort. Lediglich der Schwulenaktivist Rosa von Praunheim wurde als f
zeitiger Warner anerkannt und durfte im „Spiegel" öfter zu Wort kommen. Die
propagierte Interpretation von AIDS als „Lustseuche" definierte homosexuelle Mär
aufgrund ihrer angeblichen Neigung zur Promiskuität letztlich als „selbst schuld
ihrem Schicksal.[22] Der Schwulen-Aktivist Matthias Frings konstatierte 1986: „Plötz
sind homosexuelle Männer wieder Monster, Perverse, Gezeichnete. Haß und A
[...] feiern ein glänzendes Comeback.[23] Die Erweiterung der Bedrohungsperspek
wurde für Homosexuelle nicht weniger heikel, wenn der „Spiegel" 1984 Alarm sch

---

16 Zitiert nach: Schwartz, Homosexuelle, Seilschaften, Verrat, S. 301 und 312.
17 Vgl. Hans Halter (Hrsg.), Todesseuche AIDS (Spiegel-Buch), Reinbek 1985.
18 So jedoch Benno Gammerl, Anders fühlen. Schwules und lesbisches Leben in der Bundesrepu
Eine Emotionsgeschichte, München 2021, S. 276.
19 Vgl. ebenda.
20 Beljan, Rosa Zeiten, S. 177 f.
21 Ebenda, S. 182.
22 Ebenda, S. 182 f.
23 Ebenda, S. 180.

„Die Seuche bricht aus dem Schwulen-Getto aus. Auch Frauen sind gefährdet."[24] Erst ab 1986/87 traten auch andere, nicht-homosexuelle „Risikogruppen" in den Blick.[25]

Gegen Ende der 1980er Jahre verloren die medialen Flaggschiffe des Alarmismus plötzlich ihr Interesse am Thema. Hatte die „Bild"-Berichterstattung schon nach 1987 rapide abgenommen[26], zeigte ab 1989 auch der „Spiegel" kein großes Engagement mehr.[27] 1990 verkündete „Die Zeit" lapidar: „Die Apokalypse wird abgesagt".[28]

3 AIDS als politischer Strategiekonflikt

„Die Falken wollen die Infizierten internieren, um den Rest der Bevölkerung zu schützen. Die Tauben wollen noch mehr Aufklärung und das Problem ansonsten kondomisieren." So brachte ein Journalist den schweren Konflikt auf den Punkt, der sich Mitte der 1980er Jahre „zwischen der liberalen Fraktion der Anti-AIDS-Strategen unter Bundesgesundheitsministerin Rita Süssmuth und der sogenannten Gauweiler- oder KZ-Fraktion" entwickelt hatte.[29] Solche polemischen Anspielungen auf die Konzentrationslager der NS-Diktatur, die die bayerische AIDS-Politik stigmatisieren sollten, hatte es namentlich 1987 tatsächlich gegeben – zu jenem Zeitpunkt, als die Gesellschaft für deutsche Sprache die Begriffe „AIDS" und „Kondom" zu „Wörtern des Jahres" erklärte.[30] Damals war der CSU-Protagonist Peter Gauweiler nicht nur als „AIDS-Inquisitor", sondern auch als „Gauleiter" attackiert worden, und der liberale „Weser-Kurier" hatte die böse Frage gestellt, ob es im CSU-beherrschten Bayern „künftig ein ‚AIDS-KZ' geben" würde – was der „Spiegel" gern zitierte und bundesweit verbreitete.[31] Der Gesundheitsminister des Landes Nordrhein-Westfalen, Hermann Heinemann (SPD), warnte vor einer – wiederum auf die NS-Vergangenheit anspielenden – „Pogromstimmung".[32] Freilich hatten einige CSU-Politiker erheblich dazu beigetragen, solche Ängste und Übertreibungen zu schüren. So hatte der junge CSU-Bundestagsabgeordnete Horst Seehofer angeregt, AIDS-Infizierte und -Kranke „in speziellen Heimen" zu „konzentrieren", worin die „Spiegel"-Redaktion ebenso „Vokabular des Herrenmenschen"

---

24 Ebenda, S. 186.

25 Ebenda, S. 183.

26 Eiden/Schönbach, 1987: AIDS erreicht Deutschland, in: Publizistik 52 (2007), S. 527.

27 Frankenberg, Deutschland, in: Kirp/Bayer (Hrsg.), Strategien gegen Aids, S. 149.

28 Henning Tümmers, Aidspolitik. Bonn und der Umgang mit einer neuen Bedrohung, in: Meik Woyke (Hrsg.), Wandel des Politischen. Die Bundesrepublik Deutschland während der 1980er Jahre, Bonn 2013, S. 235–256, hier insb. S. 252.

29 Wiedemann, Die deutschen Ängste, S. 227.

30 Vgl. Cornelia Tönnesen, Die Terminologie der Sexual- und Partnerschaftsethik im Wandel, in: Georg Stötzel u. a., Kontroverse Begriffe. Geschichte des öffentlichen Sprachgebrauchs in der Bundesrepublik Deutschland, Berlin/New York 1995, S. 593–618, hier insb. S. 615.

31 „Jetzt muaß i allmählich bremsen", in: Der Spiegel 1987 vom 24.5.1987.

32 Zitiert nach: Tönnesen, Die Terminologie der Sexual- und Partnerschaftsethik im Wandel, in: Stötzel u. a., Kontroverse Begriffe, S. 615.

erblickte wie in Auslassungen des bayerischen Kultusministers Hans Zehetmair. I
terer hatte Homosexualität als „Entartung" einer gesellschaftlichen Randgruppe
matisiert, die „ausgedünnt werden" müsse.[33] Die linksalternative West-Berliner „
zitierte daraufhin „die AIDS-Expertin der Grünen, Heike Wilms-Kegel", die den ba
schen „Maßnahmenkatalog" als „Endlösung für AIDS-Betroffene" attackierte: „Ve
gung und Aussonderung seien die neuen Maßstäbe bayerischer Gesundheitspolitik
ter völliger Mißachtung von Grund- und Menschenrechten."[34]

Jenseits solcher Perhorreszierungen sollte sich unter der zwischen 1985 und
amtierenden Bundesgesundheitsministerin Rita Süssmuth (CDU) eine „liberale /
Aids-Politik" durchsetzen. Statt auf Repression und Ausgrenzung setzte diese Strat
auf Aufklärung der Gesamtbevölkerung – unter dem betont lockeren Slogan:
AIDS keine Chance."[35] Als die liberale Christdemokratin gegen eine Meldepflicht
Infizierte votierte, handelte sie sich den Vorwurf des bayerischen Ministerpräsiden
Franz Josef Strauß (CSU) ein, dies sei eine „unerträgliche Übertreibung der Grundr
te".[36] Der zum Staatssekretär im Münchner Innenministerium aufgestiegene Gau
ler geißelte Süssmuths „stupide Ablehnung" und forderte strikte Kontrollen der „
nen Seuchenquellen" wie Schwulen-Saunas oder „Dirnen und Stricher".[37] Der „St
zitierte eine Meinungsumfrage, wonach 61 % der Deutschen Gauweilers Position
ten; diese Bevölkerungsmehrheit, so die feministische Zeitschrift „Emma" Ende
sei aber durch Medienhysterie „nahezu verrückt gemacht" worden. Dass ratio
Aufklärung gleichwohl helfe, zeige sich daran, dass 1985 sogar noch 85 % für Zwa
maßnahmen eingetreten seien. Dabei seien alle Fachleute, auch Konservative, „
einig: Zwangsuntersuchungen und eine Meldepflicht, allein schon die Diskussion
über, richten mehr Schaden als Nutzen an. Weil dadurch die Gefährdeten vor e
Untersuchung zurückschrecken und untertauchen."[38]

Im Februar 1987 forderte der bayerische Kultusminister Hans Zehetmair (C
mit Äußerungen im Bayerischen Rundfunk etliche Beschwerdebriefe heraus. Ze
mairs Ziel war der „Schutz der Vielen", weshalb der bedrohliche „Rand" der Hom
xuellen „durch Aufklärung [...] ausgedünnt werden" sollte. Der christsoziale Polit
berief sich dabei auf den Vorsitzenden der Katholischen Bischofskonferenz, Kard
Joseph Höffner, der im März 1987 erklärt habe, homosexuelle Lebensweisen „ver
ßen nicht nur gegen das Grundgesetz, sondern leisteten [...] auch der Verbreitung

---

33 Entartung ausdünnen, in: Der Spiegel vom 15.3.1987.

34 Scharfe Kritik an Gauweilers Amoklauf, in: taz vom 21.5.1987, S. 4.

35 Henning Tümmers, AIDS. Autopsie einer Bedrohung im geteilten Deutschland, Göttingen
S. 153, 161, 176 und 182.

36 Sabine zur Nieden, AIDS. Das Monster ist zu zähmen, in: Emma 11 (1987), H. 4, S. 18–21, hier
S. 21.

37 Zitiert nach ebenda.

38 Ebenda.

Immunschwäche-Krankheit Aids Vorschub".[39] Solche Äußerungen von konservativer Seite ließen Schlimmes befürchten, griffen sie doch auf einst wirkmächtige homophobe Diskurse der konservativ-christlich geprägten Gesellschaftspolitik der Ära Adenauer zurück. Doch auch Interpretationen von AIDS als „Epidemie" durch die oppositionelle SPD-Bundestagsfraktion 1983 legten nahe, das Bundesseuchengesetz von 1961 in Anwendung zu bringen, „mit dem der Staat die Rechte des Individuums durch Ermittlungen, Zwangsuntersuchungen und Absonderungen massiv beschneiden konnte". Das immer noch gültige autoritäre Gesetz aus der Adenauer-Ära hing „wie ein Damoklesschwert über den Aids-Debatten".[40] Dennoch wurden die Hardliner nicht mehrheitsfähig. Zwar hatte der bayerische Justizminister im April 1987 einen Runderlass zur „Gesundheitsfürsorge in den Justizvollzugsanstalten" herausgegeben, der neben Aufklärung einen „HIV-Antikörper-Test bei Erstaufnahme, bei Angehörigen von Risikogruppen auch zwangsweise", vorsah.[41] Ähnliches wurde vom SPD-geführten Justizministerium in Hessen berichtet.[42] Neben der bayerischen Regierung zeigte auch der saarländische SPD-Ministerpräsident Oskar Lafontaine großes Interesse an der autoritären Seuchenpolitik der DDR, die seit 1983 mit der Meldepflicht operierte.[43] Doch vor allem der CSU-Wortführer Peter Gauweiler wurde zum Antipoden des „liberalen" Politikkonzepts von Rita Süssmuth, das auf Aufklärung, Selbstregulierung und Kooperation mit Betroffenen setzte – und auf Mitgefühl der Gesunden mit Erkrankten und Infizierten.[44] Der CSU-Scharfmacher polemisierte gegen Verfechter dieser liberalen Politik: „Bekämpft wurde nicht AIDS, sondern die AIDS-Bekämpfung."[45]

Im Frühjahr 1987 verfügte die bayerische Regierung obligatorische AIDS-Tests für alle Bewerber für den öffentlichen Dienst sowie für Strafgefangene. Gauweiler wurde durch Fernseh-Auftritte, etwa im ZDF-„Gesundheitsmagazin", „zum ‚Experten'" aufgewertet, der präventiven „Safer Sex" vor einem Massenpublikum als unwirksame „Selbsttäuschung" abtun konnte. Dennoch bemerkte die schwule Szenepresse aufmerksam, dass der CSU-Hardliner überzog und an Unterstützung verlor. Selbst der „Spiegel" habe süffisant über scharfe Kritik an Gauweiler in den Bonner Koalitionsverhandlungen aus CDU und FDP berichtet. Der bayerische Kurs, so das Szeneblatt „Du & Ich", gehe sogar der „Bild"-Zeitung zu weit, die im Februar 1987 getitelt habe: „Zum Fürchten: Die 11 Aidsgesetze aus Bayern". Immer mehr Medien machten deutlich, dass die bayerische Meldepflicht die Verbreitung des Virus nicht stoppen, son-

---

39 Kultusminister Hans Zehetmair zu homosexuellen Verbindungen, in: Süddeutsche Zeitung vom 4./5.4.1987.

40 Tümmers, Aidspolitik, in: Woyke (Hrsg.), Wandel des Politischen, S. 239.

41 Peter Gauweiler, Was tun gegen Aids? Wege aus der Gefahr, [Percha/Kempfenhausen 1989], S. 112 f.

42 Volkmar Sigusch, Aids für alle, alle für Aids, in: Sigusch, Aids als Risiko, S. 39–53, hier insb. S. 50.

43 Tümmers, AIDS, S. 227 und 256–260.

44 James W. Jones, Discourses on and of AIDS in West Germany, 1986–90, in: John C. Fout (Hrsg.), Forbidden History. The State, Society, and the Regulation of Sexuality in Modern Europe, Chicago/London 1992, S. 361–390, hier insb. S. 364.

45 Gauweiler, Was tun gegen Aids?, S. 75.

dern steigern würde, „weil niemand mehr zur Beratungsstelle geht, weil er fürc]
muß, im bayrischen Polizeicomputer zu landen".[46]

Im Februar 1988 besuchte Staatssekretär Gauweiler die DDR und lobte „das f
zeitige und konsequente Bekämpfungsprogramm" der SED-Diktatur, das leider in
USA und in der Bundesrepublik nicht ebenfalls umgesetzt worden sei. Seine SED
sprächpartner hielten Gauweiler jedoch für „hypomanisch" und registrierten, da
„in Sachen AIDS sehr übernachhaltig" den Gegensatz zur Bonner Politik „massiv
kuliert" hatte.[47] Das kam umso weniger an, als sich die DDR-Gesundheitspolitik
Vorbild Süssmuths umorientierte: Der Slogan der Bundeszentrale für gesundheitl
Aufklärung (BZgA) „Gib Aids keine Chance!" wurde 1987 vom Deutschen Hygiene-
seum in Dresden übernommen.[48] Der seit 1986 schon laufende Austausch beider c
scher Gesundheitsministerien wurde 1987 beim Honecker-Staatsbesuch in Bonn be
gelt.[49] Trotz der homophoben Grundhaltung des SED-Regimes konnte ausgerec]
die „Diskussion um AIDS und wirksame Gegenmaßnahmen möglicherweise – und
den ersten Blick auch erstaunlicherweise – als ein Katalysator für Liberalisierungs
denzen" in der DDR wirken.[50] Auch die DDR-Regierung entdeckte – wenn auch
gernd – den Nutzen einer Zusammenarbeit mit „schwule[n] Selbsthilfegruppen,
gleichsam über Nacht politischen Einfluss gewannen".[51] Der Münchner Autoritaris
sah sich in Bonn und Ost-Berlin gleichermaßen isoliert.

4 AIDS und die Schwulenbewegung: Mobilisierung und Spaltur

Die Reaktionen Homosexueller auf die AIDS-Krise waren widersprüchlich: Viele fl
teten in eine „Strategie des Sich-Verbergens", wie sie vor 1969 typisch gewesen ч
andere aber „protestierten gegen drohende Zwangsmaßnahmen und intensivie
den Kampf um Emanzipation".[52] AIDS führte zu einer Mobilisierung der nach 1970
standenen westdeutschen Schwulenbewegung, aber auch zu deren Spaltung un
einer Trendwende der selbstorganisierten Schwulenpolitik.

Selbstredend attackierten schwule Medien wie „Rosa Flieder" oder „Siegessä
die bayerische AIDS-Politik.[53] Gegen mediale Diffamierung und unzureichende sta
che Unterstützung von AIDS-Kranken wurde in West-Berlin 1985 eine Aktionswc

---

46 Wilfried D. Schwarze, Bayern: Die Jagd ist freigegeben, in: Du & Ich, Nr. 4, 1987, S. 58 f. und 61,
insb. S. 58 f.
47 Zitiert nach: Tümmers, AIDS, S. 259 f.
48 Tümmers, Aidspolitik, in: Woyke (Hrsg.), Wandel des Politischen, S. 245.
49 Tümmers, AIDS, S. 255 und 261 f.
50 Rüdiger Pieper, Homosexuelle in der DDR, in: Deutschland Archiv 20 (1987), S. 956–964, hier
S. 962–964.
51 Tümmers, AIDS, S. 302.
52 Gammerl, Anders fühlen, S. 277.
53 Jones, Discourses, in: Fout (Hrsg.), Forbidden History, S. 383.

zum „Christopher Street Day" organisiert.[54] 1987 beobachtete die Presse auf dem CSD jedoch bereits viele Transparente mit Aufrufen zu Safer Sex – auch wenn es weiterhin „Hinweise auf die bayerischen AIDS-Gesetze" gab und man den Eindruck gewinnen konnte, dass „die Furcht vor verstärkter Diskriminierung, die viele der zufällig Befragten allerdings noch nicht so direkt erlebt hatten, wächst".[55] Der 1987 gegründete „Bundesverband Homosexualität" (BVH) forderte alle zu gerichtlichen Klagen auf, „die nach dem jetzt in Bayern in Kraft getretenen Maßnahmenkatalog Aids-Zwangstests unterworfen werden" sollten, und hoffte auf den Gang zum Bundesverfassungsgericht.[56] Der Schwulen-Aktivist und Soziologe Martin Dannecker trat im „Spiegel" zum Streitgespräch mit Peter Gauweiler an und wies darauf hin, dass Schweden kontraproduktive Erfahrungen mit einer Meldepflicht gemacht habe.[57] Gauweiler nutzte 1986 seinerseits ein Interview im Nürnberger Schwulen-Blatt „Rosa Flieder" zur Attacke auf die angeblich allzu sorglose Haltung der Homosexuellen-Szene gegenüber AIDS.[58]

„Spiegel"-Redakteur Hans Halter hatte schon 1985 in einem Interview mit dem Berliner Schwulenmagazin „Siegessäule" „die Promiskuität ganz unbestritten [als] das Vehikel der Seuche AIDS" herausgestellt. Vom „Spiegel" wurde auch Rosa von Praunheim als schwuler Kronzeuge für diesen Diskurs genutzt. Praunheim kritisierte die Konsumorientierung vieler homosexueller Männer, die es auch beim Sex gebe, und attackierte ein auch unter Schwulen tradiertes aggressives Männerbild als Ausdruck falsch verstandener sexueller Befreiung. In Zeiten von AIDS komme hinzu, dass Promiskuität tödlich sein könne: „Auch wenn das moralisch klingt, ich habe nichts gegen Moral, wenn es uns hilft zu überleben." Praunheims einstiger Mitstreiter Dannecker spottete 1985 daraufhin im Linksblatt „Konkret": „Rosa wird evangelisch" und warf Praunheim vor, heterosexuelle Klischees zu reproduzieren. In einem Streitgespräch konterte Praunheim, indem er Dannecker anklagte, zu AIDS lange geschwiegen und dann durch Verharmlosung dazu beigetragen zu haben, dass viele Homosexuelle ihr riskantes Sexualverhalten nicht änderten.[59]

In den 1970er Jahren hatte schwule Emanzipation im Kontext „sexueller Revolution" auch die Freiheit bedeutet, mit wechselnden Partnern Sex zu haben. Der „Spiegel" hatte 1973 Umfrageergebnisse der Soziologen Dannecker und Reimut Reiche präsentiert, aus denen hervorging, „daß Homosexuelle besonders zur Promiskuität neigen".[60] Insofern hatte die AIDS-Krise etwas von einer „sexuellen Gegenrevolution",

54 Eckhard Seidel, Schwule und Lesben wehren sich gegen Diffamierung und Vorurteile, in: Wahrheit vom 26.6.1985.

55 Erleichterung durch öffentliches Bekenntnis zur Homosexualität, in: Der Tagesspiegel vom 28.6.1987.

56 Homosexuellen-Verband will Bayern mit Prozeßlawine überziehen, in: Frankfurter Rundschau vom 2.6.1987.

57 Gauweiler, Was tun gegen Aids?, S. 133.

58 Ebenda, S. 148–150, Interview im „Rosa Flieder" vom Dezember 1985/Januar 1986.

59 Beljan, Rosa Zeiten, S. 190 und 193–198.

60 „Bekennt, daß ihr anders seid", in: Der Spiegel vom 12.3.1973, S. 46–62, hier insb. S. 54.

die der „Spiegel" 1987 als Zumutung für alle Männer und Frauen erkannte.[61] „Aids stört Sexualität", titelte der prominente Sexualwissenschaftler Helmut Kentler 1 Zwar sei „für jeden Vernünftigen einsichtig", dass man sich „an die Regeln des si ren Sex" halten müsse, um nicht Selbstmord zu begehen: „Aber wir Homosexue sollten, was uns da aufgezwungen ist, nicht verherrlichen, beispielsweise dadu daß wir wähnen, dies sei die Chance der Schwulen, gesellschaftlich angepaßte Leb formen wie die ‚homosexuelle Ehe' zu übernehmen."[62] Genau diese Normalisier aber sollte die langfristige Folge sein.

Noch 1993 wurde unter Schwulen das Safer-Sex-Konzept als aufgezwungene haltensänderung kritisiert: „Das Präservativ ist die Polizei; das Präservativ ist Staat". Schon 1986 richtete man gegen die Aufforderung von Sexualwissenschaft anstelle riskanter Sexpraktiken „kreative" Formen zu entwickeln – „vom gemei men Betrachten von Pornovideos bis zum Telefonsex" – das Gegenargument, d gehe der *authentische* Sex verloren.[63] Der Sexualforscher Volkmar Sigusch br markte 1985 das „Safer-Sex-Programm" als „Gehirnwäsche".[64] Martin Dannecker f te 1987 in „Du & Ich" die Sexualität der Zeitspanne zwischen 1968 und AIDS als *eigentliche* Sexualität, zu der man hoffentlich bald zurückkehren könne.[65] Diese Ü steigerung einer historisch bedingten Variante von Sexualität zeigt: „Die Schwu bewegung der 1970er Jahre hatte eine emphatische Auffassung von gleichgeschle licher Sexualität geprägt, bei der Sexualität als integraler Bestandteil Körperlichkeit verstanden wurde, welche ‚frei' und ohne Einschränkungen ‚ausge. werden müsse."[66]

Praunheim blieb jedoch mit seiner kritischen Position zur Promiskuität kein zelgänger in der Schwulenbewegung. Auch die nahestehende Partei der Grünen v 1987 in Broschüren für Safer Sex.[67] Das Homomagazin „Du & Ich" thematisierte „ miskuität" als „Spezifikum eines schwulen Lebensstils, welcher überdacht wer müsse". Schon 1985 erschien dort ein Plädoyer für neue, emotionalisierte Sexualit als „überraschende Erkenntnis, daß sich Sex nicht nur im 5-Minuten-Fick erschö

---

61 Magdalena Beljan, „Unlust bei der Lust?". Aids, HIV & Sexualität in der BRD, in: Peter-Paul Bän u. a. (Hrsg.), Sexuelle Revolution? Zur Geschichte der Sexualität im deutschsprachigen Raum sei 1960er Jahren, Bielefeld 2015, S. 323–345, hier insb. S. 330.
62 Helmut Kentler, Aids zerstört Sexualität, in: Klaus Pacharzina (Hrsg.), Aids und unsere Angst, l bek 1986, S. 59–61, hier insb. S. 61.
63 Weingart, Ansteckende Wörter, S. 134 f.
64 Henning Tümmers, „Vom Faltblatt direkt in die Genitalien". Aidsprävention als Bevölkerungs tik in der Bundesrepublik, in: Thomas Etzemüller (Hrsg.), Vom „Volk" zur „Population". Interve nistische Bevölkerungspolitik in der Nachkriegszeit, Münster 2015, S. 270–295, hier insb. S. 272 f.
65 Beljan, Rosa Zeiten, S. 226.
66 Beljan, „Unlust bei der Lust?", in: Bänziger u. a. (Hrsg.), Sexuelle Revolution?, S. 328.
67 Sigusch, Aids für alle, in: Sigusch (Hrsg.), Aids als Risiko, S. 47.

sondern körperliche Zärtlichkeiten sowohl befriedigend als auch risikoarm sind". Es sei „traurig, daß es zu dieser Erkenntnis der Krankheit AIDS bedarf!"[68]

Währenddessen wies das linke Szeneblatt „Rosa Flieder" nur eine „relativ geringe Anzahl" von Debatten-Beiträgen zu AIDS auf. In der Frühphase herrschte die Tendenz vor, „die Bedrohung durch AIDS herunterzuspielen". Zugleich nahmen konkrete Informationen zu Safer Sex auch dort zu – nicht zuletzt als Folge der Entstehung von AIDS-Hilfe-Gruppen. Im „Rosa Flieder" manifestierte sich somit die allmähliche Spaltung der Schwulenbewegung. Einerseits wurde AIDS als gefährliche Bedrohung von Leben und Gesundheit begriffen, andererseits die „Infragestellung bestimmter schwuler Lebensstile als viel schwerwiegenderer Eingriff" bewertet. Im Februar 1989 formulierte Andreas Salmen das Verdikt: „Die Geschichte des Verhältnisses der Schwulenbewegung zu AIDS ist die Geschichte der Verdrängung und eine Kette von Versäumnissen". Das war freilich nur die halbe Wahrheit. Zwar hatte „die Schwulenbewegung mit ihren politischen Schwulengruppen und dem 1986 gegründeten Dachverband BVH kaum Einfluss auf die Bearbeitung und Positionierung zum Thema Aids" genommen. Umso einflussreicher aber war die neu entstandene „Deutsche AIDS-Hilfe" (DAH) geworden.[69]

5 AIDS-Hilfe: Selbstorganisation, Kooperation und Integration

Die Selbst-Organisation der „AIDS-Hilfe" bewirkte neue Netzwerkstrukturen in einer stark individualisierten Bevölkerungsgruppe.[70] Dabei war „die Entstehung der AIDS-Hilfen [...] zunächst getragen von einem diffusen Aktionismus, sich einer befürchteten schwulenfeindlichen Kampagne entgegenzusetzen". Der erste DAH-Schwulenreferent Karl-Georg Cruse sprach 1987 von der Notwendigkeit einer „Gegenaufklärung" gegen die Vorurteile des Mainstreams und machte damit das „misstrauische Verhältnis der Schwulenbewegung zur Gesellschaft" explizit.[71]

Als der Dachverband „Deutsche AIDS-Hilfe" in West-Berlin im September 1983 gegründet wurde, blieb er zunächst fast ohne Unterbau. Das änderte sich 1985/86, als die Zahl der Basisgruppen von vier auf vierzig hochschoss, was ähnlich beim Spendenaufkommen zu beobachten war. 1985 hatte sich die DAH für Kontakte mit Medizinern und der staatlichen Gesundheitspolitik geöffnet; dies hatte eine erste Subvention von 300 000 DM durch das Bundesgesundheitsministerium zur Folge. Diese wiederum wertete die DAH auf und lenkte ihre Aktivität „von der Ebene der Betroffenenvertretung und der ‚Gegenaufklärung' hin zu einer primärpräventiven Dienstleistung für das Ge-

---

68 Zitiert nach: Beljan, Rosa Zeiten, S. 210 f.

69 Haunss, Identität in Bewegung, S. 214 und 230–232.

70 Jones, Discourses, in: Fout (Hrsg.), Forbidden History, S. 386 f.

71 Raimund Geene, Aids-Politik. Ein Krankheitsbild zwischen Medizin, Politik und Gesundheitsförderung, Frankfurt a. M. 2000, S. 230 f.

sundheitssystem".[72] Im Juni 1985 präsentierte die DAH „das erste Aufklärungspl
mit der Überschrift ‚Safer Sex'", dessen Finanzierung Ministerin Süssmuth mit R
sicht auf kirchliche Vorbehalte aber noch verweigerte. Dennoch entwickelte sich
Kooperation derart, dass Süssmuth 1987 die Arbeit der AIDS-Hilfen als hochprofe
nell und vom Vertrauen der Risikogruppen getragen lobte. Damit wurde die unte
teiligung der DAH entwickelte „Berliner Linie" des CDU-Gesundheitssenators Ulf
von der Bundespolitik übernommen – „also das Vertrauen in die Selbsthilfepoten
der Betroffenen, in den Selbstschutz der Bevölkerung und die Freiwilligkeit bei
Wahrnehmung angebotener Maßnahmen".[73]

Abb. 1: Plakat der Deutschen AIDS-Hilfe 1986 (DAH, Gestaltung: Detlev Pusch, Foto: Jörg Reichardt)

---

72 Geene, Aids-Politik, S. 231–233 und 345.
73 Ebenda, S. 118–121; vgl. Rita Süssmuth, AIDS. Wege aus der Angst, Hamburg 1987.

War die DAH institutionell neu, so knüpfte ihre Arbeitsweise an „Erfahrungen der Schwulenbewegung" der 1970er Jahre sowie transnational an „gesundheitspräventive Strategien in den USA" an. Zudem profitierte sie von der unter Schwulen seit den 1960er Jahren „etablierten Diskussionskultur" über Sexualität. Dadurch bot sich der DAH „unvergleichbar größeres Mobilisierungspotential zur selbsthelfenden und ehrenamtlichen Arbeit in der Subkultur" als für alle anderen im Gesundheitssektor aktiven Selbsthilfegruppen.[74] Dieses Potenzial wurde vom Bundesgesundheitsministerium erkannt und genutzt, indem man dort bereits 1985 entschied, die AIDS-Aufklärung von Homosexuellen ganz der DAH anzuvertrauen, woraufhin die Subventionen 1986 auf zwei Millionen DM gesteigert wurden, um 1987 acht Millionen DM zu erreichen.[75] Dadurch expandierte die DAH bis 1994 auf fast 100 Ortsgruppen mit mehr als 4000 (meist freiwilligen) Mitarbeitern.[76]

Trotzdem oder gerade deswegen geriet die DAH unter Beschuss. Ihre pragmatische Maxime „Wir müssen mit Aids leben" wurde von Konservativen als Billigung von Libertinage und riskanten Sexpraktiken begriffen, Kritik entzündete sich an allzu freien Plakaten oder Aufklärungs-Comics. „Die Spannungen in der Schwulenszene" wiederum kamen „in den unterschiedlichen Ansätzen [...] von verschiedenen Aids-Hilfen" zum Ausdruck. Dennoch kam es nie zum Zerfall der Organisation, die ihre Integrationskraft bewahrte.[77]

1990 warf Rosa von Praunheim der DAH vor, dass kaum noch Betroffene dort arbeiteten, die meisten Mitarbeiter seien Heterosexuelle: „Ihre Hauptarbeit besteht darin, die Verwaltung zu verwalten", so Praunheim im „Spiegel". Schon 1988 hatte er in „Du & Ich" geätzt, unter Schwulen in der DAH herrsche eine „Krankenschwestermentalität". Anders als in den USA, wo der Kampf gegen AIDS stark politisiert werde („Act Up"), habe er in Deutschland zu einem Rückzug ins Private geführt: „Wir sind wieder dort", so Praunheim 1988 im „Spiegel" resigniert, „wo die Schwulenbewegung 1971 begann."[78] Solche Abkehr von linker Gesellschaftspolitik hatte der DAH schon 1987 auch der Schwulenaktivist Detlef Grumbach in einer SED-finanzierten West-Berliner Zeitung vorgeworfen.[79] Auch Günter Amendt hatte 1987 kritisiert: „Aids hat aus einer Minderheit, die der Gesellschaft einmal zu Beginn der siebziger Jahre selbstbewußt ihre Emanzipationsforderungen entgegenhielt [...], einen Verein von Lobbyisten gemacht, welcher der Gesellschaft nur noch als Bittsteller und Spendensammler gegenübertritt."[80]

---

74 Peter Raschke/Claudia Ritter, mit einem Beitrag von Heinz Renn, Eine Großstadt lebt mit Aids, Strategien der Prävention und Hilfe am Beispiel Hamburgs, Berlin 1991, S. 126.
75 Tümmers, Aidspolitik, in: Woyke (Hrsg.), Wandel des Politischen, S. 239 f.
76 Frankenberg, Deutschland, in: Kirp/Bayer (Hrsg.), Strategien gegen Aids, S. 159 f.
77 Ebenda, S. 160 f.
78 Beljan, Rosa Zeiten, S. 201–203.
79 Detlef Grumbach, „Leben mit Aids" – aber wie?, in: Wahrheit vom 5./6.9.1987.
80 Günter Amendt, Jetzt ist alles Gras aufgefressen, in: Sigusch (Hrsg.), Aids als Risiko, S. 67–81, hier insb. S. 73–75.

Diese Vorwürfe von Links wurden der Entwicklung nur bedingt gerecht. So die Aids-Hilfe mehr als eine schwulenspezifische Lobby; man entschied sich für ei inklusiven Ansatz, der andere Gruppen von Aidskranken (Drogenabhängige, Pros ierte) und alle Beratungssuchenden berücksichtigte, und gelangte dadurch zu stä gesamtgesellschaftlicher Ausrichtung.[81] Auch der Vorwurf der Entpolitisierung tra lenfalls insofern zu, als die DAH nicht der sozialrevolutionären Orientierung Schwulenbewegung der 1970er Jahre folgte, sondern auf systemimmanente Refor setzte – oder wie Martin Dannecker es ausdrückte, auf „Integration" statt „Emanz tion".[82] Dabei beschränkte sich die DAH nicht nur auf Gesundheitspolitik: Im Wie vereinigungssommer 1990 kämpfte sie für die Abschaffung des westdeutschen S rechts-Paragraphen 175.[83] Schwerpunkt blieb jedoch der Appell an die Menschen, Umgang mit ihrer eigenen Sexualität zu überdenken".[84]

Die DAH blieb von der Kritik etlicher Schwulenaktivisten nicht unbeeindruck lehnte sie „vor allem die Bewerbung des HIV-Tests" lange ab, da man damit „die antwortung für die Ausbreitung der Infektionen denjenigen zuzuschieben" suche, um ihre eigene Infektiösität wissen", obwohl Prävention alle angehe.[85] Zuvor ha Kritiker wie Volkmar Sigusch es 1987 für unverantwortlich erklärt, Menschen zu Tests zu drängen, da diese Ängste weckten und oft unzuverlässige Ergebnisse pr zierten. Erst spät rang sich die DAH zu einer Kursänderung durch und riet 1992 „Hauptbetroffenengruppen", die Ablehnung des Tests zu überdenken.[86]

Der Aufstieg der DAH war außergewöhnlich. Es war völlig neu, dass der Staa der Aids-Krise sein Vertrauen in eine aus neuen sozialen Bewegungen hervorgega ne Selbsthilfe-Organisation setzte.[87] Mit ihrer Anerkennung durch die Bundesre rung war die DAH als „weitere Akteursgruppe in die Präventionsdiskussion einge ten" – als „neue ‚Experten' neben der Ärzteschaft", die dadurch ihr anfängli Deutungsmonopol verlor.[88] Folgerichtig begann 1987 ein Artikel über AIDS in e konservativen Regionalzeitung mit Zitaten eines Mitarbeiters der Aids-Hilfe; erst nach war die Expertise eines Medizinprofessors gefragt.[89]

---

81 Karl-Georg Cruse, Deutsche AIDS-Hilfe. Unsere Aufgaben und Ziele, in: Sigusch (Hrsg.), Aid Risiko, S. 162–169, hier insb. S. 163 f.

82 „Die Gleichbehandlung ist ein Menschenrecht". Interview mit M. Dannecker, in: taz vom 21.12.

83 v. B., Sturm gegen Paragraph 175, in: Volksblatt [Berlin] vom 17.8.1990; 5000 Personen demon ren gegen den Paragraphen 175, in: Tagesspiegel vom 28.10.1990.

84 Beljan, Rosa Zeiten, S. 215 f. und 219.

85 Ebenda, S. 221.

86 Beljan, „Unlust bei der Lust?", in: Bänziger u. a. (Hrsg.), Sexuelle Revolution?, S. 338.

87 Tümmers, Aidspolitik, in: Woyke (Hrsg.), Wandel des Politischen, S. 256.

88 Tümmers, „Vom Faltblatt direkt in die Genitalien", in: Etzemüller (Hrsg.), Vom „Volk" zur „F lation", S. 277 f.

89 Franz Ludwig Averdunk, AIDS – beherrschbare Bedrohung, in: Westfälische Nachrichten 24.2.1987.

Die zeitgenössische Soziologie hat diese Innovation gewürdigt. Schon 1992 wurde festgehalten, dass die breite Bevölkerungsmehrheit auf die AIDS-Krise mit traditionellen, teils repressiven, teils liberalen Bewältigungsstrategien reagiert habe. „Eine Alternative" habe „lediglich die Schwulensubkultur hervorgebracht", aufgrund einer Gemengelage „aus Not, Ausgrenzungserfahrung und Mittelschichtsressourcen". Die Schwulen seien nach wie vor in einer Randposition, doch „die Übergänge zur gesellschaftlichen Integration" seien „größer geworden".[90]

6 AIDS-Präventionswerbung: Neue Sicht- und Sagbarkeiten

Wie sehr in der Schwulenbewegung entstandene explizite Sexualdiskurse den offiziellen Präventionsdiskurs mitprägten, zeigt der von der DAH vorangetriebene Kampagnen-Einsatz von Safer-Sex-Comics des in der Szene populären Zeichners Ralf König.[91] Comedy-Humor floss auch in Aufklärungsspots der anfangs drögen BZgA ein. 1990 entstand ein Fernsehspot mit der lesbischen Komikerin Hella von Sinnen, die als Supermarkt-Kassiererin einen verschüchterten Kunden zutiefst zusammenzucken ließ beim gellenden Schrei: „Tina, watt kosten die Kondome?"[92]

Die „Safer-Sex-Kampagnen" veränderten tiefgreifend die Grenzen dessen, was öffentlich sagbar oder darstellbar war. Die 1987 eingesetzte AIDS-Enquete-Kommission des Bundestages forderte 1988, Sexualität zu enttabuisieren und sich „einer ‚klaren und offenen, nicht moralisierenden Sprache' im Rahmen der Aids-Aufklärung zu bedienen". Dass der Aufklärungserfolg jenseits der „Hauptbetroffenengruppen" als zu gering erschien, führten die Experten auf eine allzu zaghafte Redeweise über Sexualität zurück.[93] Zehn Jahre später stellte eine Studie zur Sexualsprache der Deutschen hingegen erhebliche Wandlungen infolge von AIDS fest: „Fast über Nacht" habe man „ohne Probleme ‚Kondom' sagen" dürfen.[94] In den AIDS-Aufklärungsspots wurde nicht länger schamhaftes Schweigen, sondern bewusste Kommunikation über Sex beworben: „Damals haben wir nicht darüber gesprochen. – Heute muss man darüber sprechen." Der Alt-Linke Martin Dannecker verwarf diese Einladung zum Reden über Sex 1991 in einseitiger Anlehnung an den Philosophen Michel Foucault als „Geständniszwang".[95] Dessen ungeachtet stellten Fernsehspots der DAH diverse Sexpartner in den

---

90 Claudia Ritter, Auf der Flucht vor Aids. Sozialstruktur und Bewältigungsstrategien, in: Stefan Hradil (Hrsg.), Zwischen Bewußtsein und Sein. Die Vermittlung „objektiver" Lebensbedingungen und „subjektiver" Lebensweisen, Opladen 1992, S. 267–289, hier insb. S. 268.

91 Tümmers, „Vom Faltblatt direkt in die Genitalien", in: Etzemüller (Hrsg.), Vom „Volk" zur „Population", S. 278; vgl. James W. Jones, Cartoons and AIDS: Safer Sex, HIV, and AIDS in Ralf König's Comics, in: Journal of Homosexuality 2013, No. 60, S. 1096–1116.

92 Haus-Rybicki, Eine Seuche regieren, S. 188.

93 Tümmers, Aidspolitik, in: Woyke (Hrsg.), Wandel des Politischen, S. 250.

94 Ficken, vögeln, Liebe machen. in: Die Woche vom 9.5.1997.

95 Beljan, „Unlust bei der Lust?", in: Bänziger u. a. (Hrsg.), Sexuelle Revolution?, S. 337.

Raum, um damit „indirekt [...] die Idee einer promisken Gesellschaft" zu propagie
„die nebenbei auch einen lasziven Aspekt hat und so an der Erotisierung, die si
ihre Grenzen verweisen will, produktiv beteiligt ist".[96] Eine von konservativ-katl
scher Seite heftig attackierte Sexualaufklärungskampagne der rheinland-pfälzisc
Landesregierung trug, in Anlehnung an einen US-Popsong, den schmissigen '
„Let's talk about Sex".[97]

Die Medienwissenschaftlerin Brigitte Weingart konstatiert: „Mit den *Safer*-
Kampagnen vermehren sich die Diskurse über Sex – nicht zuletzt, indem sie ein
tailwissen über Praktiken vermitteln, das bis dato wenn nicht als geheimes, so c
als nicht öffentliches Wissen zirkulierte, sind sie Teil einer sich ausweitenden sex
len Geständniskultur." Diese Entwicklung habe ihre Vorläufer in früheren Aufrv
zu Familienplanung und Empfängnisverhütung und in den Aufklärungsfilmen Os'
Kolles um 1970 gehabt. Jedoch seien vor AIDS Themen wie Sexualität in Darkro
sowie Oral- oder Analverkehr auf streng abgegrenzte Sonderbereiche wie Porno
phie oder Kunst beschränkt gewesen, um plötzlich ins Zentrum öffentlicher Disk'
zu rücken. Wie Dannecker erkannte auch Weingart darin jene Geständnisprodukt
wie sie Foucault 1976 epochemachend analysiert hatte – „eine durch AIDS motivi
Veränderung des Sexualitätsdispositivs" in Richtung Entstaatlichung und Individ'
sierung: „An die Stelle eines Gesetzgebungsaktes tritt die Suggestion der individue
Verantwortung".[98]

Auch „Sagbarkeitsregeln" im Parlament veränderten sich: Seit Mitte der 19t
Jahre setzten sich Bundestagsabgeordnete „mit Prostitution, Aufklärungskampag
zu wasserlöslichen Gleitmitteln, der Zulassung von Kondomautomaten und der
fügbarkeit sogenannter analverkehrsgeeigneter Präservative in öffentlichen Toile
auseinander".[99] Zumindest die Beschäftigung mit homosexuellen Praktiken und
Akzeptanz einer technisierten Verhütungsperspektive waren neu. Gleichwohl zei,
heftige Debatten zwischen CDU/CSU und Grünen 1988/89 über die Streitfrage, ob
Begriffe „schwul" oder „lesbisch" im Bundestag zulässig seien[100], fortbestehe
sprachpolitische Konfliktlinien auf.

Der katholische Bischof von Trier, Hermann Josef Spital, kritisierte eine staatl
AIDS-Anzeige („Vertrauen ist gut, Kondome sind besser"), man könne das Prok
nicht „mechanisch oder chemisch" lösen. Hingegen argumentierte Ministerin S
muth mit der Schutzpflicht gegenüber Jugendlichen, die in Zeiten von AIDS dazu z'
ge, „eine deutliche Sprache" zu sprechen, auch wenn dies lebenslang monogam le'

---

96 Weingart, Ansteckende Wörter, S. 121.
97 Let's Talk About Sex. Ein Sex-Heft für Jugendliche, hrsg. vom AIDS-Schulungs- und Informat'
zentrum der Landeszentrale für Gesundheitsförderung in Rheinland-Pfalz, Mainz o.J. [1993].
98 Ebenda, S. 130 f.
99 Tümmers, Aidspolitik, in: Woyke (Hrsg.), Wandel des Politischen, S. 256.
100 Tönnesen, Die Terminologie der Sexual- und Partnerschaftsethik im Wandel, in: Stötzel u. a.,
troverse Begriffe, S. 611.

de Ehepaare vor den Kopf stoßen sollte.[101] Bischof Spital erhielt Schützenhilfe von der konservativen Presse, die Süssmuths Haltung mit der von ihrem Kanzler verkündeten „geistig-moralischen Wende" für unvereinbar erklärte.[102] Noch 1994 reagierte der Vorsitzende der Katholischen Bischofskonferenz, der Mainzer Bischof Karl Lehmann, auf die „Let's talk about Sex"-Broschüre der dortigen Landesregierung „bestürzt": Mit Begriffen wie „Bumsen" oder „Ficken" leiste die Broschüre der „Sprachverwilderung" und „Verrohung" Vorschub. Die bischöfliche Kritik entzündete sich auch daran, dass bestimmte Beratungsstellen – darunter die Aids-Hilfe – allzu einseitig empfohlen würden.[103]

Einige Tabubrüche setzten sich durch, andere wurden ausgespart. So blieben Krankheit und Tod im Kontext von AIDS ein heikler, nur selten berührter Bereich. Abgesehen von Ausnahmen wie dem Ikarus-Plakat der DAH, das einen erkennbar an AIDS Erkrankten darstellte, waren die Safer-Sex-Kampagnen durch „weitestgehende Abwesenheit sichtbarer Krankheit" gekennzeichnet. Stattdessen wurden immer wieder augenscheinlich gesunde, sportlich gestählte junge Körper sichtbar gemacht.[104] Im Subtext dieser Mainstream-Botschaften ging es um die Bewahrung von Leistungsfähigkeit und Schönheit, nicht um das Sichtbarmachen von Krankheit und Sterblichkeit. Insofern entkam die Bilderwelt der AIDS-Kampagnen nicht der übergreifenden Funktionslogik der globalen Werbeindustrie. Somit erscheint der den Safer-Sex-Kampagnen attestierte „Versuch, Homosexualität, Sexualität und Tod zu enttabuisieren"[105], zumindest beim Thema Tod überaus fraglich.

7 Eine Langzeitfolge von AIDS: Integration als Normalisierung

Das Berliner Schwul-Lesbische Pressearchiv, das seit 1972 einschlägige Medienveröffentlichungen sammelte, kam 1997 zu der Einschätzung, während es bis Mitte der 1980er Jahre viele homophobe Schlagzeilen gegeben habe, sei „die Aufmerksamkeit und auch die Toleranz der Journalisten ausgerechnet durch Aids gewachsen". Das Medieninteresse an Schwulen habe zugenommen, „und mit der Vielzahl der Beiträge verschwanden auch merklich die Vorurteile und die Voreingenommenheit" – wenngleich nicht vollständig.[106]

Somit hatte sich die ursprüngliche Befürchtung vieler Homosexueller, AIDS könnte eine neue Phase der Ausgrenzung einleiten, binnen kurzem ins Gegenteil verkehrt.

---

101 Bischof Spital weist auf sittliche Maßstäbe hin, in: Deutsche Tagespost Würzburg vom 17.1.1987.
102 G. H., Feigenblätter, in: Frankfurter Allgemeine Zeitung vom 19.1.1987.
103 Michael Grabenströer, Über Sex will Bischof Lehmann mit Regierungschef Scharping reden, in: Frankfurter Rundschau vom 6.1.1994.
104 Weingart, Ansteckende Wörter, S. 126–128.
105 Tümmers, Aidspolitik, in: Woyke (Hrsg.), Wandel des Politischen, S. 256.
106 Axel Schock, Der Mörder kam von hinten, in: taz vom 10.6.1997.

Die Schwulen-Politiker Volker Beck und Günter Dworek konnten bereits 1989 kor
tieren, das gesellschaftliche und politische Tabu um Homosexualität sei „zerbröck
„So zynisch es klingen mag: Aids hat hier Türen aufgestoßen, hat neue Vorausset
gen für die Schwulenbewegung geschaffen".[107] Benno Gammerl hebt das „Neben-
Ineinander von Stigmatisierung, Emanzipation und Normalisierung" hervor und s
„die Normalisierung der Homosexualitäten" im AIDS-Zeitalter besonders dadurch
fördert, dass Homosexuelle anders wahrgenommen worden seien als zuvor – als M
schen, die sich um Kranke kümmerten oder „um ihre Verstorbenen trauerten".[108]
scheidend wurde eine „Diskursverschiebung im Kontext von HIV/AIDS" von e
bedrohlichen zu einer *verantwortlichen* Sexualität. Indem sich das Leitbild der „S
Sex-Kampagnen [...] nicht nur in Bewegungskontexten, sondern auch in einer bre
Öffentlichkeit" durchzusetzen vermochte, wurde der verbindliche *präventive Sex*
Hebel, um „Sexualität von der Frage der Beziehungsformen abzukoppeln". Die r
„Perspektive des Fürsorgens" sollte in der Folge „zu einem wichtigen Argument"
die Anerkennung gleichgeschlechtlicher Partnerschaften werden.[109]

Abb. 2: Gerda Hasselfeldt, Bundesministerin für Gesundheit (Mitte), empfängt anlässlich des Welt-Aid
Tages am 1. Dezember 1991 HIV-Infizierte im Palais Schaumburg (Bundesregierung, B 145 Bild-001812

---

107 Volker Beck/Günter Dworek, Die „Rechte des Arsches" erkämpfen, in: taz vom 24.6.1989.
108 Gammerl, Anders fühlen, S. 273 und 281.
109 Lehne/Springmann, Promiske Sexualität oder monogame Beziehung?, S. 68 f. und 81 f.

Dadurch hat sich AIDS im Rückblick für die deutsche Gesellschaft und für die in ihr lebenden homosexuellen Menschen „als Schicksal und Chance" zugleich erwiesen.[110] Und obwohl die Erlebnisgenerationen der Homosexuellen lebenslang auch durch einschneidende Erfahrungen von Krankheit, Leid und Tod geprägt wurden, scheint das Streben vieler Betroffener und Überlebender nach Emanzipation und Gesellschaftsverbesserung dadurch nicht gebrochen worden zu sein.[111]

---

110 Jürgen Miksch/Raul Niemann (Hrsg.), Positiv oder negativ? AIDS als Schicksal und Chance. Beiträge aus Gesellschaft, Staat und Kirche, Gütersloh 1988.
111 Patrick Henze, Schwule Emanzipation und ihre Konflikte. Zur westdeutschen Schwulenbewegung der 1970er Jahre, Berlin 2019, S. 394 und 399.

Adrian Lehne

„Dabei ist uns aufgefallen, daß in diesem Zusammenhang in ungewöhnlichem Ausmaß über homosexuelle Bürger gesprochen worden ist."

HIV/AIDS und Homosexualität in der DDR

Im März 1987 beschäftigte sich die lesbisch-schwule Jugendgruppe Karl-Marx-Stadt mit dem Thema HIV/AIDS und verfasste ein Dokument, das sie den Evangelischen Studentengemeinden (ESG) der DDR zur Diskussion empfahl. In der Einleitung heißt es:

> „Auch in unserem Land wird seit einiger Zeit öffentlich über AIDS informiert und diskutiert. Dabei ist uns aufgefallen, daß in diesem Zusammenhang in ungewöhnlichem Ausmaß über homosexuelle Bürger gesprochen worden ist."[1]

Das Dokument weist darauf hin, dass das Thema HIV/AIDS, wie in der Bundesrepublik, auch in der DDR im Zusammenhang mit Homosexualität diskutiert wurde. Obwohl HIV/AIDS epidemiologisch gesehen in der DDR ein quantitativ überschaubares Phänomen war[2], fand dort eine Auseinandersetzung mit HIV/AIDS nicht nur in der Schwulen- und Lesbenbewegung statt.

Das Thema erreichte die DDR mit der Registrierung des ersten AIDS-Falls im Dezember 1983. Es handelte sich um einen Besucher der Leipziger Messe, der aus der Bundesrepublik eingereist war. In der Folge entfaltete sich rege staatliche Aktivität im Themenfeld HIV/AIDS.[3] So wurde im gleichen Jahr die Ad-hoc-AIDS-Arbeitsgruppe unter der Leitung des Professors für Dermatologie an der Charité Niels Sönnichsen gebildet.[4] Diese wurde 1985 in eine ständige Beratergruppe umgewandelt, bestand vorwie-

---

1 Lesbisch-schwule Jugendgruppe Karl-Marx-Stadt, AIDS und die Homosexuellen, Schwules Museum, Berlin, Archiv, DDR/Kirchliche Arbeitskreise Homosexualität Nr. 3b – Schwule in der Kirche (Plesserstraße, Berlin-Treptow).
2 Bis zum Mauerfall wurden 86 HIV-Infektionen und 16 Fälle von AIDS in der DDR registriert. Vgl. Rainer Herrn, Schwule Männer und die Krankheit Aids in der DDR, in: LSVD Sachsen-Anhalt (Hrsg.), Lesben und Schwule in der DDR. Tagungsdokumentation, Halle (Saale) 2008, S. 89–98, hier insb. S. 89 f.
3 Vgl. Erhard Geißler, „Lieber AIDS als gar nichts aus dem Westen!". Wie Partei- und Staatsführung mit dem AIDS-Problem umgingen, in: Zeitschrift des Forschungsverbundes SED-Staat 22 (2007), S. 91–116, hier insb. S. 91.
4 Vgl. Henning Tümmers, AIDS und die Mauer, in: Malte Thießen (Hrsg.), Infiziertes Europa. Seuchen im langen 20. Jahrhundert, München 2014, S. 157–185, hier insb. S. 158.

gend aus Mediziner*innen und nahm bis zum Ende der DDR entscheidenden Ein[
auf deren AIDS-Politik.[5]

Für die Arbeitsgruppe und das Gesundheitsministerium standen vor allem
möglichst vollständige Erfassung aller HIV-Infektionen und deren anschließe
Überwachung im Mittelpunkt der Bekämpfung von HIV/AIDS. Um dies zu erreic]
wurde unter anderem am 20. Juni 1985 die Meldepflicht für HIV-Infektionen
AIDS-Erkrankungen eingeführt.[6]

Bereits kurz nach der Gründung wandten sich die an der AIDS-Arbeitsgruppe
teiligten Medizinprofessoren Niels Sönnichsen, Hans-Alfred Rosenthal und Rüd[
von Baehr mit der dringenden Empfehlung an den Minister für Gesundheitsw[
der DDR, den SED-Politiker Ludwig Mecklinger, die Bevölkerung über HIV/AIDS zi[
richtet aufzuklären. Dies wurde jedoch von Mecklinger abgewiesen, der eine br[
Informationskampagne strikt ablehnte. Allein die als primäre „Risikogruppe" ide[
zierte „Berliner Homosexuellenszene" sollte durch „Mund-zu-Mund-Propaganda"
formiert werden.[7]

Erst sehr viel später erfolgte auf der Politbürositzung vom 1. September 1987[
deutlicher Kurswechsel in der AIDS-Informationspolitik. Diese beinhaltete nun a[
eine Aufklärungskampagne für die breite Bevölkerung.[8] Zahlreiche Publikationen
Aufklärungsbroschüren wurden in der Folge publiziert, eine Ausstellung im D[
schen Hygiene-Museum in Dresden erstellt sowie Radio- und Fernsehprogramme [
Thema ausgestrahlt.[9]

Im Rahmen dieses Beitrags sollen diskursive Verflechtungen zwischen Hom[
xualität und AIDS in der DDR untersucht werden. Dabei gerät zunächst die Rolle
„Risikogruppen" in der AIDS-Präventionsstrategie der DDR-Regierung in den Blick,
anschließend die Verhandlung des Themas in Eingaben an staatlichen Stellen zu[
leuchten. Schließlich steht die Diskussion von HIV/AIDS in der Schwulen- und Les[
bewegung der DDR im Mittelpunkt.

---

5 Vgl. Geißler, „Lieber AIDS als gar nichts aus dem Westen!", in: Zeitschrift des Forschungsverbu[
SED-Staat 22 (2007), S. 92.
6 Vgl. Tümmers, AIDS und die Mauer, in: Thießen (Hrsg.), Infiziertes Europa, S. 173.
7 Vgl. Geißler, „Lieber AIDS als gar nichts aus dem Westen!", in: Zeitschrift des Forschungsverbu[
SED-Staat 22 (2007), S. 91 f.
8 Vgl. Tümmers, AIDS und die Mauer, in: Thießen (Hrsg.), Infiziertes Europa, S. 176.
9 Vgl. auch allgemein zur Aufklärungsstrategie der DDR Helene Baumbach, GIB AIDS KEINE CH[
in Ost und West. Ein Vergleich der Aufklärungsarbeit der BZgA und des DHMD über HIV und AI[
den 1980er Jahren, in: Helene Baumbach/Christian Sammer (Hrsg.), Gesundheitskommunikation [
Geschichte. Interdisziplinäre Perspektiven, Stuttgart 2020, S. 1–19, hier insb. S. 9–13.

Beschreibung von „Risikogruppen" und staatliche „Präventions- maßnahmen"

Grundlage für die Maßnahmen gegen HIV/AIDS waren die von der DDR-Regierung in Anlehnung an die Veröffentlichung der World Health Organization (WHO) identifi- zierten „Risiko"- bzw. Hauptbetroffenengruppen.[10] Beispielhaft ist hierfür die im Jahr 1987 in der DDR erschienene Broschüre „AIDS. Was muß ich wissen? Wie kann ich mich schützen?", die folgende Auflistung präsentierte:[11]

- „Homo- und bisexuelle Männer mit häufig wechselnden Geschlechtspartnern.
- Alle Personen, die Geschlechtsverkehr mit flüchtigen Bekanntschaften ohne Kondom aus- üben.
- Heterosexuelle Personen, die mit Personen aus besonders gefährdeten Ländern ungeschütz- ten Sexualverkehr haben.
- Alle Personen, die Sexualtechniken mit erhöhter Verletzungsgefahr ausüben."[12]

Die Liste enthielt dabei zum einen auf bestimmte Praktiken bezogene Risikobeschrei- bungen. Auf der anderen Seite wurden schwule Männer und „Personen aus gefährde- ten Ländern"[13], also nicht näher spezifizierte Ausländer in der DDR, mit denen offen- sichtlich vor allem Vertragsarbeiter aus afrikanischen Staaten gemeint waren, explizit herausgestellt. Die Debatten über HIV/AIDS konzentrierten sich daher auch auf diese beiden besonders bezeichneten Gruppen.[14]

   Dem praktischen Handeln der DDR-Regierung gegen HIV/AIDS waren, soweit sie über das Verteilen von Aufklärungsbroschüren und Überwachungsmaßnahmen hin-

---

10 Da die Regierung die Existenz von Nutzer*innen von intravenös konsumierten Drogen und Sexar- beiter*innen in der DDR leugnete, tauchten diese in den für die DDR relevanten Auflistungen von „Risikogruppen" gar nicht auf.

11 Vgl. Niels Sönnichsen, AIDS. Was muß ich wissen? Wie kann ich mich schützen?, Berlin 1987. Diese Broschüre erreichte mit einer ersten Auflage von 350 500 Exemplaren eine hohe Verbreitung und war bereits nach kurzer Zeit ausverkauft. Vgl. Ingo Schmahl, AIDS in der DDR, in: Sonntags-Club (Hrsg.), Verzaubert in Nord-Ost. Die Geschichte der Berliner Lesben und Schwulen in Prenzlauer Berg, Pankow und Weißensee, Berlin 2009, S. 266–271, hier insb. S. 267. Vgl. für die Entstehung des Konzepts der „Risikogruppen" bei HIV/AIDS Richard A. McKay, Patient Zero and the Making of the AIDS Epidemic, Chicago 2017, S. 2 f. und 80 f.

12 Sönnichsen, AIDS, S. 24.

13 Neben schwulen Männern standen im Kontext von HIV/AIDS insbesondere Menschen aus afrika- nischen Ländern im Fokus der Regierung und der Öffentlichkeit und waren massiver Stigmatisierung und rassistischer Diskriminierung ausgesetzt. Eine detaillierte Untersuchung dieser Problematik ist bisher noch nicht erfolgt. Für den bundesrepublikanischen Kontext vgl. Christopher Ewing, Highly Affected Groups. Gay Men and Racial Others in West Germany's AIDS Epidemic, in: Sexualities 23 (2018), H. 1/2, S. 201–223.

14 Bei Zugrundlegen der WHO-Systematik der „Risikogruppen" stammten die meisten Fälle von HIV und AIDS aus diesen beiden Gruppen. Vgl. Henning Tümmers, AIDS. Autopsie einer Bedrohung im geteilten Deutschland, Göttingen 2017, S. 221 f.

ausgingen, wirtschaftlich enge Grenzen gesetzt. Erst auf Drängen Sönnichsens[ ]
schloss die Regierung im Jahre 1988, Gummihandschuhe und das Medikament Az[ ]
thymidin (AZT) aus dem nichtsozialistischen Wirtschaftsgebiet zu importieren.[15]

Bis zum Mauerfall konnte der Mangel an Kondomen nicht beseitigt werden,
entsprechend nebengeordnete Rolle nahmen diese deswegen auch in den Au[ ]
rungskampagnen der DDR ein. Stattdessen wurde die Wichtigkeit von Treue und s[ ]
len Partnerschaften unterstrichen.[16]

HIV/AIDS in Eingaben

Die Pressezensur der DDR erschwert das Nachvollziehen von Debatten und Meinu[ ]
bildern in der breiten Öffentlichkeit.[17] Ein Eindruck, welche Sorgen und Nöte die
ger*innen der DDR beschäftigten, lässt sich jedoch aus deren Eingaben gewinnen.
se wurden – als Beschwerden oder Petitionen – sowohl an Medien als auch[ ]
öffentliche Institutionen und Gliederungen der SED gerichtet. Dieser Kommuni[ ]
onsweg bot die einzige legale Möglichkeit, Bedürfnisse, Wünsche und Sorgen ge[ ]
über dem Staat zu artikulieren.[18] Obwohl staatliche Institutionen Empfängerinnen[ ]
ren, zeichneten sich Eingaben durch einen überaus kritischen Ton aus[ ]
Missstände wurden oft direkt benannt. Jedoch fand in der Regel eine Einordung in[ ]
System statt. Beispielsweise wurde die eigene aktive Rolle in der Gesellschaft da[ ]
stellt oder offizielle Verlautbarungen zitiert, um die Rechtmäßigkeit des Anliegen[ ]
Sinne der Partei und der Regierung zu betonen.[19]

Eingaben an staatliche Stellen und Medien, die HIV/AIDS thematisierten, w[ ]
vor allem in den Jahren 1985 bis 1987 durch den Wunsch nach mehr Information [ ]
die Situation in der DDR geprägt.[20] Dabei wurde häufig auf Berichte aus westlic[ ]
Ländern verwiesen. Über das in der DDR weithin zu empfangende West-Fernse[ ]

---

15 Vgl. Geißler, „Lieber AIDS als gar nichts aus dem Westen!", in: Zeitschrift des Forschungsverbu[ ]
SED-Staat 22 (2007), S. 177.
16 Vgl. Sönnichsen, AIDS, S. 34; Ministerium für Volksbildung (Hrsg.), AIDS. Eine vermeidbare K[ ]
heit. Zur Prävention gegen die Immun-Mangel-Krankheit. Hinweise für die Hand des Lehrers, B[ ]
1988, S. 13; Ministerium für Gesundheitswesen (Hrsg.), AIDS. Was jeder von dieser neuen Kran[ ]
wissen sollte. Wie man sich vor einer Infektion schützen kann, S. 2, Bundesarchiv (BArch) DQ 1/[ ]
Kurst Starke, Laßt uns über AIDS sprechen, Dresden 1989, S. 17.
17 Vgl. Anke Fiedler, Michael Meyen: Zeitunglesen in der DDR, in: Docupedia, https://pressegesc[ ]
te.docupedia.de//wiki/Zeitunglesen_in_der_DDR.html (10.12.2019).
18 Vgl. Ina Merkel/Felix Mühlberg, Eingaben und Öffentlichkeit, in: Ina Merkel (Hrsg.), „Wir sind
nicht die Mecker-Ecke der Nation". Briefe an das DDR-Fernsehen, Köln 1998, S. 9–32, hier insb. S. [ ]
19 Ina Merkel, „… in Hoyerswerda leben jedenfalls keine so kleinen viereckigen Menschen". Brie[ ]
das Fernsehen der DDR, in: Alf Lüdtke/Peter Becker (Hrsg.), Akten. Eingaben. Schaufenster. Die
und ihre Texte. Erkundungen zu Herrschaft und Alltag, Berlin 1997, S. 279–310, hier insb. S. 281[ ]
289.
20 Vgl. Eingaben aus dem Bestand Bundesarchiv (BArch) DQ 1/12720.

waren zahlreiche DDR-Bürger zweifellos über die Parallel-Diskussion in der Bundesrepublik Deutschland orientiert.[21]

Ab 1987 wurden dann in den Eingaben konkrete Themen wie Präventionsvorschläge, Kritik am Gesundheitssystem oder die Herkunft von HIV/AIDS verhandelt. Zum Thema Homosexualität hieß es in einer Reaktion auf eine Annonce zu einer „Herrentanzveranstaltung" in der „Berliner Zeitung":

> „Hiermit protestiere ich schärfstens gegen die Veröffentlichung dieser An[n]once in der BZA vom 4.6.88. Ich persönlich habe nichts gegen Homosexuelle[,] aber das jetzt auch noch in Zeitungsan[n]oncen damit Reklame gemacht werden darf[,] finde ich ein starkes Stück. Ich bitte Sie daher zu veranlassen, das[s] diese Art von Reklame verboten wird. In aller Welt wird gegen die Verbreitung von Aids angekämpft und bei uns dürfen sogar An[n]oncen aufgegeben werden."[22]

In dieser Zuschrift wurde ein enger Zusammenhang zwischen HIV/AIDS und Homosexualität hergestellt. Entsprechend der staatlichen „Risikogruppen"-Definition konstruierte der Autor Homosexualität als eine Ursache für die Verbreitung von HIV/AIDS. Dies geschah auch in anderen Eingaben, die Homosexualität in Zusammenhang mit HIV/AIDS thematisierten. Hier bestehen Ähnlichkeiten zur Verhandlung von HIV/AIDS als eine schwule Krankheit, wie sie parallel etwa in den USA und in der Bundesrepublik in den 1980er Jahren erfolgten.[23]

Auf der anderen Seite meldeten sich auch schwule Männer gegenüber staatlichen Stellen zu Wort. In einer Eingabe an das Ministerium für Gesundheitswesen von 1986 hieß es:

> „[...] wir wandten uns, mit der Bitte an ‚Visite', Fernsehen der DDR – Ostseestudio Rostock, mal ausführlich [über] „AIDS" u[nd] Homosexualität und les[b]ische Liebe offen zu sprechen! Als erstes kam eine Ablichtung der Wochenpost über Aids, von Prof. S[önnichsen]! Worüber wir Homosexuellen nur lächelten! – Sie fragen warum? – Weil wir Alle nicht glauben daß es 1. noch kein ‚Aids' in der DDR oder [im] sozialistische[n] Ausland gibt! [...]"[24]

Weiter schrieben die Verfasser in Bezug auf die Arbeitskreise Homosexualität:

> „trotzdem finden wir es richtig und gut, das[s] es diese Arbeitskreise gibt, da wir als Homosexuell[e] uns gleichberechtigt allen heterosexuellen [sic!] fühlen und auch das Recht auf Tanzgaststätten und Saunabäder direkt für Homosexuelle und lesbische Bürger haben müßten. Wir hätten alle mehr Kontrolle über Außenseiter und kriminelle Menschen, die es leider viel zu viele noch gibt. Aber auch viele Geschlechtskrankheiten bekämen wir so in den Griff. Uns geht's einfach

---

21 Vgl. den Beitrag von Michael Schwartz in diesem Band.
22 Jürgen S., an Ministerium für Gesundheitswesen der DDR, 6.6.1988, BArch DQ 1/14464.
23 Vgl. Lukas Engelmann, Homosexualität und AIDS, in: Florian Mildenberger/Jennifer Evans/Rüdiger Lautmann/Jakob Pastötter (Hrsg.), Was ist Homosexualität? Forschungsgeschichte, gesellschaftliche Entwicklungen und Perspektiven, Hamburg 2014, S. 271–303, hier insb. S. 276 – 280; Thorsten Eitz, Aids. Krankheitsgeschichte und Sprachgeschichte, Hildesheim 2003, S. 90–99.
24 Horst E./Gerd M. an [Ministerium für Gesundheitswesen der DDR], Hauptabteilung Hygiene, Eingabe vom 16.1.1986, BArch DQ 1/12720.

darum, daß es zu wenig Aufklärung den Heteros gegenüber unseren Problemen bekannt ge
[sic!]"[25]

In der Eingabe wurde die Assoziation zwischen Homosexualität und HIV/AIDS au
nommen, indem die Autoren andeuteten, dass „Homosexuelle" mehr über die Verb
tung von HIV/AIDS wüssten als der Rest der Bevölkerung. Sie positionierten schw
Männer und lesbische Frauen als mögliche Aufklärer*innen neben den staatlichen
dien der DDR. Als Beispiele dienten dabei die „Arbeitskreise Homosexualität" inner
der evangelischen Kirchen in der DDR. Zudem hoben die Autoren die Vorteile her
die eine Emanzipation von Lesben und Schwulen und deren aufklärerische Aktiv
zur Vermeidung von Kriminalität und Geschlechtskrankheiten bringen würde. Ema
pation wurde damit auch als ein Mittel der AIDS-Prävention präsentiert. Wie es
Format der Eingaben erforderte, wurden also nicht der Staat und das System insges
in Frage gestellt, sondern die Vorteile einer gesellschaftlichen Reform herausgestell

Arbeitskreise Homosexualität

Die Arbeitskreise Homosexualität entstanden seit 1982 vorwiegend unter dem [
der evangelischen Kirche. Sie boten die Möglichkeit der Zirkulation von Informa
nen über HIV/AIDS abseits der staatlichen Medienkanäle. Im Rahmen der Kirche
stand die Möglichkeit, Schriften zu vervielfältigen und zu verteilen. Zudem fande
Räumlichkeiten verschiedener Gemeinden Veranstaltungsprogramme statt.[26]

Im Rahmen dieser Programme wurden in vielen Arbeitskreisen Vorträge
„AIDS – eine neue Geißel der Schwulen? Wir denken über eine Krankheit und
Folgen nach"[27] oder „Safer Sex – Sichere Sexualität, gibt es das?"[28] angekündigt.

---

25 Ebenda.
26 Vgl. die Beiträge von Christian Neuhierl und Teresa Tammer in diesem Band. Ferner: Te
Tammer, Schwul über die Mauer. Die Westkontakte der Ost-Berliner Schwulenbewegung in
1970er und 1980er Jahren, in: Rainer Marbach und Volker Weiß (Hrsg.), Konformitäten und Kon
tationen. Homosexuelle in der DDR, Hamburg 2017, S. 70–90, hier S. 78 f.; Samuel Clowes Huneke, S
of Liberation. Gay Men between Dictatorship and Democracy in Cold War Germany, Toronto
S. 142–164; vgl. für lesbischen Aktivismus Maria Bühner, „Lesbe, Lesbe, Lesbe. Ein Wort mit Kam
tential, mit Stachel, mit Courage". Lesbisches Leben in der DDR zwischen Unsichtbarkeit und B
gung, in: Stephanie Kuhnen (Hrsg.), Lesben raus! Für mehr lesbische Sichtbarkeit, Berlin 2017, S.
115; Maria Bühner, The Rise of a New Consciousness. Lesbian Activism in East-Germany in the 1
in: Joachim C. Häberlen/Mark Keck-Szajbel/Kate Mahoney (Hrsg.), The Politics of Authenticity. C
tercultures and Radical Movements across the Iron Curtain, 1968–1989, New York 2018, S. 151–17
27 Schwule in der Kirche – Arbeitskreis Homosexuelle Selbsthilfe der Bekenntnisgemeinde,
gramm 1985, Schwules Museum, Berlin, Archiv, DDR/Kirchliche Arbeitskreise Homosexualitä
3a – Schwule in der Kirche (Plesserstraße, Berlin Treptow).
28 Schwule in der Kirche – Arbeitskreis Homosexuelle Selbsthilfe der Bekenntnisgemeinde,
gramm Jan–März 1987, Schwules Museum, Berlin, Archiv, DDR/Kirchliche Arbeitskreise Homosex
tät Nr. 3a – Schwule in der Kirche (Plesserstraße, Berlin Treptow).

solchen Anlässen sprachen nicht nur Aktivist*innen, sondern auch Akteur*innen aus dem Umfeld der staatlichen AIDS-Beratergruppe. Bei dem vom Berliner Arbeitskreis „Schwule in der Kirche" organisierten AIDS-Forum im Jahr 1987 diskutierten Aktivist*innen und der Leiter der AIDS-Arbeitsgruppe Niels Sönnichsen über den Umgang mit HIV/AIDS in der DDR. Die Veranstaltung war mit 300 Teilnehmenden sehr gut besucht. Dabei wurde die staatliche AIDS-Politik kritisch diskutiert. Die Anwesenheit Sönnichsens und des DDR-Auslandsfernsehen wertete der Arbeitskreis dabei als Anerkennung der eigenen Arbeit.[29]

Darüber hinaus formierte sich im November 1987 eine „Zentrale AIDS-Arbeitsgruppe der Arbeitskreise Homosexualität". Diese bildete eine zentrale Plattform, um Informationen zum Thema auszutauschen, Präventionsstrategien zu formulieren und Forderungen an Regierungsinstitutionen zu formulieren. An den regelmäßigen Treffen nahmen Vertreter*innen der Arbeitskreise Homosexualität teil, die in der Regel auch als Ansprechpartner*innen für HIV/AIDS in ihren jeweiligen Gruppen fungierten.[30] Ein weiteres Wirken der Arbeitskreise in eine breite Öffentlichkeit hinein wurde jedoch von staatlichen Stellen nicht zugelassen. Versuche, sich als Institutionen vergleichbar mit den AIDS-Hilfen in der Bundesrepublik zu positionieren, wurden vom SED-Regime abgeblockt.[31]

Die in der Zentralen AIDS-Arbeitsgruppe zusammengetragenen Informationen fanden Eingang in Dokumente, die in den kirchlichen und auch in nicht-kirchlichen Arbeitsgruppen Homosexualität zirkulierten, wie z. B. dem „AIDS-Infobrief".[32] Diese Informationen zeichneten sich durch eine hohe Meinungspluralität aus. Es wurden die Rolle von Safer Sex und HIV-Antikörpertest, aber auch die Wirksamkeit von stabiler Partnerschaft und Kondombenutzung als Präventionsmechanismen kontrovers diskutiert. Hier bestanden Parallelen und direkte Bezüge zu den Debatten in der Bundesrepublik.[33] Im Hinblick auf die Wirksamkeit der „stabilen Partnerschaften" als Präventionsmittel bewegten sich die Debatten im Spannungsfeld zwischen der Annähe-

---

29 Schwule in der Kirche – Arbeitskreis Homosexuelle Selbsthilfe der Bekenntnisgemeinde, Infobrief/ 4, 1988, Schwules Museum, Berlin, Archiv, DDR/Kirchliche Arbeitskreise Homosexualität Nr. 3b – Schwule in der Kirche (Plesserstraße, Berlin Treptow), S. 6.
30 Vgl. Zentrale AIDS-Arbeitsgruppe der Arbeitskreise Homosexualität, Informationen über die Arbeit der „Zentralen AIDS-Arbeitsgruppe der Arbeitskreise Homosexualität", Berneburg, 18.7.1988, in: Robert-Havemann-Gesellschaft (RHG), ESt 10, S. 1.
31 Niels Sönnichsen, Sehr geehrter Dr. Theodor, 4.5.1987, BArch DQ 1/14462. Vgl. zu den AIDS-Hilfen in Westdeutschland den Beitrag von Michael Schwartz in diesem Band.
32 Vgl. exemplarisch: Schwule in der Kirche, AIDS-Info Nr. 2, Schwules Museum, Berlin, Archiv, DDR/ Kirchliche Arbeitskreise Homosexualität Nr. 3b – Schwule in der Kirche (Plesserstraße Berlin-Treptow).
33 Vgl. zur Debatte in der Bundesrepublik den Beitrag von Michael Schwartz in diesem Band sowie Magdalena Beljan, Rosa Zeiten? Eine Geschichte der Subjektivierung männlicher Homosexualität in den 1970er und 1980er Jahren der BRD, Bielefeld 2014, S. 204–231; Sebastian Haus-Rybicki, Eine Seuche regieren. AIDS-Prävention in der Bundesrepublik 1981–1995, Bielefeld 2021 S. 102–114.

rung an ein Ideal der monogamen Paarbeziehungen und die Unvermeidbarkeit
Promiskuität.[34]

Einigkeit bestand in der Ablehnung der Stigmatisierung von schwulen Män
als „Risikogruppe". In der eingangs zitierten Stellungnahme der lesbisch-schwule
gendgruppe Karl-Marx-Stadt vom März 1987 heißt es:

> „1. Homosexuelle Bürger sollten in der öffentlichen Diskussion nicht als ‚**Risikogruppe**' bez
> net werden. Das Wort Risikogruppe hat Sinn in der medizinischen oder statistischen Fach
> che. Wird es in der Umgangssprache benutzt, verführt es dazu, dort eine ‚geschlossene' Gr
> zu vermuten, wo es in Wirklichkeit nur sehr viele, in Wertvorstellungen und Verhalten u
> schiedliche Individuen gibt, die einzig in einer Komponente ihrer Persönlichkeit überein
> men: in ihrer sexuellen Grundorientierung. Indem auf alle Menschen das Wort ‚Risikogrupp
> gewandt wird, wird im Bewußtsein vieler Menschen ein Bild erzeugt, das Vorur
> Unduldsamkeit und Ausgrenzung fördert und u. U. einem Sündenbockmechanismus in
> setzt. Nach den entsetzlichen Erfahrungen, die in Deutschland mit solchen Vorgängen gem
> worden sind, muß hier schon den Anfängen gewehrt werden."[35]

Weiterhin wird jedoch ausgeführt:

> „3. Wir empfinden als besonders belastend, daß im Blick auf AIDS in unserer Gesellschaft die
> merksamkeit immer wieder in undifferenzierter und diskriminierender Weise auf Bürge
> gleichgeschlechtlicher Orientierung gelenkt worden ist, während andere Aspekte kaum ode
> nicht erwähnt worden sind, wie z. B. grenzüberschreitender Reiseverkehr, heterosexuelle Pr
> kuität. Werden die Homosexuellen damit zu Opfern der Tabuisierung anderer Problemfelde

Der Text erläuterte in Bezug auf Homosexualität die Sinnlosigkeit des Begriffs „Ri
gruppe" und stellte mit dem Hinweis auf die Homosexuellen-Verfolgung in der NS
auch die Gefahren einer solchen Begriffsverwendung heraus. Auf der einen S
konnte so an das antifaschistische Selbstverständnis der DDR angeknüpft werden.
der anderen Seite wurde hier eine Strategie aus der Bundesrepublik aufgegriffen
den Verweis auf die NS-Zeit nutzte, um eine „liberale" AIDS-Politik statt einer auto
ren durchzusetzen.[37]

Im Gegensatz dazu stand jedoch die Erwähnung anderer Bevölkerungsgrup
die ebenfalls für die Verbreitung von HIV/AIDS verantwortlich seien und damit
Gefahr darstellen würden. Dies verdeutlicht, dass auch in den Emanzipationsgrup
trotz aller Kritik das Konzept vermeintlicher „Risikogruppen" weiterhin wirkmäc
war.

---

34 Schwule in der Kirche, AIDS-Info Nr. 2, Schwules Museum, Berlin, Archiv.
35 Lesbisch-schwule Jugendgruppe Karl-Marx-Stadt, AIDS und die Homosexuellen, Schwules Mus
Berlin, Archiv, DDR/Kirchliche Arbeitskreise Homosexualität Nr. 3b – Schwule in der Kirche (Ple
straße, Berlin-Treptow).
36 Ebenda.
37 Vgl. Tümmers, AIDS. Autopsie einer Bedrohung, S. 224–252 und 336.

Einige Forderungen der Emanzipationsbewegung fanden Ende der 1980er Jahre Eingang in offizielle Veröffentlichungen der DDR. In der 1989 publizierten Broschüre „Laßt uns über AIDS sprechen" wurde betont, dass eine intolerante Gesellschaft im Zusammenhang mit dem Eingehen von risikoreichen Sexualverhalten stünde. Daran schloss die Botschaft an, dass eine tolerante Gesellschaft ein Mittel der Prävention sei. Der darin zum Ausdruck kommende Widerspruch zur früher propagierten „Risikogruppen"-Definition wurde jedoch nicht aufgelöst.

Im Jahr 1989 fand auch in weiteren öffentlichen Medien eine Behandlung von Homosexualität statt. So wurde im September 1989 die Ausgabe der Sendung „hautnah" im Jugendsender elf99 mit dem Schwerpunkt Homosexualität ausgestrahlt.[38] Die Uraufführung des Spielfilms „Coming Out" am 9. November 1989[39] und die Gründung nicht-kirchlicher Arbeitskreise Ende der 1980er Jahre verdeutlichen ebenfalls diesen Trend zu größerer öffentlicher Sagbarkeit und Sichtbarkeit. Inwiefern es einen direkten Zusammenhang zwischen dem gewandelten Umgang mit Homosexualität in der DDR-Öffentlichkeit und der HIV/AIDS-Problematik gab, lässt sich allerdings nicht eindeutig klären. Jedoch fand diese Öffnung parallel mit der Einsicht statt, dass eine gegenüber Homosexualität tolerante Gesellschaft auch ein Mittel der Prävention von HIV/AIDS darstellen würde.

Fazit

Obwohl AIDS als Krankheit in der DDR zunächst nur ein marginales Phänomen war, wurde es spätestens ab 1987 diskursiv ein bedeutendes Thema öffentlicher Debatten. Trotz der Beteuerungen von staatlicher Seite, Stigmatisierungen verhindern zu wollen, führte die konsequente Verwendung des Konzepts der „Risikogruppen" in staatlichen Aufklärungskampagnen in die gegenteilige Richtung. In den „Arbeitskreisen Homosexualität" fand jedoch eine produktive Aneignung des Themas statt. Dabei wurde wiederholt die Notwendigkeit der Emanzipation in der Gesellschaft als Maßnahme der AIDS-Prävention betont.

Insbesondere im Bereich von Präventionsmaßnahmen für schwule Männer konnten die „Arbeitskreise Homosexualität" einen gewissen Grad an staatlicher Anerkennung erreichen. Das Vorhaben, sich als Expert*innen für die gesamtgesellschaftliche Aufklärung zu etablieren, scheiterte jedoch.

Im Rahmen der gesamtgesellschaftlichen Verhandlung von HIV/AIDS öffnete sich aber ein Raum, um über Homosexualität zu sprechen. Hiermit ging eine deutlich hö-

---

38 Vgl. Peter R., Sendung „hautnah" des DDR-Fernsehens, BArch, 2.10.1989, DQ 1/12709.
39 Vgl. Joachim Bartholomae/Volker Weiss, Schwules Leben in der DDR. Eine Spurensuche, in: Rainer Marbach/Volker Weiß (Hrsg.), Konformitäten und Konfrontationen. Homosexuelle in der DDR, Hamburg 2017, S. 9–16, hier insb. S. 9; Kyle Frackman, Coming Out, Rochester, NY 2022, S. 83–90.

here Sichtbarkeit von Homosexualität einher, auch in den staatlichen Medien E
der 1980er Jahre.

Entscheidend für die Debatten über HIV/AIDS waren zudem die zahlreic
Transferprozesse von der Bundesrepublik in die DDR. Nicht nur bezog die Bevö
rung in der ersten Hälfte der 1980er Jahre Informationen zu HIV/AIDS ausschlief
aus Westmedien. Auch die „Arbeitskreise Homosexualität" und staatliche Institu
nen griffen auf Wissensbestände aus der Bundesrepublik zurück.

Markus Pieper

Homosexuelle Männer in der DDR und der Volksrepublik Polen

Während die sozialistischen Diktaturen Ost- und Ostmitteleuropas vor 1989 über ähnliche politische Systeme verfügten, gestalteten sie die Lebensbedingungen ihrer homosexuellen Untertanen sehr unterschiedlich. Dies zeigt bereits ein kurzer Blick in die Strafgesetzbücher der DDR und der Volksrepublik Polen: Wurde in Volkspolen Homosexualität strafrechtlich überhaupt nicht erfasst[1], waren in der DDR auch einvernehmliche homosexuelle Handlungen zwischen Männern durch die Fortführung des Paragrafen 175 des Strafgesetzbuches (in der Fassung von 1871) bis 1968 verboten.[2] Anschließend wurde Homosexualität durch unterschiedliche Schutzalter für hetero- und homosexuelle Handlungen mit Jugendlichen in Paragraf 151 des neuen DDR-Strafgesetzbuches diskriminiert.[3] Die komplette Aufhebung der Sonderstellung homosexueller Handlungen im Strafrecht erfolgte erst kurz vor dem Ende der DDR im Juli 1989.[4]

Strafrecht und Rechtswirklichkeit

Das Strafgesetzbuch der Volksrepublik Polen erwähnte einfache Homosexualität mit keinem Wort und folgte damit der Reihe vorhergehender polnischer Strafgesetze, die keinen Homosexuellenparagrafen enthielten. Der historische Grund wird vermutlich in der frühen Anlehnung des polnischen Rechtssystems an französische Rechtstraditionen liegen, die Homosexualität nicht unter Strafe stellten.[5] Obwohl Volkspolen Homosexualität als Straftatbestand gar nicht kannte, rückten am 15. und 16. November

---

1 Andrzej Selerowicz, Leksykon kochających inaczej, Poznań 1993, S. 9, 18 und 46. Eine Ausnahme bildete die homosexuelle Prostitution, die bis zur Strafrechtsnovelle 1970 verboten war. Kurt Krickler/Marek Jaworski, Poland: a gay/lesbian movement starts to develop, in: International Lesbian and Gay Association (Hrsg.), Second ILGA Pink Book, Utrecht 1988, S. 143–152.

2 Neben § 175 regelte § 175a Strafgesetzbuch in der NS-Fassung von 1935 unverändert vier sogenannte qualifizierte Fälle der Homosexualität: 1. Nötigung, 2. Missbrauch eines Abhängigkeitsverhältnisses, 3. Verführung Minderjähriger und 4. homosexuelle Prostitution. Günter Grau, Sozialistische Moral und Homosexualität. Die Politik der SED und das Homosexuellenstrafrecht 1945 bis 1989 – ein Rückblick, in: Detlef Grumbach (Hrsg.), Die Linke und das Laster. Schwule Emanzipation und linke Vorurteile, Hamburg 1995, S. 85–141, hier S. 99; vgl. auch Christian Schulz, Paragraph 175 (abgewickelt). Homosexualität und Strafrecht im Nachkriegsdeutschland; Rechtsprechung, juristische Diskussionen und Reformen seit 1945, Hamburg 1994, S. 7.

3 Rüdiger Pieper, Homosexuelle in der DDR, in: Deutschland Archiv 9 (1987), S. 957.

4 Schulz, Paragraph 175, S. 53 f.

5 Selerowicz, Leksykon, S. 9 und 18; Marian Cieślak, Die Grundstruktur des polnischen Strafprozesses im Vergleich zu anderen sozialistischen Systemen Europas, in: Jahrbuch für Ostrecht XVIII (1977),

1985 Bürgermilizeinheiten aus und verhafteten landesweit hunderte schwule [
ner.[6] Diese sogenannte Aktion Hyazinthe (Akcja „Hiacynt") erinnerten viele Sch
in Polen später als „größtes Unglück jener Jahre":

> „Eines Morgens erschienen in ganz Polen Funktionäre der Bürgermiliz in Schulen, Lehranst
> und an Arbeitsplätzen, holten sich alle, die homosexueller Kontakte verdächtigt wurden, b
> ten sie aufs Kommissariat, wo man sie in Karteien erfasste, ihnen Fingerabdrücke abnahm
> sie während des Verhörs zur Zusammenarbeit drängte. Dies sollte durch Erpressung er
> werden: Wenn du niemanden denunzierst, dann erzählen wir es deiner Familie und auf d
> Arbeit. [...] Es brach eine regelrechte Psychose aus."[7]

Die genauen Hintergründe der „Aktion Hyazinthe" sind bis heute weitgehend u
kannt.[8] 1986 lieferte die Wochenzeitschrift des polnischen Innenministeriums de
staunten Lesern die Begründung, die Aktion habe dem Schutz Homosexueller vor
minellen Elementen gedient, denn „überall auf der Welt gehören Homosexuelle
Gruppe der am meisten gefährdeten Personen".[9] Tatsächlich wird ein seit Langen
stehendes allgemeines Misstrauen gegenüber einer vermeintlich undurchsichtig
schwer zu kontrollierenden Subkultur eine Rolle gespielt haben, die Aktion kö
vielleicht sogar „eine sehr eigen verstandene Prävention vor HIV/AIDS zum Zie
habt haben".[10] Gleichwohl stand die „Aktion Hyazinthe" in einer ganzen Reihe ä
cher Polizeiaktionen, die sich gegen schwule Männer, ihre Treffpunkte und Lo
richtete. Polnische Untergrund-Schwulenblätter jener Zeit waren voll von ents
chenden Berichten und enthielten zahlreiche Tipps zum Verhalten bei Festnahr
Verhören und Misshandlungen durch die Miliz[11], was ein allgemeines Gefühl
Rechtsunsicherheit und des Ausgeliefertseins von schwulen Männern in Volksp

---

S. 121–141, hier S. 124 f.; ders., Grundsätze und Tendenzen der Kriminalpolitik in der VR Pole
Jahrbuch für Ostrecht XIX (1978), 1. Halbband, S. 65–86, hier S. 68.

6 Katarzyna Adamska, Ludzie obok – lesbijki i geje w Polsce, Toruń 1998, S. 99; Selerowicz, Leks
S. 22; Łukasz Szulc, Niespodziewane efekty akcji „Hiacynt". Historia z PRL-u, in: Gazeta Wyborcza
23.11.2015, http://wyborcza.pl/alehistoria/1,149391,19228366,niespodziewane-efekty-akcji-hiacynt-
ria-z-prl-u.html (9.10.2020).

7 Coming Out [o. Verf.], in: Brulion 17–18 (1991), S. 178–193, hier S. 184 f. Die Übersetzung diese
aller folgenden Zitate aus dem Polnischen besorgte der Verfasser.

8 Szulc, Niespodziewane efekty.

9 Sławoj Kopka, „Hiacynt", in: W Służbie Narodu. Tygodnik Resortu Spraw Wewnętrznych, 12.1.
S. 11–13, hier S. 11.

10 Błażej Warkocki, Die drei Emanzipationswellen der Schwulen in Polen, in: Polen Analyser
18.2.2018, S. 3; siehe auch Krzysztof Tomasik, Gejerel. Mniejszości seksualne w PRL-u, Wars
[2]2018, insbes. S. 38–42.

11 Beispielsweise: filo 9–10 (1987), S. 5; filo 1 (1988), S. 2; filo 3 (1988), S. 4 und 7 f.; filo 1 (1989), S. 6 f
12; filo 3 (1989), S. 23 f.; Witajcie! [Leserbrief von Antoni P.], in: gejzer 1 (2000), S. 45; Mikołaj Koz
wicz, Niekochani, in: Polityka vom 3.7.1993, S. 19 f.; Selerowicz, Leksykon, S. 24; Homosexuelle Initi
(HOSI) Wien, Auslandsgruppe (Hrsg.), Rosa Liebe unterm Roten Stern. Zur Lage der Lesben
Schwulen in Osteuropa, Wien 1984, S. 16; Interview des Verfassers mit Barbara Pietkiewicz, 199

NR 1 *filo* EXPRESS 1986.11.3.

Na Festiwalu Polskich Filmów Fabularnych nagrodę za debiut dostał
film Andrzeja Domalika „Zygfryd" dobry gejowski film, który
polecam obejrzeć ze względu na ważny wątek /obszerny/homoerotyczny.
Z kolei Teatr Powszechny w Warszawie wystawia pierwszy dramat Bertolda
Brechta „Baal" o tematyce homoerotycznej dość skandalizujący.
a Teatr Nowy „Edwarda II" Marlowa. Obydwa te przedstawienia warto
obejrzeć ze względu na tematykę homoerotyczną.
Warte też kupić sobie / jest jeszcze w księgarniach/ opracowanie
Marii Kornatowskiej pt. „Eros i film" gdzie mręcz połowa książki
jest omówieniem filmów gejowskich tych bardziej znanych w świecie,
również tych, których w Polsce nie było. Czy oglądałeś na drugim
programie TV „Smak miodu" kiedy leciał na ekranach kin w Polsce
nie był pełną wersją teraz to naprawiono.
Wspomnę tu jeszcze , że „Zygfryd" to ekranizacja opowiadania
Jarosława Iwaszkiewicza. Również w Z twórczości Józefa Łozińskiego;
Chłopacka wyskokość,, „Pantokrator", Sceny myśliwskie z Dolnego Śląska,
Apogeum.   znajduje się sporo wątków homoerotycznych.
Znalazłem też w zbiorze opowiadań Władysława Machejka „Wypęękniałaś
w lesie" w opowiadaniu „Pierwszy partyzant"
Ukazała się broszura A. Skotnickiego „AIDS w serii Nauka dla Wszystkich,
w druku W. i A. Kornaszewskich „AIDS w środowisku afrykańskim"
Podobno ukazała się też jakiejś dr. Zofii / tu nazwiska nie usłyszałem/
„AIDS" ale w serii Omega.

Co niniejszym poleca   BLANKA KLUŚKA

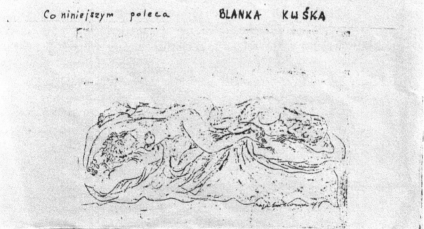

Abb. 1: Erste Ausgabe der polnischen Schwulenzeitschrift „filo EXPRESS" (später „filo") vom 3. November 1986. Der Danziger Drucker Ryszard Kisiel produzierte heimlich nach Feierabend eine der ersten Untergrundzeitschriften für schwule Männer in Volkspolen. Regelmäßig informierte er darin auch über Verhaltensregeln bei Verfolgungen durch die Miliz und die „Aktion Hyazinthe". (Foto: privat, mit freundlicher Genehmigung von Ryszard Kisiel)

belegt. Dieses Paradox eines hohen Verfolgungsdrucks bei vollkommener strafrec cher Legalität bringt Tomasz Jedrowski in einem Gespräch der beiden schwulen] agonisten seines Romans „Im Wasser sind wir schwerelos" auf den Punkt: „„Es kein Gesetz gegen das, was wir tun.' – ‚Das weiß ich. [...] Aber wir müssen uns so halten, als ob es eins gäbe.'"[12]

Die Polizeiübergriffe erreichten in Polen ein Ausmaß, das wir aus der DDR j späten Jahre nicht kennen. Hier war die Rechtslage in der Sowjetischen Besatzung ne (SBZ) und der frühen DDR zunächst unklar und in den einzelnen Ländern ur heitlich. Bereits in der SBZ wurden Männer aufgrund homosexueller Beziehu verurteilt, ihnen Entschädigungen für Gefängnis- oder KZ-Haft im Nationalsozialis verwehrt und einschlägige Urteile aus der NS-Zeit nicht aufgehoben. Nach Gründ der DDR nahm der Verfolgungsdruck zunächst noch deutlich zu, und die Zahl der urteilungen verdoppelte sich zwischen 1950 und 1953 auf rund 200 pro Jahr.[13] Im terschied zu Polen erfolgte die Verfolgung jedoch aufgrund eines (wie auch imme haltlich zu beurteilenden) Gesetzes und nicht aus reiner Willkür. Ab Mitte der 19 Jahre scheint es im Zusammenhang mit den Diskussionen um ein neues DDR-S recht dann zu einer Lockerung zunächst der Urteilspraxis gekommen zu sein[14], bi neuen Strafgesetzbuch von 1968 die Kriminalisierung männlicher Homosexua komplett gestrichen wurde (wobei die eingangs erwähnte rechtliche Diskrimini Homosexueller bis 1989 bestehen blieb). Auch in der DDR wurden in späteren J zehnten noch Schwulentreffpunkte von der Polizei kontrolliert und Personalien au nommen.[15] Landesweit koordinierte Razzien, Festnahmen und umfangreiche Erp sungen durch die Volkspolizei wie in der „Aktion Hyazinthe" gab es jedoch nach Entkriminalisierung der Homosexualität 1968 offenbar nicht. In Ostdeutschland es vielmehr die Geheimpolizei, die allergisch auf jede vermeintliche oder tatsächl Gefährdung der führenden Rolle der SED reagierte: „Nicht der einzelne Schwule die einzelne Lesbe schienen gefährlich, Gefahr witterte die Staatssicherheit schließlich bei jenen, die sich politisch in den [...] Gruppen organisierten."[16] Ne der Verhinderung jedweder Form der Selbstorganisation gesellschaftlicher Grup und einer potenziellen Opposition wird auch das Misstrauen gegen die schwer zu trollierende subkulturelle Lebensweise Homosexueller ausschlaggebend gew sein[17], auch homophobe Einstellungen von Funktionsträgern können nicht au schlossen werden.

---

12 Tomasz Jedrowski, Im Wasser sind wir schwerelos, Hamburg 2021, S. 79.
13 Alexander Zinn, Von „Staatsfeinden" zu „Überbleibseln der kapitalistischen Ordnung". Homo elle in Sachsen 1933–1968, Göttingen 2021, S. 264 und 273 f.
14 Ebenda, S. 290 f.
15 Götz Scharf, Fünf von hundert – homosexuell, Berlin [DDR] 1990, S. 131; Erwin Berner, Zu anderen Zeit, in einem anderen Land, Berlin 2020, S. 166 f. und 174.
16 Günter Grau, Erpressbar und tendenziell konspirativ. Die „Bearbeitung" von Lesben und Schw durch das MfS, in: Weibblick 16 (1994), S. 21–25, hier S. 23.
17 Siehe auch Zinn, Von „Staatsfeinden", S. 352 f.

Um zu verstehen, wieso homosexuelle Männer in dem einen sozialistischen Land ohne jede strafrechtliche Diskriminierung erheblichen Polizeirepressionen ausgesetzt waren, während sie im Nachbarland mit sehr ähnlichem politischen System trotz strafrechtlicher Diskriminierung mit vergleichsweise wenig Verfolgung durch staatliche Organe leben konnten, ist es hilfreich zu untersuchen, wie beide Staaten Homosexualität *als Thema* außerhalb des Strafrechts verorteten. Dazu wäre angelehnt an die Analyse der Diskurse um Sexualität nach Michel Foucault[18] zu betrachten, wo, wann und von wem welche Diskurse um Homosexualität geführt wurden, etwa in den Massenmedien, den Sexualwissenschaften, in der Bevölkerung (abzulesen in repräsentativen Meinungsumfragen), in den Kirchen und den regierenden Parteien sowie in den homosexuellen Selbstorganisationen beider Länder jener Jahre. Auch die unterschiedlichen historischen Prägungen der Gesellschaften (katholisch in Polen, evangelisch bis säkular in Ostdeutschland) spielen hier natürlich eine Rolle. Im Folgenden seien exemplarisch die Sexualwissenschaft und die Entwicklung der Schwulenbewegungen vorgestellt, denn diese Bereiche verdeutlichen sehr eindrucksvoll den Hauptunterschied in der Verortung von Homosexualitätsdebatten in beiden Ländern.

Sexualwissenschaft

Ohne auf die einzelnen Entwicklungsschritte der Sexualwissenschaften in Volkspolen und der DDR eingehen zu können, kann sehr verallgemeinernd festgestellt werden, dass sich die Sexologie beider Länder relativ parallel entwickelte. Stand in den fünfziger und sechziger Jahren die Pathologisierung von Homosexualität im Mittelpunkt[19], erfolgte in den folgenden beiden Jahrzehnten nicht nur eine enorme Vervielfältigung von Studien und Publikationen zum Thema, zunehmend wurde Homosexualität als eine der möglichen Varianten menschlicher Sexualität beschrieben[20], wenngleich Heterosexualität oftmals implizit auch weiterhin als die eigentliche Norm betrachtet wurde. Diese Entwicklung erfolgte in der DDR früher, differenzierter und in sehr viel zahlreicheren Publikationen als in Polen, wo teilweise auch in den 1980er Jahren noch einzelne Autoren wie Andrzej Jaczewski und Jerzy Radomski Homosexualität zusammen mit Pädophilie, Zoophilie, Sadismus u. Ä. der Sexualpathologie zuordneten.[21] Ins-

---

18 Michel Foucault, Der Wille zum Wissen. Sexualität und Wahrheit I, Frankfurt a. M. [10]1998.

19 Gudrun von Kowalski, Homosexualität in der DDR, Marburg 1987, S. 20–41; Adamska, Ludzie, S. 13 f.; Selerowicz, Leksykon, S. 37.

20 Detlef Bauer, Homosexualität in der DDR, in: Schwulenreferat im Allgemeinen Studentenausschuß der Freien Universität Berlin (Hrsg.), Dokumentation der Vortragsreihe ,Homosexualität und Wissenschaft', Berlin [West] 1985, S. 271–284, hier S. 276; Joachim S. Hohmann (Hrsg.), Sexuologie in der DDR, Berlin 1991, S. 20 f.; Kazimierz Imieliński, Zarys seksuologii i seksiatrii, Warszawa 1982, S. 246 f.; Krzysztof Boczkowski, Homoseksualizm, Warszawa 1988, S. 208–222.

21 Andrzej Jaczewski/Jerzy Radomski, Wychowanie seksualne i problemy seksuologiczne wieku rozwojowego, Warszawa [2]1986.

gesamt setzte sich im Laufe der Jahre jedoch auch in Polen die Entpathologisie॥
der Homosexualität durch.

In der DDR erreichte die Sexologie ab Mitte der achtziger Jahre hingegen
qualitativ neue Stufe. Diese bestand darin, dass sich anders als in Polen sexualwis
schaftliche Diskurse über Homosexualität auch auf andere Wissenschaftsbereiche
weiteten. Ein Beispiel für diese Öffnung ist der „Interdisziplinäre Arbeitskreis H॥
sexualität" in dem sich 1984 Wissenschaftler verschiedener Fachdisziplinen
Humboldt-Universität Berlin zusammenschlossen, um sich als interdisziplinäre
schungsgruppe mit Homosexualität in Wissenschaft und Gesellschaft zu beschäft
und damit auch gesellschaftspolitische Fragen einzubeziehen. Der Forschungsgr॥
gehörten Wissenschaftler aus Sexologie, Ethik, Theologie, Psychologie und Philoso
an.[22] Lesben und Schwule boten ihre Mitarbeit an, wurden aber nicht einbezog
Der Arbeitskreis veröffentlichte im April 1985 das Positionspapier „Zur Situation
mophiler Bürger in der DDR", das auch an das Zentralkomitee und die Berliner
zirksleitung der SED geschickt wurde. Darin hieß es: Homosexuelle „sollen sich
alle Bürger im Sozialismus objektiv und subjektiv wohl fühlen. Die Gesamtheit i
Lebensbedingungen muß folglich konstruktives sozialistisches Verhalten fördern.
entspricht dem humanen Wesen des Sozialismus."[24]

Damit ließ das Papier rein medizinisch-sexualwissenschaftliche Betrachtungs
sen hinter sich und stellte gesellschaftliche Fragen in den Vordergrund. Sprach
und inhaltlich bewegte es sich dabei im bewährten Rahmen der realsozialistic
Doktrin. Die Schlussfolgerungen, die der interdisziplinäre Arbeitskreis zog, übe
schen dennoch durch eine Vielzahl konkreter Forderungen nach Verbesserungen
Alltags von Schwulen und Lesben. So wurde unter anderem bemängelt, im Freize
reich, in Medien und Kultur fänden Homosexuelle keine Identifikationsfiguren
hätten nicht die Möglichkeit, sich öffentlich zu artikulieren und ihre Probleme kri॥
aufzuarbeiten. Das unterschiedliche Schutzalter heterosexueller und homosexu॥
Jugendlicher solle überprüft, Kommunikationsstätten, Freizeittreffpunkte und B
tungsstellen für Lesben und Schwule eingerichtet werden.[25]

Diese Ausdehnung der Debatten über den Bereich der Sexologie hinaus fand
Steigerung auf den interdisziplinären Tagungen „Psychosoziale Aspekte der Hom
xualität", die 1985, 1988 und unmittelbar nach der Friedlichen Revolution Anfang
unter anderem von der Sektion „Ehe und Familie" der Gesellschaft für Sozialhyg
veranstaltet wurden. Schon der Teilnehmerkreis stellte ein Novum dar. Neben Sex
wissenschaftlern, Publizisten, Psychologen, Philosophen, Beratern der Ehe- und S॥

---

22 Kowalski, Homosexualität, S. 61.
23 Ursula Sillge, Un-Sichtbare Frauen. Lesben und ihre Emanzipation in der DDR, Berlin 1991, S
24 Interdisziplinärer Arbeitskreis Homosexualität der Humboldt-Universität Berlin, Positionspa
Zur Situation homophiler Bürger in der DDR [April 1985], in: Sillge, Un-Sichtbare Frauen, S. 149॥
hier S. 149.
25 Ebenda, S. 162–164.

alberatungsstellen, Soziologen und Pädagogen[26] nahmen erstmals offiziell auch homosexuelle Frauen und Männer an derartigen Veranstaltungen teil.[27] „Die, über die so lange geredet, geschrieben, vor allem aber öffentlich geschwiegen wurde, kamen selbst zu Wort."[28] Eine weitere Neuerung bestand darin, dass erstmals drei Wissenschaftler der Sektionen Marxismus-Leninismus von den Universitäten in Berlin und Jena mitwirkten und in ihren Aufsätzen sozialismuskonforme Begründungen für die Akzeptanz und Integration von Homosexuellen lieferten. Bert Thinius argumentierte beispielsweise, die Lage der Homosexuellen sei zwar ein noch ungelöstes Problem, aber nur der Sozialismus habe die Potenzen seiner prinzipiellen Lösung.[29]

Derartige Aussagen marxistisch-leninistischer Philosophiekader waren in der Volksrepublik Polen schlicht unvorstellbar, und zwar für parteitreue Kommunisten ebenso wie für schwule Männer selbst. Diese Unvereinbarkeit von kommunistischer Ideologie und Homosexualitätsdiskursen markiert denn auch den wesentlichsten Unterschied zwischen Polen und der DDR: In Volkspolen kam die Homosexualität als Diskursgegenstand nicht aus dem geschlossenen Bereich der Fachdisziplin Sexualwissenschaft heraus, während sie in der DDR dabei war, über den Weg sich ausweitender interdisziplinärer wissenschaftlicher Diskurse in die marxistisch-leninistische Weltanschauung integriert zu werden. Dass dies in der DDR möglich war und in Polen nicht, könnte in den Reformdiskussionen von SPD und KPD um den Paragrafen 175 in der Weimarer Republik begründet liegen oder in einer vermutlich stärkeren Rezeption westdeutscher sexologischer Fachdiskurse durch DDR-Wissenschaftler als in Polen. Das hier dargestellte Phänomen, dass in Ostdeutschland Homosexualität als Diskursgegenstand die unmittelbaren Fachdisziplinen verließ und auch auf anderen Ebenen und zwischen anderen Akteuren verhandelt wurde, umfasste jedoch noch weitere Bereiche, weswegen anzunehmen ist, dass noch tiefer liegende gesellschaftliche Unterschiede zwischen beiden Ländern eine Rolle gespielt haben dürften, wie im Folgenden zu zeigen sein wird.

Ausweitung der Diskurse

Ähnliche Entwicklungen finden sich nämlich auch andernorts, wie beispielsweise im Strafrecht. Hier weiteten sich in der DDR die Debatten um die Strafbarkeit männlicher

---

26 Günter Amendt (Hrsg.), Natürlich anders. Zur Homosexualitätsdiskussion in der DDR, Köln 1989, S. 240.

27 Lykke Aresin, Ehe- und Sexualberatungsstellen und Familienplanung in der DDR, in: Hohmann (Hrsg.), Sexuologie, S. 72–94, hier S. 89.

28 Bert Thinius, Aufbruch aus dem grauen Versteck. Ankunft im bunten Ghetto? Randglossen zu Erfahrungen schwuler Männer aus der DDR und Deutschland Ost, in: Kurt Starke (Hrsg.), Schwuler Osten. Homosexuelle Männer in der DDR, Berlin 1994, S. 11–90, hier S. 48.

29 Bert Thinius, Zu Fragen der Persönlichkeitsentwicklung Homosexueller im Sozialismus, in: Amendt (Hrsg.), Natürlich, S. 31–48, hier S. 31 f.

Homosexualität bereits früh auf die gesamtgesellschaftliche Ebene aus. Zahlre‹
Einzelpersonen engagierten sich auch öffentlich in dieser Frage und machten ei‹
ristisches Fachproblem zu einer öffentlich diskutierten gesellschaftspolitischen A‹
legenheit. Dies betraf vor allem die nach dem Krieg geführten Debatten um die‹
wendbarkeit des Paragrafen 175 aus der NS-Zeit, um die Entwürfe eines neuen L‹
Strafrechts von 1952 und 1958 sowie um das neue Strafgesetzbuch von 1968.[30]‹
staatlicher Ebene bewirkte die Verrechtlichung des Themas Homosexualität, das‹
in den entsprechenden Institutionen (Gesetzgebungskommissionen, Oberstes Ger‹
Parteikommissionen) unter Zuhilfenahme der üblichen Instrumente der Entsc‹
dungsfindung (Expertenbefragungen, Anhörungen, Gutachten, Berücksichtigung‹
Meinungsbildes der Bevölkerung usw.) und damit nicht nur unter Juristen ber‹
wurde. Auf gesellschaftlicher Ebene engagierten sich gleichzeitig immer wieder‹
zelpersonen und ergriffen Initiativen zur Entkriminalisierung der Homosexua‹
Ein prominentes Beispiel ist der Dresdner Arzt, Neurologe und Psychiater Ru‹
Klimmer, der sich bereits Ende der 1940er Jahre öffentlich zu Wort meldete.[31] Zah‹
che Homosexuelle engagierten sich und wandten sich außer an offizielle Stellen a‹
an die Öffentlichkeit. Hier wirkte das rechtliche Verbot ähnlich wie auf staatli‹
Ebene also als Anreiz zu einer sachlich begründeten, inhaltlichen Auseinande‹
zung.

In Polen gab es kein Homosexuellenstrafrecht und somit auch keinen Stim‹
für eine entsprechende Fach- oder öffentliche Debatte. Die Beurteilung der Hom‹
xualität blieb in der nach wie vor weitgehend katholisch geprägten Gesellschaft‹
sittliche Frage. Die Strafbarkeit männlicher Homosexualität in der DDR initiierte s‹
gesellschaftliche Diskurse, die öffentlich und sachlich über die Homosexualität gef‹
wurden.

Schwulenbewegungen

Eine ähnliche Entwicklung offenbart ein Blick auf die Schwulenbewegungen be‹
Länder. In der DDR entstanden zunächst in Eigeninitiative gegründete Gruppen c‹
Anbindung an größere Institutionen, wie zwischen 1973 und 1980 die „Homosex‹

---

30 Zu den Strafrechtsdebatten und -entwürfen siehe Grau, Sozialistische Moral; ders., Im Auftra‹
Partei, in: Zeitschrift für Sexualforschung 2 (Juni 1996), S. 109–130; Zinn, Von „Staatsfeinden", S.‹
293, darin zu Sachsen: S. 311–352 und 364–379.
31 Beispielsweise: Günter Grau, Ein Leben im Kampf gegen den Paragraphen 175. Zum Wirke‹
Dresdener Arztes Rudolf Klimmer 1905–1977, in: Manfred Herzer (Hrsg.), 100 Jahre Schwulenb‹
gung, Dokumentation einer Vortragsreihe in der Akademie der Künste, Berlin 1998, S. 46–64.

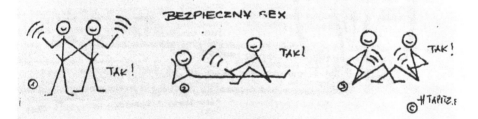

Abb. 2: In einer Gesellschaft, in der Homosexualität öffentlich so gut wie nicht thematisiert wurde, stellte „filo" eine wichtige Informationsquelle für homosexuelle Männer in Polen dar. Neben kulturellen Nachrichten, Informationen über die „Aktion Hyazinthe" und Neuigkeiten aus der (westlichen) Schwulenbewegung verbreitete die Untergrundzeitschrift auch Gesundheitsinformationen (wie hier am unteren Bildrand die Darstellung von Safer-Sex-Regeln zur Verhütung einer HIV-Infektion). (Foto: privat, mit freundlicher Genehmigung von Ryszard Kisiel)

Interessengemeinschaft Berlin" (HIB).[32] Später engagierten sich viele Lesben
Schwule in „Arbeitskreisen Homosexualität" unter dem Dach der evangelischen
che.[33] Die Gruppen in Polen sind am ehesten mit den frühen Gruppen in der DD
vergleichen, wenn sie auch erst später ab Mitte der achtziger Jahre entstanden
gründeten sich – teilweise mit Anstößen aus dem Exil – selbst und konnten auf kei
lei Unterstützung anderer Institutionen hoffen. Die katholische Kirche schied an
als die evangelische Kirche in der DDR von vornherein als institutioneller Schutzr
aus.

In der DDR ging die Entwicklung jedoch noch einen Schritt weiter. Gegen I
der achtziger Jahre gründeten sich hier kirchenunabhängige, sogenannte staatl
Gruppen, die offiziell Räumlichkeiten der Städte oder Massenorganisationen nut
und teilweise sogar in deren Strukturen eingebunden waren, wie im Fall des Dres
Klubs „Gerede", der sich als FDJ-Jugendklub registrieren ließ.[34] Solche Klubs bes
den Ende der achtziger Jahre in Berlin, Weimar, Leipzig, Chemnitz, Rostock, Frank
(Oder), Schwerin und vielen anderen Orten.[35] Einzelne dieser Gruppen kennzeich
eine explizite Staatsnähe, wie ein am 7. Juni 1989 in der „Jungen Welt" veröffentlic
Artikel der Berliner Gruppe „Courage" zeigt:

> „Courage, die Arbeitsgemeinschaft Homosexualität, möchte sich sehr herzlich beim Zentr
> der Freien Deutschen Jugend für die Ermöglichung unserer Beteiligung am Pfingsttreffen de
> 1989 bedanken. [...] Diese] hat auch dazu beigetragen, die Haltung unserer Mitglieder zur F
> Deutschen Jugend weiterzuentwickeln, die FDJ deutlicher als Interessenvertreter aller Juge
> chen zu verstehen. Wir sind durch das Pfingsttreffen bestärkt in unserer Überzeugung, da
> Sozialismus über die objektiven Grundlagen für wahrhaftige Integration verfügt und diese
> gration im Miteinander erreichbar ist."[36]

Derartige Bekenntnisse zum sozialistischen Staat sowie der Gebrauch ideologis
Floskeln gab es in Polen in diesem Zusammenhang nicht. Die Anträge auf Regis
rung der dortigen Emanzipationsgruppen ganz am Ende der Volksrepublik enthie

---

32 Zur HIB siehe Teresa Tammer, In engen Grenzen über die Mauer. Selbstbilder und Selbstbeh
tungsstrategien der *Homosexuellen Interessengemeinschaft Berlin* (HIB) 1973–1980, in: Österreich
Zeitschrift für Geschichtswissenschaften 2 (2018), S. 132–152; Peter Rausch, Die vergessene Lesben
Schwulengeschichte in Berlin-Ost (70er Jahre), in: Senatsverwaltung für Jugend und Familie (H
Geschichte und Perspektiven von Lesben und Schwulen in den neuen Bundesländern, Berlin
[1991], S. 33–39, hier S. 34; Charlotte von Mahlsdorf, Ich bin meine eigene Frau, München ⁴1997, S.
33 Stefan Berg, Das Gespräch mit Homosexuellen suchen!, in: Günter Grau (Hrsg.), Und diese I
auch. Theologische und sexualwissenschaftliche Einsichten zur Homosexualität, Berlin [DDR]
S. 86–89, hier S. 86 f.; Eduard Stapel, Vom Arbeitskreis „Homosexualität" der Evangelischen Stude
gemeinde in Leipzig zum Schwulenverband in Deutschland, in: ders. (Hrsg.), Schwuler Osten, S. 91
hier S. 93; Sillge, Un-Sichtbare Frauen, S. 97 f.
34 Gerede e. V. (Hrsg.), Schwul-lesbisch in Dresden. 10 Jahre Gerede, Dresden 1997, S. 51–54.
35 Sillge, Un-Sichtbare Frauen, S. 103 f.
36 Courage, Berlin, Die FDJ vertritt auch unsere Interessen, zitiert nach: Günter Grau (Hrsg.), Le
und Schwule – was nun?, Berlin 1990, S. 50 f.

keinerlei Verweise auf den sozialistischen Charakter des polnischen Gemeinwesens.[37] In der DDR griffen Homosexuelle dagegen wiederholt auf sozialistische Begründungen zurück, um sich für ihre Belange einzusetzen. Dies geschah sowohl in den Debatten um den Paragrafen 175 Strafgesetzbuch in den fünfziger Jahren[38] als auch während des ersten öffentlichen Auftritts von Lesben und Schwulen während der Weltfestspiele der Jugend und Studenten im Sommer 1973[39], teilweise auch in kirchlichen Arbeitskreisen, die betonten, nicht gegen, sondern im Staat leben zu wollen, und sich im weitesten Sinne als „Sozialismus-Realisation" verstanden.[40] In Polen erschien die Annahme, die Genehmigung einer Schwulengruppe mit Hinweisen auf das marxistisch-leninistische Menschenbild leichter erreichen zu können, geradezu absurd. Niemand dort konnte davon ausgehen, dass sich die Vereinigte Polnische Arbeiterpartei mit so etwas wie Homosexualität in Verbindung bringen ließe – was sie auch nicht tat.[41]

Resümee

Diese Beispiele belegen nicht nur die im Vergleich zu Polen sehr viel weiter gehende Durchideologisierung der DDR-Gesellschaft, sondern zeigen auch, dass propagandistische Narrative in Ostdeutschland offenbar durchaus auch für Reformanstöße nutzbar gemacht werden konnten. Sie machen weiterhin deutlich, wie weit Homosexualitätsdebatten in der DDR bereits die staatsoffizielle Ebene erreicht hatten. Die Diskurse weiteten sich aus ihren ursprünglichen Fachgebieten (Sexualwissenschaft, Strafrecht usw.) auf andere Wissenschaftsbereiche, auf die Massenmedien und insgesamt auf eine allgemeine gesellschaftliche Ebene aus und unterlagen dabei den Maßgaben eines von der SED durchherrschten Gesellschaftssystems. Unter dessen ideologischen Prämissen wurde dann auch die Emanzipation Homosexueller öffentlich diskutiert. Genau dies gelang in Volkspolen nicht. Hier erreichten Homosexualitätsdiskurse nie ein gesamtgesellschaftliches Niveau, sondern blieben auf die Bereiche beschränkt, in denen sie in der nach wie vor traditionellen katholischen Gesellschaft verortet waren. Homosexualität blieb in Polen gewissermaßen eine *gesellschaftliche Privatsache*, die entweder im abgeschiedenen kirchlichen Raum verklausuliert angesprochen werden konnte (etwa in der Beichte), oder auf persönlicher Ebene in den Bereich des mora-

---

37 Interviews des Verfassers mit Grzegorz Okrent und Sławek Starosta, 1999; Waldemar Z. Zboralski, Wspomnienia weterana, in: Inaczej 9 (1991), S. 2 f. und 5, hier S. 5; filo 2 (1988), S. 2.
38 Peter G. Hesse/Günter Tembrock, Sexuologie – Geschlecht, Mensch, Gesellschaft, Bd. 1, Leipzig 1974, S. V; Grau, Ein Leben.
39 Sie zeigten ein Plakat mit der Aufschrift „Wir Homosexuelle der Hauptstadt begrüßen die Teilnehmer der X. Weltfestspiele und sind für den Sozialismus in der DDR". Thinius, Aufbruch, in: Starke (Hrsg.), Schwuler Osten, S. 20.
40 Ebenda, S. 34 f.
41 Interview des Verfassers mit Sławek Starosta, 1999.

lisch Verwerflichen verwiesen war, aber öffentlich außerhalb medizinischer Fac▌
kurse nicht thematisiert werden konnte. Eine offene und rationale Behandlung
Themas war so kaum möglich.

Eine Folge dieser Verortung der Homosexualitätsdiskurse in den privat-mo▌
schen Bereich war letztlich auch die Polizeiverfolgung Homosexueller trotz des
lens jeden Straftatbestandes wie in der „Aktion Hyazinthe". Für schwule Polen
stand trotz der Legalität ihres Tuns ein rechtsfreier Raum. Aufgrund der sta▌
gesellschaftlichen Ächtung konnten sie sich kaum gegen willkürliche Schikanen
Miliz wehren, denn dies hätte ihre gesellschaftliche Existenz unmittelbar bedroht.

Am Ende der Untersuchung bleibt ein paradoxes Ergebnis: Die im Vergleic▌
Polen weiter fortgeschrittene Emanzipation von Homosexuellen in der DDR erf▌
unter den Bedingungen eines stark ideologisierten – und unfreieren – Gemeinwe▌
In Polen war es umgekehrt: Die polnische Gesellschaft trotzte dem Regime deu▌
mehr Freiheiten ab als die ostdeutsche, die sozialistische Diktatur funktionierte
weniger effizient.[42] Damit einher gingen jedoch die Beschränkung der Homosex▌
tätsdebatten auf den Bereich *gesellschaftlicher Privatsachen* und somit die weitge▌
de Ächtung und Diskriminierung von schwulen Männern. Unfreiwillig brachte
polnische Politbüromitglied Józef Czyrek diesen Zusammenhang auf den Punkt.
antwortete er auf die Frage, auf welcher Grundlage Homosexuellen in Polen das R▌
verwehrt werde, eine eigene Organisation zu gründen: „Wissen Sie, in sexuellen A▌
legenheiten sind die Kommunisten genauso prüde wie die Katholiken."[43]

---

42 Siehe beispielsweise Wolfgang Templin, Thesen zu den kulturellen Beziehungen zwischen der
und Polen, in: Basil Kerski/Andrzej Kotula/Kazimierz Wóycicki (Hrsg.), Zwangsverordnete Fre▌
schaft? Die Beziehungen zwischen der DDR und Polen 1949–1990, Osnabrück 2003, S. 269–273.
43 Mikołaj Kozakiewicz, Jak to było z równouprawnieniem homoseksualistów [unveröffentlichte▌
nuskript], o. J. [vor 1998], S. 42 f.

Danksagung

Dieser Sammelband geht auf eine von den beiden Herausgebern konzipierte Tagung an der Akademie für Politische Bildung, Tutzing, mit dem Titel „Verfolgung – Diskriminierung – Emanzipation. Homosexualität in Europa seit dem Zweiten Weltkrieg" zurück. Dabei präsentierten und diskutierten Wissenschaftlerinnen und Wissenschaftler aus der Bundesrepublik, Österreich, Großbritannien und den USA aktuelle Forschungsergebnisse zur Geschichte der Homosexualität(en) in Deutschland und anderen europäischen Gesellschaften in der zweiten Hälfte des 20. Jahrhunderts. Die Herausgeber danken der Akademie für Politische Bildung sehr herzlich für die damals gewährte finanzielle Unterstützung der Tagung und für die bewährte Gastlichkeit dieser Institution.

Zugleich möchten die Herausgeber dem Institut für Zeitgeschichte München–Berlin sehr herzlich dafür Dank sagen, dass der vorliegende Band in einer der renommierten Reihen des Instituts nunmehr erscheinen kann, der Schriftenreihe der Vierteljahrshefte für Zeitgeschichte. Die Autorinnen und Autoren der ursprünglichen Tagungsbeiträge haben zu diesem Zweck nicht nur Gelegenheit erhalten, ihre Texte zu aktualisieren, sondern – sofern gewünscht – auch etwas zu erweitern. Dies betrifft auch die Chance zur Bebilderung der Einzelbeiträge, die von einem Teil der Autorenschaft gern aufgegriffen worden ist. Zu besonderem Dank verpflichtet uns bei alledem die hervorragende Zusammenarbeit mit dem für diesen Band zuständigen Redakteur Prof. Dr. Thomas Raithel und seiner Mitarbeiterin Angelika Reizle, die uns in vielen Fragen immer wieder unterstützend zur Seite gestanden haben.

Tutzing / Berlin, im März 2023   Michael Mayer und Michael Schwartz

Abkürzungen

Abs.	Absatz
Abt.	Abteilung
ACSP	Archiv für Christlich-Soziale Politik
AE	Alternativentwurf
a. F.	alte Fassung
AIDS	Acquired Immune Deficiency Syndrome
AK	Arbeitskreis
AKG	Allgemeines Kriegsfolgengesetz
ARD	Arbeitsgemeinschaft der öffentlich-rechtlichen Rundfunkanstalten der Bundesrepublik Deutschland
Art.	Artikel
BArch	Bundesarchiv
BGB	Bürgerliches Gesetzbuch
BGBl.	Bundesgesetzblatt
BGH	Bundesgerichtshof
BGHSt	Entscheidungen des Bundesgerichtshofs in Strafsachen
BMI	Bundesministerium des Innern
BMVg	Bundesministerium der Verteidigung
BRD	Bundesrepublik Deutschland
BT	Bundestag
BStU	Bundesbeauftragter für die Unterlagen des Staatssicherheitsdienstes der ehemaligen Deutschen Demokratischen Republik
BV	Bezirksverwaltung
BVerfG	Bundesverfassungsgericht
BVerwG	Bundesverwaltungsgericht
BVfS	Bezirksverwaltung für Staatssicherheit
BVH	Bundesverband Homosexualität
BZ	Berliner Zeitung
BZA	Berliner Zeitung am Abend
BZgA	Bundeszentrale für gesundheitliche Aufklärung
CDU	Christlich Demokratische Union
CSD	Christopher Street Day
CSU	Christlich-Soziale Union
DAH	Deutsche AIDS-Hilfe
DDR	Deutsche Demokratische Republik
DM	Deutsche Mark
DVP	Deutsche Volkspartei
E	Entwurf
EKD	Evangelische Kirche in Deutschland
EKHN	Evangelische Kirche von Hessen und Nassau
ELAB	Evangelisches Landesarchiv Berlin-Brandenburg
EU	Europäische Union
EZA	Evangelisches Zentralarchiv in Berlin
FamRZ	Zeitschrift für das gesamte Familienrecht
FAZ	Frankfurter Allgemeine Zeitung
FDJ	Freie Deutsche Jugend

FDP	Freie Demokratische Partei
FFBIZ	Frauenforschungs-, -bildungs- und -informationszentrum
Gestapo	Geheime Staatspolizei
GG	Grundgesetz
GULag	Glavnoe upravlenije lagerej (Lagerhauptverwaltung)
H.	Heft
HA OdF	Hauptausschuss Opfer des Faschismus
HC Deb	House of Commons Debate
HIV	Human Immunodeficiency Virus
HL Deb	House of Lords Debate
HStA	Hauptstaatsarchiv
IM	Inoffizieller Mitarbeiter
JGG	Jugendgerichtsgesetz
KPD	Kommunistische Partei Deutschlands
k. u. k.	kaiserlich und königlich
KZ	Konzentrationslager
LAB	Landesarchiv Berlin
LG	Landgericht
LGSt	Landgericht Strafsachen
LSVD	Lesben- und Schwulenverband in Deutschland
MAD	Militärischer Abschirmdienst
NS	Nationalsozialismus
OdF	Opfer des Faschismus
OGH	Oberster Gerichtshof
o. J.	ohne Jahr
OLG	Oberlandesgericht
ON	Ordnungsnummer
o. O.	ohne Ort
o. P.	ohne Paginierung
ÖZG	Österreichische Zeitschrift für Geschichtswissenschaften
PDS	Partei des Demokratischen Sozialismus
RG	Reichsgericht
RGBl.	Reichsgesetzblatt
RStGB	Reichsstrafgesetzbuch
SA	Sturmabteilung
SBZ	Sowjetische Besatzungszone
SED	Sozialistische Einheitspartei Deutschlands
SPD	Sozialdemokratische Partei Deutschlands
SS	Schutzstaffel
StA	Staatsanwaltschaft
StAF	Staatsarchiv Freiburg
StAS	Stadtarchiv Stuttgart
StG	Strafgesetz
StGB	Strafgesetzbuch
StGBl.	Staatsgesetzblatt
StRehaHomG	Gesetz zur strafrechtlichen Rehabilitierung der nach dem 8. Mai 1945 wegen einvernehmlicher homosexueller Handlungen verurteilten Personen
SVD	Schwulenverband in der DDR/Schwulenverband in Deutschland
taz	Die Tageszeitung

UdSSR	Union der Sozialistischen Sowjetrepubliken
US/USA	United States/United States of America
VELKD	Vereinigte Evangelisch-Lutherische Kirche Deutschlands
VVN	Vereinigung der Verfolgten des Naziregimes
WHO	World Health Organization
ZDF	Zweites Deutsches Fernsehen

Die Autorinnen und Autoren dieses Bandes

Esther Abel, Dr., Wissenschaftliche Dokumentarin und Leiterin des Sammlungsmanagements in der Gedenkstätte Hadamar; veröffentlichte u. a.: Kunstraub – Ostforschung – Hochschulkarriere. Der Osteuropahistoriker Peter Scheibert, Paderborn 2016; Die Bekämpfung von „Drückebergern" und anderen „Psychopathen". Pathologisierung, Kriminalisierung und Ermordung psychisch erkrankter Wehrmachts- und SS-Angehöriger im Zweiten Weltkrieg, in: Nikolas Funke/Gundula Gahlen/Ulrike Ludwig (Hrsg.), Krank vom Krieg. Umgangsweisen und kulturelle Deutungsmuster von der Antike bis in die Moderne, Frankfurt a. M. 2022, S. 293–313.

Katharina Ebner, Dr., Nachwuchsgruppenleitung an der Katholisch-Theologischen Fakultät der Julius-Maximilians-Universität Würzburg; veröffentlichte u. a.: Religion im Parlament. Homosexualität als Gegenstand parlamentarischer Debatten im Vereinigten Königreich und in der Bundesrepublik Deutschland (1945–1990), Göttingen 2018; Homosexualität im parlamentarischen Ringen der Bundesrepublik Deutschland in den 1980er Jahren: Menschenrecht anstatt religiös geprägter Moral?, in: Revue d'Allemagne et des pays de langue allemande 53/2 (juillet-décembre 2021), S. 465–484.

Klaus Fitschen, Dr., Professor für Neuere und Neueste Kirchengeschichte an der Universität Leipzig; veröffentlichte u. a.: Liebe zwischen Männern? Der deutsche Protestantismus und das Thema Homosexualität, Leipzig 2018.

Johann Karl Kirchknopf, Mag., Doktorand an der Universität Wien; arbeitet an einer Dissertation über die Strafverfolgung wegen gleichgeschlechtlicher Sexualhandlungen in Österreich im 20. Jahrhundert; veröffentlichte u. a.: Die strafrechtliche Verfolgung homosexueller Handlungen in Österreich im 20. Jahrhundert, in: Zeitgeschichte 43 (2016), H. 2, S. 68–84; als Hrsg. zusammen mit Elisa Heinrich: Homosexualitäten revisited. Themenheft der Österreichischen Zeitschrift für Geschichtswissenschaften (ÖZG) 29 (2018), H. 2.

Adrian Lehne, M. Ed., Studienreferendar an einem Berliner Gymnasium; arbeitete zur Auseinandersetzung mit HIV/AIDS in der DDR und forschte im DFG-Projekt „Die Homosexuellenbewegung und die Rechtsordnung in der Bundesrepublik (1949-2002)" an der Freien Universität Berlin; veröffentlichte u. a.: HIV/AIDS, Kondome und das Recht auf sichere Sexualität, in: Kritische Justiz 53 (2020), H. 4, S. 468–474.

Michael Mayer, Dr., Leiter des Arbeitsbereichs Zeitgeschichte an der Politischen Akademie in Tutzing und Lehrbeauftragter an der Universität Augsburg; veröffentlichte u. a.: Staaten als Täter. Ministerialbürokratie und „Judenpolitik" in NS-Deutschland und Vichy-Frankreich. Ein Vergleich, München 2010; als Hrsg. zusammen mit Johan-

nes Hürter: Das Auswärtige Amt in der NS-Diktatur, München 2014; als Hrsg. zus
men mit Volker Benkert: Terrortimes, Terrorscapes. Continuities of Space, Time,
Memory in Twentieth-Century War and Genocide, West Lafayette, IN 2022.

Julia Noah Munier, Dr., wissenschaftliche Mitarbeiter_in im Forschungsprc
„LSBTTIQ in Baden und Württemberg. Lebenswelten, Repression und Verfolgun;
Nationalsozialismus und in der Bundesrepublik Deutschland" (Universität Stutt;
Abt. Neuere Geschichte); veröffentliche u. a.: Sexualisierte Nazis. Erinnerungskult«
le Subjektivierungspraktiken in Deutungsmustern von Nationalsozialismus und it
nischem Faschismus, Bielefeld 2017; Lebenswelten und Verfolgungsschicksale hom
xueller Männer in Baden und Württemberg im 20. Jahrhundert, Stuttgart 2021.

Christian Neuhierl, M. A., PR- und Kommunikationsberater; veröffentlichte: Radi
Selbst-Ermächtigung. Rosa von Praunheim als schwuler Intellektueller, in: Ingrid
cher-Holtey/Eva Oberloskamp (Hrsg.), Warten auf Godot? Intellektuelle seit den 19«
Jahren, Berlin/Boston 2020, S. 117–130.

Markus Pieper, Dr., Geschäftsführer der Stiftung Sächsische Gedenkstätten zur E
nerung an die Opfer politischer Gewaltherrschaft; veröffentlichte u. a.: Parteiauf«
Städtepartnerschaft. Kommunalpartnerschaften zwischen Polen und der DDR
ihre Transformation nach 1989/Partyjne zlecenie: partnerstwo miast. Partnerstwa
munalne między Polską a NRD i ich transformacja po 1989 roku, Berlin 2020; Stä
partnerschaften als „brüderliche Kampfgemeinschaften". Die Kommunalbeziehun
zwischen Polen und der DDR vor 1989/90, in: Corine Defrance/Tanja Herrmann
Nordblom (Hrsg.), Städtepartnerschaften in Europa im 20. Jahrhundert, Götti;
2020, S. 97–113.

Kirsten Plötz, Dr., freiberufliche Historikerin; veröffentlichte u. a.: „… in stänc
Angst …". Eine historische Studie über rechtliche Folgen einer Scheidung für Mi
mit lesbischen Beziehungen und ihre Kinder in Westdeutschland unter besondere«
rücksichtigung von Rheinland-Pfalz (1946 bis 2000). Forschungsbericht im Auftrag
Instituts für Zeitgeschichte München–Berlin und der Bundesstiftung Magnus Hir
feld (2021, https://mffki.rlp.de/de/themen/vielfalt/rheinland-pfalz-unterm-regenbo
queere-geschichte/). Weiteres siehe https://die-andere-biografie.de/forschung/.

Werner Renz, M. A., von 1995 bis 2016 wissenschaftlicher Mitarbeiter am Fritz Ba
Institut, Frankfurt a. M.; veröffentlichte u. a.: Fritz Bauer und das Versagen der Ju
Nazi-Prozesse und ihre „Tragödie", Hamburg 2015; Auschwitz vor Gericht. Fritz Ba
Vermächtnis und seine Missachtung, Hamburg 2018; ad Hannah Arendt. Eichman
Jerusalem. Die Kontroverse um den Bericht „von der Banalität des Bösen", Ham!
2021.

Andrea Rottmann, Dr., wissenschaftliche Mitarbeiterin im DFG-Forschungsprojekt „Menschenrechte, queere Geschlechter und Sexualitäten seit den 1970er Jahren" an der Freien Universität Berlin und Mitkoordinatorin des Wissenschaftlichen DFG-Netzwerks „Queere Zeitgeschichten im deutschsprachigen Europa"; veröffentlichte u. a.: Queer Lives across the Wall. Desire and Danger in Divided Berlin, 1945–1970, Toronto 2023 (im Erscheinen); als Hrsg. zusammen mit Martin Lücke und Benno Gammerl: Handbuch Queere Zeitgeschichten I: Räume, Bielefeld 2023 (im Erscheinen).

Michael Schwartz, Dr., wissenschaftlicher Mitarbeiter am Institut für Zeitgeschichte München–Berlin, apl. Professor für Neuere und Neueste Geschichte an der Westfälischen Wilhelms-Universität Münster; veröffentlichte u. a.: Ethnische „Säuberungen" in der Moderne. Globale Wechselwirkungen nationalistischer und rassistischer Gewaltpolitik im 19. und 20. Jahrhundert, München 2013; Homosexuelle, Seilschaften, Verrat. Ein transnationales Stereotyp im 20. Jahrhundert, Berlin/Boston 2019.

Klaus Storkmann, Dr., Oberstleutnant, Leiter Projektbereich Militärgeschichte der DDR im Forschungsbereich Militärgeschichte nach 1945 am Zentrum für Militärgeschichte und Sozialwissenschaften der Bundeswehr in Potsdam; veröffentlichte u. a.: Geheime Solidarität. Militärbeziehungen und Militärhilfen der DDR in die „Dritte Welt", hrsg. vom Militärgeschichtlichen Forschungsamt, Berlin 2012; Tabu und Toleranz. Der Umgang mit Homosexualität in der Bundeswehr 1955 bis 2000, Berlin/Boston 2021.

Teresa Tammer, Dr., Referentin und Stellvertreterin der Sächsischen Landesbeauftragten zur Aufarbeitung der SED-Diktatur; veröffentlichte u. a.: als Hrsg. zusammen mit Susanne Roeßiger und Katja Töpfer: Dinge und Sexualitäten. Körperpraktiken im 20. und 21. Jahrhundert, Dresden 2022; „Warme Brüder" im Kalten Krieg. Die DDR-Schwulenbewegung und das geteilte Deutschland in den 1970er und 1980er Jahren, Berlin/Boston 2023.

Personenregister

Kursiv gesetzte Zahlen verweisen auf Namen in den Anmerkungen.